21世纪高等院校行政管理专业规划教材
21 SHIJI GAODENG YUANXIAO XINGZHENG GUANLI ZHUANYE GUIHUA JIAOCAI

公共政策分析

GONGGONG ZHENGCE FENXI

（第四版）

谢 明◎主 编

首都经济贸易大学出版社
Capital University of Economics and Business Press
·北 京·

图书在版编目（CIP）数据

公共政策分析 / 谢明主编. -- 4版. -- 北京 : 首都经济贸易大学出版社, 2025. 1. -- ISBN 978-7-5638-3769-4

Ⅰ. D0

中国国家版本馆CIP数据核字第2024525P52号

公共政策分析(第四版)
谢 明 主编

责任编辑	潘 飞
封面设计	砚祥志远·激光照排 TEL: 010-65976003
出版发行	首都经济贸易大学出版社
地 址	北京市朝阳区红庙(邮编 100026)
电 话	(010)65976483 65065761 65071505(传真)
网 址	http://www. sjmcb. cueb. edu. cn
经 销	全国新华书店
照 排	北京砚祥志远激光照排技术有限公司
印 刷	唐山玺诚印务有限公司
成品尺寸	170毫米×240毫米 1/16
字 数	441千字
印 张	22.5
版 次	2010年1月第1版 2015年3月第2版 **2018年9月第3版** 2025年1月第4版
印 次	2025年1月总第6次印刷
书 号	ISBN 978-7-5638-3769-4
定 价	52.00元

图书印装若有质量问题，本社负责调换

序　言

政策分析不仅是一门技艺(craft),而且是一门艺术(art),这主要是因为政策分析需要想象力(imagination)、创造力(creativity)和洞察力(insight)。

首先说一下想象力,对此我们可以借用“思想实验”(Thought Experiment)这个概念来加以解读。

思想实验是一种神奇的思维工具,它是完全依赖想象力进行的,所做的都是在现实中无法做到(或现实中尚未做到)的实验,如柏拉图的洞穴之喻(Plato's Allegory of the Cave)(见图1)。其大意是说,在一个洞穴中生活着一群囚徒,他们终年被铁链锁在一个山洞里面,根本转不了头,只能看到面前的墙壁,却不知身后的世界是什么样子。在他们身后有一堆火在熊熊燃烧,火光把周围东西的影子投射到囚徒面前的洞壁上。于是,囚徒们认为影子才是唯一真实的事物。某天,一个囚徒挣脱枷锁,回过头来,直到那时他才看清了身后的世界,也由此获得了真正的解放。这时,他不由得怜悯起周围那些囚徒同伴来了,也开始质疑自己原来的信念和生活。当然,如果他试图说服别人,告诉他们自己所看到的真相,将发现这是一件极为困难的事情。2000多年来,这个思想实验一直闻名于西方,据说就连西方现代文明之“根”也一直可以追溯到这里。思想实验在中国也不乏其例,如《庄子·天下》中就有“一尺之棰,日取其半,万世不竭”的例子,用以论证物质无限可分的现象,而这类实验在现实中也是根本做不到的。换言之,思想实验更需要的是想象力而不是感官。对此,爱因斯坦曾一针见血地评价道:“理论的真理在你的心智中而不在你的眼睛里。”

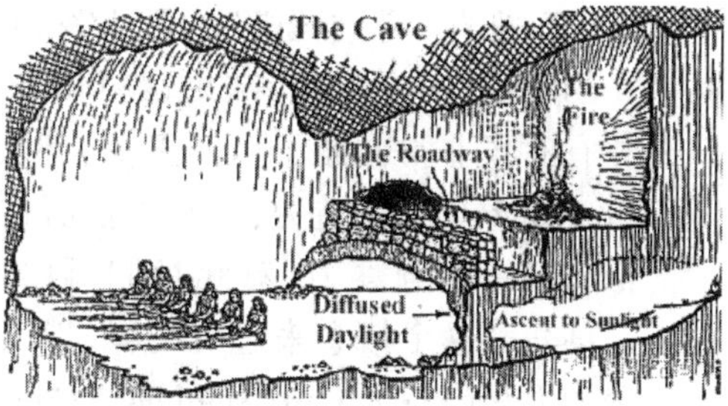

图1　柏拉图的洞穴之喻

其次说一下创造力,对此我们可以借助“定式思维”(Fixed Thinking Modes)这个概念来加以说明。

定式思维又称“习惯性思维”,是指人们按习惯性的、比较固定的思路去考虑和分析问题,表现为在解决问题的过程中做特定方式的加工和准备。定式思维会阻碍思维的开放性和灵活性,造成思维的僵化与呆板,从而使人们不能灵活运用知识,致使创造性思维的发展受阻。曾经有人做过这样一个试验:把六只蜜蜂和同样多的苍蝇装进一个玻璃瓶中,然后将瓶子平放,让瓶底朝着窗户(见图2)。

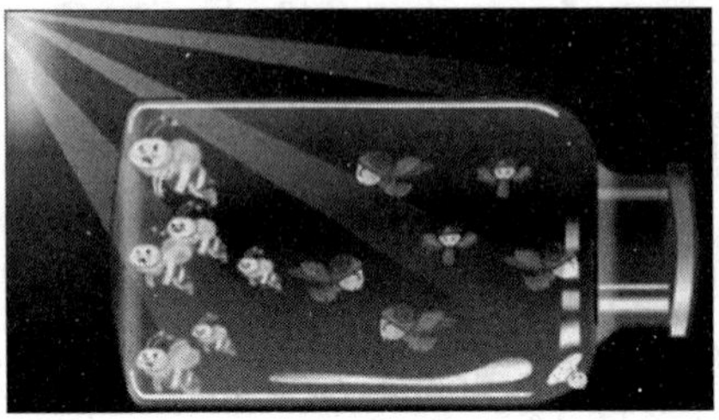

图 2 “习惯性思维”试验

结果怎样呢？人们看到，蜜蜂不停地撞向瓶底，想从那里找到出口，但直至力竭而亡也不得而出；反观苍蝇，则在短短两三分钟内就飞向另一端的瓶口并逃逸一空。由于蜜蜂对光亮的喜爱，它们以为“囚室”的出口必然在光线最明亮的地方，因此不停地重复这种看似“合乎逻辑”的行为，结果导致不幸的发生。那些“愚蠢至极”的无头苍蝇则对事物的逻辑毫不留意，它们全然不顾亮光的吸引，四下乱飞，结果误打误撞碰上了“好运气”，重获新生。其实，我们人类有时候非常像瓶子里的蜜蜂，都会不同程度地被自己的习性或思维惯性所左右。要想具备创造力，就必须摆脱这种定式思维的束缚。

最后说一下洞察力，对此我们可以借助广告学里“负空间设计”（Negative Space Design）这个概念来进行阐释。

美国人马修 ·E·梅（Matthew E. May）写过一本很畅销的书，书名是《精简：大数据时代的商业制胜法则》，他在书里举了联邦快递（Federal Express）的一个例子，并以此形象地解释了“负空间设计”这个概念。联邦快递是一家国际性的快递集团，提供隔夜快递、地面快递、重型货物的运送与物流服务等，隶属美国联邦快递集团，是该集团快递运输业务的中坚力量。联邦快递最早的企业标识是由理查德·鲁尼恩（Richard Runyan）于 1974 年设计完成的［见图 3(a)］。新的联邦快递企业标识则于 1994 年由旧金山朗涛品牌咨询公司（Landor）资深设计总监林登·理得（Lindon Leader）设计，并成为此后知名度最高的企业标识之一［（见图 3(b)］。同年，此标识曾被滚石杂志（*Rolling Stone*）评为 30 年来 8 个最佳标识之一，其余几个则是苹果、可口可乐、耐克、国际商用机器公司、星巴克、麦当劳和花花公子。联邦快递企业标识中的 FedEx 是该公司英文名称 Federal Express 的音节缩写。这个标识给人们带来的第一印象往往是朴素和简单，其实它里面还隐藏着一个令人回味无穷的细节：E 和 x 之间的“负空间”组成了一个向右的箭头（⇨）。尽管大部分人一开始并不会注意这个细节，但一旦注意到之后，就会不由自主地总是被它吸引过去。这个箭头象征了公司的理念：高速、高效、进步、发展。可以说，这枚小小的箭头充分展示了设计者的天才想法。

图 3 联邦快递的旧标识(a)与新标识(b)

以上,我们重点阐释了公共政策分析的艺术特征,而这也是《公共政策分析》第三版序言中原有的部分,并沿用至第四版。笔者真诚希望,艺术性能给公共政策分析这门学科带来更大的魅力,从而吸引更多人的关注。

《公共政策分析》第一版于 2010 年 1 月出版,第二版于 2015 年 3 月出版,第三版于 2018 年 9 月出版,第四版将于 2024 年 12 月出版。应当说,该教材的不断修订与形势的变化和理论的发展紧密相关。

通过学习党的二十大报告可知,党的十九大以来,党中央统筹中华民族伟大复兴战略全局和世界百年未有之大变局,围绕党和国家事业发展进行重大战略部署,团结带领全党全军全国各族人民有效应对严峻复杂的国际形势和接踵而至的巨大风险挑战,以奋发有为的精神把中国特色社会主义不断推向前进。党的十九大以来,我们党团结带领人民,攻克了许多长期没有解决的难题,办成了许多事关长远的大事要事,推动党和国家事业取得了举世瞩目的重大成就。

本着与时俱进的原则,《公共政策分析》第四版在第三版的基础上,对书中内容进行了较大篇幅的修改、补充和完善。例如,对政策举例进行了更新,对一些重要案例进行了替换和调整,补充了一些知识链接,增加了一些理论说明。这些修改、补充和完善对读者更好地理解书中内容、扩大政策知识、拓展政策视野、提高分析问题和解决问题的能力,相信会有很好的帮助。

此外,在《公共政策分析》第四版出版之际,还有以下两点需要说明的问题。

一是 AI(Artificial Intelligence,人工智能)给我们这个世界带来的新改变。现在,ChatGPT-4 已经来到我们身边,这是 OpenAI 公司推出的最新一代自然语言处理模型,它的到来比我们想象的要快,能力也比我们想象的要强①。其中,令人印象最为深刻的还是 ChatGPT-4 参加人类主流考试时所表现出来的水平:它在美国律师执照统考(BAR)中的得分超过了 90%的考生,在美国生物奥林匹克竞赛中的得分超过了 99%的考生,在 GRE(Graduate Record Examination,留学研究生入学考试)语文部分的成绩则接近满分——凭此成绩申请美国名校的研究生已是绰绰有余。不仅如此,ChatGPT-4 仍然在以极快的速度迭代,其前景不可估量。试想一下,如果我们提出问题后能够立即得到高质量的答案,那么相信绝大部分人都愿意在学习中开动脑筋,提出更多问题。现在,ChatGPT-4 就能够迅速输出有价值的答案,回答我们的绝大部分提问,这可比请教真人要方便得多了。ChatGPT-4 就像一位高明的军师,并且它一点都不会疲惫和厌烦。笔者在本书第四版的创作中也试着问了 ChatGPT-4 一些问题,如什么是公共政策、什么是政策影响等,并得到了比较满意的回答。如果读者在学习本书的过程中想到一些问题,不妨也向这位高明的军师多多请教。

① 2023 年初,由 OpenAI 打造的 ChatGPT 火遍全球,一跃成为 AI 领域的现象级应用。

二是广告语的共情效应。2024 年 2 月，阿迪达斯把自己已经用了 21 年的广告语改了。原来的广告语是“没有什么不可能”，英文是“Impossible is Nothing”，从 1993 年使用至今。本次新版广告语的英文是“You Got This”，与之对应的中文广告语是“喜欢不为什么”。为什么要换成这一句呢？根据阿迪达斯全球品牌传播副总裁弗洛里安·阿尔特(Florian Alt)的说法，更换广告语主要目的是希望人们卸下压力，享受运动本身的快乐。也就是说，输赢其实并不重要，关键是自己要喜欢和享受运动。在此，笔者也想告诉读者“You Got This”，学习不是为了不断给自己上紧发条，而是为了从中获得愉悦的感受。

本书的出版得到了首都经济贸易大学出版社孟岩岭总编辑的大力支持和帮助，在此表示衷心感谢。

鉴于笔者学识所限，书中的错误和疏漏在所难免，在此恳请读者给予批评指正。

谢　明

2024 年 5 月 20 日于北京

目录

CONTENTS

第一章

绪　论

第一节　公共政策的含义

一、为什么要研究公共政策?

“公共政策”一词对许多人来说已不陌生，因为人们在生活和工作中经常会与之不期而遇。在现代社会，公共政策可以说无处不在，它与我们如影随形，已经渗透到了社会生活的方方面面。各种各样的公共政策，对人们的生活和情感都有着重要的影响：它们有的倡导我们做某些事情，有的限制我们做某些事情；有的让我们感到轻松和愉悦，有的则让我们感到紧张和压力。例如，人们到医院看病时，与之相关的是国家的医疗卫生政策；入学读书时，与之相关的是国家的教育政策；出门旅行、开车上路时，需要遵守交通管理规定；结婚生子时，需要遵守生育政策；疫情来袭时，需要遵守防疫规定；等等。可以说，公共政策与人们的生活息息相关。因此，我们非常有必要对其有所了解和认识。

研究公共政策的作用主要可以从科学、专业和政治这三个角度来加以考察。

第一，从科学角度而言，分析公共政策的成因与结果有助于增进和丰富社会领域的知识，有助于了解社会与经济、政府与环境、问题与回应、政治与政策等多方面因素之间的互动关系，有助于增进人们对政治行为和公共治理的理解，从而加深对公共政策本质和规律的认识。公共政策是一门综合性的学科，涵盖了社会学、经济学、政治学、历史学、心理学、人类学、法学和行政学等多种学科的理论与方法。可见，公共政策领域的研究成果将极大扩展社会科学的广度和深度。

对以下这类问题的研究通常被称为“政策研究”（Policy Study），它关注的焦点是理论问题。例如，集权和分权原则怎样影响政策的制定？利益集团、公众舆论或大众传媒对政策的采纳有何影响？为什么政府会突然停止对某个问题的持续关注？为什么有些问题能够进入政策议程而另一些却不能？等等。

知识链接一

政策科学的奠基

20世纪五六十年代是西方政策科学的初创时期。1951年，美国著名政治学家哈罗德·拉斯韦尔和拉纳合编的《政策科学：范围与方法的新近发展》一书正式出版。书中提出了“政策科学”（Policy Science）这一概念，标志着政策科学的诞生。由此，哈罗德·拉斯维尔（Harold Lasswell）本人被誉为“现代政策科学的创立者”。公共政策作为一门相对年轻的学科，其创建初期的发展在很大程度上与叶海卡·德罗尔卓有成效的工作有着密切关系——1968至1971年，他发表的《公共政策制定的再审查》《政策科学探索》《政策科学构想》被誉为“政策科学三部曲”。叶海卡·德罗尔提倡系统研究方法，他确立了包含12项内容的总体政策论，为政策科学的发展做出了杰出贡献。可以说，以叶海卡·德罗尔为代表的政策科学家的理论观点，逐渐成为政策科学的基本范式。

第二，从专业角度而言，掌握公共政策的理论与方法能够使人们应用科学知识解决实际问题。换言之，政策分析（Policy Analysis）能够产生专业性建议，即通过对问题的分析和描述，提供行之有效的解决办法。不论是政府内部还是政府外部的政策研究组织（如智库、思想库等分析机构），通常更关心的是如何使理论与实践相结合，怎样用政策知识解决具体问题，怎样提供有效的专业咨询等，而非专注于理论的研究和学科的拓展。

现实中，政策分析和政策评估已成为一项职业。近几十年来，越来越多的政策分析从业人员将经济理论和数学、统计学等分析技术应用于政策分析实践。由此，政策分析确立了其自身最基本的应用方向，即确定现有问题（如空气污染和生活垃圾的处理）并寻求最有效的解决方案（产生最大社会净收益的方案）。政策评估（Policy Evaluation）往往被视为政策分析的衍生物，其主要被用于评价政策在多大程度上实现了其目标以及产生了什么样的社会效应。

知识链接二

人工理性

1608年的一天，英国国王詹姆士一世到皇家法院视察时突然心血来潮，提出要亲自审理案件。但令国王大感吃惊的是，首席大法官爱德华·柯克断然拒绝了他的要求。国王大感不悦，质问其原因。柯克大法官据理力争道："诚然，上帝赋予了陛下超凡的天赋和卓越的才能，但陛下对法律并无研究。凡涉及臣民生命、财产、继承权等方面的诉讼，并非按照自然理性和世俗惯例来裁决，而是按照人工理性和法律程序来审理的。法律是一门专业，需要经过长期的学习和实践方可掌握，在尚未达到专业水准之前，任何人都不能从事案件的审判。"

柯克大法官的这段话影响深远并被载入史册，成为法律职业化的一个重要标志。据说，美国联邦最高法院内通往法庭的路上有两扇厚重的铜门，其上各嵌有四帧浮雕，记载着西方法律发展史上的一些重大事件。右侧那扇门上的第二帧浮雕所镌刻的，就是大法官爱德华·柯克向詹姆斯一世据理力争的故事。

第三，从政治角度而言，政策研究不仅为了科学和专业而存在，而且在政治实践领域也具有举足轻重的地位和作用。政策研究通过提供政治讨论的素材，促进政治意识的提高，完善政策制定过程，提高公共政策的质量。当然，政治实践领域不存在价值中立，人们在判断什么样的政策正确、什么样的目标合理时，必然会发生这样那样的分歧。然而，即使在这样的情况下，"有知"也比"无知"要强得多。

有不少人希望从事"政策建议"（Policy Recommendation）工作，利用公共政策的知识来规划和推动那些他们认为是好的和正确的公共政策，即那些服务于他们自身目标或所属/所支持团体目标的政策。他们可能自称是自由主义者、保守主义者或自由意志论者，并在什么是好、什么是对、什么是公平、什么是效率等方面存在很大的分歧。政策推荐者的调查努力经常因价值因素而被扭曲，因为他们总是基于自己的偏好搜集数据和进行分析。因而，政策推荐更多强调政治因素和政治问题。相比之下，政策研究则更具有客观基础和公正动机。

知识链接三

政治的层次性

显然，政策主体并不全都参与所有公共政策的制定过程：社会中只有某一些事务能够引起人们的普遍关注，从而吸引众多的政策参与者；另一些事务则因为不那么引人注目或只影响到少数人，所以很少引起人们的注意或参与。埃米特·S. 雷德福特（Emmett S. Readford）在其所著《行政国家中的民主》（*Democracy in the Administrative State*）一书中，从政治行动的层次分析入手解读公共政策①。他根据问题涉及范围的大小和人们参与程度的高低，把政治划分为三个层面，即微观政治、中观政治和宏观政治。

第一，微观政治。微观政治是指个人、公司和社区等向政府有关部门提出的政策诉求，努力寻求政府采取有利于其自身的行动。例如，当个人到政府相关部门寻求有利于其的裁定或要求自己免受某种法规的限制时，当公司到政府相关部门寻求政策法规对其有利的变革时，当社区要求政府部门批准其准备建设的项目或反对政府部门在该社区开展的建设项目时，微观政治便产生了。

第二，中观政治。中观政治是指在某一特定的政策领域内，一些与此相关的立法机构、行政机构和利益团体所形成的一种互动模式。中观政治作为一个系统，必然涉及特定的职权范围，往往带有某种专业性色彩，表现出集中化的行动特征。当有关政策问题不复存在时，这个系统便会走向消亡；当政策问题不断膨胀时，这个系统便会发展壮大。中观政治在各个公共政策领域的产生不仅与政府部门的分散性权力和专业化分工有关，而且与人们的愿望和兴趣也有着密切的联系。

第三，宏观政治。宏观政治是指某些政策问题已经引起了人们的广泛关注并形成了广泛的政策争论。某一事务可能起初发生在微观政治层面，而后逐渐发展成为宏观政治问题。同样，政策问题也可能从中观政治系统进入宏观政治领域。当然，还有一些问题从一开始就出现在宏观政治舞台。宏观政治的参与者主要包括政党和政府首脑、高层行政部门、新闻媒介和社会团体代表等。由此可见，在宏观政治层面，人们不仅参与程度高，而且影响范围广。宏观政治问题常常因其显而易见和引人注目的特点，从而引起政策研究人员的密切关注。

---

① 埃米特·S. 雷德福：《行政国家中的民主》，牛津大学出版社 1969 年版，第 4~5 页。

二、什么是公共政策？

在我国，“政策”一词经常为人们在日常生活中使用，如“改革旧的住房政策”“实施从紧的货币政策”等。那么，该怎样理解“公共政策”这一概念的基本含义呢？我们不妨先看以下一些材料。

- 党的二十大报告。2022 年 10 月 16 日，中国共产党第二十次全国代表大会在京开幕，习近平总书记代表第十九届中央委员会向大会作报告——《高举中国特色社会主义伟大旗帜为全面建设社会主义现代化国家而团结奋斗》。这篇报告是中国共产党团结带领全国各族人民夺取新时代中国特色社会主义新胜利的政治宣言和行动纲领，是一篇马克思主义的纲领性文献。
- 2024 年中央一号文件。这份中央一号文件于 2024 年 2 月 3 日由新华社受权发布，提出有力有效推进乡村全面振兴“路线图”。这份文件标题为《中共中央 国务院关于学习运用“千村示范、万村整治”工程经验 有力有效推进乡村全面振兴的意见》，全文围绕六个方面展开：确保国家粮食安全，确保不发生规模性返贫，提升乡村产业发展水平，提升乡村建设水平，提升乡村治理水平，加强党对“三农”工作的全面领导。
- 《数字中国建设整体布局规划》。2023 年 2 月，中共中央、国务院印发《数字中国建设整体布局规划》①，从党和国家事业发展全局和战略高度，提出了新时代数字中国建设的整体战略，明确了数字中国建设的指导思想、主要目标、重点任务和保障措施。
- “三孩政策”。继全面两孩政策之后，我国迎来了人口与生育政策的又一次历史性调整。2021 年 7 月 20 日，《中共中央 国务院关于优化生育政策 促进人口长期均衡发展的决定》对外发布，提出优化生育政策，实施一对夫妻可以生育三个子女政策，配套实施积极生育支持措施。该决定提出了覆盖全生命周期的一揽子支持举措，涉及卫生健康、教育、财政、税务等诸多领域，目的是减轻广大家庭的后顾之忧。
- “双减政策”。2021 年 7 月 24 日，中共中央办公厅、国务院办公厅印发《关于进一步减轻义务教育阶段学生作业负担和校外培训负担的意见》。该意见提出，要在 1 年内使学生过重作业负担和校外培训负担、家庭教育支出负担和家长相应精力负担得到有效减轻，3 年内使各项负担得到显著减轻，使教育质量得到进一步提高，使人民群众的教育满意度得到明显提升。
- 为“自媒体”划红线。2023 年 7 月 10 日，中央网信办的公众号“网

---

① 数字中国是指以数字技术为基础的国家发展战略，旨在实现各个领域的数字化、智能化和信息化，推动中国经济增长和社会进步。数字中国的建设目标是实现数字经济强国，打造数字化、网络化和智能化的现代化国家。数字中国涉及政务、工业、农业、医疗、金融、教育等各个方面和领域。

信中国”正式发布《关于加强“自媒体”管理的通知》，详细列出了关于自媒体经营的13条规定，亦被称为“自媒体13条”。其内容包括：严防假冒仿冒行为，强化资质认证展示，规范信息来源标注，加强信息真实性管理，加注虚构内容或争议信息标签，完善谣言标签功能，规范账号运营行为，明确营利权限开通条件，限制违规行为获利，完善粉丝数量管理措施，加大对“自媒体”所属MCN[①]机构管理力度，严格违规行为处置，强化典型案例处置曝光，等等。“自媒体13条”是中央网信办首次将与自媒体相关的管理措施进行的完整、集中展示，体现了国家对自媒体产品形态、资质管理、运营规范等的集成管理和全面覆盖。

- 杭州全面放开二手房限购。2024年3月14日，杭州市房地产市场平稳健康发展领导小组办公室发布《关于进一步优化房地产市场调控措施的通知》。本次通知全面解除了杭州全市范围内的二手房限购，并将二手房增值税免征年限统一调整为2年。业内分析认为，此举将有助于刺激外地人杭置业需求。至此，杭州市的限购政策仅对核心主城区的新房部分有效。
- 反食品浪费法。十三届全国人大常委会第二十八次会议于2021年4月29日表决通过《中华人民共和国反食品浪费法》。通过制定此法，将历年来我国在实践中形成的行之有效的厉行节约、反对浪费的有关政策上升为法律规定，明确各项制止食品浪费行为的法律依据，发挥法律的引领和规范作用，明确各相关主体的责任，建立长效的工作机制，从而为全社会确立了餐饮消费和日常食品消费的基本行为准则。自此，反食品浪费不再仅仅是倡导和口号，而是做到了有法可依。

请问，以上材料都与公共政策有关吗？我们应当如何定义公共政策呢？

在本书中，公共政策被定义为：社会公共权威机构在特定情境中，为达到一定目标而制订的行动方案或行动准则。其作用是规范和指导有关机构、团体或个人的行动；其表达形式包括法律法规、行政规定或命令，国家领导人口头或书面的指示，政府大型规划、具体行动计划及相关策略等。

在上述定义中，社会公共权威是一个较为宽泛的概念，它既包括政府或执政党派，又涵盖宗教团体或宗族势力，泛指具有特殊权力、能够制定公共政策的政治实体。当然，公共政策既可能是个人制定的，也可能是群体制定的。但这里的个人是指代表群体的个人，群体是指作为组织核心的群体。特定情境则是指特定的历史时期、特定的环境条件以及公共政策特定的适用范围，即所谓

① MCN（Multi-Channel Network）模式源于国外成熟的网红经济运作，是一种多频道网络的产品形态，将PGC（专业内容生产）内容联合起来，在资本的有力支持下，保障内容的持续输出，从而最终实现商业的稳定变现。

的时空条件。政策目标是公共政策的灵魂。无疑，制定政策总是为了达到一定的目标，从政策制定主体的角度来看，不存在无的放矢的政策。行动方案对应公共政策的具体性和可操作性，行动准则对应公共政策的指导性和原则性。

知识链接四

公共政策的概念梳理

公共政策具有明显的跨学科特征并被广泛应用于社会各个领域。由此，不同的研究者亦会从不同的角度、应用不同的理论和方法去分析不同的政策现象，而不同的公共政策实践又需要针对性很强的公共政策理论与方法，这就使得对公共政策概念的解释存在不同的理解。在学术领域，人们对公共政策含义的理解歧义颇多，迄今为止尚未形成一致的界定和达成共识。下面介绍的是一些具有代表性的观点。

行政学鼻祖、美国学者伍德罗·威尔逊（Woodrow Wilson）认为，公共政策是由政治家（具有立法权者）制定并由行政人员（国家公务人员）执行的法律和法规①。这一定义主要从政策制定和政策执行的角度对公共政策进行界定，对理解公共政策具有一定的启发性。

美国政治学家哈罗德·拉斯维尔在创立政策科学时曾提出，公共政策是“一种含有目标、价值和策略的大型计划”②。这一定义突出了公共政策的设计功能及其目标取向，强调理性的政策制定中通常应有科学的论证和合理的程序。

美籍加拿大学者大卫·伊斯顿（David Easten）认为，“公共政策是对全社会的价值进行权威性分配”③。这种定义是从传统政治学原理的角度理解公共政策的，侧重于公共政策的价值分配功能。其中所涉及的“价值”应从广义去理解，即指所有有价值的东西，不仅包括实物、资金和知识，而且包括权力、声誉和服务。这种理解隐含了一个最基本的政治学假设，即利益及利益关系是人类社会活动的基础，而政府的基本职能就是对利益进行社会性分配。公共政策是政府进行社会性利益分配的主要形式，即决定什么人取得什么和取得多少。

美国学者托马斯·戴伊（Thomas Dye）认为，“凡是政府决定做的或决定

---

① 伍启元：《公共政策》（上册），台湾商务印书馆 1985 年版，第 4 页。
② 林水波、张世贤：《公共政策》，五南图书出版公司 1982 年版，第 8 页。
③ 伍启元：《公共政策》（上册），香港商务印书馆 1989 年版，第 4 页。

不做的事情就是公共政策"①。这一定义侧重于考察政府的作为和无为，突出了公共政策的行为特征，说明公共政策不仅涉及政府所采取的行动，而且涉及政府决定停止的行动和根本没有采取的行动。

罗伯特·艾斯顿（Robert Eyestone）在《公共政策的思路：对政策领导的研究》一书中指出，"从广义上讲"，公共政策就是"政府机构与其周围环境之间的关系"。这种理解是从系统角度认识公共政策的，认为公共政策是政府与环境互动的结果，突出了环境因素的作用。

英国学者理查德·罗斯（Richard Rose）在《英国的政策制定》一书中提出，不该只把公共政策视为某个孤立的决定，而应把它视为由"或多或少有联系的一系列活动所组成的一个较长的过程"，以及这些活动对有关事物的作用和影响。尽管理查德·罗斯的定义并不十分明确，但它却包含了一种很有价值的见解，即公共政策是一个活动过程或一种活动方式，而不仅仅是一个关于做什么事的决定。

美国学者斯图亚特·内格尔（Stuarts Nagel）认为，"公共政策就是政府为解决各种各样的问题所做出的决定"②。斯图亚特·内格尔的这种认识突出了公共政策的问题导向。

美国学者叶海卡·德罗尔（Yehezkec Dror）在《公共政策再审查》一书中指出，政策制定作为"在指导社会行动的两个主要方案之间进行选择的自觉性意识"的这一观点，可以追溯到文艺复兴甚至古希腊时期的政治理论。从在方案间进行选择这一角度而言，叶海卡·德罗尔认为政策作为一种理念，可以从重商主义者关于商业方面的论著中得到启示，说得直白一点，就是从个人利益出发，做出价值最大化的选择。

我国台湾学者伍启元在《公共政策》一书中提出："公共政策是政府所采取对公私行动的指引，公共政策是将来取向的，公共政策是目标取向的，公共政策是与价值有密切关联而受社会价值所影响的，公共政策是由政府或有决策权者所采取或选择的，公共政策是具有拘束性而受大多数人接受的行动指引。"

下面，我们未看看 ChatGPT 对公共政策的定义。当笔者好奇地向 ChatGPT 提问时，它的回答是这样的：

公共政策被定义为公共当局（机构）为解决特定公共问题或追求特定目标而选择的行动或不作为的过程，其基于对替代方案的相对成本和收益的评估，并符合现行法律、法规和政府目标。公共政策可以包括法律、法规、决定

① 托马斯·戴伊：《理解公共政策》，韦伯文化事业出版社 1999 年版，第 2 页。

② 斯图亚特·内格尔：《公共政策：目标、手段与方法》，林明等译，科学技术文献出版社 1990 年版，第 7 页。

和管理机构的操作（执行）。不决策其实也是一种决策，政府采取不行动的决策方式，即政府在决策中采取一种搁置或静观其变的做法。政府既可以选择行动，也可以选择不行动①。

第二节　政策分析的含义

一、政策分析的由来

政策是一个古老的话题，政策分析却是一个全新的领域。20 世纪 40 年代末 50 年代初，一些政治学家把微观经济学多年来对效率（O/I）问题进行分析研究的方法运用于社会政治领域，建立了政策分析的基本框架，并在此基础上创立了政策科学。这种理性的分析方法主要是指为了解决存在的问题而根据掌握的事实或数据，运用科学的方法与手段，寻求最佳的对策。经济学的分析方法具有这样一个假设前提，即固定的资源或投入，经由增加效益的有效途径，能够获得最高的产出。政治学家以此为据，先设定明确的目标或产出，然后寻求如何可以提高效率，即以最低的投入或最少的资源达到事先确立的目标。从这个意义上来看，政策分析最初实际上只是一种效率研究，其作用仅限于有助于决策的分析工作之中。政策分析的前期准备涉及问题的确认和资料的收集，政策分析的最终目的是为决策者提供决策的依据。具有这种特点的政策分析从 20 世纪 50 年代开始率先在军事领域得到运用，而其在社会一般决策领域的普及则是 20 世纪 60 年代的事情。在这个时期，美国的兰德公司（Rand Corporation）和其他一些以政策分析为主要工作的机构都是以这种政策分析的理念开展其研究工作的。这类基于理性原则的政策分析（投入-产出分析）在政策分析领域影响很大，它构筑了现代政策分析的基础架构。

然而，在实际操作过程中，人们很难把政策分析局限于政策方案的选择过程，而不考虑政策过程的其他环节。随着政策科学的不断发展，对政策分析一词的解释出现了多种不同的版本，各种学派所强调的研究重点也存在很大的差异。的确，社会的发展和变化不可能完全按照人为设计的逻辑进行，所以，学科发展过程中出现概念问题的多元化现象也就不足为奇了。政策分析的范围目

① 这是 ChatGPT 对这一问题回答的英文原版：Public policy is defined as a course of action or inaction selected by public authorities to address a particular public problem or to pursue a particular goal. It is based on the assessment of the relative costs and benefits of alternative options and is in line with existing laws, regulations, and government objectives. Public policies can include laws, regulations, decisions, and administering agency operations.

前看似已扩展到影响政策制定和执行过程中的诸多因素之中，人们亦视政策分析为“在政策领域创造、沟通和应用社会知识的复杂过程”。当政策分析一词被用于学科名称时，则其所代表的含义更为广阔。

公共政策关注的是社会和公众的问题，那么这些问题是怎样被定义和构建的？它们又是如何进入政府政策议程的？对此，政府做了些什么？没有做什么？为什么要这么去做或为什么不这么去做？这么做会有什么样的结果？为什么会有这些结果？怎样对政策进行评估和修正？怎样对政策进行贯彻和执行？诸如此类对公共政策本质、起因和结果的研究构成了当今公共政策分析的主流。

正如美国匹兹堡大学威廉·邓恩教授在其《公共政策分析导论》（*Public Policy Analysis：Introduction*）一书中所总结的那样：政策分析是针对整个政策制定过程并在政策制定的各个环节中创造知识的一项活动。为创造和获得这种知识，政策分析必须对公共政策的产生原因、结果及其执行情况展开认真的分析和调查。只有国家的行政、立法和司法这三大权力主体以及公共决策的目标群体，才能利用政策分析成果，改善政策制定过程以及政策执行结果。由于政策制定的实效有赖于对已有知识的检索和使用，因此知识的交流与政策分析的运用就成为公共政策制定理论和实践的核心所在。

二、政策分析的基本特征

作为一门应用学科，政策分析需要学习和借鉴其他学科。换言之，政策分析是一个由多种学科背景、多种技术方法和多种理论模型组成的综合研究领域，其特色主要表现在以下几个方面。

第一，理论与实践的结合。进行政策分析主要是出于科学和专业的双重考虑。从科学角度而言，政策分析无疑有助于公共政策的制定和执行，从而进一步提高政府的管理水平。然而，科学和专业是两个完全不同的认知层次，前者的目标是探求理论知识，后者的目标则是运用这些理论知识去解决社会中的实际问题。因此，理论与实践的结合是政策分析中最为突出的特征。

第二，复杂的学科背景。如前所述，政策分析具有跨学科的特点，从而成为各研究领域学者共同关注的焦点。政策分析所涉及的学科至少包括政治学、哲学、经济学、心理学和社会学等。除此之外，政策分析还要求了解与公共政策有关的历史、法律、人类学和地理学等方面的知识。现在，量化技术和计算机科学在政策形成、执行和评估中的影响也被认为属于政策分析的范围。

第三，多架构的研究方法。正如威尔达夫斯基（Wildavsky）所指出的那样：“政策分析是一个应用性的边缘学科，其内容不是由学科界线所决定，而是由所处的时代及其环境与问题的特征所决定的。”① 政策分析的目的是结合各种具体情境，运用不同分析模型，强调的是针对性和适用性。因此，从事政策分析者不能视野狭隘，而要博采各种研究方法和学科之长。

第四，广阔的研究领域。如前所述，在现代社会中，公共政策可说是无所不在，它已经渗透到社会的各个层面和生活的各个领域之中。政策分析与公共政策如影随形，好的政策往往源于有效的分析。一般而言，政府和公众所关心的问题都是政策分析所要涉及的领域。

三、政策分析的焦点

政策分析需要回答以下五个问题：

- 寻求方案是为了解决什么样的问题？
- 应选择什么样的行动方案去解决这个问题？
- 选择了这个行动方案会有什么样的结果？
- 达到这些结果有助于解决这个问题吗？
- 如果选择了其他的行动方案，能够期待出现什么样的结果？

这些问题的答案涉及五类信息（或称五种政策信息元素）的收集、处理、分析和传递。这些信息元素将提供有关政策问题（policy problems）、政策绩效（policy performance）、政策预期（expected policy outcomes）、政策偏好（preferred policies）、政策结果（observed policy outcomes）等方面的信息。

第一，政策问题实际上是指能够通过采取公共行动达到改善目的的价值和机会。有关解决什么问题的知识涉及问题的前提和条件的信息（如辍学是失业的前提和条件，失业是贫困的前提和条件等）和有效结果的信息（如安全的学校、维持生计的工资等），这些信息有助于促进问题的最终解决。在政策分析中，政策问题的信息起到了一个非常重要的作用，这主要是因为定义问题的方式对寻求解决方案具有很大的影响。信息不足或缺失可能会导致错过真正应当被解决的问题。

第二，政策预期是指政策可选方案的预期结果。造成问题出现的环境方面的信息对政策预期信息的产生具有至关重要的影响。由于现在不会复制过去，历史只会相似而不可能重复，影响行为的价值观也会发生各种变化，因此问题的环境信息往往是不足的。这就要求政策分析人员必须意识到政策预期不是仅靠现有信息就能完整提出的，要产生有效的信息还需要相应的创造力、洞察力和内在知识的运用。

第三，政策偏好是指一个问题的潜在解决方法。行动的出现源于对政策预

① Aaron Wildavsky. Speaking Truth to Power：The Art and Craft ofPolicy Analysis，Little Brown，1979.

期的判断。政策偏好的信息有赖于对预期结果效率和价值的判断，换言之，政策建议既基于财政方面的条件，也基于对价值前提的考虑。仅从事实前提出发，如假设一项政策在事实判断方面明显比另一项政策更为有效，并非判断政策偏好的主要标准。

第四，政策结果是指政策行动实施后得到的结果（包括过去的或现在的结果）。政策结果有时会显得不甚清晰，因为一些影响（effect）并非政策结果，很多结果是政策以外的因素引起的。我们必须要清楚一点，即行动的结果不可能被事先充分了解和阐明，一些非预期的结果在未来也有可能发生。幸运的是，有关政策结果的信息不仅产生于“下注之前”（政策被执行之前），而且产生于“下注之后”（政策被执行之后）。

第五，政策绩效是指政策结果实际的贡献程度。对政策绩效的评估主要是对政策行动与还未实现的价值和机会进行衡量。在政策实践中，由于问题几乎不可能被彻底解决，它们最多是被分解、重构了，因此政策绩效永远不会是一个完整的或圆满的过程。要想知道一个问题到底是解决了，还是仅仅被分解、重构了或干脆没有得到解决，就必须掌握政策结果的信息和原始问题变化程度的信息。同样，政策绩效的信息也是分析政策预期的依据，并由此保证了信息的有效循环。

以上五种与政策相关的信息相互联系、相互依存，构成政策信息系统（见图1-1）。连接每一个信息元素的箭头，描述了信息传递的动态过程。其中，一种形式的信息通过一定的政策分析程序被转换成另一种形式的信息。信息的层层递进，构成了政策分析的逻辑框架。当然，在框架的构筑过程中还需要加入标准、规则、程序等元素。其中，标准和规则决定了对程序的选择以及对其结果的分析评估。程序的作用只限定于在政策问题、政策预期、政策行动、政策结果、政策绩效等环节中产生信息，相比标准和规则而言，程序居于次要和从属的位置，它不能单独产生对政策有用的知识。

政策分析需要信息，但更需要知识和智慧。信息源于对材料的收集，知识有赖于对信息的整理，智慧则体现为用知识解决问题。在政策活动中，产生和使用资料、信息与产生和使用知识、智慧是完全不同的。因此，站在不同的角度评估政策成功与否，其标准会有很大的区别。

知识链接五

知识结构

毫无疑问，当前我们已经生活在知识经济和知识管理的环境中。每时每

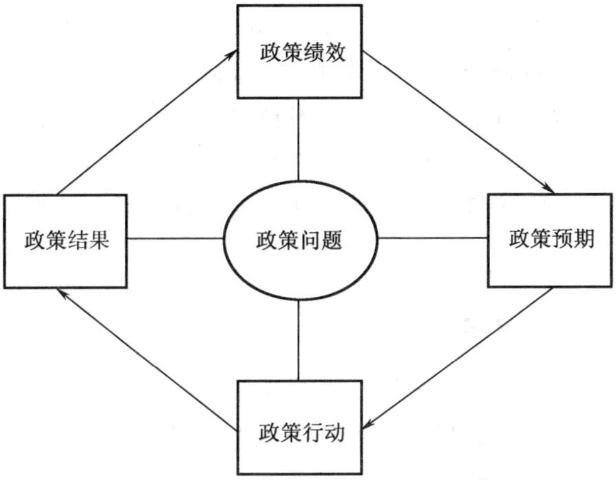

图 1-1　五种与政策相关的信息

资料来源：威廉·邓恩：《公共政策分析导论》（第 2 版），谢明等译，中国人民大学出版社 2002 年版，第 16 页。

刻，我们身边都充满了各种各样的数据，只有将这些杂乱无章的数据转换为信息和知识，才有助于我们做出明智的选择。由图 1-2 可知，从数据到智慧是可以划分为不同层次的。

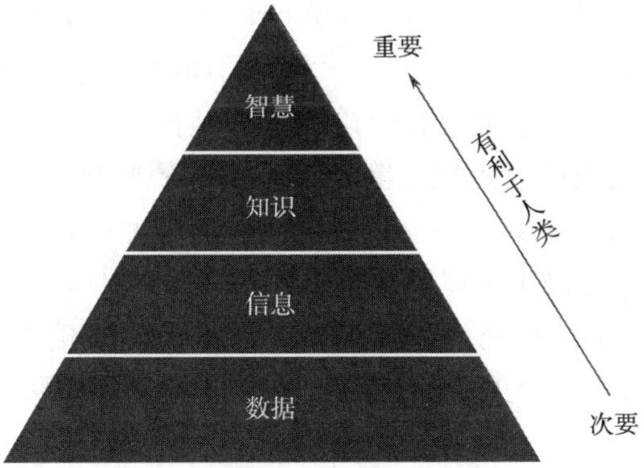

图 1-2　从数据到智慧的层次

数据是知识结构中处于最底层也是最基础的概念，是从自然现象和社会现象中搜集的原始材料，同时也是形成信息、知识和智慧的源泉。使用人根据使用目的、按一定形式对数据加以处理，找出其中的联系，这样就形成了信息。信息=数据+处理，信息必然来源于数据并高于数据，只有当一些孤立的数据被用来描述一个客观事物或事物之间的关系并形成有逻辑的数据流时，它们才能被称为信息。知识则需要通过使用信息，并通过归纳、演绎等方法才能获得。当前人们对知识概念的界定，通常采用的是 20 世纪 60 年代以来国际上流行的一个说法：知识就是知道是什么（know—what）、知道为什么（know-why）、知道怎么做（know-how）、知道谁做（know-who），即“4个W”。智慧是知识层次中的最高一级，是人类特有的一种能力。有知识不代表有智慧，智慧是对知识的恰当应用，它以知识为基础，并有赖于个人的实际运用能力，即敏锐观察、理性判断、综合分析、创新实践、解决问题、创造价值等方面的能力。

四、政策分析的方法

（一）政策分析的基本方法

政策分析的常用方法主要有三种，分别是经验的方法、评价的方法和规范的方法。在具体的分析过程中可以运用其中一种或综合运用全部三种方法。

1. 经验的方法（empirical）

经验的方法主要用来描述既定公共政策的原因和结果，其突出的是问题的事实前提（事情到底存在吗？都有哪些表现？），其提供的信息类型是描述性或预测性的（descriptive and predictive）。例如，政策分析人员依据事实描述、解释或预测发生在教育、卫生或交通领域的公共开支问题。

2. 评价的方法（valuative）

与经验的方法相比，评价的方法主要与政策的价值判断有关，其突出的是问题的价值前提（这么做值得吗？什么值或不值？），其提供的信息类型是评价性的。例如，在提供了各项税收政策的描述性信息后，政策分析人员依据其价值选择（如社会伦理和道德规范等）对不同的税收负担分配方法进行评估。

3. 规范的方法（normative）

规范的方法主要是提出可以解决公共问题的未来行动方案，其关注的焦点是行动（应该干些什么？究竟怎么去干？），提供的信息类型是规定性的（prescriptive）。例如，一个关于最低年收入的社会保障政策可以作为解决贫困问题的行动方案建议。

从上述三种方法可知，政策分析已经超越了传统社会科学的学科目标。长期以来，传统社会科学的学科目标中常常回避评价和规范的方法，这主要是基于一种根深蒂固的观念，即科学需要区分事实与价值。这种观念可能会导致对政策分析方法论及其目标的误解。根据这种观念，规范性方法提出的是政策倡议（policy advocacy），政策倡议则常被视为一种进行情感煽动、发表意识形态纲领和从事政治目标行为的方法，而不是提供公共问题解决方面的相关政策信息以及对问题进行合理论证的有效方法。这种把政策倡议视为非理性过程的观点主要源于对价值因素的认识偏见，即认为价值是纯主观的，只同其持有者有关。这种观念致使价值既不能被理性地讨论，也不能被科学地研究。

知识链接六

托马斯·戴伊关于政策分析与政策倡议的观点

政策分析（policy analysis）与政策倡议（policy advocacy）是有区别的①。

托马斯·戴伊认为，政策分析与政策倡议不是一回事。解释公共政策的原因与结果并不等于告诉政府应该追求何种政策。了解政府为什么这样做而没有那样做以及这样做会产生哪些影响，并不意味着告诉政府应该做什么、如何去做以及行动上应做出何种变化。政策倡议需要修辞、说服、组织和实践的技巧，政策分析则鼓励研究人员运用调查工具去评判重大的政策议题，尝试发现那些构建公共政策的基本因素，以及实施公共政策会带来的相关影响。经由政策分析活动而产生的知识是政策倡议和政策实践的先决条件。

具体而言，政策分析表现出如下特征：

第一，解释而非描述公共政策；

第二，探究公共政策的原因和结果；

第三，尝试发现适用于各种政策领域的一般性理论。

毫无疑问，政策议题都是由政治行动者而不是政策分析人员决定的。所谓政治行动者，是指那些民选的或获得委任的政府官员、社会利益团体，有时甚至包括一般选民。如果社会科学研究在政治领域发展得不尽理想，则其研究成果可能被人加以主观解释，招致不屑的态度乃至错误的理解，甚至遭到利用而成为政治斗争的工具。有时，政策分析的研究发现还可能造成政治领域中的一些尴尬局面。可见，某项公共政策是否得到采纳或实施往往并不以政策分析人员的意志为转移，而相关政治利益团体和个人接受、利用或拒绝、反对政策分析的结果，则多出于其对自身主张和利益的考虑。

（二）政策分析的具体方法

具体而言，根据政策分析信息类型的不同，可以区分政策分析的 5 种方法②。

具体来说，政策分析会用到 5 种类型的信息，从而产生 5 种分析的方法，包括描述（description）、预测（prediction）、评估（appraisal）、开处方

---

① Thomas R. Dye. Understanding public policy，Perntice Hall，2002，pp. 6 ~ 7.

② William N. Dunn. Public Policy Analysis：Introduction，4th ed，Pearson – Prentice Hall，2004，pp. 6 ~ 7.

（prescription）和定义（definition）。所有的方法都会涉及如下几种判断：接受还是反对某种解释，确信还是质疑某个行动的正确性，选择还是不选择某项政策，认可还是不认可某种预测，同意还是不同意某种定义问题的方法，等等。在政策分析领域，这些判断已经被赋予特有的名称，即监测（monitoring）、预见（forecasting）、评估（evaluation）、建议（recommendation）和问题构建（problem structuring）。

第一，监测（描述）产生有关政策观测结果的信息，提供先前政策执行结果方面的知识。很多政府部门都会在相关管理领域依据各种政策指标对政策的执行结果及影响实施监测。监测多为例行事务，当然有时也有例外。监测有助于考察政策目标群体的服从程度，发现先前没有预见到的情况，识别政策执行中的限制和障碍，确定政策偏离时的责任归属。

第二，预见（预测）产生期望政策结果的信息，提供有关事件未来状态的相关知识。所谓未来状态，是指政策方案（包括不行动的选择）在未来可能发生的结果，这是在政策形成阶段必须考虑的问题。预测能够检验那些看似合理的、潜在的、规范的前景因素，能够评估现行政策和选择方案的相关结果，指明在实现目标过程中可能出现的限制因素，同时评估不同方案的政治可行性（支持或反对）。

第三，评估（评价）产生观察政策结果和期望政策结果的价值信息，设法发现预想和实际执行状况之间的差异，提供与政策价值相关的知识，在政策制定过程中为决策者提供帮助。评估不仅是对问题缓解的程度下结论，而且有助于对驱动政策的价值观进行评价或反思，从而对政策的调整与再造以及就重新构建问题的依据提供帮助。

第四，建议（开处方）产生与政策偏好相关的信息，通过对结果的得失进行分析，产生对政策选择有用的知识。建议有助于评估风险因素与不确定的程度，明确外部性和溢出量，确定政策选择的相关标准，指明政策执行的行政责任。

第五，问题构建（定义）产生“什么样的问题需要解决”之类的信息，提供与问题基本假设相关的知识。这些知识会被用来质疑支撑问题定义的基本假设。没有这种质疑，基于这些假设的问题将不经过评估就进入政策议程，从而可能对政策制定的质量和效率造成不利的影响。此外，问题构建还有助于发现隐含的假设、判断问题的成因、描绘可能的目标、融合原本冲突的观点以及设计新的政策可选方案。问题构建这一方法是建立在其他方法之上的方法，因此也被称为元方法（meta-method）。

五、政策分析的类型

根据政策分析的项目要求不同，可以把政策分析分为：①研究型分析

(researched analysis)，或称政策研究（policy study/policy research）；②快速分析（quick analysis），或称基础分析（basic analysis）。研究型分析主要面向一些大型或长期性的项目，分析人员努力寻求问题背后的真相，对分析的复杂性和精确性有较高的要求，研究机构的学者和思想库的顾问多获聘对一些公共政策问题进行研究型分析。快速分析多涉及社会生活中的一些具体事项，其目标比研究型分析简单，旨在向决策者提供简明的建议。

更进一步而言，研究型分析的主要特点是研究周期长，投入成本高，占有资料多，效果显示慢。可见，研究型分析对社会现实问题的回应力相对来讲是比较弱的，与日常工作中为决策提供服务的分析方法显然不同。快速分析则可以对政策问题做出及时反应，能够在时间等资源有限的情况下快速提出有效的政策建议。目前，快速分析以其简便快捷的分析过程以及对分析结果的及时提供引起了决策者的广泛关注并受到诸多政策分析人员的青睐，逐步在政策分析领域得到推广和应用。

从某种意义上讲，快速分析并不比研究型分析来得轻松。研究型分析具有相对固定的程式，存在一些常规性的步骤和已为人们所接受的科学标准。快速分析最重要的特征则是与现实因素的密切互动，这意味着在基本的分析程序之间、分析人员与服务对象之间、分析结果的沟通形式之间存在相互作用和影响。不仅如此，快速分析还不得不面对时间的压力、“客户”的压力和环境的压力。因此，有的人只是把快速分析视为一种技巧而不愿称之为科学。

六、政策分析的局限

政策分析真能起到实际的作用吗？对此有的人认为，政策分析只不过是掩饰政治冲突的一种时髦的修饰而已，现实中某些所谓的决策者为解决冲突而进行的却是一种实力的较量：更多依赖的是玩弄权术、策划阴谋、竞争性投票、在政治上讨价还价，有时候甚至不惜诉诸暴力。因此，上述对政策分析抱有成见的人认为，在政策的制定过程中，理性的谋划虽说谈不上有什么害处，但也只是一种聊以自慰的消遣罢了。换言之，他们认为政策分析人员所做的大量专业分析实际上是白费心思，因为各种重要问题最终还是决定于“政治实力”的对比。

的确，政策分析人员不是决策者，他们的职责只是为其雇主和客户提供政策建议和评估结果，拍板决策的权力并不属于他们。现实中，政策分析人员可能也很难让决策者完全听取他们的意见，甚至“绝大多数的决策者经常会与政策分析人员的意见完全相反”①，政策分析报告被轻视和搁置的情况可以说屡见不鲜。政策分析人员常常抱怨，理性的呼声并不一定总能博得那些“特

① Hok Lin Leung. Towards a Subjective Approach to Policy Planning & Evaluation：Common-sense Structured，Ronald P. Rrye，1985，pp. 19.

殊听众”的好感，决策者常常忽视他们的研究成果。一些决策者却对此不以为然，他们认为研究者提供给自己的分析结果往往并无多大用处。

托马斯·戴伊指出：“政策分析能否解决美国的问题？人们实在难以对这个问题做出肯定的回答。无知、犯罪、贫困、种族冲突、不公平、住房问题、健康问题、环境污染、人口稠密、生活不幸等，长期困扰着许多人的生活。当然，政府没有借口不去努力解决这些问题，但是要想找到有效的解决方案的确也是非常困难的。有以下几点原因极大地挫伤了人们对政策分析工作的热忱。”①

第一，政府权力所及范围有限。现实中，政府权力受到许多社会力量的限制，如家庭生活、婚姻状态、儿童抚养、宗教信仰、社会习俗等，这些力量均不易受到政府权力的左右。即使政府有心介入，也很难对其实施有效的控制，因此对相关问题的解决可能是非常棘手的事。

第二，问题认识上的分歧。在有关目标与手段、方向与路径的政策讨论中经常会有冲突产生，当人们难以对有关问题所涉内容达成共识时，政策分析就很难派上用场。诚然，政策分析可以为如何取得特定结果提供思路，但它无法决定什么才对社会最具价值，即政策分析解决不了价值冲突问题。换言之，如果人们在价值判断方面缺少共识，那么政策分析就无法对政策制定做出太多贡献。

第三，人文研究自身的限制。在现行的人文研究环境中，对人类社会进行某种受控制的实验似乎是不太可能的事。例如，研究人员不可能只为观察教学条件对学习成绩的影响而命令学生进入一所他们不喜欢的学校并在那里学习数年。又如，尽管在教学改革中常常会有实施新的教学方法和新的教学计划后学生表现上佳的案例，但却很难确定这种变化是来自教学改革的影响还是来自实验情景的激励。

第四，人类心理和行为的复杂性。事实上，很多时候正是因为政策分析人员缺少对个人和群体行为的足够了解，所以他们才没有办法为政策制定者提供可信的建议。以管理学领域著名的“霍桑实验”② 为例，其前期工作之所以以失败告终，就是因为忽视了人类心理和行为的复杂性。此后，经由该实验总结出来的“霍桑效应”告诉我们，当人意识到自己正在被研究和观察的时候，

---

① Thomas Dye. Understanding Public Policy, Perntice Hall, 2002, pp. 7~8.

② 霍桑实验是 1924 至 1932 年在美国西方电气公司所属霍桑工厂进行的一系列实验。霍桑工厂是一个制造电话交换机的工厂，拥有较完善的娱乐设施、医疗制度和养老金制度，但工人们仍愤愤不平，生产绩效很不理想。为找出原因，1924 年美国科学院组织了一个包括各方面专家在内的研究小组，对该厂的工作条件和生产效率的关系进行了考察和实验，就此拉开了著名的霍桑实验的序幕。这次著名的研究活动可以分为两个大的阶段：第一阶段是从 1924 年 11 月至 1927 年 5 月，主要是在美国国家科学委员会赞助下进行的；第二阶段是从 1927 年到 1932 年，主要是在美国哈佛大学教授梅奥的主持下进行的。

往往会改变自己的行为。

第五，社会问题的多样性、社会环境的复杂性和科学知识的有限性。或许，造成我们对政策分析持保留态度的最重要原因，就是社会问题的复杂性与人类知识的有限性。绝大多数社会问题都涉及多个变量，受到多种因素的影响。因此，政策分析人员往往难以对政策方案进行精确预测，给出明确解释。政策议程中大量自相矛盾的建议和存在冲突的提案充分说明了人们实践经验的不足和科学知识的缺乏。可能有人会说，没有建议也比提出自相矛盾或不正确的建议要好，但毕竟制定政策是决策者的责任。因此，在有限的知识范围内采取行动总比毫无知识或无所作为要好得多。

毫无疑问，政策分析并不是灵丹妙药，它当然会面临诸多障碍和局限。很多时候，政治性因素会阻止“具有技术性优势”的备选方案被选中，因为政治家往往更关注选举人的意见而不是政策分析人员的意见。但是，政策分析人员大可不必为此感到苦恼和失望，一个政策方案在政治性上占优势或符合多数人的期待并非就一定是符合理性的方案（当然这两者有时也会重合）。政策分析的作用恰恰就在于当这两者不重合的时候，做出正确的预测和分析。

知识链接七

政策分析的陷阱

正如存在某些政策分析的最佳方式那样，同样也存在某些可能导致分析失败的陷阱。阿诺德·梅尔斯纳（Arnold J. Meltsner）指出，在政策分析过程中，“人们会常常受到一系列重复发生的问题的困扰，人们总以为只要委托人能够找到更好的政策分析人员，那他们就可以做出更好的决策”，但实际情况并非如此①。他总结了政策分析人员易犯的7种错误，即墨守成规（channeled）、生搬硬套（distant）、贻误时机（late）、一知半解（superficial）、手忙脚乱（topical）、反复无常（capricious）、脱离政治（apolitical）。

第一，墨守成规。墨守成规的主要表现是过分依赖惯例，依据理想状态，以老套方式行事，从而使思路受到禁锢。其主要原因是分析人员或委托人忽略环境条件的变化和其中存在的限制性因素，如政府机构的办事规则和其他一些制度性因素、人们对改革存在的心理焦虑等。

第二，生搬硬套。生搬硬套的主要表现是不对客观情况进行认真考察和分析，忽视实地调查研究的作用，把对待一般情况的解决办法应用于特殊情

① Arnold J. Meltsner. Policy Analysis in the Bureaucracy, The University of California Press, 1976.

况。例如，适用于A地的办法并不一定适用于B地，正所谓“橘生淮南则为橘，橘生淮北则为枳”，仅仅一个地理因素就会产生足够的复杂性。经济学里有一个“合成谬误”之说。著名经济学家萨缪尔森在其所著的《经济学》里这样写道：“由于某一原因对个体来说是对的，便据此认为该原因对整体来说也是对的，这就是合成推理的谬误。”例如，在一场精彩的足球赛中，前排的球迷为了看得更清楚而站了起来，于是后面的人也跟着一排一排地站了起来，可是当所有的人都站起来的时候，实际上大多数人仍旧不能看得比之前更清楚。

第三，贻误时机。政策分析步骤规定了到哪一步该做些什么，它对参与者提出了非常严格的要求。甚至可以这么说，政策分析人员哪怕可以在自己的婚礼中迟到，但在政策分析过程中却必须守时。迟到不仅会造成资源的浪费，而且会引起决策效率的损失。当然，对准时的要求有时会与对精益求精的要求发生冲突。平衡二者的必要前提是清楚了解委托人的实际处境，以免发生“抢座位的游戏”（musical chairs）①。

第四，一知半解。一知半解的主要表现是：政策分析不是基于对问题根源的足够钻研，而是反应过于仓促，缺乏必要的准备，从而导致问题的产生。政策分析不是“搭积木游戏”，政策分析人员需要三思而后行，而不能被肤浅的解决办法蒙蔽双眼。明确的问题诊断和细致入微的求证过程是获得明智的分析结果所必备的条件。

第五，手忙脚乱。这种过错往往出现在应对某种自然和人为危机的时候。一些突发的情况容易导致分析人员的“消防队心理”——先把火扑灭再说，因而匆匆忙忙提出建议，其在此过程中“生搬硬套”或“一知半解”也就在所难免。现实中，造成手忙脚乱的主要原因在于有的人忙于处理当前的问题，只关注事物看得见、摸得着的部分（表面现象），而忽视那些看不见、摸不着的部分（实质问题），因此他们往往重视那些看上去带有紧迫性的建议，而将那些看似不很紧迫但很有价值的建议排除在外。

第六，反复无常。反复无常或可解释为一种对改变本身的嗜好，即为了变化而变化，而没有搞清楚“我们所做的”和“我们所期待看到的”这两者之间的关系。对政策制定而言，指政策的制定缺少明确的动机和具体的目标。以学校改革为例，有的政策制定者经常突发奇想，批评其管辖的学校不求创新，因而总是用一些让人摸不着头脑甚至“反复无常”的建议去“骚扰”学校，

---

① N个参与者围着$N-1$张椅子转，当音乐停止时，没有坐上椅子的人被一个个淘汰，随之椅子也被一把把撤走，最终只有一个胜利者。在这里，“抢座位的游戏”比喻一个期待某种建议的委托人被另一个不需要这种建议的委托人取代，从而造成约定研究的成果浪费。

学校则不得不屈从于各式各样的教育奇想和形形色色的变革计划，结果不仅没有达到创新的效果，反而严重影响了正常的教学秩序。

第七，脱离政治。脱离政治是指政治上的政策建议与实质性的政策建议缺乏适当的关联和整合。有的政策分析人员从自己的专业角度出发，认为自己要做的就是通过理性思考找出正确的答案，而政治作为非理性的产品，应属于政策分析领域之外的东西。“我只管提出建议，不考虑什么政治。”这是一些政策分析人员常挂在嘴边的话。但实际上，对于委托人和分析人员来说，保持政治上的洞察力是非常重要、必不可少的，否则，就可能白白失去重要的政策机会。

对于以上这些政策分析人员易犯的错误，其改进的做法是在政策分析与时俱进，灵活运用，把握时机，融会贯通，有条不紊，按部就班，兼顾政治。

七、政策分析既是技术，也是艺术

政策分析既是技术，也是艺术。技术体现为对方法的掌握，艺术则表现为创造性的发挥。由于政策分析需要借助经济学、政治学、行政学、法学、社会学、心理学、统计学等的相关知识（包括理论和方法），因此它被公认为是一项具有显著专业特征的技术。实际上，政策分析可以被视为这些传统学科在应用领域的一个集合。与此同时，政策分析在认定和描述社会问题、设计和评估解决方案以及进行相关预测和分析时都需要敏锐的洞察力、丰富的想象力和过人的创造力，因此它又是一项与范式和程序相对立的艺术。

政策分析中不存在为所有人所偏好的模型或方法，单一范式的提法只会令人生疑。现实中，政策分析提供不了适合所有场合的程式化方法，也没有最佳的解决方案。正如威尔达夫斯基所言：“政策分析是一种不具有固定计划的活动，它与创造性（creativity）是同义词。政策分析可能会受理论的激励和实践的补充，只能通过不断的学习而非具体的传授才能加以掌握。”威尔达夫斯基接着又提醒道：“我们必须承认，多数时候知识都是以否定性的面貌出现的。它告诉我们何事不能做，何处不能去，哪里有问题，但它很少能告诉我们如何去纠正这些过错。如果目前的努力被认为是完美无缺的，那么为什么还需要分析？”①

---

① Aaron Wildavsky. Speaking Truth to Power: The Art and Craft of Policy Analysis, Little Brown, 1979, p. 3.

第三节 政策分析的基本步骤

一、定义问题

什么是问题？问题是指期望状态与实际状态之间的差距。政策分析先要从发现问题和定义问题开始。症状不代表疾病，现象也不一定就是问题。客观条件是问题存在的前提，它是必要条件而非充要条件，构成问题的另一个不可或缺的条件则是主观定义。

任何政策问题都不会以一种孤立、静止的状态出现，而是常常与其他问题相联系并处于不断的变化过程之中。定义问题过程中最重要的步骤是进行症状分析，即在问题筛选的基础上对问题产生的时间、地点、环境和条件，问题的性质、类型、范围和程度，问题的结构及其作用等进行多维分析，以确定这是不是真的问题、是什么类型的问题、能否处理等，从而形成对问题本身的全面认识，以便评估其在社会公共领域的作用和影响。

知识链接八

冰山的比喻

1932年，海明威在其纪实性作品《午后之死》中，第一次把文学创作比作漂浮在大洋上的冰山。他说："冰山运动之所以雄伟壮观，是因为它只有八分之一在水面上。"在文学作品中，文字和形象是所谓的"八分之一"，而情感和思想是所谓的"八分之七"。前者是具体可见的，后者则是寓于前者之中的。后来，人们在研究社会问题的时候，也借用海明威的冰山比喻，强调水面上的"八分之一"只是现象，水面下的"八分之七"才是根源，只消灭现象并不能真正解决问题。正确的态度是更加重视"八分之七"而非"八分之一"，因为前者是冰山的实际基础。

二、搜集证据

搜集问题的证据是为了拓展分析思路，掌握解决问题的技巧。对此，可以利用多种途径搜集问题信息，为支持问题的存在提供有价值的证据。当前，首要的信息搜集工具就是互联网。网络是信息资源的宝库，蕴藏着无限的社会问题资源，要学会开发这种资源，利用其来支持我们的问题分析。此外，最应关注的是关于目标问题的统计数据、专家观点、理论剖析、案例研究等。

针对目标问题的统计数据无疑是最为有效的证据材料，只是有时我们仅能发现国家层面的统计数据，而无法找到目标问题发生地的相关数据。这时，我们在使用统计数据时就需要做一个说明，以明确问题发生地与国家层面统计数据之间的联系。对此，使用关键词的查询方法能够有效提高我们的查询速度。

假设我们要分析的是一个较冷门的或较微细的问题，上网时查不到什么有价值的证据，那么此时可能就需要做一下调查，把调查内容贴在局域网（如校园网）上，鼓励大家共同帮助完成这项调查，调查数据也可成为有力的证据。当然，调查对象的数量应该满足调查的需要，否则调查数据就失去了证据的意义。

除了以上提到的上网、调查等方法，还可以通过其他一些途径来获取问题证据的信息，如去图书馆查找，向各级政府部门（包括中央政府和地方政府）直接进行咨询，去调查研究组织查询，去公共事业团体或相关社会机构查找资料，去私人组织（特殊利益集团）查找资料，通过市场手段来获取信息，等等。

知识链接九

预防统计陷阱的八项原则

第一，根据抽样得出结论时，一定要采用具有代表性的样本。

第二，在样本量足够时误差才会较小，结论才会可靠。

第三，对敏感、隐私问题需要多方验证。

第四，看到平均数时先问问平均的是什么。

第五，注意同一种数据的不同展现方式所可能造成的陷阱。

第六，大部分结论都有其限定条件和适用范围。

第七，口径不一致的数据不能拿来做比较。

第八，两个数字同时变化并不能说明其必然具有因果关系。

如果今后你在看到数据以及结论的时候就会立即想到以上八项原则，那么就不用再害怕掉入那些数字陷阱了。

三、分析原因

所谓分析原因，即依据已有的经验和知识，运用科学的方法和手段对问题产生的原因进行综合分析。

以医生给病人看病为例。症状多指因疾病或问题所致的异常状态，只表现“现实”与“标准”之间的“差距”；症结多指疾病或问题的根源或本质，是对差距产生原因的概括。症状往往是多元的，而症结一般是单元的。一个好的医生不会只关注症状而不考虑症结，不知道症结所在就不可能对症下药。政策分析同样如此，解决问题无非是要缩短和消除差距，或叫消灭症状，如果不能准确表达这种差距或症状，就不具备解决问题或治疗疾病的前提和条件。但仅注意差距或症状也是不够的，最重要的还是要找到问题产生的根本原因，即症结。

知识链接十

鱼骨图

鱼骨图是一种发现问题根本原因的方法，其特点是层次分明、条理清楚、简捷实用、形象直观。因为此图看上去有些像鱼骨，故取名鱼骨图。最先提出这一分析工具的是日本企业管理方面的权威人士石川馨（Kaoru Ishikawa），故其又名石川图。

（一）鱼骨图的基本结构（见图 1–3）

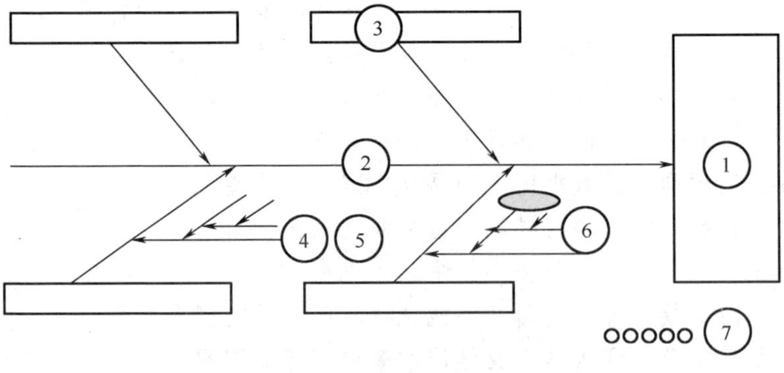

图 1–3　鱼骨图的基本结构

注：①决定问题特性；②用主骨连接特性；③标出主刺和要因（采用 6M 方法：manpower，machinery，materials，methods，measurement，motherNature）；④围绕“为什么会这样”标出中刺和小刺；⑤记入中刺和小刺的要点；⑥深究要因，对此下图（图 1–4）中用阴影圈加以标记；⑦记入关联事项，如标注名称、记录时间等。

（二）鱼骨图应用举例（见图 1-4）

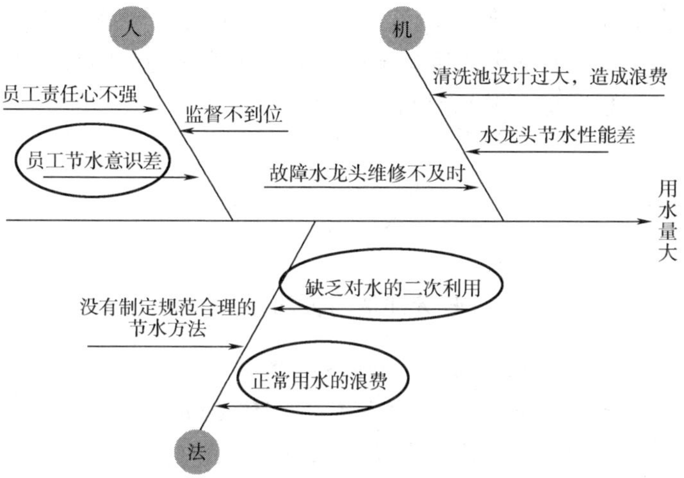

图 1-4 鱼骨图应用举例

四、评估政策

所谓评估政策，就是对现行政策的利弊进行分析。所谓利，是指政策带来的好的、所预期的结果；所谓弊，是指那些不好的、非预期的结果。进行利弊分析的目的，是发现现行政策需要持续和加强的部分以及需要修补和改进的地方。

如果一项政策看起来不仅仅是不足与有缺陷的，而是完全失效或失败的，那么可能就需要采用新政策来完全替代之。一般来说，造成政策低效或失败的原因是多方面的，或是因为根本没有按计划进行（执行中的问题），使方案没能得到有效实施；或是因为政策在目标或手段上存在缺陷（政策自身的问题），从而很难达到预期的效果。评估政策的目的是发现现行政策的缺陷与不足，并设法对其加以改善。例如，汽车制造公司对现有车型进行利弊评估，从而为来年推出新车型进行准备，新车型可能改动甚微（如仅仅是减少重量、降低油耗等），也可能在评估的基础上进行大的改进或根本性替代。

多年以前，美国大多数城市的学校安保措施极为松懈，任何人都可以随意进入学校，并走遍校园的每一个角落，从而导致学校暴力活动增多，这使得校方不得不开始检查其现有的安全措施。起初，很多学校只是简单地把警示通告张贴在学校的入口处，告之来访者需要向校方报告。这项政策措施的主要优点是省钱，其唯一的花费无非就是在大门口贴一个警示通告。可是，此项政策最大的缺陷是无法产生实际效果。那些与学校毫无关系的少年帮派成员、寻衅滋事者、盗贼等仍可以毫无顾忌地在校园里游荡而根本不向校方报告。并且，一些学生也很容易地就把枪带进校园，从而严重威胁到其他学生的生命安全。利弊的权衡造成了政策的变化。此后，一些大城市的学校要求所有来访者都需要通过学校在门口设置的安全门接受金属探测。其他一些新的政策措施包括聘用保安（或请求警察增加巡逻），以保护学校安全。

案例一

政策评估与公路限速

“速度杀人”这一观点已经得到许多研究的支持，美国较早的速度管制出现在 20 世纪 20 年代至 30 年代。但全美有关 55 mph（mile per hour，英里[①]每小时）的速度管制立法则出现在 1974 年，其出台的直接原因当然是与石油危机引发的节能需要有关。此后，关于修改车速限制规定的呼声就一直没有中断过。与之相关的评估工作也随之展开，研究焦点集中于 55 mph 与 65 mph 这两种时速限制规定所可能耗费的治理成本和可能获得的治理收益之上。研究发现，相比基于 65 mph 的限速规定而言，基于 55 mph 的限速规定只能减少不超过 2%~3%的车祸死亡率。这个评估结论促进了一些新的政策建议的产生，如将费用更多用于汽车尾气检测和保障驾驶员和乘客健康等措施上，以提高行车效率和行驶安全。上述建议发挥了作用。自 1987 年起，美国将州与州之间乡村公路的车速限制放宽到了 65 mph。很快，美国国内的近 40 个州也都取消了 55 mph 的限速规定。

五、开发方案

假设某大学的一群学生正在计划下周日的志愿者进社区服务活动，那么要考虑的问题就包括：到哪个社区去，去做些什么，去多少人合适，服务多长时间，要达到什么样的效果，等等。讨论中，大家可能会提出多个不同的行动方案。同理，为了有效开发社会问题的解决方案，多提几个方案总是不错的。需要强调的是，开发方案有两个非常重要的步骤：一是应设法消除问题产生的原因或减少造成问题的相关因素；二是要关注现行政策的问题，努力改善之或加以替换。

请注意，开发方案在于落实而非提出政策目标。政策目标往往比较宏观、

---

① 1 英里约合 1.609 3 公里。

抽象，如改善教育现状、减少环境污染、降低犯罪率等，西方的一些政治家们会在其公共演说中加入这些目标，以吸引公众并赢得支持。但是，公共政策必须落实为政府的具体行动，才能有效实现政策目标。因此，行动方案往往要很细、很具体，如对地点、时间、人员、装备、天气等方方面面的因素都需要进行认真考虑。

开发方案是政策分析的中心环节，也是参谋系统参与决策最多的一个环节。开发方案一般涉及轮廓设想和细部设计这两个步骤。所谓轮廓设想，就是设计各种方案的基本框架，将行动原则、指导方针、发展阶段、大体规模等大致勾画出来。轮廓设想阶段的主要要求是：方案要尽可能多样化并具备整体上的完备性，各个方案之间要具有相互排斥性。所谓细部设计，就是对轮廓设想阶段所产生的备选方案进行初步筛选，淘汰那些明显不可行的方案，留下一些较为可行的方案，并对可行方案进行细节设计。在细节设计中，需要对每一个可选方案进行方案扩大，并根据目标群体的性质将可选方案分解为一些比较具体的规定。

案例二

政策设计：巴西政府的“零饥饿”计划

贫富差距的扩大是世界上绝大多数国家工业化过程中不可避免的现象。如何缩小贫富差距这一点考验着各国政府的智慧，为此许多国家都推出了卓有成效的措施。

巴西曾经是世界上贫富差距最大的国家之一。2003 年以来，巴西政府推出针对低收入者的“零饥饿”计划，把扶贫减困作为工作重点，从而极大减少了贫困现象。该计划的要点主要包括以下几个方面。

1. 一顿午餐一块钱

巴西政府为低收入者开设“大众食堂”，食堂里菜品丰富，价廉物美。每天中午，低收入者只要花 1 个雷亚尔（巴西货币）就可以在里面饱餐一顿。每逢圣诞，大众食堂还免费向低收入者开放，他们可以聚在一起享用丰盛的圣诞大餐，此外还可获得由慈善机构赠送的生活用品。

2. “第一次就业计划”

巴西人口众多，然而丰富的劳动力资源也会引发巨大的就业压力。自卢拉总统执政以来，巴西以加快经济增长和提高就业为目标制定经济和社会政策，收到良好效果，其中就包括著名的“第一次就业计划”。这个计划是专为 16~24 岁、第一次就业的低学历青年人准备的。青年失业是巴西失业问题中较为突出的现象之一，在全部失业人员中，该年龄段的比例占到约45%。这也是“第一次就业计划”的政策立意所在。

3. 穷孩子上学，领现金补贴

作为“零饥饿”计划的一部分，“家庭补助金”计划是具有巴西特色的著名扶贫措施。该计划将其国内的贫困家庭分为两种：一是赤贫家庭，指人均月收入低于50雷亚尔的家庭；二是贫困家庭，指人均月收入在50~100雷亚尔的家庭。针对上述两种贫困家庭，巴西政府按人数不同向其每月发放15~95雷亚尔的现金补助。

符合条件的家庭要领到补助金，其先决条件就是必须保证让家里的孩子上学（6~15岁的学生到校率须在85%以上），并定期接受健康检查。目前，巴西全国已有1 240万个贫困家庭享受到了这一政府补贴，惠及巴西全国人口的26%左右。

享受“家庭补助金”计划的家庭必须持身份和收入证明在当地政府登记，且每两年须重新登记一次。政府发给符合条件的家庭一个银行卡，每月定期打入救助金。持卡人可以到银行提取现金，也可以到任何超市和商店购物。这种方式可把联邦政府的社会救助金直接发到救助对象手中，从而避免了被地方官员贪污挪用的可能性。

巴西每年为“家庭补助金”计划而进行的财政拨款计约65亿雷亚尔，仅占其国内生产总值的0.35%，占巴西家庭总收入的0.69%，但这笔钱在贫困家庭收入中所占的比重却高达43.6%，因此对这些家庭来说无异于雪中送炭。目前，巴西这一与教育和健康挂钩的现金补助政策已经被借鉴至其他一些国家和地区。

六、结果预测

所谓结果预测，就是立足过去和现在，预料和推测政策的实施效果。俗话说“往者可知，来者亦可知”，“预则立，不预则废”。科学预测绝非主观臆断和凭空猜测，而是以科学理论为指导，以知识和经验为依据，运用各种预测方法和技术，分析和判断所掌握的多种信息，从而对事物未来发展的可能状态做出合理的估计和推断。未来对任何人来说都是未知的。然而，人们不会甘心在未知的领域面前无所事事，而是希望能够对未来做出合理的判断，以把握自己今后行动的方向。尽管这种判断只是一种预测和设想（毕竟任何人对行动的结果都没有百分之百的把握），可人们仍然会尽其所能去接近所设想的结果。

结果预测的基本步骤主要包括以下几点。

第一，收集资料。对预测对象的相关资料进行全面系统的搜集、整理，为准确的预测提供真实可靠的依据。

第二，确定方法。根据预测对象的性质特点、指标特征和所收集到的资料，选取相应的方法和模型。有时，为了提高预测的精确性，还需要选取几种不同的方法来进行相互验证。

第三，计算和分析。对预测对象进行具体预测，对关键变量进行综合汇总，并做定量和定性分析。

第四，评估结果。对预测结果进行分析和检验，以确认预测活动的精确度。

知识链接十一

幸存者偏差

幸存者偏差是统计学里的一个概念，意思是说，当获取统计数据时的渠道单一，数据仅取自“幸存者”而忽略“死亡者”，则此数据可能会存在与实际情况不同之偏差。俗语说“死人不会说话”，这可以说是对幸存者偏差成因最通俗的解释。实际上，这样的例子在我们身边比比皆是。当我们分析问题所依赖的信息全部或者大部分来自“显著的信息”，却较少利用“不显著的信息”甚至彻底忽略“沉默的信息”时，得到的结论与实际情况就可能存在巨大偏差，造成“幸存者偏差”。

关于幸存者偏差，有一个比较知名的“飞机防护”案例。

在第二次世界大战中，美国对德国展开了战略大轰炸。由于德国防空力量强大，美国空军损失惨重。为此，美国国防部特意请来哥伦比亚大学从事统计学研究的沃德（Wald）教授，请其协助进行有关“加强飞机防护，降低击落概率”的相关研究。研究人员在检查了执行任务归来的轰炸机后发现，多数飞机的机腹和机翼都遍布弹痕，但机尾却很少被击中。于是一些专家建议，应该加强对机腹和机翼的防护，因为这是最容易被击中的位置。但沃德教授却提出了完全不同的见解。他认为：①统计的样本，只涵盖了平安返回的轰炸机；②被多次击中机腹和机翼的轰炸机，多数都能够安全返航；③在机尾部位很少发现弹孔的原因很可能并非真的是那里不易中弹，而是一旦中弹，其安全返航的概率就微乎其微。由此，沃德教授的结论是：“看不见的弹痕其实最致命，因此应该设法强化机尾的防护。”国防部最终采纳了沃德教授的建议。实践证明，这项决策是非常正确的。这个案例给我们的启示是：被击落的飞机已无法“开口讲话”，因此弹痕数据的来源存在很大的偏误，即从幸存的飞机那里取得的“真实数据”其实并不一定真实。

七、择优选择

没有差别就不用选择，没有标准就无法选择。所谓择优，就是在多个可选方案中选出好的方案。那么，什么叫好而什么叫不好？在此提供两个重要的标准，一是可行性，二是有效性。

可行性即政策落实的可能性，它常常受到多种因素的影响，如社会文化的接受程度、利益比较中的期望值等。例如，捉住小偷就砍掉其手的惩处方式对减少盗窃行为或许是非常有效的，但这一做法就社会文化层面而言是不可能被当今世界多数国家所接受的。又如，把城市中警察的规模一下子扩大数倍，这样的政策对降低犯罪率具有重要作用，但由此也将令纳税人承担巨大的成本，因此这类政策几乎不可能获得议会的通过。

有效性即政策在减少或减轻社会问题方面产生积极效果的可能性。为了达到政策预期，提高结果的有效性，必须在前述政策分析的第一个环节（定义问题）上下一番功夫，使问题窄化、具体化，能够清晰地呈现出来。

现实中，政策往往在一项标准上表现较高时就会在另一项标准上表现较低。那么，面对这样的两难选择，究竟该如何做呢？一般来说，在上述两个标准中，可行性比有效性更为重要，换言之，最好使政策有合理的机会得到有效执行（可行性），即便其有效性一般。更进一步来说，在择优选择中应该遵循可行性优先的原则。当然，只要可能，我们应选择这两项标准均达到较高水平的政策方案。

案例三

【之一】

眼镜蛇效应

“眼镜蛇效应”来自处于英国殖民时期印度的一则逸闻。当年，英国政府为减少印度当地眼镜蛇的数量，因而颁布法令，宣布每打死一条眼镜蛇就可以领取一定的赏金。然而事与愿违，许多印度人为了赏金反而开始养殖起眼镜蛇来了。当英国政府意识到这种情况而取消赏金后，那些养蛇人就把蛇都给放了，放出去的蛇又大量繁殖，结果眼镜蛇的数量不降反升。

现今，“眼镜蛇效应”这一术语已被广泛用于形容因政治和经济政策的错误选择所导致的悖论，即针对某问题的解决方案（刺激机制）反而使该问题进一步恶化。不幸的是，当今世界面临的一些问题的确来源于为解决问题而做出的所谓“正当尝试”，如一些医源性疾病（iatrogenic disease）的发生，有关方面采取措施的本意是治好某种病，结果却适得其反。

【之二】

你坐车我付钱

拥有 1 200 万人口的印度尼西亚首都雅加达交通拥堵情况严重：上下班高峰时期，路上机动车几乎是一步一停，有时甚至要花上几个小时才能到达目的地；摩托车见缝插针，在汽车间穿来穿去；小商小贩们盯着每一辆路过的汽车，不时上前兜售。交通问题已深深制约了雅加达经济和旅游业的发展。为此，当地政府采用公共汽车专用道路的方式，以缓解部分交通紧张状况。同时，制定了一些主要道路上每辆车必须乘坐三人才能通行的“三合一”政策。于是，衍生出你坐车我付钱（即开车人向乘客付钱，只为让自己的车里坐够三个人）的有趣现象。

知识链接十二

快速分析的基本步骤

1. 确认政策问题

起初，问题会表现出多面性特征，因此不要不经质疑就轻易接受最初对问题的陈述，因为这也许只是浮在水面的冰山之顶，只是一个更大问题的一小部分，或是决策者和执行者根本无法施加影响的那一部分。此外，由于问题具有即时性、分析具有短期性等特点，因此我们常常需要对问题采取反向解决方法(backward problem solving)，即依据后续步骤中获得的信息重新对问题进行界定。最初的时候，目标往往并不确定，经常会在陈述中表现出冲突的特征，加之存在因对术语的不同理解而引起的沟通障碍，因此对问题的界定常常会遇到很大的困难。

2. 建立评估标准

人在比较高矮时要有高度标准，比较胖瘦时要有重量标准，比较美丑时要有大众标准，比较好坏时要有道德标准。那么，为了在备选方案之间进行比较、权衡和选择，也必须确立相关的评估标准。标准的确立源于对事实和价值的判断，一些被普遍运用的衡量标准包括成本、效益、公平、效率和管理简便、管制便捷、合理合法、政治可接受性等。对标准的评估很难做到绝对平等，重点是必须考虑对各类突出标准的满足程度。因此，标准的相对重要性就成为政策分析的一个中心问题。

3. 提出备选方案

在备选方案中，无为方案（继续保持原状或做出最小的变动）是值得推荐的。这种以静制动的方式看似保守，但经常是较佳的选择（付出成本小）。如果委托人在确认问题时已经有了所偏好的备选方案，则分析人员只需将其推演开来，再提供一些细节方面的帮助。类似的问题也许在别处早已存在，那么不仅在别处已经尝试过的方案可以作为一种选择，而且可能还有其他相关经验值得借鉴。现实中，可能会有多个可行性方案，我们实际选择的往往是一套方案而非一个方案。例如，要解决大城市的交通拥堵问题，单靠多修路是无济于事的，而是需要多种措施的联动。备选方案的变动和组合是一个重要的方法，不同的方案体现了思考问题的不同角度，正确的取舍源于对细节的关注。此外，对那些以前未被接受的方案也应重视，以前不可行不代表现在不可行，既然参与者的价值判断和环境条件会随时间的变化而改变，那么对昨天被否定的方案，在今天就不能不经分析而仍旧简单对其加以抛弃。

4. 评估备选方案

问题的性质和评估标准的形式对评估工作具有重要的提示作用。政策方案的预期影响是什么？它们是否能满足评估标准以及能满足到何种程度？这些都是方案评估时必须面对的问题。评估中要避免仅使用自己熟悉或喜欢的工具箱式的方法去衡量每一个方案。例如，如果我们只会使用锤子，那么就可能倾向于把所有的问题都视为钉子，从而进入误区。在实际应用中，成本–收益分析是一种不错的评估方法，当然它也并非包治百病的灵丹妙药。对有些问题需要进行定量分析，对另外一些问题则需要进行定性分析。方案评估时不仅要考虑经济和技术的可行性，而且要考虑政治上的可行性。许多方案能否被执行往往是政治方面的问题。此外，在方案评估过程中发现的一些新情况、新信息也许会揭示出新的问题，从而要求改变或调整评估标准。尽管这种情况的出现会使人感到有些泄气，但请记住在政策分析过程中“循环往复”是常有的事。

5. 展示备选方案

无疑，评估标准的选择、备选方案的排序、给予各个选项的空间等因素都会对决策构成重要的影响。时效性、可视性、直观性和对比性是展示备选方案时需要重视的方面。如果标准能用量化的术语加以表述，那么价值的比较就能通过图表的形式进行呈现。一般来说，分析人员往往希望能为自己心仪的方案提供强有力的证据，所以会产生为此专门制作案例的冲动。他们爱把故事式的写作方法用在政策分析报告之中。的确，情节化、戏剧化的表现手法是人们偏爱的沟通工具，“新闻效应”会使信息接收者感受到更强烈的心理冲击。有人说，“每个解决方案都可能孕育着新的问题，只不过表现的程度有所不同罢了”。的确，汽车的发明带来了出行的便捷，但尾气的污染也给社会造成巨大的困扰。总之，事物都有两面性，要想使委托人接受所推荐的方案，则政策分析人员需要注意对利弊加以说明。

6. 监测政策执行

政策分析人员常把自己比作汽车设计师，说自己“设计了汽车但并不开车”，这的确是一个很形象、很到位的比喻。当然，尽管分析人员不参与政策执行，但并不能因此而放弃监测和评估政策执行情况的责任。社会生活中存在太多的不确定因素，政策执行中什么情况都可能发生，因此设计得再好的方案也不一定能够得到顺利执行。对政策分析人员来说，了解执行信息是非常重要的。政策为什么会失败？是如何失败的？是设计问题还是执行问题？设计与执行是不是不合拍？对这些问题的关注，无疑会大大提高政策分析人员的工作效率和质量。

第四节 政策分析人员

人们选择从事政策分析工作往往不只是出于个人的兴趣，而是还想用他们所掌握的知识和技术对决策施加影响，使自己学有所用，并获取不错的报酬和其他收益。

当前，有不少人都在从事政策分析或与之相关的工作。他们中的一些习惯于把自己的工作描述为政策分析，另一些则不然。尽管如此，他们关注的内容却往往是相同或有交集的。

一、政策分析人员在哪些机构里工作?

- 大学。有些大学教师对政策与问题领域以及政策过程感兴趣，他们主要独立开展研究，并为争取得到有关机构给予的项目基金而展开一定的竞争。
- 独立的研究机构和思想库。这些组织有专职的合同制研究员，他们主要从事专业性的研究工作。
- 政府内部政策部门。例如，有的政策分析人员在政府、政府代理机构和公共团体内部负责研究工作和情报工作等。
- 压力集团和院外活动团体。在西方，这些利益集团往往通过对政策实施监控和提出各种政策主张及建议，以寻求对政策制定施加影响。
- 党内政策部门。例如，政党内部一些为支持政党政治活动、维护政党利益而从事政策研究和开发的机构、部门或团体。

此外，还有从事自由职业的政策咨询人员。此类人员包括根据签署的合同和所付的酬劳从事政策研究的社会人士。

政策分析人员有的就职于政府或政党机构，有的活跃于私人咨询领域或学术研究部门。当他们是决策机构中的成员时，或许会为维护其所在机构的地位和声誉而存有私心或偏见，或许会因与机构职能的紧密联系而趋于偏激或保守，或许就不能从客观的角度出发，实事求是地分析和评价政策。因此，业内普遍认为，机构和人员的独立性越强，政策分析的结果就越客观。

二、政策分析人员的专业背景和学术取向是什么？

尽管政策分析人员常常会共享他们对政策的关注，并且其可能有许多共同关注的领域，但是他们的专业背景和学术取向却有着很大的不同。在政策分析领域工作的人员往往来自广泛的学科领域，如经济学、法学、政治学、社会学、地理学、环境科学、交通研究等。他们所编排的“节目”也会上演于不同的“政策舞台”。

公共政策是一个趋向于由多种政策范畴或组成部分来进行定义的领域，在这样的背景下，无疑会产生学科间和机构间的互动作用和交叉影响，这为比较研究提供了良好的条件。

公共政策分析所涉及的一些主要领域包括：①健康；②交通；③教育；④环境；⑤社会政策；⑥住房；⑦经济政策；⑧种族；⑨市政。

在上述每个领域中都会存在一些专业化的研究团体，其关注具体的问题与领域，并提出与之相关的政策主张。

三、政策分析人员做些什么？

政策分析人员需要提供与问题相关的信息并进行合理的论证，这些信息包括三个方面：一是价值，价值的实现往往是问题解决与否的重要检验标准；二是事实，事实的存在往往会阻碍或促进价值的实现；三是行动，行动的采纳往往以事实为基础，以价值为目标。

政策分析人员研究的内容包括：

- 各类社会问题以及这些问题与公共政策之间的关系；
- 各类公共政策的具体内容；
- 决策者或政策制定者做了些什么和没有做什么，即公共政策的输入及其过程；
- 公共政策的执行及其结果，即公共政策的输出及其影响。

四、政策过程的哪个阶段是政策分析人员关注的焦点？

政策分析人员关注的焦点涉及政策过程的不同阶段，并与政策过程的相关理念和假设存在特殊关系。例如，一些人对利益集团在政策形成中的作用感兴趣，另一些人则对官僚体系在决策过程中的影响或专业人员在政策呈递过程中的作用感兴趣。所以，在相关的研究中，政策分析人员可能会关注政策制定实施等过程中的不同阶段及其所表现出的不同内容，如问题形成、政策制定、政策执行或政策评估等。

了解了政策分析人员极为广泛的政策兴趣及其与政策过程不同阶段的多种联系，我们就不难理解为什么政策分析人员所采用的理论架构会表现出近似多元化的特征。

知识链接十三

作为政府参谋官员的政策分析员

为了引入公共决策中迫切需要的改进措施，同时避免系统分析可能的“自食其果”效应，政策分析应当成为政府机构内一个重要的新兴职业角色。政策分析人员的位置，一般以最高行政首长或直线高级官员顾问的身份正式行使职责，并实际上与之建立了一种共生的合作关系。无疑，联邦“计划—规划—预算系统”单位中的专业人员需要接受必要的政策分析训练。

政策分析者并不存在这样的设想：或在政策制定中引入一个根本的改变；或建立一些全知的部门，即这些部门存在于任何社会-政治-组织的框架以外，而为最高政策和政策方针那种“向下的分流”所操作。好的政策分析最多只能成为政策综合制定过程的一个追加成分，向这个过程贡献一些好的分析，一些新颖的思想，一些未来趋向，一些系统化思想。政策分析是科学和政治之间的一座桥梁，但其并不试图转变政治的和组织行为的基本特性。为了对政策制定的改进做出贡献，政策分析人员应该被分配到政府机构的较高层级以及社会指导集群的各个部分之中。政策分析通过向存在竞争的党派的利益冲突和影响中引入一个附加成分，使其自身成为改进综合政策制定努力的一个组成部分。这种做法将提高政策分析的综合效应之于政策制定的作用，可作为对训练不够、单方面价值偏倚和职业偏见的一种防范。

系统分析员在政府中的主要作用，是作为 PPBS[①] 的组成部分，在不同的

---

① PPBS（Planning Programming Budgeting System，计划项目预算体系），是源于美国的一种预算系统。美国政府每年将数千亿美元巨款用于军费开支，1960 年，美国经济学家道·希奇和麦克森所著的《核时代的国防经济学》一书探讨了国防经济的效率问题，并建议在军事设计上将各种可行方案的成本与效益加以比较。1961 年，时任美国国防部部长的麦克纳马纳采纳了他们的意见，并在国防部试行计划项目预算。据分析，美国采取这种根据经费（投入）与效果（产出）的分析来编制国防预算的方法，一年可节省几十亿美元。因此，约翰逊政府于 1965 年决定在政府其他部门也推行这种预算制度。传统的预算支出是按照谁开支（即什么部门开支）和开支被安排到哪里去（即其属于人员经费、公用经费还是设备开支等）的方式安排的。这可以被称为“投入预算设计”。在计划项目预算制中，支出则是按方案分类的，各类方案尽可能向已确认的政策目标靠拢，因此可以冲破部门边界进行统一设计，同时把方案的结果和投入相联系，从而有利于提高预算支出的效率。总之，计划项目预算制是在绩效预算的基础上发展起来的，它是依据国家确定的目标，着重按照项目特点、运用定量分析方法编制而成的预算。

高层参谋机构中、独立的咨询公司中和各种其他组织中，向公共决策提供一个拓广的专业职能，它是同时建立在系统分析、定量决策理论和政治科学以及公共行政学之新的见解的基础上的。政策分析的目的是在一个较宽广的环境中，在更系统化的工具帮助下，对知识和决策进行较好的整合，从而实现对复杂的公共决策和政策制定的专业支持。在此过程中，实现10%～15%的改进目标不仅是可能的，而且这种情况是十分常见的。这肯定比通过系统分析所能达到的效果要好得多（比较简单的问题和子系统除外）。

试图详细规定政府机构中政策分析这个新的职业角色的特性还为时过早，这需要通过一个学习和序贯决策的严谨、精细过程方能渐次得到。

资料来源：耶赫兹克尔·德罗尔：《公共行政学评论》，1967 年 9 月，总第 27 期，第 201～203 页。

五、思想库

思想库（thinktank）或脑库（braintrust）是现代政策研究组织的别称。它是政策主体的一个十分独特而又非常重要的构成因素，被认为是现代决策链条中不可缺少的一环。例如，布鲁金斯学会、胡佛研究所、兰德公司、野村研究所等一些世界闻名的思想库在政府政策制定中都发挥了非常重要的作用。

思想库是现代社会的产物。问题日益复杂，信息不断增多，科学技术发展，决策任务难度增大，所有这些都是思想库得以迅速发展的时代背景和社会背景。现代科学决策离不开政策咨询，政策研究机构的日益兴起，代表了未来决策的发展趋势。思想库是由专业人员组成的跨学科、跨领域的综合性政策研究组织，其出现对改善政策系统和政策环境、促进决策质量的提高有着积极的影响。

思想库的服务对象、成员组成、研究领域和构成形式存在很大差别，在政策制定过程中所起的作用自然也不尽相同。一般来讲，可以将思想库划分为如下几种类型。

第一，官方思想库。其隶属政府及其职能部门，或作为最高行政首长的智囊团，或分属不同职能部门，或具有相对独立的建置。

第二，半官方思想库。一是政府出资支持重点研究课题，从而把相关政策研究工作纳入为政府服务的轨道；二是政府通过与政策研究机构签订合同，从而建立知识服务关系；三是与政府有关机构有对口挂靠关系的思想库，它们直接为对口单位提供政策咨询服务。

第三，民间思想库。这是由民间发起，得到基金会或公司、企业赞助的社会性政策研究机构。其具有选题自由、研究范围广、社会联系多、不受政治局限、独立性强、灵活性大等特点。

第四，国际思想库。这是由不同国家的学者和官员组成的，以国际问题为研究对象的国际性政策研究组织。其研究范围往往涉及人类共同关心的问题，如环境保护、气象服务、战争与和平、资源利用、人口控制等。

思想库多以公共政策为研究对象，以影响政策选择为目标，“现实性”是其最重要的特点。思想库不做象牙塔内的学问，只做经世致用的研究，并以影响政府决策作为其最大目标。因此，思想库与现实政治和各种力量发生着千丝万缕的联系。它们在国家政治和外交决策中具有独特的地位，并扮演着越来越重要的角色。从美国的情况来看，知识界影响政府政策的传统在政治中由来已久，不过其思想库的兴起和繁荣却是20世纪70年代以后的事情。伴随美国外交“民主化”程度的扩大，知识界在其外交决策过程中的影响力日益扩大，甚至几乎垄断了美国外交思想的“话语权”。一些人以专家学者的身份出现，凭借其拥有的知识资源，成为剖析时政、为政府指点迷津的一支重要力量。这些专家学者大都汇聚在思想库里。

谈到思想库如何影响政府决策，人们可能想到的是思想库的研究报告变成了政府首脑的锦囊妙计，或是“羽扇纶巾”、气度不凡的智囊人物坐在政府首脑的办公桌前侃侃而谈。这种想象在很大程度上是对思想库的误解。上述生动的场景多出现在电影剧本里，而非现实生活中。上述这种对政策的直接影响确实不属于思想库的日常工作。思想库对决策施加的影响主要还是间接性的，其作用主要表现在三个方面，即生产思想、教育公众、汇集人才①。

所谓生产思想，就是通过研究和分析形成新的政策主张，并力图使这些主张获得公众的支持和决策者的青睐。思想库从事研究的目的是使其政策主张有朝一日被政府采纳，因而其现实利益诉求和政治性是显而易见的。

所谓思想库的教育功能，既是针对广大公众的，也是面向决策者和社会精英的。在这个方面，思想库采取了形式多样的方式。以美国为例，首先，出版书刊。例如，美国主要思想库每年都会出版大量的专著、期刊、研究报告、背景分析、简报等，其中《外交》《国家利益》《外交政策》《华盛顿季刊》《布鲁金斯评论》《兰德评论》等是政府官员和研究人员必读的刊物。其次，在主流媒体上接受采访、发表评论，举办媒体吹风会。再次，举办各种讲座、报告会、培训班，提供各种长期或短期的访问学者资助。这些项目通常面向社会各种层次和职业的人员，尤其重视国会议员、政府官员和军官。这些活动一方面带有“启蒙”的作用，另一方面也有助于同政府和社会各界建立关系网。最后，出席国会听证会、参与政府政策咨询。应当说，凭借在相关领域中的研究水平和经验，思想库成员在这些场合常常具有一言九鼎的分量。

---

① 余万里：《美国“思想库”手眼通天》，《环球时报》，2002年6月10日。

思想库汇集人才的功能包括三个层面：一是培养未来的研究人员和决策者；二是网罗社会各个阶层的精英，成为实权集团的“俱乐部”；三是为前政府官员提供容身之处，为新政府输送官员，发挥人才“中转站”的作用。

案例四

伦敦的拥堵费①

交通拥堵是现代城市生活面临的一个普遍难题。当今世界，几乎所有的大城市都饱受高峰期交通拥堵的折磨，人们消耗在交通上的时间也越来越长。对于这一问题，可供选择的政策之一是修建和拓宽道路，这项政策成本巨大，且有专家警告说，这种方法可能于事无补。因为随着新的道路的修建，会产生大批新的驾驶员；道路容量的增加，则会使开车上班或长距离通勤的人更多。大多数国家的政府坚持认为，唯一可行的长期解决方案是借助市场力量，提高开车成本，特别是高峰需求时段的开车成本。

1903年，伦敦地面的交通工具主要是马车，当时城区通行时速约19 km/h。2003年，伦敦地面交通的平均时速仅为9.5 km/h，遭遇严重交通拥堵。2003年，时任伦敦市长肯·利文斯顿（Ken Livingstone）决心大力整治伦敦的拥堵问题。

从2003年2月17日开始，伦敦对工作日7：00—18：30时段进入市中心8平方英里规定区域内的车辆征收每天5英镑的拥堵费。征收区域囊括了整个伦敦金融区和商业娱乐区，这里工业极少，居民人口约为13.6万人，而整个伦敦市的人口为700万人。2005年，此项收费标准提高到8英镑。2007年，收费区域进一步扩大。目前，收费标准已增加到10英镑。驾驶员可以通过手机、互联网或指定的零售店缴纳相关费用。伦敦市区现有700多个摄像头安装到位，监视着出入车辆。车辆在通过带有红色“C”标志的街道关卡时，牌照号会被摄像头记录下来。计算机识别系统会准确读取车辆的牌照号，并对相关车辆收取拥堵费。对没有缴费而在收费区行驶的车辆的罚款数额是80英镑。

2003年2月17日（周一）一早，当司机们开车进入拥堵区后，每个人的账户上已经少了5英镑，截至中午已经有5.7万人缴费。与此同时，当天没有出现“赶早潮”的情况。原本外界预期，车主们会“扎堆”赶在7点之前进入拥堵区，因为拥堵费是从早上7点才开始征收的。对此，肯·利文斯顿市长开玩笑道，2003年第一天征收拥堵费的情景是他整个政治生涯中“比预期更

① 查尔斯·韦兰：《公共政策导论》，魏陆译，上海人民出版社2014年版。

好”的唯一一件事。

当然，拥堵费政策的出台并非一帆风顺，伦敦政府曾花多年时间论证征收拥堵费是否合理，英国国内就拥堵费征收计划也曾有过多次的讨论与博弈。1920 年，剑桥大学经济学家庇古（Pigou）教授提出“拥堵定价理论”。该理论认为，道路交通的供求关系与一般商品的供求关系不同，道路上的车越多，车辆行驶的速度就越慢，新的使用者会导致其他使用者的成本增加，但前者却没有为增加的成本支付相应的费用。从经济学角度讲，拥堵费能让部分私家车主改坐公交，让准车主放弃买车念头，缓解交通拥堵，此外还可以增加财政收入。

但是，庇古的拥堵定价理论并没有考虑收费的成本，而收费标准又很难测算；同时，对拥堵道路采用收费手段治理的方式也会产生一些社会和政治问题，例如，穷人感到被剥夺了使用道路的权利的问题，以及收取的费用该如何使用、能不能真正得到合理使用等问题。1964 年，英国政府委托相关专家研究收取道路使用费的方案，此后又多次找专家进行论证，专家们也投入大量精力进行研究。但由于反对收费的意见太大，所以一直没有实行。

肯·利文斯顿于 2000—2008 年担任伦敦市长，其间他力排众议，决心在城市中心区征收“拥堵费”，以缓解日益严峻的交通拥堵问题。肯·利文斯顿是一位特立独行的市长，也是一位典型的公共交通支持者，他每天乘地铁上下班。由于其左派立场，被人们称为“红色的肯”。他在接受采访时表示，伦敦是欧洲国家交通最拥堵的城市之一，拥堵费政策获得支持的可能性很大。他同时承认，这是一场“政治赌博”，如果实施两个月后效果不明显，他会将这项政策废除。

实际上，伦敦的拥堵费政策很好地利用了市场的最基本特征，因为提高开车成本将有效抑制驾驶员的开车动机，从而减少汽车行驶数量，改善交通状况。肯·利文斯顿市长承诺，实施此项政策后，伦敦的交通量会减少 15%。专家们则预计，此项政策实施后公共交通使用量将大幅提高，因为这是一种成本低廉的替代交通选择，并且能较快地穿行伦敦市中心（行程时间的缩短大大降低了人们使用公共交通的机会成本）。

那么，政策的实际效果如何呢？

该项政策实施一个月后的结果是令人吃惊的，交通量下降了 20%（随后几年里都稳定在 15%左右），拥堵区域的平均车速提高了一倍。公共汽车的延误率则下降了一半，且乘客数量上升了 14%，唯一让人感到“不快”的是，由于该项政策对私人轿车的抑制效果太过显著，政府收取的拥堵费远远低于预期。

其实，伦敦并不是世界上第一个实行拥堵费政策的城市，但它却是实行此项政策后效果最显著的城市之一。由于城市管理者需要应对日益严峻的城市交通状况、可用于新道路建设的预算和空间不足等多重挑战，计划实施这种政策的城市可能会越来越多，伦敦拥堵费政策的实施情况也由此越来越引起世人的关注。

2013年是伦敦收取拥堵费的第十个年头。十年来，外界对伦敦的拥堵费政策一直存有争议，质疑和反对声不断，归纳起来有这样几个方面。

1. 短板依旧，2006年伦敦拥堵已恢复到收费前的水平

在推行该政策初期，伦敦市达到了20年来最高的行车速度，从每小时8.69英里提高到10.56英里，同时有40多万人改乘公共交通工具，市中心交通堵塞现象下降了30%。然而，到2007年，其交通速度又回落到每小时9.32英里，拥堵也在持续上升。2002年，在拥堵收费区平均每行进1公里就要等待2.3分钟；2003年，拥堵程度减少30%后，平均每公里需要等待的时间迅速下降至1.6分钟；次年，拥挤程度保持不变，其后又开始加大，并于2005年和2006年分别增加至1.8分钟和2.1分钟。换言之，到2006年，伦敦市的交通拥堵又几乎恢复到了收费前的水平。

2. 行政开支庞大，且所收拥堵费用未用于公共交通改进

伦敦市“越收拥堵费越堵”的一个重要原因在于：现代高科技（如“智能卡”和高速摄像机等）的使用可使不停车收费成为可行，然而这种复杂收费系统的成本不菲。此外，伦敦市因收取拥堵费而产生的行政管理支出于2012年已上升至1.6亿英镑，而用于巴士和交通流量改进的资金却不足1 000万英镑。作为遏制拥堵的一种经济手段，拥堵费的作用发挥并非只到征收环节为止就算大功告成了。事实上，交通管理者必须通过大量的投入来确保因开征拥堵费而增加的公交便利大于因减少私家车使用而增加的交通不便，否则因开征拥堵费而暂时缓解的交通压力将在短时间内出现报复性反弹。对此，需要提前制定一个非常严格的拥堵费管理制度和使用规划。

3. 拥堵费成伦敦中心商区业绩下滑的罪魁祸首

拥堵费对商业的影响也成为此项政策被诟病的原因之一。2003年11月，伦敦商会公布了一项针对334家商铺进行的调查，显示79%的商铺的营业额出现了下滑，其中42%的商家认为罪魁祸首是拥堵费收取政策的实施。2005年1月，同样的调查显示，84%的商铺营业额出现下滑，62%的店主抱怨这是因为政府实施了收取拥堵费的政策。的确，拥堵费的收取引发了伦敦商业环境的微妙变化。许多离市中心较远的市民开车上班但不驶入收费区，而是把车停在周边停车场，然后换乘公共交通工具。于是，这些收费停车场自然多了生意，但市中心的商业区却少了买卖。

4. 被指成“对穷人的税收”

持反对意见的人认为，拥堵费的收取并不公平，因为富人和穷人征收的金

额一样，所以这是“对穷人的税收”。肯·利文斯顿曾经提议，拥堵费征收5年后，将对最不环保的车辆征收高达25英镑的拥堵费。不过，他的继任者、2008年5月当选伦敦市市长的鲍里斯·约翰逊没有采纳这一建议。此前伦敦市曾在2007年2月19日扩大了拥堵费的征收范围（包括伦敦西部的一部分），并为此投入不少预算。但之后，政府在听取了民众咨询会的意见后，于2010年12月24日取消了这一做法。

尽管存在诸多质疑，但伦敦市政府仍力挺拥堵费政策。伦敦交通局官员表示，经过10年的运行，拥堵费成功地减缓了伦敦中心区的交通拥堵，每天进入该区域的汽车减少了6万辆。拥堵费促使9%的私家车使用者改乘公共交通或者利用其他方式出行。当地政府一直致力于分析拥堵费给当地经济带来的影响，认为其并没有对当地经济产生具有因果关系的较大影响。2006年，伦敦中心区的零售额增长了11.6%，是英国全国零售业增长率的10倍。另外，征收拥堵费还改善了空气质量。将征费后的2003年与征费前的2002年相比较可知，收费区空气中的PM10浓度下降了15.5%，二氧化碳浓度下降了16.4%。对此伦敦市政府表示，征收拥堵费的效果令人满意，这项政策将持续下去。

案例五

杭州中泰事件

事件经过

2014年4月，杭州市公示了2014年重点规划工程项目，其中包括即将在城市西部的余杭区中泰乡建造一座垃圾焚烧发电厂，以解决日益严峻的垃圾处理难题。规划显示，该垃圾焚烧项目计划一期日烧垃圾3 200吨、二期日烧垃圾5 600吨。但是，由于担心这些设施会对当地居民的身体健康、环境质量、资产价值等带来的多重负面影响，包括城西部分居民在内的群众多次集会抗议。中泰乡的数千名群众还曾为此聚集、堵塞高速公路。5月10日，大量群众涌上02省道和杭徽高速余杭段，一度造成交通中断，并有人趁机打砸车辆、围攻殴打执法管理人员。有多名民警、辅警、群众不同程度受伤，数辆警车和社会车辆被掀翻。

事件起因是正在公示的项目秘密开工了。建造垃圾焚烧发电厂的地方是中泰乡九峰村一处几乎废弃的石矿区，附近村民每天都能感到来自石矿区的震动。当地政府此前打着修复矿坑的幌子，但实际上矿坑越挖越大，根本不是在修复矿坑，而是在修建垃圾焚烧发电厂项目。实际上，许多村民是于4月20日左右才得知此处要建垃圾焚烧发电厂的。当他们得知消息时，距离该垃圾焚烧项目的公示截止日期仅剩一个星期左右。在得知公示消息后，附近村民于4月24日向杭州市规划局提交了一份2万多人反对建设九峰垃圾焚烧发电厂的联合签名。杭州市规划局于当日出具了一份书面答复，此外没有采取任何举措。

随后，村民们组织了一两百人的宣传队在各村宣传建造垃圾焚烧厂的危害。当了解到垃圾焚烧厂对12千米范围以内都会有影响时，村民们还曾去距离该垃圾焚烧厂四五千米的杭州市青山湖水库附近宣传，并前往距垃圾焚烧厂选址以东12千米左右的阿里巴巴公司门口宣传。

当村民们获知有媒体报道该焚烧厂周边5平方千米范围内只有25户居民、5平方千米外只有楼盘后，情绪被瞬间点燃了，并因此前往乡政府讨要解释。

统计表明，近年来，杭州市主城区生活垃圾的每年增长量在10%左右，但杭州市的垃圾处理能力7年来却没有任何增长。目前，杭州市的东南西北四个方向都建有垃圾焚烧厂，但其处理能力已经严重跟不上垃圾的产生速度，每天有超过5 000吨的垃圾无法处理，只能实施直接填埋。此举对环境影响更为巨大，且现有填埋场的承载能力已不足6年。建设垃圾焚烧厂的确是实现垃圾减量、缓解目前杭州“垃圾围城”问题的最有效方式。

中泰垃圾焚烧厂规划选址地点为中泰乡原九峰矿区，四面环山，与临安毗邻。该项目建成后，将主要用于处理城西居民产生的生活垃圾。杭州市政府表示，焚烧厂的选址规划综合考虑了地理环境、城市规划和对周边交通、市民生活的影响，并承诺采用国际最先进的设施设备。尽管如此，周边居民仍担心焚烧厂的建设所产生的烟尘，排放的二噁英等有害物质会影响周边的空气、水源和土壤等，从而对身体健康产生不利影响。

此事件发生后，杭州市余杭区有关负责人于5月11日上午表示，理解公众的心情，项目在没有履行完法定程序和征得大家理解支持的情况下，一定不开工。当日下午，杭州市召开新闻发布会通报情况，时任杭州市委常委、常务副市长徐立毅表示，全程确保群众知情权，一定要把这个项目做成能求取最大公约数的项目。

后据媒体报道，2015年4月14日，余杭区通过近1年时间与群众协商沟通，切实提出补贴“利益”等实时办法，最终该垃圾焚烧发电厂项目实现原址开工建设。

分　析

应当说，在此次杭州中泰冲突事件中，没有谁是赢家。从政府沉默立项开始，到群众聚集反对告终，事件升级到如此地步，确有许多需要反思的地方。

一个垃圾处理项目，还没开工就先收获满地的“情绪垃圾”，这不一定是项目本身不环保，而是决策程序出了问题。徐立毅副市长在事后的新闻发布会上做出“民众不支持就不开工”的承诺，试想一下，如果这个承诺是在民众聚集之前或在项目开工之前做出的，事情还会发展到如此地步吗？

当地民众的反对，多少带有一些“邻避效应”的因素，即不希望将存在潜在危害的项目建在自家附近。尽管政府部门一再强调垃圾焚烧项目技术很成熟，但不少民众对这个项目的安全程度仍持怀疑态度，对此没有信心。这种担忧不是民众的错，而是官方没有将项目的科学性、安全性向群众说清楚。如果政府不反思自身责任，反而将因决策程序失当而造成的问题归咎于民众，则在客观上会导致火上浇油的后果。

5 月 12 日晚，中央电视台主持人白岩松在“新闻 1+1”节目中列举了有关这一事件的详细时间表，客观记述了该事件发展的时间顺序。白岩松指出，在这个问题上，地方政府有高智商但却表现出了低情商，致使生活垃圾问题演变为“情绪垃圾”问题。杭州中泰事件的真正起因是垃圾焚烧厂的秘密开工，这个项目还有好多既定的程序没有走，怎么可以如此行事？这本是一场完全可以避免的冲突，却因政府缺少与民众的有效沟通，从而导致了事件的一次次升级。

可见，政府部门在决策之前，不能漠视民众的呼声，不要总去试探民众的心理底线，毕竟好的愿望不一定能带来好的结果。杭州中泰事件造成的双输困局，不论是从经济成本还是社会成本来看，无疑都是巨大的。更为严重的是，此类事件很容易引发某种心理暗示，即大闹大解决，小闹小解决，不闹不解决，从而导致管理怪圈和政策悖论。

白岩松在当天的“新闻 1+1”里还提到，武汉等地的垃圾焚烧厂每天产生的飞灰是几百吨，且并没有按照相关的法律法规进行无害化处理，环评不达标，监管不到位，信息不透明，周围居民怨声载道。其实，这也正是广大民众十分担心和强烈质疑的地方。

相关链接一

邻避效应

邻避效应（Not-In-My-Back-Yard，NIMBY）是指居民或当地单位因担心建设项目（如垃圾场、核电厂、殡仪馆等邻避设施）对其身体健康、环境质量和资产价值等带来诸多负面影响而激发起的嫌恶情结，产生的“不要建在我家后院”的心理，以及所采取的强烈和坚决的、有时高度情绪化的集体反对甚至抗争行为。

邻避效应的产生往往是利益结构失衡的结果，容易引起民众心理的波动与社会生态等方面的不和谐。克服邻避效应是构建和谐社区、建设和谐社会的重要任务。请看以下这则典故。

以邻为壑

原文：

白圭曰："丹之治水也愈于禹。"孟子曰："子过矣。禹之治水，水之道也，是故禹以四海为壑。今吾子以邻国为壑。水逆行谓之泽水。泽水者，洪水也，仁人之所恶也。吾子过矣。"

——《孟子·告子下》

参考译文：

有一次，孟子来到魏国，魏国宰相白圭在会见他的时候，表露出自己有非凡的治水本领，甚至自我吹嘘说："我的治水本领已经超过大禹了！"孟子当场驳斥道："你说错了，大禹治水是把四海当作深沟，顺着水性疏导，结果水都流进大海，与己有利，与人无害。如今你治水，只是修堤堵河，把邻国当作深沟，结果洪水都流到别国去了，与己有利，与人却有害。这种治水的方法，怎么能与大禹的方法相比呢？"

相关链接二

广场效应

社会心理学家认为，在人群聚集的公开场合，人们常常表现出与日常生活中大相径庭甚至完全相反的言行，这不仅仅是一个愚昧无知问题，而是一个基本人性问题，是无意识统治下的群体心理问题，这在社会心理学中被称为广场效应。

美国社会学家帕克指出，这种集体行为通常分接触与摩擦、情绪感染和群体激动这三个步骤完成，具有自发性、狂热性和非结构性等三个特征。法国著名群体心理学家勒庞在《乌合之众》一书中也总结了这种集体行为的心理特征，认为其易冲动和盲目，易改变和急躁，易受暗示和轻信，情绪单纯但易夸张，行为偏执、专横，且有时表现出保守的一面；并且在多数情况下，群体的道德水准比个人要低。产生上述心理特征的原因是个人消失于群体之中，从而导致无意识成为每个人的统治者。由此，原本散漫无序的个体人格、个体意识都在无数人的情绪感染中消失，留存下来的只有某种更加凌乱却被大家莫名其妙接受的情绪和思想。这种情绪和思想极易发生变化，甚至有可能朝着极端的方向发展。

案例六

数据太漂亮反而令人怀疑

2016年，西安市环境保护部门出了件大事。该市环保局长安分局的主要官员出于自身的政绩考量，居然偷配钥匙并记住密码，并派人用棉纱堵塞采样器，致使数据异常，从而引起了中国环境监测总站的注意。

长安区监测站作为西安市两个国家直管的监测子站之一，其监测数据由国家环境监测总站直接收集。国家环保部门直管的监测站在管理上要求很严格，不经允许任何人不得进入，且在此设有监控设备。2016年2月，当长安区监测站回迁至西安邮电大学南区动力楼顶后，时任西安市环保局长安区环境空气自动监测站站长的李某利用协助监测站搬迁、调试的机会，私自截留了监测站钥匙并偷偷记下了监测站监控电脑的密码。随后一段时间，其指示工作人员多次潜入长安区监测站内，利用棉纱堵塞采样器的方法，干扰监测站内环境空气质量自动监测系统的数据采集功能，导致该站自动监测数据多次出现异常，严重影响了国家环境空气质量自动监测系统的正常运行。

空气采样器原本暴露在空气中，探头通过吸入空气进行监测。人为用棉纱堵塞采样器，就好比给采样器戴上了“口罩”，过滤了空气，这样就不能很好地监测实时空气质量，说直白一点，就是过滤了被污染的空气。作为国家监测总站直管的长安区监测站，竟然采用如此做法使数据发生变化，终于引起了国家监测总站的注意并派人前来检查。为防止事情败露，2016年3月，长安区监测站竟擅自删除了监控视频。

事发后，西安市环保局长安分局局长，监测站站长、副站长等人被警方带走并羁押于看守所。

从这次西安发生的数据造假事件不由使人联想到2015年著名的“大众排放门”事件。

近年来，大众集团的汽车销量可谓非常傲人，本来其极有可能于2015年冲击全球汽车销量霸主的地位，将丰田从世界第一的位置上拉下来，结果万万没想到的是，排放门事件一出，使其销量一落千丈。此外，股价暴跌、罚款、赔偿以及大量的官司导致大众集团财政紧缩，新车计划流产。尽管其还不至于因此而破产，但是恐怕得靠出售股权、专利甚至旗下品牌才能渡过难关。据当时业内保守估计，未来5年之内，大众已无实力与丰田一争高下。

2015年9月18日，大众排放门事件首次曝光。美国环保局指控大众汽车所售柴油车安装了专门应对尾气排放检测的软件，可以识别汽车是否处于被检测状态，继而在车检时秘密启动，从而使汽车能够在车检时以“高环保标准”过关。在平时行驶时，这些汽车却大量排放污染物，最高可达美国法定标准的40倍。然而，用软件作弊的后果就是：排放检测结果过于一致。最初，美国环保局检测排放小组对大众汽车产生怀疑，就是因为该小组发现不论是大众的新车还是开过几年的车，其排放的污染物几乎都在同一个水平线上，这种可疑的一致性最终使作弊软件浮出水面。事实上，这种“好得过分”“接近完美”的情况恰恰暴露出实际的漏洞，而就连大众集团自己也没有发现作弊时可能存在的这个漏洞，致使其骗局被揭穿。

可见，有时候事情发展得过于顺利并不一定是什么好事，而是很可能哪里出了问题。“好得过分”往往代表不够真实。英文里有个短语“too good to be true”，讲的就是这个意思。在一篇发表在《英国皇家学会学报 A》(*The Proceedings of the Royal Society A*) 的论文中，来自澳大利亚和法国的研究人员深入地研究了这一现象，并称之为“一致性悖论”（paradox of unanimity)。该论文列举了许多案例来说明这种现象。例如，在科学实验中，理论与实验必须互相支持，并肩同行。其实，每个实验中都会有背景噪声，也会有实验误差。在科学史上有过这样的情况，如果实验结果看上去有点“好得过头”或实验数据过于完美，那么极有可能是有人在造假。又如，当人们对某一问题形成空前一致的认识时，这里面往往会存在一些问题。经验告诉我们，在许多情况下，一致性是存疑的，甚至是不可能发生的。尽管我们都希望能形成一致，但一致却并非都是好事。该论文作者之一、澳大利亚阿德莱德大学的物理学家、电子工程师德里克·阿博特（Derek Abbott）说：“一致性通常被视为可靠的象征，但事实上很多人同时取得意见一致的概率是很小的，所以我们如此相信一致性的存在其实并没有什么合理依据。”

阿博特在论文中还提到一个有名的“too good to be true ”事件，它发生在1993—2008年的欧洲。警方发现，在法国、德国、奥地利等国发生的15件罪案的现场，都有同一个女性的DNA。这位“神秘连环杀手”被称为“海尔布隆魅影”，而警方直到最后都没有找到她。DNA证据非常一致，看似极具说服力，但最终事实证明它是错的，这是一个前期偏差——警方用来收集DNA样品的棉签被污染了，所有样品上都含有的DNA来自同一位女性，也就是在工厂里制造这批棉签的那名女工。

相关链接三

一致性悖论

在古罗马法中，如果所有法官都一致认为嫌疑人有罪，则该嫌疑人反而会遭到赦免。这一规定说明，那时的立法者显然已经注意到全体一致的判决意味着司法程序中间出现了系统性偏差。尽管他们并不一定能发现具体是什么样的偏差，但直觉告诉人们，一旦事情发展得过于顺利，很可能就说明有哪里不对了。

现代研究也发现，当警方让证人指认犯人时，他们会让证人在按顺序出现的几个人的照片中找出嫌疑人。研究表明，当同时指认一个人为嫌疑人的证人数目增加到一定程度后，他们指认正确的概率反而会降低，直至与随机猜测再无分别。

为什么会出现这种情况？对此可以用数学中的贝叶斯分析来说明。拿一枚硬币做例子：如果我们有一枚特殊的硬币，投到正面的概率为55%，而非普通硬币的50%，那么只要我们投的次数足够多，就会发现正面向上的次数多于反面向上，进而发现它是“不公平”的。换句话说，当我们看到投掷结果中正面向上的次数显著多于反面向上时，就会意识到出问题的是硬币，而非概率定理。同样，根据概率定理，很多证人同时得到一致结论的可能性极低，所以当这种情况发生时极有可能是系统出现了差错。

有研究人员称，一致性悖论出现的频率比我们想象的更加频繁。很多时候，看法一致的确意味着更接近真相，但这只发生在零偏差或接近零偏差的情况下。比方说，如果你让证人完成一项较容易的任务，如从一堆香蕉中找出一个苹果，几乎所有人都不会出错，多人结论一致的情况也就很可能会出现。然而，指认犯人要比在一堆香蕉中找到苹果复杂得多。模拟实验显示，如果证人只在犯人落荒而逃的时候向其匆匆瞥了一眼，则证人认错的概率高达48%。在这种情况下，证人指认的结果不一致才是正常的，即许多证人同时指认一个人为犯人的概率是相当低的。如果发生了这种情况，就说明很有可能是系统本身出现了偏差。

关键词

公共政策　政策分析　政策问题　政策偏好　政策预期　政策结果　政策绩效　经验分析　评价分析　规范分析　分析局限　分析陷阱　研究型分析　快速分析　鱼骨图　思想库

本章小结

1. 研究公共政策的作用主要体现在科学、专业和政治这三个方面。
2. 公共政策是指社会公共权威在特定情境中，为达到一定目标而制定的行动方案或行动准则。

3. 政策分析是针对整个政策过程并在政策制定的各个环节中创造知识的一项活动。

4. 政策分析的基本特征是理论与实践的结合、复杂的学科背景、多架构的研究方法、广阔的研究领域。

5. 政策分析的基本方法包括经验分析的方法、评价分析的方法、规范分析的方法。

6. 政策分析的局限性主要表现在政府权力受限、问题认识上的分歧、人文研究的限制、人类心理和行为的复杂性、社会问题的多样性。

7. 政策分析的具体步骤包括定义问题、搜集证据、分析原因、评估政策、开发方案、结果预测、择优选择。

8. 思想库是现代政策研究组织的别称，是政策主体中非常重要的构成元素。

思考题

1. 为什么要研究公共政策?
2. 什么是公共政策?
3. 什么是政策分析?
4. 政策分析有哪些特点?
5. 政策分析有哪些方法?
6. 政策分析有哪些局限?
7. 政策分析有哪些陷阱?
8. 政策分析有哪些步骤?
9. 预防统计陷阱应遵循哪些原则?

参考文献

[1] THOMAS R D. Understanding public policy [M]. 12th ed. New Jersey: Prentic Hall, 2008.

[2] 戴伊. 理解公共政策 [M]. 12版. 谢明, 译. 北京: 中国人民大学出版社, 2011.

[3] WILLIAM N D. Public policy analysis: an introduction [M]. 4th ed. New Jersey: Pearson Prentice Hall, 2008.

［4］邓恩．公共政策分析导论［M］．4 版．谢明，伏燕，朱雪宁，译．北京：中国人民大学出版社，2011.

［5］JAMES E A. Public policy making［M］．5th ed. Boston：Houghton Mifflin Company，2003.

［6］安德森．公共政策制定［M］．5 版．谢明，译．北京：中国 人民大学出版社，2009.

［7］EUGENE B. Apractical guide for policy analysis：the eight fold path to more effective problem solving［M］．3rd ed. Washington D. C：CQ Press，A Division of Sage，2009.

［8］帕顿，沙维奇．政策分析和规划的初步方法［M］．2 版．孙兰芝，译．北京：华夏出版社，2002.

［9］伍启元．公共政策：上、下册［M］．香港：商务印书馆，1989.

［10］林水波，张世贤．公共政策［M］．台北：五南图书出版公司，1982.

［11］张金马．政策科学导论［M］．北京：中国人民大学出版社，1992.

［12］张国庆．公共政策分析［M］．上海：复旦大学出版社，2004.

第二章

定义政策问题

在明晰了政策分析的含义、特征、类型、基本步骤以及分析主体后，就可以开展政策分析的工作了。为了使政策分析更加可行，必须有一套具体的操作方法与步骤。接下来，我们将依次展开政策分析的各个步骤，并逐一进行阐述。

在此面临的首要任务就是定义政策问题。只有定义了问题，才能够抓住其本质。自古以来，在解决问题前，先要定义问题，这一直都是不变的真理。

拉赛尔说，要想成功地解决问题，就必须锚定真正的问题并找到正确的方案。我们经历的失败常常更多是因为解决了错误的问题，而不是因为我们为真正的问题找到了错误的解决方案。

爱因斯坦说，我将花上 55 分钟去定义问题，再花 5 分钟将其解决。

杜威说，良好的问题表达能解决一半的问题。

自政策科学诞生以来，政策分析过程中的问题定义常常被忽略。分析人员想得更多的是如何去解决问题，而不是先对问题进行准确的定义和分析。其结果就是，我们经常找错了问题，更不用说找到对的方案了。例如，不少人感觉现在房价过高的现象比较普遍，北京、上海等特大城市的房价更是让人“高攀不起”，社会上“降房价”的呼声也不绝于耳。但现象并不能代表问题。房价高企和普通民众购买力不足之间的矛盾以及住房市场供求关系的快速变化才是问题的实质。因此，单纯考虑降低房价并不能真正解决问题。对此，有关方面在制定政策时应深刻领会中央“房子是用来住的，不是用来炒的”这一基本定位，这样才能从根本上消除老百姓的焦虑，满足老百姓的需求。

由此可见，作为政策分析的初始步骤，定义问题（或者说问题分析）对后续的信息搜集、备选方案开发、政策评估以及预测等政策分析的各个阶段有着至关重要的作用。只有正确地定义了问题才能使后续的行动变得有意义，否则就容易做无用功，对解决问题毫无价值。此外，对一个问题的性质如何、怎样分类、属于什么范围、达到什么程度等的判断，也都是经由构建问题时的定义和分析过程得出的。所谓构建问题，是指分析人员在不同利益相关者所持的相互分歧的意见中进行甄别、考量、探究。显然，这是政策分析人员要完成的核心分析活动之一。

在本章中，我们将阐述政策问题的性质、类型、结构和层次；解释政策问题是如何产生和被发现的；描述政策问题的定义过程，并介绍相关条件和分析方法。

第一节　政策问题概述

一、私人问题与公共问题

所谓问题，是指需要研究解决的疑难和矛盾。有些问题具有私人性质，有些问题具有公共性质，即任何问题都可以从私人性和公共性两方面来加以区分。公共政策要处理的是公共问题而不是私人问题，其原因在于政府职能是有限而非无限的。换言之，政府要管具有公共性质的问题，而尽量不要去干涉私人性质的问题。政府不是全能的，不能什么都去管，如果什么都管，一定是管不了也管不好。那么，什么样的问题是私人性质的，什么样的问题又是公共性质的呢？让我们通过下面一些例子来加以阐述。

案例一

范美忠事件：私还是公？

如果不是因为一篇发在天涯社区的帖子，范美忠这名普通的中学教师或许不会在海内外引起那么多人的质疑与愤怒。在那篇名为《那一刻地动山摇——汶川地震亲历记》的帖子中，范美忠记录了自己在地震发生时以及震后的经历。当时，范美忠是都江堰光亚中学的语文教师。在地震来临之时，他甚至连一句“快跑”都没喊，就丢下他的学生第一个跑出了教室。

随后，范美忠又在博客中写下一系列博文，说明自己的价值取向：

“我从来不是一个勇于献身的人，只关心自己的生命，你们不知道吗？上次半夜火灾的时候我也逃得很快！”

“在这种生死抉择的瞬间，只有为了我的女儿我才可能考虑牺牲自我，其他的人，哪怕是我的母亲，在这种情况下我也不会管的。”

…………

诸如此类言论，终于将一个逃离行为的个案，演变成为道德伦理大批判的公共事件。范美忠抛弃学生“临震一跑”的做法和挑战国民容忍度的言论，引发了一场舆论的讨伐。有网友称其为“最无耻的教师”，有媒体将他列为反面典型，还有人送了他一个极具符号意义的外号“范跑跑”。事实上，从“伤害性”的角度而言，如果某个问题并不实际地构成对他人的伤害，则该问题或许不具有公共性。然而，范美忠在博文中将其私密的个人想法推上了互联网这一公共领域，网络传播的特点无疑改变了这一事件的私人性质。同时，舆论的讨伐说明范美忠的言论已经背离社会上多数人的价值观，这也使此问题带有了公共性。

案例二

陕西“黄碟案”：公权的界限

2002年8月18日晚11时许，陕西省延安市万花派出所民警接到群众电话举报，称辖区内一居民家中正在播放黄色录像。派出所遂派出4名民警前去调查。当民警进入该居民家中时发现，房间内只有新婚夫妻张秋林和李小叶两人，此时电视机已关闭。几名民警表明身份并要求夫妻俩交出“黄碟”，但两人拒绝了警方的要求，由此双方发生冲突。撕扯中，一民警的袖子被撕破，一民警的手被抓伤。随后民警将张秋林摁倒在床上，然后以妨碍警方执行公务为名将其带回派出所。警方还将从现场搜到的3张淫秽光碟，连同电视机、影碟机作为证据一起带回派出所。8月19日，在缴纳了1 000元暂扣款之后，张秋林被放回家中。10月21日，张秋林突然又被宝塔公安分局治安大队带走，随即以“涉嫌妨害公务”被刑事拘留。10月28日，宝塔公安分局向宝塔区人民检察院提交材料，报请检察院批准逮捕张秋林。11月4日，宝塔区人民检察院以“事实不清，证据不足”为由做出不予批捕张秋林的决定，发回公安分局补充侦查。11月5日，被刑拘16天之后的张秋林被宝塔公安分局以取保候审的形式释放回家。12月5日，宝塔公安分局以“案件撤销”为由，解除了对张秋林的取保候审，1 000元暂扣款同时返还当事人。“夫妻家中看黄碟，民警上门来抓人”一案传出后，一时间轰动全国，成了人们关注的热点。

20世纪90年代，美国也发生过一件很轰动的案件：一个日本留学生去同学家参加聚会，由于搞错了地址，结果误打误撞进入了一户美国人的私宅。男主人发现后，用枪指着他，大声用英语叫他“站住”，可这个日本学生不知是没听清还是没听懂，继续向房子里走去。于是男主人开了枪，日本留学生当场毙命。最终，法院宣判开枪者无罪释放。这一判决在许多美国人看来没有问题，因为他们信奉私宅神圣不可侵犯的道理，恰如西谚所云："私宅是一座坚实城堡——风能进，雨能进，但国王不能进。"

案例三

北京市出台规定："公了"变"私了"

自2007年7月1日起，由北京市公安局公安交通管理局、中国保险监督管理委员会北京监管局颁布的《机动车交通事故快速处理办法（试行）》（以下简称《办法》）开始执行。《办法》规定，凡是在北京市行政区域内道路上，机动车之间发生的造成车物损失或者人员轻微伤且车辆能移动的交通事故，由当事人自行撤离现场，自行填写《机动车交通事故快速处理协议书》后，直接到保险公司办理理赔手续。对应当自行撤离现场而未撤离妨碍交通的，公安交通管理部门将拖移其车辆至不妨碍交通的地点；造成交通堵塞的，依法对驾驶人处以200元罚款；驾驶人有其他交通违法行为的，依法一并处罚。

相关链接一

城市街头艺术：管还是不管？

对城市街头艺人的管理，一直是大城市管理中的棘手问题。是遏止、限制，还是放任、容忍，或是制定相关的法规进行鼓励、引导并实施必要的规范化管理，这是日益开放、不断发展中的大都市所必须面对和要解决的问题。

城市街头艺人大致可分为两类。一类是乞讨型，多以展示贫穷、残疾、老迈、重病等为主要手段，辅以简单粗糙的表演技能，借以博取路人的注意和同情。乞讨型艺人多为外来人口，设点流动性大。另一类是艺术型，多以表演为手段，包括戏剧、魔术、杂技、书画等多种形式，以此吸引观众并获取一定的酬劳。就艺术型街头艺人而言，他们有的可能是遭遇了暂时的经济困境；有的是以艺术表演作为谋生手段；有的则纯属个人爱好，即其喜欢在大庭广众之下展示自己的表演天赋和前卫创作。艺术型街头艺人大都有良好的表演形象和独特的表演技能，通过街头巷尾的公共空间展示自己的艺术才华，以其艺术独创性与感染力吸引观众。艺术型街头艺人具有即时性、节庆性和随意性的特点，表演周期短，街头吸引力大。

作为大都市，街头艺人表演是一道独特的城市风景线，街头艺术创作则更是城市艺术发展一种不可或缺的重要资源。综观一些国际性大都市，如美国的纽约、旧金山、拉斯维加斯，英国的伦敦，法国的巴黎，日本的东京，以及我国的香港、台北等地，随处可见街头艺人的表演和街头艺术创作。纵观我国城市的发展历史，不论哪个时代的哪个城市，在其兴盛繁荣的时期，都给我们的艺术史、文学史留下了独树一帜、享誉中外的民间文艺创作，而这也是一个大都市繁荣与成熟的标志之一。例如，20世纪上半叶，北京的天桥和上海的南市老城隍庙、大世界游乐场等，都曾留下了我国街头艺人和街头艺术的杰出作品。

目前看来，我国大城市的公共空间还没有得到真正意义的开放。在追求城市秩序和管理效率的同时，大城市应该呼唤和培育公共空间的人文含量及其人性化活力，让城市活起来、动起来。因此，全面规范街头艺人和街头艺术，显得十分重要和迫切。对此，我们应该把那些单纯以乞讨为目的的所谓“街头艺术”和真正的艺术型的街头艺术区分开来。同时，将城市乞讨者等群体纳入公益救助系统，而对属于表演和创作等审美范畴的街头艺术加以鼓励、推动、引导和规范，使之得到进一步发展。

知识链接一

不伤害原则

19世纪著名的古典自由主义思想家约翰·斯图亚特·密尔（John Stuart Mill）在《论自由》（*On Liberty*）一书中通过厘清“群”“己”权界，来谋求公与私的界限，并由此提出了“不伤害原则”。约翰·斯图亚特·密尔把社会控制和个人自由之间的界限概括为：只要个人的行为与他人不存在利害关系，则个人不必就此行为对他人负责或向社会交代什么；如果存在对他人利益有害的行为，则个人应当负责和交代，并且理应承受或是社会的或是法律的相应惩罚。“不伤害”就是对这一界限的高度提炼。实际上，“不伤害”是问题的一体两面，既界定了个人自由的界限，也界定了社会控制的界限。

二、社会问题与政策问题

任何社会在其运行过程中都会产生这样或那样的社会关系失调，并由此带来不同类型的社会问题。那么，社会问题是怎样产生的呢？都有哪些因素在其中起比较重要的作用呢？为什么有的社会现象在某些时期能够被人们接受，而后来却被视为社会问题呢？同理，为什么某些一度被普遍视为严重社会问题的现象后来又被认为没那么严重或根本不是什么社会问题呢？

一个社会必然存在种种不尽如人意的社会现象，但即便其对社会良性运行构成了威胁，也还不能就此认定它们就是社会问题。那么，由谁来决定某一社会情况属于社会问题呢？回答是：只有当大部分社会成员和/或一部分有影响的社会人物认为某种社会现象是社会问题时，那它才得以构成社会问题，其中权力因素起着非常关键的作用。换言之，社会上一些有影响的人物对某一社会现象的关注程度及看法和态度，有时候足以把某一社会现象直接推上社会问题的舞台。

现实中，在社会问题的主观认定方面各方经常存在很大分歧。以贫困为例，有的人认为，如果没有穷人，谁去买那些便宜的东西？谁去找那些收费低廉的医生和律师？社会救济和福利工作者不都得失业了？一些主张穷人利益的政治团体和党派又何以存在？在这些人看来，社会是有等级之分的，也必然存在贫富差别。进一步而言，贫困是有利于社会均衡发展的一种自然安排，它起到的是一种积极的作用，而破坏这样一种均衡可能会带来更多、更严重的社会问题。另一些人则认为，贫困只是有利于有权有势阶层的一种社会安排，如果对这种社会状况不加以改变，就会出现严重的社会对立，并由此引发激烈的矛盾和斗争，阻碍、破坏社会的良性运行。此外，还存在一些这样那样的折中看法。总之，观点认识上的统一有时是很难的。如前所述，那些在社会上真正有影响力的人物能在社会问题的认定过程中发挥非常重要的作用。

在此必须指出的是，人的主观认识、思想信仰、生活态度等价值因素在社会问题的形成过程中有着决定性的影响。这些意识层面的东西往往左右着人们对一些问题的根本看法。随着社会的发展和各方面条件的不断变化，人们的价值观、信仰和态度等也会有所改变。所以，其在理解社会问题时自然也会发生一定的变化。例如，从社会经济发展的进程来看，人们对环境污染与环境保护关系问题的态度可以形象地表述为：开始时是要钱不要命，后来是要钱也要命，再后来是先要命再要钱。

政府的主要功能及其公共政策的主导作用在于有效解决社会所面临的诸多问题，因此社会问题的客观存在及其主观认定被普遍认为是政策分析过程的起点。通常而言，政府的政策范围极为广泛，但这种范围也并非无限。政府作为公共权力机构，其主要是针对社会问题来进行决策的。社会问题的内涵往往是指实际条件与应有条件之间存在偏差，或者是实际状态与社会期望之间存在差距，而这种偏差或差距往往会导致社会的紧张状态，从而超越了个人稳定的环境和范畴，并牵涉更为广泛的社会关系。当社会上的一些人对社会生活中的某些方面表示焦虑和不满或提出一定的主张、采取一定的行动时，那就表明问题已经发生。但实际上，在人们表示不满之前，问题往往早已存在，只是那些受其影响的人或因畏惧社会习俗或政府权威，或因自己尚未意识到存在不公而未提出改革的诉求。

那么，是不是所有的社会问题都属于政府的政策管辖范围呢？显然不是。社会上的问题很多，但在决策者看来，并非所有的问题都是需要政府解决的。有些问题可以通过民间渠道来解决；有些问题过于复杂，不可能单靠政府之力来加以解决；有些问题已经成为历史，因而再无解决的必要。此外，也不能排除政府出于平衡各种利益的考虑，对有些社会问题采取“无为”的态度。可见，现实中只有部分社会问题能够得到政府的重视，进入政府议程，这部分社会问题也由此真正转化为政策问题。

第二节　社会问题的类型与特征

一、社会问题的类型

对于饥饿、贫困、吸毒、贩毒、卖淫、嫖娼、酗酒滋事、种族歧视、性别歧视、精神疾病、家庭暴力以及就业、人口、资源、环境等社会问题，许多人都能亲眼看到或亲身体验到它们的存在。如果从最一般意义上来理解，则可以把上述这些问题大致分为两类：一类是过失性社会问题，另一类是结构性社会问题。

（一）过失性社会问题

过失性社会问题主要产生于偏离社会正常生活和规范的一些过失行为，如青少年失足和社会犯罪等。一般来说，因为其与大多数人的正常生活格格不入，所以这类社会问题很容易被人们所识别。然而，有这样两点需要注意：一是一些社会规范允许一定程度的行为偏差，即一些社会规范的边界有一定的伸缩余地，因此在这样的社会空间里，有的行为并不一定会被认定是超出规范允许范围的过失行为；二是“偏差”这一概念具有相对性，即在某种情形下被认定为偏离社会规范的过失行为，在另一种情形下则可能被认为是可以接受的行为。

社会行为的可接受性是有一定余地的，并没有什么“一视同仁”的绝对标准。例如，司机遇红灯时应及时刹车，不过有时可能会因刹车不及而越过停车线，但对其他通行车辆并未构成威胁，这时交警一般不会上前干预。又如，当未成年人犯了和成年人同样的罪行时，所受的处罚却会很不相同。

过失和偏差往往是相对而言的，并没有绝对的标准，因而需要将其放在特定的社会环境中去考察。以婚姻形式的多样性为例，重婚在一些国家和地区是非法的，而在有些阿拉伯国家，一夫多妻和一妻多夫则是被社会所接受的。又如，父母打骂子女在一些国家被认为是一种典型的家庭暴力现象，是会受到社会制裁的；在另一些国家则被视为一种理所当然的教育手段，觉得孩子不打不成材。再如，在一些人眼中，同性恋者、嬉皮士、吸烟者等常常被视为存在偏差行为的人；在另一些人眼里，则认为上述人士的行为并没有超出社会规范的界限，他们有自我享受的权利，而这并不关其他人的事。当然，并非所有的过失和偏差都是相对的。例如，谋杀就被普遍视为一种犯罪行为。大多数情况下，几乎没有哪个正常人会认为杀人是正当的或是可以被接受的。可见，对有些社会现象的认识，人们还是有共识的。

（二）结构性社会问题

所谓结构性社会问题，是指因社会自身结构不合理而导致的一些社会问题（这些社会问题往往是符合或并不违反社会规范的）。如果说连过失性社会问题有时都难以确定的话，那么对那些结构性社会问题的确定就显得更为复杂了。以“人口爆炸”为例，我们不能简单地将之归咎于某些人某些形式的行为偏差或行为过失。实际上，多数人只是按照传宗接代、养儿育女的传统习惯行事，这似乎是很正常的行为。可见，当这种看似正常的行为引发了人口的急剧增长时，我们就要意识到，是不是人类在组织社会生活和进行人口生产时的某种结构性偏差才引起了这种严重的社会问题。

结构性社会问题涉及社会生活的许多方面，其中最为突出的就是各种各样的不平等现象，如由经济不平等所带来的贫富两极分化。贫富两极分化的直接结果就是贫困，而社会上对贫困问题的理解也各不相同。例如，基督教新教理论认为，人之贫穷并非社会制度和社会结构之过，贫穷往往是个人的无能和懒惰造成的。只有虔诚、节俭、勤劳和奋斗才是克服贫穷之道。不这样做，则受穷是很自然的事，根本不值得同情。社会达尔文主义的观点更为直白，其核心就是“物竞天择，适者生存”，即认为社会的发展和进步源自竞争，有竞争才有优劣的筛选。富人是被筛选出来的佼佼者，他们为社会做出了很大的贡献；穷人则是社会竞争的落败者，是那些处于社会底层的无能之人，他们竞争不过别人，所以只能受穷。虽然现在许多人已经摒弃了社会达尔文主义的观点，但其仍潜移默化地左右着一些公众的价值观。例如，美国的某次民意测验表明，公众中绝大多数人都把受穷的原因归于个体，只有极少数人认为人受穷是现存社会制度和社会结构造成的。实际上，大量的统计调查结果表明，有关“穷人好逸恶劳，就愿吃救济”这种说法是根本站不住脚的。现实中，许多穷人并非能工作而不愿意工作，他们在竞争中所处的不利境地是社会强加给他们的。因此，把贫困的责任完全推给穷人毫无道理，因为许多时候贫困主要是由于社会政治和经济结构的不合理而造成的。除了贫困问题，还有由民族歧视和种族偏见所引发的民族矛盾，由政治不平等所产生的政府权力滥用，由教育不平等所导致的社会不满等，这些都属于结构性社会问题。

此外，由价值观变化引发的结构性社会问题也不在少数，如家庭问题、劳动问题、人口问题和环境问题等。当前，家庭问题的重点是“核心家庭”的出现以及随之而来的各种不利情况，如家庭亲情的淡化、“空巢老人”无人过问、家庭教育的功利化等。劳动问题反映了人们对机械式劳动的普遍厌恶以及对独立、自由和民主化管理的渴求。看看卓别林的著名影片《摩登时代》，想想那些埋头于流水线之上的工人，眼见一个个活生生的人仿佛成了一个个机器零部件，怎么会让人不产生厌恶之情。人口问题在不发达国家和地区表现得尤为突出，致使那里的人面临严重的生存危机，如食品短缺、医疗条件恶劣、教育水平低下、人口素质下降等。环境问题是人类大量、无节制地利用地球自然资源的直接后果，对可持续发展构成严重的阻碍。当人类与天斗与地斗，没有学会和大自然和谐相处时，就会招致大自然的一系列报复。事实上，许多环境问题的产生并非天灾而是人祸。尤其糟糕的是，大自然的报复并非像司法机关对付犯罪分子那样，谁犯罪就惩罚谁，而是针对整个人类。一些个人、组织乃至政府的愚昧和贪婪行为，引来大自然“不问青红皂白”的反击，结果连累所有人都跟着一起“背黑锅”。

二、社会问题的特征

社会问题具有以下几点特征。

（一）社会问题是一种客观条件

所谓客观条件，是指一种可以通过实证加以认识的情况。换言之，客观条件的存在状况及数量、比例等能够被人们所了解和掌握，如国防状况、出生率倾向和失业人数/失业率等可以通过调查统计而获知。客观条件是社会问题存在的必要前提，但不是充分条件。也就是说，没有客观条件就不可能形成社会问题，但仅仅有了客观条件还不足以构成社会问题。现实中，尽管两个不同地区的客观条件完全相同，但这种客观条件可能仅会在其中一个地区造成社会问题。例如，公共场所吸烟在一些地区是一个社会问题，在其他一些地区情况则可能不是；离婚在一些地区是一个社会问题，在另一些地区则不一定是。

（二）社会问题是一种主观定义

所谓主观定义，是指对上述客观情况的察觉和判断。当人们明显感到目前的客观条件已经危及他们所珍视的社会价值观，是对他们所信奉的社会规范的一种背离时，就往往倾向于认为这种客观情况是一种社会问题。换言之，某种客观条件是否成为社会问题，主要还是由人来加以定义的。如果某种状态并不令身处其中的人产生负面感觉或判断，那么对于这些人来说，其就不构成社会问题（尽管在旁观者或其他人眼中，这种情况可能的确是社会问题）。

（三）社会问题受价值判断的影响

以上分析说明，研究社会问题时不仅要分析其产生的客观条件，而且要研究身处其中者的价值判断。价值判断使人以不同的方式或从不同的角度看待同一种状况及其解决方法。社会问题之所以能够出现并得以持续，主要是由于人们存在不同的价值选择和目标取向。

有时，社会问题会涉及价值观的双重冲突。一是在某些情况下，人们并不会一致地认为某些现象对社会基本价值观构成了威胁，如种族歧视、离婚问题、童工现象等。二是在另外一些情况下，尽管人们基本上同意某些状态对社会基本价值观造成了威胁，但由于他们对所采取的相关措施和解决办法抱有不同态度，因而难以就此达成一致。

可见，人的价值判断不仅在将客观问题认定为社会问题与否时起到了非常重要的能动作用，而且在采取何种方案解决社会问题方面起到了非常重要的能动作用。以能动作用中的阻碍作用为例，其中很重要的原因之一是：人们并不愿意去支持那些要求他们改变、放弃甚至破坏固有信仰和制度的改良计划，反之亦然。例如，一项要求社会接受用避孕和堕胎的方法来解决私生子问题的解决措施就被一些人视为对其固有价值观的一种侵犯，因而受到他们的普遍反对。又如，起初艾滋病被普遍认为只是吸毒者、同性恋者和卖淫嫖娼者群体中出现的问题，极端的观点甚至认为这是上帝对社会异己分子的一种严厉惩罚。但随着时间的推移和环境条件的变化，人们的认识开始发生转变，对艾滋病的防治也随之被提上了政府的政策议程。再如，安乐死的问题已经讨论了很久，然而在人有没有权力选择自己的生命、在什么条件下有权选择或在什么条件下无权选择等问题上，人们的看法始终存在很大分歧，难以达成共识。

（四）社会问题是关系到大多数人的问题

如果问题只涉及个别人或少数人的利益，往往不能形成社会焦点，也难以引起人们的普遍重视，这种情况一般并不构成社会问题。例如，一次偶然的歉收不构成社会问题，大面积的饥荒则可以；某个工厂倒闭，一部分人失业，一般不构成社会问题，但由于社会经济动荡而造成的许多工厂倒闭和许多人失业则容易构成社会问题；某些家庭因为生了太多孩子造成生活质量明显下降，一般不构成社会问题，但如果家家户户都有这种情况，那政府就不能坐视不管了。总之，政府应该重视的是关系到多数人利益的社会问题。当然，这并非指政府可以对少数人的事置之不理，而是为了强调指出政府应更多关注那些会引起社会普遍反响的问题。

（五）社会问题的形成具有阶段性特征

社会问题往往不是突然发生的，而是逐渐形成的，它有一个从小到大、从隐到显、从一般到突出、从小范围到大范围的变化过程。以我国老龄化问题为例，一方面，目前养老保险和社会保障尚不够健全，政府也因此面临越来越大的压力；另一方面，随着生活水平的提高，健康环境的改善，预期寿命也随之有明显增长。由此，老龄化问题便越发凸显。统计显示，1982 年，我国 65 岁及以上老年人口比例只有 4.91%，与 1953 年相比变化不大；到 2000 年底，我国 65 岁及以上老年人口比例已经达到 7%，标志着我国已经进入老年型人口国家行列；到 2007 年底，我国 60 岁及以上老年人口超过 1.53 亿人，占总人口的比重达到 11.6%，标志着我国已经进入老龄化社会（按国际惯例，最直接、最重要的老龄化社会标准就是 60 岁以上人口占总人口的比例达到 10%以上）。

老龄化是一个世界性问题，而目前我国在这方面的问题显得尤为突出，具体而言有以下几个特点。

第一，数量多。国家统计局发布数据显示，截至 2023 年 2 月，全国 60 岁及以上老年人口数量已经达到 2.8 亿人，约占总人口的 19.8%。

第二，进展快。专家预计，在 21 世纪前 30 年中，我国人口老龄化速度将是空前的：到 2026 年老年人口将超过 3 亿人，到 2041 年将达到 4 亿人。

第三，“先老后富”问题突出。当前，相比人口老龄化趋势的加速，我国整体的发展水平还是不足的，政府用以支撑老龄化事业的财力有限，不像有些发达国家是“先富后老”，我们则是“先老后富”。

第四，历史欠账较多。总体来看，我国在养老积累方面还比较缺乏，从而导致因养老问题而造成的历史包袱越来越沉重。

（六）社会问题多带有系统性特征

任何一个社会问题都不是孤立存在的，而是整个社会问题系统中的一个有机组成部分。一个小范围的社会问题往往是一个更大范围的社会问题的局部，并且在这个小范围的社会问题的内部还有可能包含几个更小范围的社会问题。不同范围、领域、层次的社会问题存在着相互联系、相互制约的辩证统一关系。例如，城市自行车被盗问题必然关涉城市治安问题，由此又与流动人口问题、户籍制度问题、公房出租问题等相关。所以，社会问题的系统性特征要求我们在处理问题时必须从整体出发，从各个具体问题之间的相互关系上去把握，而不能“头痛医头，脚痛医脚”。有时，同时处理几个关系密切的问题反而比单独处理一个孤立的问题更为妥当，因为同时处理时能发挥系统的整体效应。我们提倡搞综合治理，也就是这个道理。

研究社会问题的重要意义包括：及时发现社会问题，正确诊断社会问题，客观描述社会问题，科学解释社会问题，有效解决社会问题，正确对待社会问题，科学预测社会问题，等等。

三、社会问题理论

（一）社会冲突论

科塞（Coser）和达伦多夫（Dahrendorf）是研究社会冲突理论学者中的代表人物，他们重点研究的是社会冲突的起因、形式、制约因素及影响。科塞在1956年出版的《社会冲突的功能》一书中最早使用了“冲突理论”这一术语。科塞认为，冲突是在价值观、信仰等方面以及对稀缺地位、权力和资源的分配的争斗。冲突具有正功能和负功能，只要不直接涉及基本价值观或共同观念，那么其性质就不是破坏性的，而是积极性的，即冲突所表现出的是正面功能。为此科塞提出了冲突的五个正面功能：①对社会与群体具有内部整合的功能；②对社会与群体具有稳定的功能；③对新社会与群体的形成具有促进功能；④对新规范和制度的建立具有激发功能；⑤冲突是一个社会中重要的平衡机制。

科塞认为，弹性比较大、比较灵活的社会结构容易出现冲突，但其对社会没有根本性的破坏作用，因为这种冲突可以促进群体与群体间接触面的扩大，也可以促进决策过程中集中与民主的结合以及社会控制的增强，因而对社会的整合和稳定起着积极的作用。反之，僵硬的社会结构采取压制手段，不允许冲突或压抑冲突的发生。然而，这种情况下冲突一旦积累、暴发，其程度势必会更加严重，将对社会结构产生极大的破坏作用。为此科塞提出，应建立完善的社会安全阀制度。一方面，这种制度可以安全地释放积累的敌对情绪；另一方面，可以使决策者及时获得社会信息，体察民情，从而避免灾难性冲突的爆发对整个社会结构的破坏。

达伦多夫则认为，社会现实有两张面孔，一是稳定、和谐与共识，二是变迁、冲突和强制。社会学不仅需要一种和谐的社会模型，而且需要一种冲突的社会模型。为此，社会学必须走出帕森斯所建构的均衡与和谐的“乌托邦”，并应建立起一般性冲突理论。在其1957年出版的《工业社会中的阶级和阶级冲突》一书中，达伦多夫主要吸取了马克斯·韦伯关于权威和权力的理论，从阶级层面阐述冲突理论。达伦多夫认为，社会组织不是寻求均衡的社会系统，而是强制性协调的联合体。社会组织内部的各种不同位置具有不同分量的权威和权力。社会结构中固有的这种不平等的权威分布，使社会分化为统治和被统治这两大彼此对立的准群体组织。在一定条件下，这些准群体组织表现为明显的利益群体特征，并作为集体行动者投入公开的群体冲突，从而促进社会组织内部权威和权力的再分配，即完成新的统治和被统治角色的制度化过程，社会也由此趋于暂时的稳定与和谐。然而，这种所谓的稳定与和谐中潜伏着冲突的危机，一旦时机成熟，社会成员又会重新组织起来，进入下一轮争夺权力的冲突之中。总之，社会现实是冲突与和谐的循环过程，而“权力和抵制的辩证法乃是历史的推动力”。

（二）社会越轨论

所谓社会越轨，指社会成员（包括社会个体、社会群体和社会组织）违反法律、规章制度、道德规范和社会习俗的所有行为。在社会学概念里，社会越轨原本是一个中性词。本书则从狭义角度分析社会越轨，即任何一个社会都会设计一些制度规范作为人们的行为准则，因此本书中的社会越轨主要指社会上的违法违规事件和负面行为。

社会越轨并不完全等同于社会问题。只有当某种社会越轨现象频繁发生并对社会造成危害且使相当数量的人受到威胁时，其才会转化为社会问题。

1. 社会越轨的行为表现

社会越轨的行为表现主要有以下几个方面：①不适当行为，指违反特定场合的特定管理规则但对社会并无重要损害的行为。此类行为虽会引起人们的不满，但通常不会受到正式惩罚。②异常行为，多指因精神疾病、心理变态导致的违反社会规范的行为。③自毁行为，即违反社会规范的自我毁坏或自我毁灭的行为，如吸毒、酗酒、自杀等。④不道德行为，指违反人们共同生活及相关行为准则的行为，此种行为通常会受到舆论的谴责。⑤反社会行为，指对他人、社会造成损害甚至造成严重破坏的行为。⑥犯罪行为，指违反刑事法规而应受刑事处罚的行为，其与反社会行为同属最严重的社会越轨类型。当然，并不是所有的反社会行为都构成犯罪，只有那些触犯刑法的反社会行为才构成犯罪。

2. 社会越轨研究的理论视角

社会越轨形式多样、范围广泛，没有哪个单一理论能够解释所有形式的社会越轨。一直以来，许多学科都试图从自己的角度和立场去研究社会越轨，用自己的专业方法去检验结论并加以解释。

（1）生物学解释。生物学解释把人类生物、生理方面的因素作为社会越轨的原因。该解释认为，有些社会越轨是由于人的生理缺陷造成的，如犯罪型越轨就是如此，罪犯往往有着多方面的遗传和生理缺陷。美国心理学家威廉·谢尔登（William Sheldon）指出，犯罪可能与体型有关。他将肌肉发达、筋骨健壮的身体结构称之为斗士体型，在其研究的罪犯中具有这类体型的人占很大比重。美国佛罗里达州立大学的研究人员曾进行过一项暴力基因研究，他们在对 2 500 名学生的 MAOA（单胺氧化酶 A）基因和他们的行为方式进行调查分析后得出这样的结论：MAOA 基因发生变异会使男孩的暴力倾向明显增加。当然，仅从生物学视角来解释社会越轨并不完整，因为它忽视了后天生活环境和经历对人的影响。因此，生物学的研究视角虽然极具启发性，但其在当代已逐渐淡出人们的视线。

（2）心理学解释。任何个人行为都是其个体需求与自我控制力相互作用的结果。一方面，人有各种需求并试图得到满足；另一方面，生活于社会中的每个人又需要进行自我控制，从而使其满足自身需求的方式符合社会规范的要求。当个体需求的力量过于强大而自我控制的力量又过于弱小时，就容易导致社会越轨。造成自我控制力弱小的原因有多种，如没有经过良好的社会化，个人人格具有严重缺陷以及心理失调等。社会心理学家阿尔伯特·班杜拉（Albert Bandura）在其提出的“习得理论”中指出，即使没有真正从事过攻击行为的人也会通过观察和模仿来学习攻击行为，通过这种方式，这些人学会了怎样行使暴力（如怎样射击等），即便他们在现实中并未真正采用过所学到的“本事”。

（3）社会学解释。社会学者更关注的是造成社会越轨现象的那些带有普遍性、社会性、本质性的根源，即他们更倾向于从外在的和稳定的因素中去研究社会越轨。他们认为，社会越轨的发生与其所处的社会环境是密不可分的，具体如下。

首先，社会上存在不同的种族、民族、集团、阶层等，它们常存在不同甚至是根本对立的行为规范、价值观念等。在此情况下，违反规范的行为是不可避免的。例如，统治阶层总是将那些触犯自身利益与价值观的行为定义为社会越轨，并将其作为控制对象。

其次，当社会急剧变迁时，旧的行为规范已不适用或受到怀疑，而新的规范又没有建立起来或尚未得到广泛接受，于是许多人失去了行为规则，由此产生一系列越轨行为。此外，社会急剧变迁还会造成社会文化各个部分发展的不平衡，这也是导致社会越轨的重要原因。

最后，有关阻碍人们采取遵从行为的其他社会因素也为社会越轨提供了机会或条件。例如，社会控制力降低，遵从行为未受到鼓励，越轨行为未受到惩罚，制度不健全等，均可导致社会越轨的发生。

（三）社会解组论

所谓社会解组，是指社会规范和社会制度对社会成员的约束力减弱、社会凝聚力降低的一种社会状态。当社会发生急剧变迁时，旧的规范不适用了，新的规范又尚未建立起来，或者是某些规范的功能发挥受到阻碍、几种规范体系互相冲突，由此人们失去了行为准则，于是发生社会解组。社会解组区别于社会解体。前者指社会中出现松散、分裂现象，但尚可维持原有的社会制度结构和社会体系；后者指整个社会的制度、结构、体系遭到破坏，从而使原有的社会秩序无法维持和继续，逐渐被新的社会制度所取代。

社会学对社会解组的研究主要有以下三种观点。

第一，文化堕距观点。这一观点认为，在文化变迁中，构成文化的各部分变化速度不一致，从而造成相互之间的差距和错位，导致社会解组。

第二，异化观点。这一观点认为，在传统社会向现代社会过渡的过程中，出现了个人在精神上与其周围世界相分离或相对立的现象，这是引起社会解组的重要原因。在传统社会里，人们从事农牧业生产，以家庭为中心承担特定角色，有其特定的生活目标。然而，现代的工业化和城市化将这些秩序打乱了。在工业社会中（尤其是城市中），传统知识往往变成“无用之物”，家庭的管理、宗教、教育等功能逐渐丧失，它们不再是人们生活的中心。工业社会产生了一系列为人们所不熟悉的新角色，提出了一些全新的生活目标。人们普遍感到已被置于一个完全陌生的世界之中，周围的一切都与自己相分离或相对立。现代大城市的“匿名式”人际关系、工业流水线以及事务性工作中那种“非人格”的劳动方式，进一步提高了异化的程度，从而导致社会解组。

第三，社会机会结构与社会目标结构失调的观点。该观点认为，社会解组是在个人或群体目标无法充分实现的情况下发生的社会问题。照此观点，任何社会均有两种因素起着重要作用：一是目标，即在某种社会或文化中为人们所追求的事物；二是规范，即由该社会或文化所规定的、实现上述目标的合法手段。在理想状态下，社会机会结构为人们实现这些目标提供了比较充分的合法手段，机会与目标协调，因而社会越轨情况较少发生。但在有些情况下，机会与目标之间会产生矛盾，如积累财富的目标与致富机会有限之间的矛盾。于是，那些很难通过社会认可的合法途径去实现自身目标的人就有可能违反规范，或者认为没有必要遵守这些规范，由此造成社会解组现象的发生。

简单地说，社会解组理论强调，如果社会系统的平衡机制在社会变迁的过程中受到干扰，则此时冲突与解组最容易发生——如果社会控制力量消失，则偏差问题自然会随之而来。

（四）社会标签理论

社会标签理论是解释社会问题产生原因及发展过程的理论。

该理论认为，人类的行为并不取决于行为的内在性质，而取决于社会对其行为所采取的态度，即取决于社会的揭示和认定。

标签是指某些人给另一些人所施加的符号或固定性看法，其在社会标签理论中主要是指对被施加者不利的符号或污名。该理论认为，一些群体（主要是弱势群体）的偏差行为是由于强势群体对其妄加标签而产生的。偏差行为并不是问题的本质，强势群体对弱势群体施加标签才是问题的实质。

社会标签理论注重对异常行为过程的研究，其基本观点是：在人变成异常行为者的过程中，社会给其贴上“异常行为者”的标签是一个关键因素；当社会通过实施新的准则而把异常行为的标签加诸初发性异常行为者身上时，其就可能成为复发性异常行为者。

一些学者分析了初次社会越轨与再次社会越轨的情况，以说明社会反应的意义。他们认为，每个人都会发生一些不同程度的社会越轨，但大多数是偶然的，程度也不严重。然而，如果这种越轨行为被其他人发现并公之于众的话，其就会被贴上社会越轨者的标签，此时其处境就会发生很大变化，就可能从初次越轨者变为再次越轨者，即由平常人变成一个有越轨倾向的危险人物，而此时越轨者就很有可能成为附着其上的标签。实际上，是否越轨往往并不在于行为本身，而是一种社会反应（即他人定义的结果）。正是他人给某一社会行为下了定义、贴了标签，才使这一行为成为越轨，并引发了进一步的越轨行为。所以，所谓的越轨行为常常是由社会建构而成的。

知识链接二

一个经典的标签实验：歧视

埃利奥特是美国艾奥瓦州一所小学三年级的教师。1968 年，她策划了一场经典的“标签实验”（她当时是为了让孩子们更好地理解何为“歧视”）。

她先把班里的孩子按照眼睛颜色分成两组，一是蓝色眼睛组，二是棕色眼睛组。

在实验开始的第一天，埃利奥特给两组孩子贴上了“标签”，她煞有介事般地告诉孩子们，棕色眼睛的是优秀的孩子，蓝色眼睛的是平庸的孩子。随后，她规定两组孩子不能一起玩，还告诉蓝色眼睛的孩子只能坐在教室后面，并且他们必须佩戴一条造型丑陋的项圈。相比之下，棕色眼睛的孩子则能获得更好的待遇，如课间能享有更多的休息时间等。

贴完上述标签后，孩子们接下来的变化令老师震惊：蓝色眼睛的那群孩子，其神情由一开始的愤怒、悲伤转为萎靡，大多数孩子的意识自我产生变化，觉得自己是愚蠢和平庸的。例如，有个蓝色眼睛的小男孩私底下对老师说：“似乎所有不好的事情都发生了，我放学后，不仅被超市售货员骂，而且丢了 5 美元，回到家还被妈妈罚站……所有这些迹象表明，我真的是个愚蠢的孩子！”

第二天，埃利奥特调换了标签。她走进教室，大声地对孩子们说她搞错了——其实蓝色眼睛的孩子更聪明，棕色眼睛的孩子才是愚蠢的，各项待遇也随之调换了过来。这一天，那些棕色眼睛的孩子感到无比的沮丧和自卑，蓝色眼睛的孩子则心情愉快，觉得自己更聪明，自我感觉也更棒。

在这两天的实验中，有个细节尤其需要注意：两组孩子在第一天和第二天分别做了一道难度相似的阅读练习题，老师们在旁边记录这些孩子完成的时间。在第一天，蓝色眼睛的孩子完成阅读题时平均花5.5分钟，第二天则只用了2.5分钟。棕色眼睛的孩子的情况也与之相似。

埃利奥特故意问一位蓝色眼睛的女孩："你昨天为什么不能快点?"这个小女孩难过地说："都是因为那个丑陋的项圈……"

美国心理学家霍华德·索尔·贝克尔（Howard Saul Becker）曾说，人一旦被贴上某种标签，就很容易成为跟这个标签一样的人，这就是标签效应。孩子们在这种心理效应影响下的行为表现尤其明显，因为年幼的他们往往十分信赖家长和教师，太把家长和教师的话当真，所以这种情况下来自负面标签的破坏力更大。纵使孩子们一开始会抗拒被贴在自己身上的那些负面标签，如"愚蠢""胆小"等，但随着父母或教师的重复评价，他们大多会陷入"自证预言"的心理模式之中。

（五）手段-目标论

手段-目标论是美国社会学家默顿（Merton）在迪尔凯姆（Durkheim）社会失范理论基础上提出来的。默顿认为，社会越轨是由于社会对人们提出的目标与其达成目标的合法手段不配套、不统一造成的。在默顿看来，社会的理想状态是所有成员都可以用社会所认可的手段（即合法手段）来取得社会所提出的目标。但在现实中，社会往往无法在任何时间、任何地点为所有成员提供达到其理想目标的正常途径与合法手段。因此，部分社会成员就可能去寻求非正常的途径或非法的手段来实现自己的理想目标。这时，社会所推崇的目标和社会所认可的手段之间就出现了脱节和冲突，有悖社会价值标准的越轨行为也就随之出现了。

默顿列举了以下四种越轨行为的类型，有些仅仅是存在社会偏差，有些则是犯罪。

第一种为创新型（innovation）。此类行为虽接受社会目标，但拒斥合法的手段，而是寻求新的、不合法的手段以达到目标，经济犯罪多属此类。

第二种为形式型（ritualism）。此类行为虽拒绝社会目标，但屈从社会现实，因而被动地使用社会所认可的方法，表现出应付状态，正所谓"做一天和尚撞一天钟"。

第三种为退缩型（retreatism）。此类行为既拒绝社会目标又拒绝合法手段，往往以退缩的方式来解决人自身的挫折感，如街头流浪汉的行为表现等。

第四种为叛逆型（rebellion）。此类行为不仅拒绝社会目标与合法手段，而且试图以新的目标和手段来替代之，如采取起义、革命等方式。

（六）社会分层理论

分层原本是一个地质学的概念，指地质构造的不同层面。社会学家借用这一概念来分析社会的纵向结构并提出了社会阶层的概念，用以指称由于经济、政治、社会等多种原因而形成的、在社会层次结构中处于不同地位的社会群体。换言之，阶层是因为社会的等级分化而形成的具有连续性的等级序列。

在西方社会学中，对社会分层研究影响最大的一个理论源头是马克斯·韦伯的“三位一体”分层理论。马克斯·韦伯认为，对社会成员进行阶层划分时有三重标准，即经济标准（财富）、政治标准（权力）和社会标准（声望）。其中，财富是指社会成员在经济市场上的生活机会，也就是人们在市场上以其经济收入和财富来交换商品和服务的能力，或者说是满足自己需要的能力。简言之，财富实际上就是“市场购买力”，用马克思的话说就是“钱袋的鼓瘪”，而不涉及人在所有制中所处的地位。财富的多少反映了人在经济领域中的不平等。权力则是指一个人即使在遇到反对时也能实现自己意志的可能性，因此权力实际上是一种强制力，权力分配反映了人们在政治领域的不平等性。声望是指一个人在其所处社会环境中所得到的声誉和尊重。马克斯·韦伯认为，声望同人的身份有关，也同人的知识教养、生活方式等有关。在西方社会学中，具有相似身份和生活方式的人被称为身份群体。不同的身份群体在社会生活中具有不同的声望，也具有不同的社会地位。

马克斯·韦伯认为，上述三个标准（即利、权、名）在任何社会中都是既有价值而又稀缺的，因而许多人总会在各个社会活动领域中千方百计地逐利、争权、求名。

上述三个分层标准有时是相互联系、可以转化的。例如，财富的差别可能同权力的差别直接相关，市场机会同声望也有某种关系，等等。但是，这三个标准在一定程度上又是相互独立的，即每一个标准都可以单独作为社会分层的依据。然而，如果按上述三种标准对同一个人群进行阶层划分，则其结果可能会出现比较大的差异。因此，马克斯·韦伯在强调这三个标准的独立性的同时，又提出了分层中轴原理。也就是说，在不同的历史时期，这三个标准的重要程度会发生变化，为此应根据不同的历史条件确定优先分层标准，即分层中轴。当社会生活中的某一领域发生重大变化时，这一领域分层标准的重要性就会上升，从而成为社会分层的主要标准，即成为社会的分层中轴。

继马克斯·韦伯之后，西方社会学家对社会分层的研究大多承续了其上述观点，并在此基础上提出了多种分层模式。

第三节 政策问题的确认

案例四

【之一】

庸医治驼

“庸医治驼”之典故出自明代江盈科《雪涛谐史》。

原文：

昔有医人，自媒能治背驼，曰：“如弓者、如虾者、如环者，若延吾治，可朝治而夕如矢矣。”一人信焉，使治曲驼。乃索板二片，以一置地下，卧驼者其上，又以一压焉，又践之。驼者随直，亦随死。其子欲诉诸官。医人曰：“我业治驼，但管人直，不管人死。”呜呼！今之为官，但管钱粮收，不管百姓死，何异于此医也哉！

参考译文：

从前有个医生，夸耀自己能治驼背，他说：背弯得像弓一样的人，像虾一样的人，像环一样的人，如果请我去医治，保管其早上接受治疗傍晚背就会像箭一样挺得笔直了。有个人信以为真，就让这个医生给他治驼背。医生取来两块门板，把一块放在地上，叫驼背人趴在上面，又用另一块压在上面，然后自己就跳到门板上拼命地踩踏。果然，这个人的背很快就被弄直了，但他也很快就死掉了。那人的儿子想去官府告状，医生却说：“我治驼背，只管让人的身体挺直，不管人的死活。”唉！今天当官的人，只管收钱收粮食，不管百姓死活，又何尝不像这个治疗驼背的医生呢？

【之二】

有问题吗？

在新西兰，一名士兵在根本不具备人力和物力条件的情况下想要建一座跨河大桥。为此，他在河岸边久久发呆，情绪看起来非常低落。这时，一位毛利族妇女走近他，问道：“大兵，为何这样忧郁？”于是这名士兵解释了他所面临的这个看似无解的难题。妇人却回答道：“振作起来吧，孩子，没有解决问题的方法就等于根本不存在问题。”

政策问题的确认是指对政策问题察觉、界定和描述的过程。从认识论的角度而言，这是对客观事实从感性认识向理性认识的一个过渡。一般而言，问题的有效确认比方案的精心设计更为重要。对决策者来说，用一个设计精妙的方案去解决一个错误的问题（即原本不用解决或不该解决的这种根本不是问题的问题），其带来的不良影响比采用存在重大缺陷的方案去解决一个正确的问题还要大得多。这不仅是政策资源的浪费问题，而且可能引发更大的社会问题。

问题确认是问题求解过程中最为关键的一环。对问题进行明确和系统的阐释是探求问题解决方案的有效途径。政策分析的创造力就存在于察觉和解释问题之中，由此人们得以了解应该以及能够做些什么。解决问题的方法，很多时候来自对问题的有效确认。通过提出恰当的疑问和进行有效的分析，那些起初看起来无法解决的问题有时就能够被重新构建，先前未被发现的解决方案也往往因此而显现出来。可见，“没有解决办法就等于不存在问题”这句谚语也可以表述为：“有效地阐释问题就等于解决了一半的问题。”

一、问题察觉

问题察觉是指某一社会现象经由人们发现并扩散，从而逐渐引起社会公众和政府有关部门关注的过程。在这个过程中，人们普遍感到应该行动起来做点什么，以改变目前这种状态。但对于究竟做什么和应该怎么做，人们却并没有认真去考虑过。问题察觉能否实现，不仅取决于客观条件，而且取决于相关人员的主观条件，如政治立场、思想意识、个人利益、价值观念等。

案例五

我国新生儿数量断崖式下降

全国出生人口自2016年达到近20年的最大值1 766万人后（2016年1月1日起国家正式施行“全面二孩政策”），开始一路下降，且下降曲线斜率较大，非常陡峭。从2021年5月31日开始，“全面三孩政策”开始实施，2022年，中国出生人口956万人（其中三孩及以上占比为15.0%），比2021年减少106万人；人口出生率为6.77‰，比2021年下降0.75个千分点。这是我国自1950年以来的首次年出生人口跌破1 000万人大关。2022年，全国出生人口数仅相当于2016年的53.53%；全国总人口为141 175万人，比上一年减少了

85万人；死亡人口1 041万人，人口死亡率为7.37‰；人口自然增长率为-0.60‰，进入负增长区间，这也是我国人口近61年来的首次负增长。这个拐点似乎比想象的要来得快得多。2023年全国总人口为140 967万人，比上一年减少了208万人，人口减少呈加速趋势；出生人口902万人，人口出生率为6.39‰，继续下降，死亡人口1 110万人，人口死亡率为7.87‰；人口自然增长率为-1.48‰，继续呈负增长态势。

从目前情况看，我国新生儿数量急剧减少，出生率断崖式下降，并且出现了死亡交叉①，人口负增长不再是传说，未来发展趋势不容乐观，人口形势异常严峻，不能不引起我们的高度重视。

二、问题界定

问题界定是指对问题进行特定分析和解释的过程。

首先，需要通过一定的方法对问题进行必要的归类。例如，根据政策问题的性质可以将其界定为政治问题、经济问题、文化问题等，根据政策问题的作用范围可以将其界定为全局问题、局部问题、国际问题、国内问题、全国性问题、地区性问题等，根据政策问题的作用方式可以将其界定为指导性问题（涉及指导方向、指导方面的问题）、分配性问题（涉及资源配置或利益分配等方面的问题）、限制性问题（涉及行为限制或利益限制等方面的问题）等。

其次，需要对问题进行必要的诊断，这就像医生给病人看病一样，诊断清楚了病情，确定病人得了什么病，才能决定治疗方案。症状不等于疾病，现象也不等于问题。医生要根据症状诊断病情，如果症状不明显，就只能采取比较保守的治疗方法，如留院观察或“服药+卧床休息”，后者几乎适用于所有病症，有时会产生令人惊叹的治疗效果。当暂时找不到有效解决办法的时候，折中的方法或许是最好的方法。如果贸然出手，可能会引发严重后果。不论是诊断疾病还是诊断社会问题，主要是为了搞清楚两点：一是差距何在？一个问题的存在，实则隐含着现实状态与理想状态之间的距离，任何解决办法无非都是为了缩短或消除这种距离。因此，能否准确表达这种差距就成为能否发现解决办法的必要前提。二是原因何在？光找到差距还不够，还要弄清产生这些差距的原因。就像医生给病人量血压、测体温后，光知道血压、体温不正常是不够的，还要弄清是什么原因引起的高血压、发烧，否则就无法对症下药，无法标本兼治。

最后，需要把问题情境转变为实质问题。问题情境实际上包含了问题所涉

① 在人口统计中，首次出现死亡人口大于出生人口的这种现象被人口学家称为“死亡交叉”现象。

及的众多因素及其相互间错综复杂的关系。问题界定的主要目标就是要把复杂、混沌的问题情境总结、概括为清楚明了的实质性问题。分析主要矛盾，关注重要因素，是情境转化过程中必须注意的问题。实质问题的提炼是从具体到抽象、从个别到一般的过程，对此不仅要看到外，而且要看到内；不仅要看到相，而且要看到理；不仅要知道点，而且要知道面。

案例六

农村留守儿童是一个突出的社会问题

知乎上有一个问题：你见过最心酸的一幕是什么？最高赞的回答是一张图片，没有任何文字。图片中的画面是这样表现的：一辆启动的长途汽车，车上坐满了准备外出打工的父母，车下则是依依不舍的孩子和手足无措的老人。这是许多中国家庭经常上演的画面。

2023 年 8 月，教育部发布的教育统计数据显示，我国 2023 年义务教育阶段农村留守儿童的数量是 1 550.56 万人。在这个数字的背后，是 1 550 多万个 16 岁以下、连续 3 个月以上由其父母托留在户籍地家乡，通过祖父母或外祖父母单方或其他亲属监护的少年儿童。

关于留守儿童的现状，本书根据百度搜索智能精选，检索了全网 930 篇文章，总结了以下 10 个方面。

- 学习成绩较差：12%的搜索结果提及。
- 隔代教育力不从心：11%的搜索结果提及。
- 安全上缺少保障：9%的搜索结果提及。
- 学习压力较大：8%的搜索结果提及。
- 性格发展不健全：8%的搜索结果提及。
- 家庭教育缺失：7%的搜索结果提及。
- 亲情关怀缺失：5%的搜索结果提及。
- 监护不能落实：4%的搜索结果提及。
- 农村经济社会发展滞后：4%的搜索结果提及。
- 行为上缺少自控：4%的搜索结果提及。

有人说“一个好母亲，胜过 100 个好教师；一个好父亲，胜过 100 个好校长”。苏联著名教育学家苏霍姆林斯基在《家庭教育学》一书中也论证了这个道理。然而，当前我国留守儿童却面临“三缺困境”——生活上缺人照顾、行为上缺人管教、学习上缺人辅导。正如一位留守儿童在自己的作文中所写的：“上小学是奶奶照管，上初中是姨家抚养，只有到银行领取父母寄来的学费、生活费时，才能真正感觉到父母的存在。”

有关留守儿童个案调查的结果显示，这一群体普遍存在四大问题：一是家务负担加重，日常生活质量下降；二是学业困扰加大，厌学逃学现象增多；三是性格孤僻、自闭、自卑者众，有的甚至出现违法犯罪问题；四是安全隐忧增加，伤亡事故时有发生。

有专家认为，留守儿童问题主要发生在农村，但解决留守儿童问题的关键却在城市。从长远看，改善农民工在城市的就业环境和生活环境，特别是改善流动儿童在城市学校就学的社会政策环境，或许才是解决“留守儿童”问题的治本之策。

三、问题描述

所谓问题描述，是指运用可操作性语言（如运用数量的、文字的、符号的、图表的等表达方式）对问题进行明确表述的过程。问题描述要尽可能量化，使问题分析具有一种定量特征——“不足”是缺了多少？“过剩”是多了多少？“太大”有多大？“太小”有多小？“太慢”是慢到了什么程度？“太快”又是快到了什么程度？对这些都应尽可能有清晰、量化的描述。例如，对人口问题的描述，就需要准确记载一些相关的指标（如人口现有数量、人口的增长率、人口发展趋势等）并进行量化分析。又如，与城市打工子弟学校有关的问题描述包括：到底有多少进城务工人员子弟已进入学校？还有多少没有进入？再如，对农业用水问题的描述包括：目前有多少水资源可以利用？实体设施的发展能力如何？随着时间的推移，这种能力会提高还是下降？此外，在有必要的情况下应设法收集一些信息，以便对具体的“大小”“多少”“程度”等问题进行核准。在通常情况下，我们有必要估计/估测问题的可能强度。这时，就需要设定一个范围并估计一个强度。这种对问题所做的描述将作为政策制定的直接“原料”而被输入决策系统。

案例七

人口老龄化带来挑战

根据1956年联合国《人口老龄化及其社会经济后果》确定的划分标准，当一个国家或地区65岁及以上老年人口数量占总人口比例超过7%时，就意味着这个国家或地区进入老龄化。1982年维也纳老龄问题世界大会提出：当某个国家或地区60岁及以上老年人口占总人口比例超过10%时，意味着该国或地区进入严重老龄化。

2023年12月13日，民政部发布了《2022年度国家老龄事业发展公报》。公报中的数据显示，截至2022年末，全国60周岁及以上老年人口为28 004万人，占总人口的19.8%；全国65周岁及以上老年人口为20 978万人，占总人口的14.9%。全国65周岁及以上老年人口抚养比①已达21.8%，并呈持续上升趋势。这个数据比上一年增加了1个百分点。此前发布的《2021年度国家老龄事业发展公报》显示，全国65周岁及以上老年人口抚养比为20.8%。根据老年人口抚养比的计算公式可以得出，当前，我国每100名劳动年龄人口需要负担近22名老年人，即每4.5名年轻人要赡养1位老人。根据2022年联合国发布的《世界人口展望2022》预测，到2050年，我国将进入重度老龄化社会，60岁及以上老年人口将超过5亿人，即每1名年轻人就要赡养1名老人。

人口老龄化通常与生育率下降、人的寿命延长等因素有关，主要涉及社会经济发展、教育水平提高、医疗卫生改善、社会福利增加、人口政策调整、家庭结构变化等方面。

当前，人口老龄化已成为我国面临的严峻社会问题。我国人口老龄化的主要特点如下。

第一，绝对规模大。我国老年人口规模巨大。2013年，我国60岁以上老年人口已突破2亿人。2023年达到29 697万人，其中65岁及以上人口21 676万人，呈持续增长趋势。

第二，发展速度快。我国已经成为世界上人口老龄化速度最快的国家。从1999年进入老龄化社会至今，我国用20多年时间就走过了一些西方国家百余年的人口老龄化进程。

第三，高龄化②显著。我国高龄老年人口的规模及发展速度在世界人口老龄化发展进程中也是罕见的。根据第七次全国人口普查③的数据，我国80岁以上的老人已经达到了3 580万人，并呈稳定增长趋势。

人口老龄化将给我国带来一系列挑战。例如，劳动力成本的比较优势削弱，劳动力市场的人口红利减少；人口抚养比持续攀升，从“抚幼”社会演变为“赡老”社会；医疗和健康护理需求日益增加，从而加大了对医疗资源的需求，给医疗系统造成巨大压力；社会养老压力增加，社会福利支出面临巨大压力；老年人的家庭支持网络逐渐减弱，家庭赡养压力越来越大；等等。此外，人口老龄化与少子化、空巢化、高龄化、失能化等问题的叠加，将影响社

---

① 人口抚养比是指总体人口中非劳动年龄人口数与劳动年龄人口数之比，通常用百分比表示，用以说明每100名劳动年龄人口大致要负担多少名非劳动年龄人口。

② 高龄化是指年龄在80岁以上的老人群体占全体老人（大于60岁或65岁）的比例趋于上升的过程。高龄化与老龄化同是反映人口年龄结构“老化”现象的指标。

③ 我国以2020年11月1日零时为标准时点开展了第七次全国人口普查，主要目的是全面查清我国人口数量、结构、分布等方面情况。

会的方方面面。可见，人口老龄化问题关系整个社会的和谐与稳定，决策部门应提高对这一问题的重视程度，从政策层面做出有效安排，以确保习近平总书记指出的“老有所养，老有所依，老有所乐，老有所安”目标得以实现。

在一般的决策系统中，在政策问题的确认与政策方案的选择之间往往存在着一定的裂痕。这个问题并不难理解，因为对政策问题进行确认者与直接拍板决策者通常分属两个系统。换言之，察觉、界定和描述问题者往往并不直接参与政策的决定，决策者在决策时则更多关注对问题的描述而并不直接参与对问题的确认。这种情况在我国的决策过程中表现得尤为明显。

很多政策问题的确认都是通过自下而上的报告体系来完成的。由于传统、体制、环境等种种原因，在这一报告链条中，经常会出现沟通的障碍和信息的失真，从而导致决策失误。因此，为了进行有效的政策制定，在问题确认过程中应特别注意以下两方面问题。

第一，问题描述应做到真实详尽，切忌人为夸大或缩小。在现实生活中，我们不难看到，迎合上级意旨、满足个人或集团利益需要，是有些人的日常心态；夸大工作成绩，缩小存在问题，这种现象也不少见。所以，虚假与半虚假的问题描述在日常工作中屡见不鲜，对决策中的正确选择构成很大障碍。为此，有必要建立平行的多个报告渠道，以比较和鉴别信息的真伪。

第二，尽量缩短报告链条，减少报告层次。从组织原则角度出发，越级报告形式本属于不当行政行为。然而，层层报告不仅会造成时间的延缓，而且其中掺杂了各级报告者主观筛选与加工内容的。由于政策问题的不确定性和多变性，时间的延误很可能会造成对问题描述的失真；由于信息上达需要经过许多环节，经过过滤的层次越多则可能与所要反映问题的出入越大。因此，在政策问题的确认过程中，越级行为有时是迫不得已但确有必要的，特别是在发生一些重大政策问题的时候。曾经有人画过这样一幅名为《请示癖》的漫画。画面上，一个人望着另一个落水求救的人，说：“我要请示一下才能决定可不可以扔救生圈。”这幅漫画生动形象地讽刺了那种机械决策的做法。总之，对于政策问题的描述，要尽量做到以客观代替主观，以直接代替间接，以准确的事实代替加工过的材料，即始终坚持实事求是的原则，有一说一有二说二。为此，有效的制度安排是不可或缺的因素。

一个政府如果能及时确定和认清所有重大的政策问题并及时运用政策手段加以解决或缓和，那是再好不过的事情。但令人遗憾的是，许多时候政府并不能够及时发现和认定一些重大的政策问题。当然，在这之中是有很多主客观原因的。

首先，现代社会的发展变化非常之快，各种社会问题的出现受多种因素的影响，表现得复杂多变且相互牵扯，人们对此识别起来确实存在相当的难度。

其次，许多社会问题往往不是非常明显的，人们对这些隐含的问题通常也很难加以注意。从理论上讲，政府有关部门应该对隐含的或潜在的社会问题加以特别的重视，但实际上他们常常陷入繁杂的日常工作而难以脱身，很难有时间和精力去做那些需要精敲细打的政策性工作。

最后，政府的精力往往更多地投入那些目前迫切需要解决的问题，常常没有余力再去未雨绸缪，注意那些将来可能会发生的问题。许多时候，政府的确主要是在发挥“灭火”的作用，而疏于对“防火”的考虑。当然，这有可能是因为“起火”的地方实在太多的缘故。

第四节　政策问题的结构分析

一、确定与不确定的问题

按照政策问题的确定程度，可将其分为确定的问题、比较确定的问题和不确定的问题。

确立上述问题标准的前提，是政策问题结构要素的相互关联性。政策问题的结构要素主要有以下 5 项，即决策者的数量（D）、备选方案的数量（A）、效用的价值（U）、后果（O）、概率（P）以及与之相关的计算。这样，就可以将政策问题的结构看成是五个要素的函数：$S=(P, A, U, O, P)$。至于政策问题的结构，本书接下来会仔细论述。依照以上五个要素，可以将公共政策问题划分为以下三类。

第一，确定的问题（即结构优良的政策问题）。这类政策问题的特点是：只有一个或少数几个政策的决策者，备选方案数量很少，政策制定者具有共同的价值取向，政策后果的风险性不大，政策的结果可以事先预测，等等。

第二，比较确定的问题（即结构适度的政策问题）。这类政策问题的特点是：只有一个人或少数几个政策制定者，政策备选方案有限，政策制定者们具有共同的价值取向，政策的后果带有不确定性，政策实施的结果难以事先计算，等等。

第三，不确定的问题（即结构不良的政策问题）。这类政策问题的特点是：决策者较多，提出的政策备选方案较多，政策决策者之间存在价值取向上的冲突，政策结果非常难以计量，不确定性很大，等等。

二、政策问题的结构

（一）政策问题的结构要素

第一，决策者的数量。在制定不同的政策时，决策者的数量也是不同的。

有的政策的最终决策者比较少，只有一个或几个。有的政策由于涉及面较广，涉及领域较多，就有可能关系到多个利益群体，利益的分配也就非常复杂，这种情况下介入的决策者也会较多。

第二，备选方案的数量。备选方案的数量和政策问题的复杂程度有关。对于某些复杂的政策问题来说，由于其本身包含较多的因素，从而使解决问题的方案也比较多。

第三，政策目标的共识性，即效用的价值。政策目标不同，对公众利益也会产生不同的影响。如果政策目标比较单一，可选择的余地较小，则政策的制定者、执行者及目标团体对目标容易产生共识；反之，如果政策目标过于庞杂、模糊，或者目标容易造成公众利益的较大分化，那么人们就会在价值层面上对该政策目标的认识产生分歧，使其共识性降低。

第四，后果的风险性。对于不同的政策问题来说，制定和实施方案的最终风险程度是不一样的。有些政策问题涉及的利益相关者比较少，涉及的范围比较小，因此解决这些问题的时候所要花费的成本也不会很高，其风险性也相对较小。但有些政策问题涉及的利益相关者比较多，涉及面较大，解决起来非常困难，需要花费大量的时间和精力。例如，那些事关公众生命、财产安全以及社会公共安全等方面的问题，一旦发生错误，会给社会和民众造成巨大的损失，后果不堪设想，像这样的政策问题就包含了较大的风险。

第五，概率的计算。政策制定的后果非常难以预测。政策制定者最希望的就是能够科学预测政策执行的效果，并由此对各种方案进行分析和选择，但现实中这是非常困难的。有些政策问的受影响因素较少，并且各种因素及其变化也基本能够得到确定，因此，这样的政策问题的概率是比较容易被计算和预料的。但更多的情况是，许多政策问题由于影响因素太多、不确定性太大，因此无法对被选择的方案可能产生的结果进行准确预测。

（二）政策问题的层次与结构

对于政策问题来说，有不同的层次（或结构）。不同层次的政策问题表现出来的性质是不一样的，因而对不同层次的问题的解决方案也是不一样的，在解决不同层次政策问题的时候，要具体问题具体分析。例如，中央的税收政策问题和地方的税收政策问题，二者的层次就是不一样的。由于中央的权威性更高，其对税收问题的解决与地方相比是不一样的，它们的解决方法也无法相通。又如，中国的住房市场产生非理性亢奋或低迷是一个市场经济的问题，但从更高的层次看，也是一个社会和政治问题，房价不合理因素背后隐含着权力寻租和社会失调等问题。

政策问题通常分为三种类型：结构优良、结构适度与结构不良。每一类问题的结构取决于其相对复杂的程度，即政策问题本身作为相互依存之问题系统的复杂程度。对这三类问题的表述见表 2-1。

表 2-1　政策问题的结构特征

要素	问题结构		
	结构优良	结构适度	结构不良
决策者	一个或几个	一个或几个	许多
备选方案	有限	有限	无限
效用（价值）	一致	一致	冲突
结果	确定或存在风险	不确定	高度不确定
概率	可计算	不可计算	不可计算

第一，结构优良的政策问题通常涉及一个或几个决策人员，对此只用在少数几个方案中进行政策选择。此类政策问题的效用（价值）所反映的目标具有一致性，这些目标是按决策者的偏好顺序来排列的。每种选择的结果要么具有完全的确定性，要么处于可接受的错误范围内。这类问题的原型是完全可由计算机处理的决策问题，所有政策备选方案的结构都可预先加以规划。在公共机构中存在的相对低层次的操作性问题中有一些即为此类问题。例如，单位使用的汽车的置换问题就相对比较简单，只需要考虑旧车的平均维修成本和新车的采购及折旧成本，就可以找到以旧换新的最佳时点。

第二，结构适度问题是指那些涉及一个或几个决策者和数量上相对有限的备选方案的问题，其效用（价值）也能反映明确排序的目标的一致性。然而，备选方案的结果既不确定也无法在可接受的误差范围内加以计算（风险），即它们是不确定的，也就是说误差的概率无法估计。结构适度问题的原型来自政策模拟或博弈，对此可以用经典的“囚徒困境”的例子来加以说明。在这项博弈中，两个囚徒被关在单独的囚室里，分别接受审讯。检察官必须取得一人或两人的口供来做判决，并且已有足够证据判定这两个囚徒犯有较轻的罪行。于是该检察官告诉两名囚徒，如果两人都不招供，则他们都会以较轻的罪行而被判处较轻的惩罚；如果两人都坦白交代更严重的罪行，那么他们都会被判更重的罪；如果只有一人坦白，则其将获得缓刑，而另一人将被判最重的刑罚。对每个囚徒来说，假定他们都无法预测对方将怎么做时，似乎“最佳”的选择就只能是都坦白。但正是因为这个选择，使两人都被判处了更重的刑罚，因为他们都试图减轻自己的刑罚，结果事与愿违。这个例子不只说明在结果不确定的情况下进行决策时所面临的困境，也表明个体看似理性的选择可能会导致小到团体、机构，大到社会整体的集体不理性。

第三，结构不良的政策问题通常涉及许多不同的决策者，其效用（价值）

既不可知，也不可能用统一的形式加以排序。结构优良和结构适度的问题表现出一致性，结构不良的问题则表现出有争议的目标之间相互冲突的主要特征。在这种情况下，政策备选方案及其结果也可能是未知的。同理，也不可能对风险和不确定性加以估计。由此，做出选择并非要揭示已知、确定的关系，或是要计算政策备选方案所具有的风险或不确定性，而是要明确问题的本质。结构不良问题的原型是完全不具有传递性的决策问题，即不可能选出一个优于其他所有方案的方案。换言之，前两类问题则包含对偏好的优先顺序的排列，并且排序具有传递性，如方案 A 优于方案 B，方案 B 优于方案 C，则方案 A 优于方案 C；第三类问题的优先顺序则没有传递性。

对结构不良问题与结构优良问题而言，它们有着不同的解决方法和要求。后者允许分析人员使用常规方法，前者则要求分析人员积极参与对问题本身性质的确定。积极参与对问题性质的确定，意味着分析人员一定要将自己完全置于问题情势中，此外还必须运用创造性的判断力和洞察力。这就要求分析人员专注于问题的构建以及问题的解决。

第五节　问题分析的步骤与方法

一、问题分析的步骤

（一）思考问题

认真思考问题，在头脑中建构问题框架，据此收集所要了解的材料，并将能够获得的数据加以分类，最终尽可能在方法允许的范围内将观察到的情况形成准确、完整的描述。因为问题的出现本身就意味着某些事物并非如其所应该发展成的那样，所以界定问题时就必须明确且详细了解作为问题界定基础的价值观，并弄清当事人、政策分析者和受影响的公众的价值观是如何影响对这一问题的表述的。那么，价值观是被明确而详细地陈述出来还是被暗示的？这取决于问题本身和分析者等因素的影响。

（二）勾勒问题的边界

要详尽说明问题产生的地点、存在了多长时间以及对这一问题的形成产生影响的历史性事件等。我们必须意识到政策问题的关联性，不论与政策问题相关的问题是被妥善解决了还是进一步恶化了，都可能影响我们的政策分析。

（三）寻求事实依据

界定政策问题需要一些基本的信息与材料，需要获得这一问题中所包含的术语、数据等。在这一步骤要注意以下几点：①简单、快速的计算有助于获得相关信息；②通过多种途径查询数据并使用不同的方法对其进行评估，核实数据并将其与已有的事实和基准问题进行比较；③问题的表述将对事实的收集产生直接影响。

（四）列出目的和目标

问题的解决方案是否可以接受，取决于行动者各自的目的和目标。对此，我们需要对某些目的或目标进行试探性表述，并随分析的进展加以修正，对另一些目标和目的则必须加以推测。当然，我们还必须准备一个一般性的目的陈述和目标列举，以防在界定问题时发生错误。目标必须被陈述，以便可以对其进行测量。同时，测量要具有可操作性，以便制定实现目标的相关方案和措施。

（五）明确政策范围

政策范围是指一个问题中所要考虑的各种因素的范围，它将影响那些最终受到检查的备选方案。有时政策范围由当事人规定，有时则取决于分析者的工作背景，在另外一些情况下它又受时间和可以利用的资源的制约。分析者也可以从社区、关注这一问题的团体和其他参与者那里获得有关政策范围大小的重要线索。分析者必须确定可能影响政策的均衡点以及相关的决策者。如果这些政策敏感性变量没有包括在范围之中，那么将无法弄清更高层次的政策，即使弄清了也无法实施。

（六）显示潜在的成本与收益

要利用叙述、图表等形式来报告相关行动者和利益团体在某一政策问题上的潜在成本和收益情况，即如果这一问题得到解决，每一个行动者将得到什么或失去什么。在问题分析的过程中，应明确显示潜在成本与收益，以使决策者易于权衡。

（七）重审问题的陈述

对此，应问一下：问题的陈述是否适合行动的需要？在对问题的分析中已具有足够的洞察力并提出了可供选择的备选方案的线索了吗？此外，还要对已有的假设提出挑战并加以论证。

知识链接三

威廉·邓恩提出的政策问题界定的三个步骤

1. 感知和构建问题

在政策分析过程中并非一开始就明确提出问题，而是始自一种扩散的忧虑和初始的紧张迹象。这些忧虑和紧张并不是问题，而是由政策分析人员、决策者及利益相关者感受到的问题情势。政策问题是“思想作用于环境的产物，它们是通过分析从问题情势中抽取出来的要素。因此，我们体验到的是问题的情势而非问题本身，问题就像原子或者细胞一样，是概念的产物”。

2. 问题构建与问题解决

政策分析是一个多层次的过程，既包括高层次的构建问题的方法，也包括低层次的解决问题的方法。所谓高层次的方法以及相应的问题，就是近来人们常常讨论的政策设计（或称政策设计学）。这些高层次的方法被称为元方法——即它们“高于”或“先于”低层次的解决问题的方法。当分析人员试图使用低层次的方法来解决复杂问题时，他们就容易陷入第三类错误的危险，即用正确的方法解决错误的问题。

3. 重新解决问题、不解决问题以及重新构建问题

重新解决问题、不解决问题、重新构建问题这三个术语是指三种类型的错误纠正过程。重新解决问题是为减少测量口径上的失误而对已构建的问题加以分析。与此相异，不解决问题涉及将一个基于问题错误阐述而形成的方案加以放弃，以及为提出真正的问题而回到问题的构建上来。重新构建问题则涉及在任何解决问题的努力发生之前，放弃错误阐述的问题而回到问题构建上来。

综上，政策问题通常很难得到非常清晰和准确的界定，因为有些问题在目标和价值等方面存在冲突。有时，委托人、参与者和分析人员会由于术语或行话的不同而互不理解。但更常见的是组织不能够或不愿意清晰地陈述目标。这是公共组织或政府部门中特殊而常见的问题，因为在公共组织或政府部门中经常是多个任务并存、需要服务许多对象并且其自身还面临各种存在冲突的公共舆论。

政策分析在这一阶段所面临的挑战是要有意义地陈述问题，对此应集中于重点问题和关键因素，提供对问题最初的详细陈述。由于政策问题往往涉及个人或群体的价值观念和利益，所以很难说什么样的陈述是有充分证据的。为此，分析者要用具体的术语来表述问题，进行规范性陈述，将一般的问题概念转变为解决问题的具体方法，以便能够对备选方案进行设计和评估。

二、问题分析方法

（一）边界分析

边界分析（boundary analysis）是指对研究对象边界的确定，从而找出其与其他事物严格区分开来的一些属性。研究政策问题时之所以需要进行边界分析，目的是使政策制定中做到有的放矢。例如，当制定扶贫政策时，先要解决

的就是“谁是扶贫对象”这一问题，即必须确定贫困对象的标准，并进而了解共有多少家庭或多少个人属于扶贫对象。又如，要解决留守儿童问题，必须先明确留守儿童的概念，据此调查留守儿童的数量、空间分布情况、在当地儿童中的数量占比等。

现实中，确定研究对象的边界是一件非常复杂且困难的事情。政策问题各要素之间，某个政策问题与其他政策问题之间、政策问题与政策环境之间存在广泛的联系，表现为多种形态，想要彻底搞清它们之间的关系并明确划分其界限有时是很困难的。此外，在政策分析过程中，我们很少只是面对单一确定的问题。与之相反，我们经常需要面对的是多层次、多种类的问题。

案例八

贫困人口问题

2017 年 2 月 28 日，国家统计局发布的《2016 年国民经济和社会发展统计公报》称：“按照每人每年 2 300 元（2010 年不变价）的农村贫困标准计算，2016 年我国农村贫困人口为 4 335 万人，比上年减少 1 240 万人。”

我国目前的贫困线是 2011 年确定的，农村（人均纯收入）贫困标准为 2 300 元，这比 2010 的 1 274 元贫困标准提高了 80%。

世界银行根据其购买力平价项目的研究结果，推算我国目前贫困标准仅相当于人均每天 0.7 美元左右。这造成了世界上对我国贫困人口有多少的争议。

知识链接四

贫困线确定方法

目前，国际上确定贫困线的方法主要有以下 4 种。

一是国际贫困标准法。这是一种收入比例法，由经济合作与发展组织提出。也就是以一个国家或地区居民收入或平均收入的 50%~60%作为该国家或地区的贫困线，即最低生活保障线。

二是生活需求法，又叫“市场菜篮法”。用这种方法确定贫困线，先要根据当地维持最低生活所需的物品和服务列出一份清单（包括物品和服务的种类和数量），然后根据市场价格计算出拥有这些物品和服务需要多少现金，这样确定的现金金额即贫困线的标准。

三是生活形态法。这一方法先从人们的生活方式、消费行为等“生活形态”入手，提出一系列有关家庭生活形态的问题；然后选择若干剥夺指标，即在某种生活形态中舍弃某种生活方式和消费行为；再根据这些剥夺指标和被调查者的实际生活状况确定哪些人属于贫困者，并分析他们被剥夺的需求和消费以及收入，从而计算出贫困线。

四是恩格尔系数法，即以一个家庭用于食品消费的绝对支出除以已知的恩格尔系数，求出所需的消费支出，即贫困线。这也是一种收入比例法，源自“恩格尔定律”。国际粮农组织认为，恩格尔系数在60%以上即属于贫困，用这个数据求出的消费支出就是贫困线，也就是最低生活保障线。美国规定，只要家庭支出中有1/3用于购买食物，就是贫困家庭或贫民，因而要给予社会救助。换言之，美国的贫困线标准就是饮食支出额的3倍，而这也是其最低收入标准。凡是收入等于或低于这一水平的美国家庭或个人，便有权享受社会救济。目前，多数国家都是用饮食支出比例的高低作为衡量家庭贫富和实行社会救济的依据。

（二）类别分析

类别分析（classificational analysis）是一种澄清概念的技术，这些概念用于对问题情势（情况和形势）进行定义和分类。通过类别分析，可以使一些看似杂乱无章的现象条理化，使大量零散的事实材料系统化。问题情势不等于问题本身，在对问题情势进行感知和描述的过程中，政策分析人员需要在类别分析的基础上通过归纳推理来进一步明确问题的性质。归纳推理是这样一个过程，即通过感受特定的（具体）事物或情况，从而形成一般（抽象）的认识和概念。当我们用一种方式对一个问题情势进行分类时，常常排斥其他分类方式。

类别分析基于两个主要程序：逻辑划分和逻辑分类。当我们选择一个类别并将其分解为构成部分时，这一过程称为逻辑划分；与此相反，将情势、物体或个人组合成更大的群体或类别的过程，则称之为逻辑分类。任何分类都必须根据分析的目的进行，而这个目的又有赖于对问题情势的充分了解。如果不是这样的话，分析出来的结果往往就不是那么准确，会得出一些似是而非的结论。

以对美国贫困问题的分析为例，依据美国社会保障部所确定的贫困线，美国所有家庭可以划分为两个子类：家庭收入在贫困线以上和家庭收入在贫困线以下。如果分析人员在逻辑划分的过程中止步于此，将得出如下结论：美国的贫困问题是逐渐减少的，并且可能还会声称，这完全是经济健康运行的结果。

但是如果把逻辑划分再向前推进一步，依据政府转移支付之前的家庭收入和政府转移支付之后的家庭收入再将贫困家庭划分为两个子类，则分析人员或许将得到一个截然不同的看法：贫困问题的减少是公共福利和社会保障计划的结果，这与经济系统的运行和私人企事业部门的作用毫无关系。

尽管并没有什么放之四海而皆准的好方法能够让我们确切地知道哪种分类体系更为合理，但是以下几项原则有助于保证分类体系既与问题情势相关，又能够在逻辑上保持一致。

1. 相关性

应按照问题分析的目的和问题情势的性质来建立分类的基础。类和子类应尽可能与问题情势的“现实”保持接近，如住房问题可以被划为收入不足问题、供给不足问题等。在此需要说明的一点是，由于对问题情势的了解从一定程度上讲是我们用来描述其概念的函数，因此相关性原则并非绝对，而是具有一定的指导意义。

2. 穷尽性

分类体系中的“类”应该穷尽。也就是说，对分析人员有意义的所有问题和情势都必须被“用尽”。以前述住房问题为例，所有与之相关的人都要被放到这个或那个类中。如果发现有的人并不属于上述类别，则需要新建一个类。

3. 互斥性

类与类之间必须互斥。每个问题或情势必须归入某一个类或子类，且同一对象不能被“计入两次”。

4. 一致性

每一类（包括子类）必须基于一个单一的分类原则。违背该原则将导致子类的重叠，这被称为“跨类错误”。

5. 级差性

应认真区分分类体系（类、子类、次子类）中层级的含义。这个原则实际上是用于解释分类体系的，它来自一个简单却重要的原则：集合不是算数上的和，即集合的总体不等于集合中的个体。人类是所有个人的集合，但人类自身并不是个人。同理，贫困在美国是有关 140 万户家庭的问题，但不能把它简单理解为是 1 个家庭乘以 140 万户的问题。每一个个体都是一维随机变量，所以多个个体会表现出多维特征。这就好比投硬币，投一次币是一维随机变量，多次投币是多维随机变量，而集合的总体只是一维。级差性原则值得进一步研究，因为它对问题分析至关重要。分析人员在进行问题分析时常常会忽略集合和集合元素之间的区别，而集合不可能只是其自身的一个元素。

知识链接五

丑小鸭定理

20 世纪 60 年代，美籍日本学者渡边慧提出了“丑小鸭定理”。其核心观点是：丑小鸭与白天鹅之间的区别和两只白天鹅之间的区别一样大。

丑小鸭是白天鹅的幼雏。在画家眼里，丑小鸭和白天鹅的区别大于两只白天鹅的区别；但是在遗传学家眼里，丑小鸭与其父亲或母亲的差别小于父母之间的差别。由此引出的一个问题是，事物有没有所谓的“本质”？一个苹果，牛顿看到的是它的质量，遗传学家看到的是它的染色体中的脱氧核糖核酸（DNA）序列，美食家关心的是它的味道，画家看到的是它的颜色和形状。这里面没有谁对谁错的问题，所以不可能知道苹果的本质是什么。实际上，当我们在说起事物的本质的时候，充其量说的只是“我认为最重要的特征”，只代表个人的立场，他对此未必有必须予以赞同的充分理由。所以，任何使用本质这个词所进行的论证都是靠不住的。如果一个哲学家说：“思维是人的本质，计算机不具备这种本质，所以机器不能思维。”这种论证只相当于说：“我认为计算机不能思维，所以计算机不能思维。”这当然不能成为有效的论证。问题就在于世界上还不存在能够判断什么是事物的本质的公认的有效方法。这个看起来完全违背常识的定理实际上说的是：世界上不存在分类的客观标准，一切分类的标准都是主观的。为此，美籍日本学者渡边慧还举过一个鲸鱼的例子来加以说明：按照生物学的分类方法，鲸鱼属于哺乳类中的偶蹄目，和牛是一类；但是在产业界，捕鲸与捕鱼都要行船出海，鲸和鱼同属水产业，而不属于畜牧业（如养牛业）。分类结果取决于选择什么特征作为分类标准，而特征的选择又有赖于人的目的。

（三）层级分析

层级分析（见图 2-1）是一种用来确定一个问题情势可能原因的技术。它帮助分析人员确定三种原因，即可能的原因（possible causes）、合理的原因（plausible causes）和可行的原因（actionable causes）。

所谓可能的原因，是指一些事件或行动即便看似远在天边，但都会影响到问题情势的发生。例如，拒绝工作、失业、受教育程度、疾病等都可能被视为贫困的原因。

所谓合理的原因，是指根据科学研究或直接经验，被认为对某一问题情势的出现具有重大影响的那些原因。在前面的例子中，拒绝工作是贫困的可能原

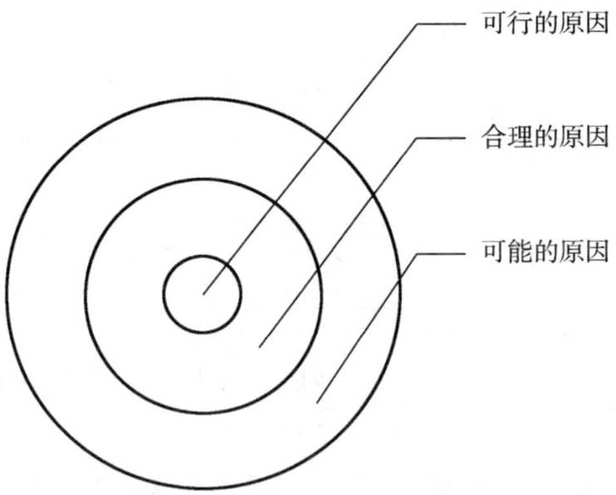

图 2-1　层级分析

因，但肯定不是合理原因。

所谓可行的原因，是指可由政策制定者操控的原因或那些可以通过行动加以解决的原因。仍以贫困问题为例，失业可以被认为是一个造成贫困问题的可行的原因。

进行层级分析的原则与类别分析相同，都要关注相关性、穷尽性、互斥性、一致性和级差性等原则。同样，逻辑划分和逻辑分类的程序也都适用于这两类分析。类别分析与层级分析的主要差别在于，前者涉及一般概念的划分和分类，后者则主要针对可能的、合理的和可行的原因形成具体的概念框架。尽管如此，两者也存在共同的局限。由于依赖个别分析人员而非团体作为知识来源，并把逻辑一致性作为评价问题、分析优劣的标准，因此我们有可能排斥提出其他因果解释的机会，从而不能切实保证发现全面、正确、实质性的证据。

知识链接六

金字塔原理

用最简单的话来概括金字塔原理，就是任何问题都可以归纳出一个中心论点，这个中心论点可以由 3 到 9 个一级论据支持；这些论据本身又可以是分论点，再由 3 到 9 个二级论据支持，如此延伸，状如金字塔，形成论述的逻辑（见图 2-2）。

金字塔原理能帮助我们在分析问题时做到重点突出，层次分明，逻辑清晰。

金字塔原理的四个基本原则如下。

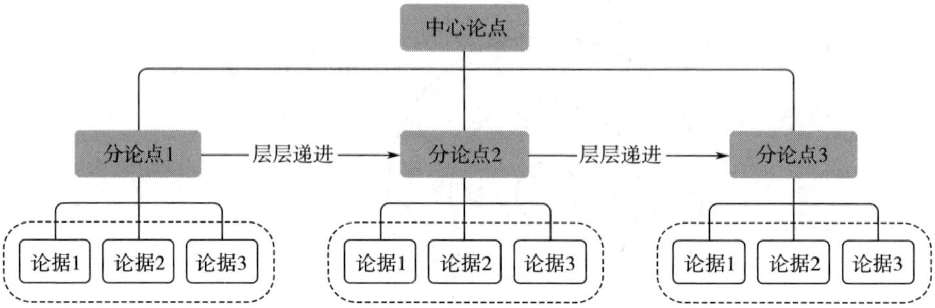

图 2-2　金字塔原理（因果关系与相关关系）

(1) 结论先行。迅速把握问题的核心，明确指导思想。

(2) 以上统下。上一层观点应是对下一层观点的简单概括。

(3) 归类分组。每组中的观点必须属于同一逻辑范畴（彼此之间不重合）。

(4) 层层递进。下一层的每个论据都对上一层形成逻辑支撑。

当我们观察某个研究对象时，一旦发现其变化总是与另一个对象的变化同步，那我们就说这两者具有相关性。相关性的基本含义是：当变量 A 的变化总是伴随变量 B 的变化时，则说 A 和 B 是相关的。在此需要注意的是，在对相关性的解释中，用的是“伴随”两字。如果说变量 A 的变化总是引起变量 B 的变化，则它们不仅具有相关性，而且这种相关性是由于它们之间存在某种因果关系。“伴随”和“引起”有什么区别呢？请看下面的例子。

例一。唐代诗人李贺的《致酒行》里有一个名句“雄鸡一声天下白”，字面意思是：公鸡一叫，天就亮了。这说明公鸡叫与天放亮是存在相关性的，但是，这并不是说因为公鸡叫了，所以天就亮了。它们之间只具有相关关系，而不存在因果关系。

例二。“坐地日行八万里”是毛泽东《七律二首·送瘟神·其一》中的诗句，本意是人即使坐地（不动），但于不知不觉中，一日（指一昼夜）也可行进八万里路程。我们每天都在经历昼夜交替，这是由于地球在不停地自转。地球是一个不发光且不透明的球体，同一瞬间阳光只能照亮半个球，被阳光照亮的半个地球是白昼，没有被阳光照亮的半个地球是黑夜。

综上可知，例一讲的是相关关系，例二讲的是因果关系。一般而言，相关关系比因果关系更一般、更常见。两个存在相关关系的事物之间可以没有因果关系，但两个有因果关系的事物之间一定存在相关关系。借助相关关系的概念，我们可以在不讨论事物之间因果链条的情况下而对事物之间的关系做一个粗略描述。但说到底，事物之间的相关关系最终仍然是由一些因果链条来维系的，只不过相关的两个事物之间没有直接的因果链条，可能要绕经一些迂回曲折的路径。所以，相关关系本质上并没有提出新的关系，而是因果关系的一种表现形式。

（四）类比分析

类比是根据两个或两类事物之间某些方面的相似或相同而推导出其在其他方面也可能相似或相同的一种逻辑方法。类比以不同事物之间的比较为基础，没有比较就无法得出结论。

与其他分析方法相比，类比分析属平行式思维方法。不论哪种类比，都应该是在同层次之间进行的。类比表现的是一种或然性，前提真，结论未必就真。要提高类比结论的可靠程度，就要尽可能去多发现并确认对象之间的相同点。相同点越多，结论的可靠性就越大，因为对象之间的相同点越多，其相关性就越强，结论就可能越可靠。反之，结论的可靠性就越小。此外，类比前提中所依据的相似与相同情况与推出的情况之间要带有本质性特征。如果把某个对象的特有情况或偶发情况生硬地类推到另一对象上，就会犯“类比不当”或“机械类比”的错误。

在对政策问题的分析中，分析人员同样可以借助相似性来对政策问题的性质加以确认。如果某一政策问题与另一个已确认的旧的政策问题是相似的，则分析人员可以从对旧政策问题的把握中，依据相似性来对新的政策问题的实质加以确认。按照这种思路，人们不仅能识别出那些看起来是新问题而实际上是旧问题的伪装，而且能获得解决新问题的思路。

知识链接七

比　较

比较是确定对象共同点和差异点的方法。通过比较，既可以认识对象之间的相似性，也可以了解对象之间的差异性，从而为进一步的类比分析提供基础。运用比较方法，重要的是在表面上看有很大差异的分析对象中识“同”，或在表面上看相同或相似的分析对象中辨“异”。正如黑格尔所说：“假如一个人能看出当前即显而易见的差别，譬如，能区别一支笔和一头骆驼，我们不会说这人有了不起的聪明。同样，另一方面，一个人能比较两个近似的东西，如橡树和槐树，或寺院与教堂，而知其相似，我们也不能说他有很高的比较能力。我们所要求的，是要能看出异中之同和同中之异。”①

---

① 黑格尔：《小逻辑》，贺麟译，商务印书馆2019年版。

比较时必须注意以下几点。

(1) 要在同一关系下进行比较，也就是说，对象之间要具有可比性。如果用不能相比的东西来勉强相比，就会犯“比附”的错误。“关公战秦琼”就是一个“比附”的例证。

(2) 比较标准应准确、统一和稳定，如将国内生产总值（GDP）作为比较国家经济实力的主要标准，就是比较适宜的。

(3) 就实质方面进行比较。例如，比较竞聘者谁更优秀，必须就他们的德、能、勤、绩等实质方面进行比较，而不是就性别、籍贯、家庭背景、财富状况等方面进行比较。

案例九

美国底特律市拖车居住者问题研究

1941年6月，美国密歇根大学的理查德·富勒（Richard Fuller）和理查德·迈尔斯（Richard Myers）在《美国社会学评论》杂志上发表了《一个社会问题的自然发展史》一文。在这篇文章中，他们以美国底特律市拖车居住者问题为研究的切入点，具体分析了社会问题发展的阶段性特征，并在此基础上提出了社会问题的自然史观。他们的研究结论在当时的社会问题研究领域产生了非常大的影响，被普遍认为是一个很有价值的研究猜想。有许多学者都赞成他们的观点，认为社会问题确实有一个自然形成和发展的历史。这种假定充满了科学的想象力，不论是从理论和实践角度来看还是从历史和现实角度来看，其对社会问题的研究工作都有着非常重要的启发作用。

每一个社会问题的产生都基于某个地区人们意识的觉醒，即他们已经感到那些被他们钟爱的价值观受到了某种特定状态的严重威胁。某种社会现象与个人的价值偏好出现对立是经常有的情况，而只有在涉及群体价值观的时候才会出现预警的信号。不论是科学工作者还是政府行政人员或是热心肠的老百姓，在特定的人群中如果没有“问题觉察”或“问题意识”，则社会问题就不会得到确认，而没有得到确认的问题我们就不能说其是真实存在的问题。在一个社会问题被确认之前，必定会有一部分人对此有所察觉，并采用交流或其他方式阐述自己所关注的事情。察觉是社会问题的最初阶段，其显著特征表现为牵涉其中的人们还处于对客观条件的朦胧认识中，他们不断地进行争论，反复地表达自己的意见，焦点是“应该赶快行动起来”或“应该对此做点什么”。但在这一阶段，人们并没有将问题的分析充分地具体化，并在此基础上形成一些有针对性的建议，如讨论改善或消除不良状况的确定性措施。相反，他们只是随机地表达自己的不满，非常笼统地提出一些看法，对问题的范围及其影响在认识上还是比较模糊的。

下面就借助底特律拖车居民的案例，来讨论社会问题在问题察觉阶段所表现出的一些特征。这是美国密歇根大学的研究生所进行的一次实证研究，他们通过实地调查所得到的数据成为这一研究成果的主要依据。

该地拖车居民问题的客观环境就是拖车居民建立的营地及其对周围社区的影响。根据底特律市官方机构所做的记录，这种营地的建立最早可以追溯到1920年的春天。当时只是在城市的外围地区出现了一小片营地，大概有8~10户人家。这些居住者大多是产业工人，他们以自己的拖车为家，过着非常贫困的生活。当时在底特律，并没有人觉得拖车居民构成了社会问题。底特律的三家主要报纸都没有报道这方面的情况，当地的警察局、卫生部门、社会工作机构的档案文件中对此也没有任何记载。尽管住在这个营地附近的居民每天都可以看到那些住在拖车里的人，但他们坚持认为这“根本没有什么麻烦”。然而，形势发展得非常快，不知不觉中情况有了很大的变化。到1930年，在城区范围内已经有了4个像模像样的拖车营区。到了1935年，营区数目上升为9个。在这9个营区中，有5个营区的居民丝毫没有暂时居住的迹象，他们干脆把车轮从拖车上卸下来，并放到锯木架上一分为二，看似准备永久性地居住下来。随着拖车和拖车式活动房屋居住者人数的不断增多及其营区的不断扩大，这一问题逐渐引起了社会公众越来越广泛的关注。从报刊的专栏、邻居的闲谈、居民们向新闻媒体和市政当局表达的正式抱怨以及底特律市官方机构所发布的有关言论来看，底特律市的拖车居民问题已经成为一个社会关注的热点，这些迹象足以表明社会问题的察觉阶段已经形成。

通过对底特律市三家报纸内容的调查发现，直到1925年1月才有一家报纸发表了一条与之有关的新闻，对某个拖车营区“过分吵闹”的情况进行了报道。在此之前，不论是消息栏目还是评论栏目都没有涉及这方面的情况。在接下来的10年间，即1925—1935年，相关报道的数量逐渐上升。1936—1937年，此类新闻报道的频率达到了顶峰。分析这些新闻的性质可知，在1930年之前，报道的主旨更多的是猎奇和娱乐而不是提出警告，而“评论专栏”和“读者来信”这两个栏目对这方面的情况则极少或根本没有提及。1930年之后，这三家报纸对该问题的评论文章日渐增多，而读者来信中对这方面情况的反映也已经相当普遍。不论是新闻的连续报道还是评论版的评论文章，都反映出媒体对拖车营地的问题忧心忡忡，并从多种角度对公众提出了某种警告。1936—1937年，报纸中一半以上的新闻报道和评论文章以及许许多多的读者来信都涉及拖车营地中的犯罪、疾病、火灾、事故和一些滑稽事件。给报社写信的主要是生活在拖车营地附近社区的居民、学校当局的有关人员、房地产商以及社会工作者。例如，居民们对拖车营地所造成的环境噪声、腥臊恶臭、不讲道德、各种犯罪以及附近地区不动产的贬值表现出强烈不满，他们的愤怒之声几乎随处可闻。

当地居民对这种情况的群体性反应，不仅可以从他们对警方和环境卫生部门提出的正式抱怨中看到，而且可以从住在拖车营地附近的一些学生的直接观察中得以体现。

一位学生这样写道："最初，当很多拖车居住者搬进我们住区下面拐角的一片空旷地带时，我们之中似乎谁也没有更多地注意他们。这些人几乎清一色是贫穷的工人。1932 年，经济大萧条依然很严重，他们可能不想在房租上花太多的钱。我们中的大多数人认为他们只会待上一两个月，然后离开这里。但是一年过后，那儿的拖车居住者反而比以前更多了。邻居们开始说：'看吧，他们看来是要在这里永久住下去了。'但是，似乎没有人认为他们正在对我们造成伤害。可是随后，我们便开始丢失一些放在自己房屋周围的小东西，如报纸、牛奶瓶和一些劳动工具。我们将其归咎于那些拖车家庭的孩子们身上，责怪他们的父母不该整天让自己的孩子在外面疯跑。之后有人说：'为什么这些孩子不去上学？他们如果有学上就不会惹那么多的麻烦。'一位邻居给附近学校的学监写了一封信并告知有关情况，但信发出后却如石沉大海，什么反应也没有。"

在此还有另一篇更为典型的抱怨："母亲诅咒那些拖车家庭的孩子们，说他们简直就是一群该下地狱的小鬼。但是父亲认为感情宣泄是没有用的，需要考虑的还是该不该将房屋卖掉这个问题。如果政府当局没有能力把拖车居住者从这个地区清除出去的话，那就真得考虑考虑搬家的问题了。父亲总是这么说，他对拖车居住者本身并无成见，这些人在经济大萧条时期不可避免地遭遇到贫穷，这不是他们的过错。但是，不能因为他们贫穷而使我们大家也都跟着变穷，如果真出现了这种情况，那可真是来自地狱的信号。"

几乎在当地居民团体提出抗议的同时，一些公共部门也行动起来，如卫生机构、警方和学校当局。卫生机构是政府机关中第一个站出来对公众诉求表示关注的部门。它们所收到的有关信息是由那些经常访问拖车营地并施以救济的社会工作者提供的。卫生监督员对市议会的主要抱怨是：营地里并不是每个家庭都拥有一辆拖车，那里的居住条件极其恶劣；有些营地连一个厕所都没有，在这种情况下几乎没有个人隐私可言；营地里供水严重不足，居民们经常要到营地外去打水；冬天的取暖条件非常差，大部分拖车居住者只是靠小煤气炉取暖，而有些家庭连这样的条件都不具备；随意乱扔垃圾的现象到处可见，营地附近的一些空地上已经堆满了各种各样的生活垃圾。

作为与拖车问题直接相关的一个政府组织，警方也同样将拖车居住者的营地视为潜在的危险地带，但就此执行法律和维护秩序的工作对警方而言是一种全新的挑战。警察越来越多地被派去制止营地中发生的抢劫和斗殴事件，拘捕各种各样的犯罪嫌疑人以及调查那些愤怒的邻居所反映的情况。当时警方对这些活动所做的文字记载，已经清楚地表明了其对这一问题的深切关注。

学校当局也开始意识到拖车营地所带来的问题，因为它对学校稳定的教学秩序造成了很大的冲击。有些学校很难为不断涌来的拖车居住者的子女提供基本的食宿条件，加之几乎每天都可能有新生入校，从而使学校正常的教学安排受到很大影响。并且，因为拖车居住者的营地并不是永久性的，所以许多孩子在一个学年尚未结束时就不得不离开学校。

因此，不论是根据媒体的记载还是根据市民和政府官员们的看法（他们普遍认为有关卫生、教育、财产和道德方面的群体价值观受到了这种客观条件的威胁），对于底特律地区拖车居住者的问题，问题察觉阶段的一步步深化是显而易见的，这段时间大概是从1925年到1935年。

在问题被觉察之后，紧接着就进入了公众议程和政府议程阶段。人们开始议论解决问题的具体方案，并着重对政策目标和手段进行讨论，而这时社会利益集团之间的矛盾也因此变得紧张和激烈起来。那些能够提出一些解决办法的人马上就可能发现其他一些人并不容易接受他们的提议，即使他们能够使其他人同意其基本的解决思路，但却发现要在具体的执行手段上达成一致仍显得非常困难。这个阶段与问题觉察阶段有着非常显著的区别，因为现在利益集团主要关心的已经是“应该做什么和怎么去做”这类问题。此时，人们议论颇多的是“应该做这件事或做那件事”。人们的注意力集中到了具体的方案上，多方面的政策诉求会以各种形式被集中起来并通过一定的政策渠道得到反映。

对底特律的拖车居住者问题进行的讨论，至少在三个相互关联的层次上得以表现：

第一个层次是在邻居之间和关注事态发展的人们之间进行的讨论（零散的和无组织状态的群体讨论）；

第二个层次是在有组织的利益集团和压力集团之间进行的讨论，如纳税者、拖车制造商、房地产组织、家长-教师联合会、妇女俱乐部、男士俱乐部等；

第三个层次是在有关专家和政府官员或准政府机构（如警察、卫生官员、市议会、社会工作者和校务委员会）之间进行的讨论。

这样一种广泛的讨论能够使上述牵涉其中的三个层次相互影响、相互受益，同时这也意味着政策议程是一个动态的发展过程。

政策讨论既要关注宏观问题（如目标），也要关注较小的更加具体的微观问题（如手段）。就目标而言，如拖车居住者的营地是否应该被完全禁止并从社区中加以铲除？是应该给他们颁发许可证，让他们纳税，或是限制他们的发展规模，还是应该让他们自由发展，希望情况能自动好转？就具体手段而言，如果一个团体建立得越牢固、组织得越完善、运作得越正规，那么就越可能在目标上达成一致，而在手段上产生分歧。例如，卫生官员们会对正规性的定期检查和接到投诉后才进行的不定期检查产生争论。前者虽然花费较大但却更为有效，后者虽然花费较少但却风险很大，这种风险表现为整个社区的卫生状况在很大程度上可能受到威胁。与之相似，学校工作人员会对是否应该扩大学校规模、是否应该加强学监的活动、是否应该为拖车居住者的孩子另设课堂等问题而争论不休。警方也必须决定是否应该在拖车居住者营地派遣特别小分队或增加新的警力，是否应该对拖车居住者实行一种严厉的制裁措施或执行一种宽松的治理政策，等等。

不同的利益集团在解决问题和摆脱困境时有不同的利害关系，通过不同利益集团之间的结盟及其变化趋向可以很好地看到在议程建立过程中所存在的这种冲突。这些利益集团都代表着某种特定的制度价值观，其中有许多价值观是互不相容的。但是在形成一项共同的改革政策之前，所有的价值观都必须经历一个相互调和、彼此妥协的过程。官方（如警察、卫生官员、校方、社会工作者等）被认为是一种长久性的社会基础组织，它们的职责就是对私人财产、公共卫生和教育提供保护以及对穷人进行救济。特定的利益集团，如房地产经纪人、旅店老板、受拖车问题影响的邻居（纳税人）等，他们都想早日把那些在轮子上安家的人们赶出去或对他们进行必要的限制，因为其生存环境和经济财产受到了威胁，以致影响到了他们的社会地位。

站在其对立面的是另外一些社会组织，如拖车制造商协会这样的组织，它们形成了一个压力集团，不仅是为拖车居住者的利益寻求保护，而且也受个人和团体利益以及高额利润的动机驱使。那些以拖车为家的人同样也能够形成一个具有一定影响力的利益集团。不仅如此，正是那些低收入的农业季工和临时工、偶尔和长期的失业者、依靠工厂工资为生者等诸如此类的人组成了拖车居住者营地，他们也有代表自己利益的集团——美国活动房屋居住者协会。该组织认为，拖车式活动房屋是解决低收入家庭住房问题的有效方法——由于房产和租金的支出远远超过了这些家庭的收入，他们除了以拖车为家外还能有什么其他的选择呢？有些市民也非常同情拖车居住者的处境，尽管他们赞成实施一些公共控制措施，但是他们坚决反对取消拖车居住者营地。从工会、民权机构及其他一些自由化组织的主张中也可以看到，它们都曾为保留拖车居住者营地而做出过一定的努力。

上述情况似乎表明，1935—1937 年，有关拖车居住者问题的政策争论变得更为激烈。这一动态的过程可以表现为某个联盟（某种人道主义与一些组织利益的结盟）与另一个联盟（另一种人道主义和另一些组织利益的结盟）之间的论战。

关键词

公共问题　私人问题　社会问题　政策问题　过失性问题　结构性问题　冲突理论　越轨理论　解组理论　标签理论　手段-目标理论　社会分层理论　问题察觉　问题界定　问题描述　问题结构　边界分析　类别分析　层次分析　类比分析

本章小结

1. 密尔的"不伤害原则"对界定公共问题与私人问题具有重要的启发性意义。

2. 社会问题进入政府议程后就会转化为政策问题。

3. 社会问题有过失性的，如青少年失足、酒驾等；也有结构性的，如人口问题、就业问题等。

4. 社会问题具有客观性、主观性、差别性、普遍性、阶段性、关联性等特征。

5. 社会问题理论主要包括：社会冲突理论、社会越轨理论、社会解组理论、社会标签理论、手段-目标理论、社会分层理论。

6. 社会问题确认包括问题察觉、问题界定、问题描述等三个环节。

7. 政策问题结构要素包括决策者数量、备选方案数量、政策目标的共识性、政策后果的风险性、概论的计算等。

8. 沙维奇和帕顿概括了问题界定的 7 个步骤，包括思考问题、勾勒边界、寻求依据、列出目标、明确范围、显示成本、重审陈述等。

9. 政策问题界定的方法包括边界分析、类别分析、层级分析、类比分析等。

思考题

1. 公共问题和私人问题有何不同？

2. 什么是政策问题？

3. 社会问题具有哪些类型？

4. 社会问题具有哪些特征？

5. 社会问题研究中有哪些代表性理论？

6. 政策问题确认包括哪些环节？

7. 政策问题界定有哪些步骤？

8. 政策问题界定有哪些方法？

参考文献

[1] 张金马．公共政策分析：概念、过程、方法［M］．北京：人民出版社，2004.

[2] 谢明．公共政策导论［M］.3 版．北京：中国人民大学出版社，2012.

[3] 谢明．公共政策案例分析［M］．北京：中国人民大学出版社，2009.

[4] 谢泼德，沃斯．美国社会问题［M］．乔寿宁，刘云霞，译．太原：山西人民出版社，1987.

[5] 郑杭生．社会学概论新修［M］.3 版．北京：中国人民大学出版社，2009.

[6] 林钟沂．政策分析的理论与实践［M］．台北：瑞兴图书股份有限公司，1993.

[7] 邓恩．公共政策分析导论［M］.4 版．谢明，伏燕，朱雪宁，译．北京：中国人民大学出版社，2011.

[8] BARDACH E. Apractical guide for policy analysis：the eightfold path to more effective problem solving［M］. 3rd ed. A Division of Sage Washington D. C.：CQ Press，2009.

第三章

政策信息的收集

定义政策问题需要以充分的客观事实为依据，那么，如何才能获得这些正确有效的政策信息呢？本章对此将进行具体阐述。

在政策分析中，政策信息占有非常重要的地位。美国匹兹堡大学威廉·邓恩教授在其《公共政策分析导论》一书中曾指出：提供关于政策问题的信息是政策分析最关键的部分，因为对问题的界定决定着我们寻找和确定解决问题的恰当方法的能力。在政策分析这一阶段中，不充分的信息或错误的信息会导致严重的错误——使人意欲解决问题却往往被问题的表象所迷惑。诚如美国前总统林登·约翰逊在任时所言，“我们的问题不是要做正确的事，我们的问题是要知道什么是正确的”。林登·约翰逊总统的话给我们提出了这样一个问题，我们能在多大程度上知道哪个才是“正确”的政策？可见，发现并界定了公共政策问题，并不代表已经确认并正确地分析了问题。要想真正准确地分析问题，就必须进行大量的社会调查，在充分占有信息的基础上，才能对现行政策进行评估，开发新的方案并预测政策的未来。

步入21世纪，人类进入了信息化时代。信息这个名词对我们许多人来说已不陌生，在日常工作和生活中，我们随时随地都会和信息打交道，都在不断地接收信息、加工信息、利用信息。然而，信息究竟是什么？政策信息又是什么？关于政策的信息有哪些？如何收集政策信息，有哪些方法？本章将从概念的角度对这些问题做一些基础性阐释。

第一节 信息和政策信息的基本含义

一、关于信息的一些讨论

（一）信息的含义

信息一词的出现由来已久。在英语中，"information"一词出自"inform"，而"inform"的本意是"通知""告知"，可见信息的含义是与"通信""交流"紧密结合在一起的。

不少学者试图从多个角度定义信息。例如，多伊奇（Deutsch）认为，信息可被视为抽象的关系；罗斯（Ross）认为，信息是"为预测未来或做出决定所需的资料"；温德里希（Wunderlich）认为，信息是一种资产。朗文大字典中对"information"的解释是消息、情报、资料。韦伯斯特（Webster）大字典对信息做出如下解释：信息是有关某种特定事件或状况的知识，其有别于已经系统化的知识，是为了交流思想或进行某种活动而准备的事实或计量（即一种资料）。

到现在为止，我们也无法给信息下一个确切的定义，或许因为其内涵实在是太丰富了。对于政策而言，信息即有关决策对象规律、性能及其所处环境等各方面的知识、消息。信息是决策的物质基础和重要资源，也是沟通决策者和决策对象的桥梁。一般来说，信息与信息载体是分不开的，如纸面形式的信息、电子形式的信息、视频形式的信息、音频形式的信息等。

（二）信息的特征

首先，信息是普遍存在的。世界本身是由信息组成的。通过信息，世界向我们展示了其丰富多彩的特征。在日常生活中，我们随时随地都会接触到大量的信息并和它们打交道。一方面，我们从外界接收信息，通过加工利用为己所用；另一方面，我们向外界发送信息，表达自己的观点和想法。可以说，我们生活在一个由信息聚集而成的网络之中。

其次，信息是非常重要的。小到个人选择，大到政府决策，任何时候我们都离不开信息。如果没有相关信息或是信息不足，人在决策时会非常困难并且容易犯错误。例如，我国于20世纪六七十年代实施的"川气出川"工程，由于在开工之初对信息掌握不足，又没有经过充分论证，结果造成严重的浪费和损失。

最后，很多信息是需要付费的。在此必须说明，虽然信息是普遍存在的，然而信息的获取往往是需要成本的。不可否认，在我们的周围存在大量的免费信息。例如，看到冰雪融化，树木发芽，我们便知道春天近了；我们从小就知道朝霞不出门，晚霞行千里。获得这些信息的过程，并不需要我们付费。但是也有许多所谓免费的信息往往是无用的，或者说是表面的、浅层次的，对于决策来说往往是不够的。因此，很多情况下我们要根据需要有目的地进行信息收集、分类、分析、吸收和转化工作，通过这些步骤才能使一般性的信息变成有价值的信息。这一过程是需要成本的，是要付费的。例如，长江是我国第一大河，水力资源极其丰富。同时，我们也知道，夏季汛期时，长江常常洪灾不断。在长江上修建大坝，一方面可以调节长江的水流量，保证长江流域不同区段的安全；另一方面可以发电，用于社会生产和人民生活。然而，长江三峡大坝工程从提出到最后决策不是一蹴而就的，而是经过了长达几十年的信息资料收集，既要通过专家反复论证以及召开听证会，也要广泛听取和吸收群众意见，这一过程花费了大量的人力、物力和财力。

总之，信息是非常有用且广泛存在的，但是对很多有用信息的开发和使用，是需要付出代价的。因此，从这个意义上说，信息是一种稀缺资源。为了更好地利用这种资源，我们必须努力开发并合理配置和使用信息资源，使其效用达到最大化。

（三）信息的标准

首先，信息要有可信度，这是先决条件。这里涉及信度的概念。在统计学里，信度是指测量数据（资料）与结论的可靠程度，即测量工具能否稳定地测量到其要测量的事项的程度。可以想象，不论是多么珍贵的信息，一旦发现它掺了假、不真实，那么这样的信息就没有用处了。

其次，信息要有概括性、创造性和连续性。信息的概括性是指信息所涉及的范围越广，内容越深，其价值就越大。因此，我们对信息的概括性的理解是这样的：在时间上，信息要联系过去、现在和未来；在空间上，应尽可能涵盖全世界范围内的信息；在内容上，信息应包括有关政策分析的所有领域。信息的创造性体现在信息重组的过程中，对手头材料加以重新认识，分类并系统整理、归纳、总结，运用创造性思维，产生新的信息。所谓信息的连续性，是指从信息的收集到整理、归纳再到使用是一个连续的过程，其中的每一个步骤都是紧密相连、缺一不可的。

此外，对信息的使用应有所取舍，有所选择，而只有当信息按其重要程度大致排好先后顺序时，才能供人取舍、选择。从这个意义上来说，信息还应具有公开性。

二、公共信息与政策信息

（一）公共信息与公共政策

我们经常能看到公共信息这个词，那么究竟什么是公共信息呢？从内容上看，公共信息包括政治信息、经济信息和社会信息等；从其产生的方式来看，可以大致分为反映政务的公共信息和政府占有的公共信息。对公共政策而言，公共信息有两个层面的含义：一是国家公共部门应该把占有、可公开的信息向社会公布；二是公众要及时进行信息反馈，与国家公共部门形成互动。

公共信息必须公开，这样才能在政策过程中起到沟通政策制定主体和政策受众的作用。从某种意义上而言，政策信息公开化和公众的知情权指的是同一个问题，二者互相依存，缺一不可。一方面，政府有把政务信息告知大众的义务，并应接受大众的评议和监督；另一方面，公众有了解政务信息的权利，并以此参与国家治理。信息公开化对于建设社会主义法治国家、建立人民当家作主的人民民主制度以及对于政府部门的科学决策等都有着重要的意义。

如前所述，对于公共部门来说，信息公开意味着让公众知晓政府的更多信息，让公众参与政府决策并对其进行监督，这样能够防止集团主义决策的出现，使决策更为科学民主；由于公众的参与有利于政策的执行和对其的监督，因而不仅提高了公共部门的办事效率，而且有效遏制了腐败。正所谓“阳光能够杀细菌，路灯可以防小偷”，这句话是颇有哲理的。政府如果建立了信息公开制度，则腐败行为就难以滋生与蔓延，也比较容易发现与整治。从公众的角度来看，对公共信息的知情权是其重要权利之一。政府公开信息的举措，既保证了公众在规定范围内参与政策制定的权利，也有利于其行使监督权。

（二）公共信息与政策信息

所谓政策信息，就是经过对公共信息的收集加工和处理所得到的与政策有关的信息。

政策信息来源于公共信息，却有自己独特的表现形式。对此我们将从政策信息源、公共信息的收集和处理以及政策相关信息等方面来分别加以说明。

1. 政策信息源①

通常来说，存在三种政策信息源形式：口头信息源（或交往信息源）、实物信息源与文献信息源。

政策的口头信息源的基本形式有演讲、交谈、会议讨论、口头广告、信息发布等。口头信息源在使用方面具有下列优势：获取花费时间少，交流迅速及时；具有高度的选择性与针对性，获取方便，针对性强；信息反馈及时、迅速、准确；能根据口头交流时的气氛、语气、手势、暗示等加以领会和询问，易于对信息进行利用和评价。当然，这种政策信息源形式也有其缺陷，如难以进行有效的社会监督，不易检查其可靠性，不便进行加工和积累，随着时间的推移会发生失真与失效，等等。

---

① 吴立明、傅慧芳：《公共政策分析》，厦门大学出版社 2006 年版，第 80 页。

政策的实物信息源是固化在实物中的政策信息来源。该信息源不包括自然物质信息源，而是经过人的加工、生产或创造的产品。政策的实物信息源类型复杂多样，举凡人类加工的产品和人工创造的物质大都属于这类信息源。实物信息源中的信息具有内隐性，其内涵为加工工艺、化学成分、物质参数、设计指标、外观状态等。人们只有通过分析研究，将实物中的有关信息内涵解析出来后才能对其加以利用。政策的实物信息源具有下列优势：借助实物，人们可以真实可靠地掌握其中所包含的信息；实物中蕴含的信息浓度大，内容多；实物可以仿制、改进创新，其中的信息易于被开发利用。当然，这种政策信息源也有其缺陷，如传递不够方便快捷，不易于保管和贮存等。

政策的文献信息源是以文献作为载体形式的信息源。凡是以文字、图形、符号等技术手段记录人类活动的信息和知识都属于文献信息源。如果按来源划分，政策的文献信息源又可以分为出版物信息源与非出版物信息源。其中，出版物政策信息源的形式有图书、报刊、单件文本、具有特殊功能的印刷出版物、缩微出版物、数据库系统等，非出版物政策信息源的形式包括书信、笔记、手稿、草图和其他记录物。政策的文献信息源具有以下优势：便于在空间与时间层面进行传播，所载信息牢靠、稳固、明确，能进行多方面加工利用，对人类活动能加以确认与规范，等等。当然，这种政策信息源也有其缺陷，如不易保存，传递与交流不够生动、灵活等。

2. 公共信息的收集与处理——政策信息的形成

（1）信息收集。这一过程获取的多是描述性的原始信息，一般包括政策决策信息、政策案例、社会发展状况等三个方面的信息。在制定一项政策之前，决策者需要建立庞大的信息网络，拓宽信息渠道，坚持“积极开发，兼收并蓄，统揽无遗”的原则，多渠道、多途径，尽可能收集全面的、真实的信息。信息收集工作的质量对于决策活动中能否做到高屋建瓴、总揽全局具有重要的作用。在信息化时代，信息收集面临一些新的障碍，如信息爆炸与信息垄断、信息传递渠道不畅通、信息服务水平及其技术手段的限制、信息收集者的主观障碍等，这些都将导致信息收集的难度加大、信息收集费用的提高以及获取信息的不及时和所获信息的虚假性。

（2）信息加工。这一过程获取的多是评价性的信息，对政策的制定具有指导性。收集来的大量原始信息，杂乱而又真假难分，因此，必须对这些信息进行严格认真地整理和分析，即对信息进行加工和处理。这个过程一般包括三个方面的工作。一是经过文字加工，纯化原始信息。其要求是去粗存精，去伪存真，剔除错误、多余的信息。二是进行信息摘要，对信息归类。其要求是从大量纷繁芜杂的信息中提炼出相关性较强的重要信息，然后根据信息的内容、性质和作用，根据政策制定的要求，使信息系统化和条理化。三是存储备用。

其要求是把经过加工和整理的信息分类编序存储起来，以备检索和使用。当前，信息加工也面临着一些困难，如信息处理的技术、方法和手段还比较落后，还没有形成高效运转的信息系统等。因此，信息的加工和处理过程中还存在慢、粗、乱等问题。所谓慢，就是对实际变化的情况反映不及时；所谓粗，就是收集的信息庞杂凌乱，没有经过细化；所谓乱，就是缺乏科学管理信息的方法，对信息的管理显得混乱。这些都严重影响了公共决策的科学化。

3. 政策相关信息

在《公共政策分析导论》一书中，威廉·邓恩教授侧重从政策信息的转化过程去研究分析这一基本框架，并认为政策分析要解决三类问题：事实、价值和规范，与之对应的三种方法就是经验方法、评价方法和规范方法，与之相对应的信息就是描述性的、评价性的和指导性的。在公共政策过程中，决策者通过信息收集和信息加工获取政策信息，最终形成政策主张。从这个意义上来说，公共政策过程就是信息转换以及决策者不断处理信息的过程。

在政策分析中，政策相关信息（policy-relevant information）① 是指已经被有选择地解释并进行整理归类的数据。此类数据能够给政策分析人员和其他利益相关者提供有关政策问题、政策前景、政策行动、政策结果和政策效绩等方面的信息。

政策相关信息可分为两大类②，一类是宏观消极信息（macronegative information），另一类是微观积极信息（micropositive information）。宏观消极信息是指描述政策的主要原因和结果，并使用合计的（宏观）资料表明为什么政策和计划不起作用的信息。微观积极信息是指描述政策的具体原因和结果，并使用支离破碎的（微观）资料表明政策和计划为什么在特定环境下会起作用的信息。例如，为落实科学发展观……，强化政府对农村义务教育的保障责任，普及和巩固九年义务教育，促进社会主义新农村建设，国务院曾决定，深化农村义务教育经费保障机制改革。改革的主要内容包括：全部免除农村义务教育阶段学生学杂费，对贫困家庭学生免费提供教科书并补助寄宿生生活费；提高农村义务教育阶段中小学公用经费保障水平；建立农村义务教育阶段中小学校舍维修改造长效机制和巩固完善农村中小学教师工资保障机制。如果想要了解国家为农村学生实行的农村义务教育经费保障机制改革的实施结果，我们不仅需要证明广大农村学生能够免费地接收到九年义务教育的一般信息，而且还需要获得能够回答哪些是政府可以控制并能更好贯彻实施这一政策的具体因素方面的信息。其中，前者就属于宏观消极信息，后者则是微观积极信息。

宏观消极信息和微观积极信息有助于回答以下五个问题：①问题的性质是

① 威廉·邓恩：《公共政策分析导论》，谢明等译，中国人民大学出版社 2002 年版。

② 威廉·邓恩：《公共政策分析导论》，谢明等译，中国人民大学出版社 2002 年版。

什么？②针对问题，过去和现在已经建立了什么样的政策，其结果怎样？③这些结果在解决问题方面具有多大的价值？④针对问题有哪些可以获得的政策方案，其未来可能出现的结果怎样？⑤应该采取何种可选方案来解决问题？

第二节　政策研究的信息收集方法

信息收集在社会研究中占据着非常重要的地位。对具体的信息收集方法的讨论也很多，特别是在社会学和心理学中。在本节中，我们将谈谈几种主要的收集政策信息的方法，包括集中综合法、访谈法、创新思维形式下的信息收集法（如头脑风暴法和德尔菲法）、抽样方法、调查研究方法等。

一、集中综合法

集中综合法与传统的文献研究法相比有以下几点不同之处：一是集中综合法收集的信息范围更广泛，其不仅仅收集文献资料，还收集对政策相关者的访谈、有关新闻报道、政府工作人员的备忘录以及各种未出版的相关资料等；二是集中综合法并非对信息资料进行简单化的描述性研究，而是更注重信息的来源以及原因；三是集中综合法注重集中综合使用信息，即对信息进行解释性和规范性研究，从而为具体政策实践提供基础资料。因此，我们可以这样理解集中综合法的概念：从可获得的资料中收集政策研究所需要的信息的方法。这些可获得的资料包括预算文件、委托人案卷、会议记录、工作人员汇报、年度报告、演说发言、统计报告、法律裁决、法规和规章、过去的研究资料、日志、期刊、书和报纸等①。政策研究者要充分利用这些可获得的资料，对其进行综合分析，从而得到自己所需要的信息。下面，我们主要从两个方面来谈谈集中综合法：一是如何获得资料，二是对资料进行分析。

（一）如何获得资料

从可获得资料的来源而言，可以将其分为两类：内部资料和外部资料。内部资料是指，任何公共部门由于其内部管理的需要，都会经常收集、记录和储存各种各样的信息，这些信息往往可以外化为法律和程序性文件、管理记录、委托人案卷、研究报告等形式。与外部资料相比，内部资料不仅数量更大，而且种类更多。内部资料往往由政府、行业协会、学术机构、私人研究组织、利益集团、企业等进行收集并向社会发布，并储存在图书馆、政府机构、各种职业协会或企业之中。外部资料是指来自公共部门以外的信息资料。外部资料的形式也多种多样，不仅有文字形式的，而且有录音磁带、幻灯片、照片、绘图

---

①　张金马：《公共政策分析》，人民出版社 2004 年版，第 571 页。

等形式。

在查阅内部资料时，既可以使用人工检索方法或联机检索方法，也可以把这两种方法结合起来使用。在没有建立起综合的计算机数据库的情况下，人工检索的方法常常是必不可少的。采用人工检索法时，政策研究者需要就能够获取什么样的文件和资料询问机构内部工作人员。一般来说，这些资料都存储在机构的图书馆或内部发行的刊物中。人工检索可以得到比官方正式文件记录更多的信息。所以，在进行人工检索的时候，应该留意收集个人保存的信息资料，如信件、会议记录、工作笔记等。目前，随着计算机技术的发展，很多机构都建立了自己的数据库，把本单位的资料存入计算机信息系统中。通过联机检索，我们可以迅速、便捷地收集到大量信息资料。然而，为了得到综合、全面的资料，有必要把人工检索与联机的方法综合起来使用，以达到最佳的效果。

外部资料同样也主要通过人工检索和联机检索两种方法来获得。人工检索的工作量比较大，需要亲自去查找研究指南、文献目录统计、政府刊物、媒体报道以及在图书馆中存放的资料。使用计算机检索的方法则方便得多，政策研究者可以订购各种数据库，方便自己查找信息资源，来满足自己的需要。然而，和内部资料一样，外部资料也不可能通过某种单一的方法获得。在收集外部资料时，政策研究者最好把人工检索和联机检索这两种方法结合起来使用。

（二）对资料进行内容分析

政策研究者在获得信息后，应当对其内容进行分析，从资料源中选取系统、量化的资料。内容分析是一种从信息源中收集资料的系统方法，是一个由规则引导、以标准的编码程序和指令为基础对资料进行分类的过程。内容分析的目的是形成一套量化的文件内容资料。通过内容分析，我们可以对不同组的内容进行精确比较。进行内容分析的关键在于构思内容分析的类型，为此必须考虑提出的类型是否符合研究的需要。例如，当对美国某个州有关政治改革法案的新闻报道的态度进行分析时，研究者可以对报刊文章进行编码，以确定报道人对“政治改革法案如何影响政治生活”等评论的类型，从而了解该州报道对改革法案的态度①。具体编码类型如下。

对政治改革法案影响的简短评估：

- 肯定的；
- 有矛盾心理或倾向于肯定；
- 有矛盾心理；
- 有矛盾心理或倾向于否定；

① 张金马：《公共政策分析》，人民出版社 2004 年版，第 572 页。

- 否定的；
- 有争议或倾向于肯定；
- 有争议；
- 有争议或倾向于否定。

如前所述，内容分析是一种以规则为指导的、旨在从记录的信息源中收集资料的方法。通过内容分析，我们可以对所获得的资料进行评估，评估它们的适时性、包括的范围及其关键概念是如何界定的。这样就可以节省大量的人力物力，增强成果的说服力以及被采用的可能性。

二、访谈法

访谈法是指政策研究者亲自从他人那里获得消息、意见、经验等的一种信息收集方法，它是政策研究中最常用也是最古老的一种收集方法。这种方法可以使政策研究者获得大量有用信息，并且使用起来简单灵活，适应性强。接下来，我们将着重讨论个别访谈法和焦点团体座谈会法。

（一）个别访谈法

个别访谈法是访谈者与被访谈者进行的一对一的访谈。在这种访谈中，不使用访谈结构表，访谈者与被访谈者可以围绕访谈的主题灵活地进行。个别访谈法有正式的访谈和非正式的访谈两种形式。正式的访谈通常是有准备、有安排的，访谈者事先会对访谈的主题拟好提纲，并同访谈者进行访谈预约。访谈中，访谈者会根据提纲进行询问，然而提纲仅仅是思路和提示，在实际进程中仍有很大的灵活性和变动性。正式访谈的过程大致如下。

1. 访谈前的准备

为了从每次的会见中获得更多的信息，政策研究者要做好以下准备工作。

（1）收集有关访谈内容的资料，并充分理解这些资料。这些资料通常包括有关某个问题的历史、基本事实、政治等方面的资料，以及对该问题的预测和规划等。通过了解和熟悉相关政策问题的资料，对于确认访谈的目标、提出高质量的问题、创造良好的交流环境以及提供有用信息等是必不可少的。

（2）选择采访对象。在选择采访对象时，我们要特别重视两类人：一类人可能会提供一些基本事实，有助于我们对许多可供选择的政策进行分析；另一类人可能拥有相关领域的理论和实践经验，有助于我们开辟新的政策领域。其中，前者往往是可以提供大量相关访谈信息的被访谈者，如组织中的管理者，工作人员，社会各界、各行业的代表等。在与这些被访谈者的访谈中，访谈者可以保持更多的控制权，使用更结构化和标准化的形式。后者则是相关政策领域研究中的中心人物。这些人对问题十分熟悉，掌握了大量的数据和资料并拥有丰富的经验。他们知道政策问题的关键所在，清楚问题的各个方面。通过与他们交流，不仅可以得到正确的认识、计划、内部的或很多其他地方得不到的知识，而且有机会得到他们的帮助——帮助政策研究者提出政策策略，解释研究结果，并提出合理化建议，以使研究成果更准确、更实用。这类信息的提供者可能是以前参加过政策制定的政府官员，也可能是仍然在位甚至身居要职的行政官员、立法人员、参加研究计划的大学教师和有关工作人员等。

(3) 组织访谈。组织访谈是准备工作的最后一步。在熟悉了访谈内容和确定好采访对象后，访谈的组织准备工作就要着手计划了。访谈只有一个目的，那就是从被访谈者那里获得所需要的信息。因此，访谈者要围绕这个目的，拟好提纲，安排和控制好谈话。同时，要实现访谈目的，访谈者就要或多或少地使问题规格化。所谓问题规格化，就是根据事先确定好的次序提出问题。规格化的程度由政策研究者所寻求的信息的特定性和统一性决定，应适应访谈的需要。

规格化程序较低的访谈适合具有探索性特点的政策研究。在规格化程序中，访谈者（政策研究者）不必事先列出问题，访谈者可以引导被访谈者来确定什么是重要的。在访谈中，访谈者应尝试验证被访谈者对情况的解释水平，或者开发被访谈者独特的专长。

当需要的信息更具体、更标准化的时候，就应使用规格化程度较高的访谈，尤其是在一些特殊的情况下，如访谈者需要得到特定信息，政策研究涉及多个地方以及需要从多个被访谈者那里征求类似信息，等等。这相应增加了准备阶段的工作量。例如，规格化访谈的程序要经过几次修改才可以使问题更加精炼；访谈者早期的草案也要经过同事、关键信息提供者或当事人的复审，在某些情况下甚至要进行几次小规模的实验性访谈，以测试问题的内容、措辞和次序。

2. 进行访谈

访谈实际上是一种有目的的信息交换和沟通过程，主要是从被访谈者那里获得所需要的信息。虽然访谈要求事先有充分的准备，但是仅仅有准备并不能确保访谈的成功。那么，一个成功的访谈该如何进行呢？访谈如何开始？怎样提问更为合适？当访谈者拒绝回答或是回避回答时该做些什么？对这些问题虽然没有一成不变的答案，但下面的几个方面仍可以给访谈者提供一些参考。

(1) 安排访谈。访谈前要做好相应的安排工作。一般来说，最好是能获得相关机构和部门的帮助和支持，访谈者积极与被访谈者联系，说明访谈原因，争取被访谈者的同意，然后与被访谈者商量并确定访谈的时间和地点。然而，实际情况是事情并不总是一帆风顺的。有些时候，由于种种原因，被访谈者不能肯定自己是否能够接受访谈，此时访谈者应采取多种方式尽可能实现与潜在被访谈者的交谈。还有些时候，由于不能获得预约访谈的机会，访谈者也可以直接走进被访谈者的办公室，在进行自我介绍之后就直接进行访谈。此外，在安排访谈的时候，如果碰巧和被访谈者取得了联系，那么访谈者应该将之视为一次提前访谈的机会。通过初步交谈，所获得的信息就不需要在正式访谈中再提及了。这样，双方容易建立起一个初步的印象，从而有利于为正式的访谈奠定基础。

（2）访谈的开始和结束。大多数的访谈是从愉快的交谈开始的，这种方式有利于消除访谈的紧张气氛，建立起访谈双方的融洽关系，自我介绍、谈谈天气、感谢受访者接受访谈等都是不错的话题。访谈最好从一个简单、正式的问题开始，然后逐步转向更复杂的问题。因为，简单的问题不仅可以使谈话比较容易开始，而且可以很快了解被访谈者对这一问题所思考的程度。通常而言，要把困难的、有争议的问题放在访谈的后面，并设法在愉快的氛围中结束访谈。对于这一点，可以通过提出一些中性的问题或是概括总结此次交谈的成果来实现。需要指出的是，访谈中提出的问题应该是根据此次研究的内容提前设计好的，问题应该短小精炼，表述清晰。

（3）访谈中的提问与追问。在访谈的过程中，访谈者应该根据访谈进行的情况，通过记笔记、微笑、点头、停下手中的笔、保持沉默或是通过变化措辞以及类似的暗示，适时地提问和追问，以便获得更多的信息。但是，不论是提问还是追问，访谈者在整个过程中保持对谈话的控制都是至关重要的。如果被访谈者的谈话开始跑题，则访谈者应当采取礼貌地方式予以叫停，并引导其回到先前的主要问题。在访谈的过程中，可能会出现受访者拒绝回答或回避回答某些问题的情况，造成这种情况的原因很多，在实际的访谈过程中，我们需要积极灵活地去加以解决。卡尔·帕顿和大卫·沙维奇在《公共政策分析和规划的初步方法》一书中提到，面对这一状况可以采取的一种行动是：首先，重复这个问题；其次，保持沉默。重要的是，你确信已经让被访谈者知道了问题的关键并且理解了问题的真正意图。

3. 记录与分析访谈资料

访谈结束之后，要对此次访谈中取得的资料进行分析整理，得出研究所需要的信息。资料分析是一个创造性的过程，它是建立在访谈中相关资料基础之上的。在记录访谈内容的方式上，录音设备（如录音笔）的使用可以帮助记录整个谈话的内容，从而确保材料的准确性。然而，它也会带来一些不利的影响。例如，由于一些不可预见的原因所录资料可能会遗失，被访谈者可能会因此产生心理障碍，等等。因此，录音笔的使用应该视具体情况而定。同时，即便使用了录音笔，在访谈中也应该注意记笔记，并在访谈结束之后尽可能快地加以整理分析。在分析所收集到的信息的过程中，最基本的工作是把访谈的内容进行分类。分类要按照一定的原则来进行，如可以按照时间、内容等进行分类。

（二）焦点团体座谈会

焦点团体座谈会又称为焦点团体访谈，其缘于社会学的群体访谈和历史学的口述史研究。“20 世纪 40 年代，默顿便开始使用这种方法对政府发放战争宣传品的效果进行检验。”① 焦点团体座谈会中的“焦点”指的是某一特定的主题；“焦点团体”是指与一特定主题有关的，或持关心态度或具同类社会身份或对主题具有一定程度了解的人群；“焦点团体座谈会”则是指焦点团体在一名主持人的引导下，围绕某一焦点问题进行深入讨论，从而获得对有关问题的深入了解的团体座谈会。在上面的定义中，有两个方面的内容值得我们探讨。

其一，实质上，“焦点座谈会是给予一种特殊的团体访问的标签，这一团体的构建旨在从特定的人获得对某一特定主题的详细观点与见识”。焦点团体座谈会是以主持人为访问者一方、以全体与会者作为受访者一方所进行的两方互动式对话，是在主持人的协调下发生的主持人与与会者之间、与会者相互之间的多元互动。

其二，这种多元互动所提供的群体互动作用是焦点小组讨论成功的关键。一般情况下，个人在接受刺激后会做出反应，而在群体情境下，某个人的反应又会成为对其他人的刺激。在这样的团体讨论中，团体成员对主题进行充分和详尽的讨论，则每个团体成员就有可能受到多种刺激，进而做出多方面的反应。由此不难推断，同样数量的个人在讨论或群体互动情境下产生的信息，要多于一对一互动产生的信息。

在公共政策领域，政策研究者可以利用焦点团体座谈会来探究某项政策议题的各个层面。焦点团体座谈会主要用于收集定性政策资料。

如前所述，焦点小组讨论的关键是鼓励参加焦点团体的成员，针对主题进行充分、详尽的讨论。社会心理学的研究发现，当人们主动表述而不是被动回答问题时，往往会对某一主题表达出更全面和更深入的看法。因此，焦点小组的讨论要避免直接提问，而应该采用间接提问的方式来激发参与者的自发讨论。在这个过程中，研究者既可以了解参与者有关主题的论点，也可以观察到参与者的表情、语气与动作，这有助于正确诠释参与者的论点。不仅如此，研究者还能了解到参与者获悉其他参与者意见时的应对方式。

目前，焦点小组讨论这种研究方法已得到了广泛的应用，特别是经常用于一些商业调查之中，诸多市场调研公司、广告代理商和消费品生产商等都在使用这种方法。例如，广告公司就经常借助焦点小组讨论来了解消费者对某项新

① 陈向明：《质的研究方法与社会科学研究》，教育科学出版社 2000 年版，第 211 页。

产品的接受程度。此外，这一方法在心理学、社会学等研究中也有广泛的应用，许多相关的调查研究都把焦点小组作为一种重要的获取信息的方法。上述研究者的一个共识是，在研究的初始阶段进行焦点小组讨论是有价值的。因为每个研究者都有其自身的局限性，多听听他人的声音，可以使自己对将要研究的事物以及人们对该事物的看法有更多的了解。

在调查研究中，焦点小组讨论可以帮助研究者确定调查目标，形成题目，以及在形成问卷草稿后对题目进行评估。具体来说，焦点小组讨论可以在以下两个方面帮助研究者：一是改进调查问卷的设计，把握现实生活的复杂性；二是评估调查问卷中有关遣字用词的适当性，以及被访者对一些抽象概念是如何理解的，从而帮助研究者更准确地选择词语和概念。

例如，当研究者想从事一项关于人们在劳动力市场中如何寻找工作的研究时，调查中的一个主要部分是测量人们找工作的次数。于是，研究者希望借助焦点小组讨论来确定人们如何理解工作的含义以及找工作的途径、方式，并检验某些议题的措辞。一般情况下，焦点小组讨论可以为研究者提供许多与找工作有关的信息。

首先，可以对被访者的认知程度有所了解。例如，可以了解到除全职就业信息外，还存在哪些被访者认可的工作形式；被访者在多大程度上认为半职就业、临时性就业（如无合同、非稳定的工作）和务农也算是一种工作形式；研究者事先对有关被访者对工作含义的了解、看法的假定，在多大程度上符合实际情况；等等。

其次，可以明确找工作的途径或方式的含义。例如，找工作中的“找”是否就一定意味着当事人要主动有所作为，如托人介绍推荐、参加人才交流会、去职业介绍机构、个人申请或自荐等；是否有必要将国家分配或组织调动、自雇用等方式也列入“找”范围？无疑，这些信息能使研究者更加清楚地界定找工作的途径或方式的含义。

最后，讨论能弄清楚被访者对某些关键字或词的了解程度。例如，找工作必定是一个带有查询、请求和获取性的主动过程，还是包括被分派、自我指派等在内的过程？工作必须有合同、有固定时间和场所，还是也包括无合同、无时间、无场所之类的不固定工作？

焦点座谈会有一些特殊要求①。

首先，焦点团体座谈会应该具有中立特征，其目的是保证与会者能够以相对超脱的态度发表见解。因此，一个正规的焦点团体座谈会，不论是在会场环境、与会人员、主持人等会议的构成因素方面，还是在话题的引入方式、展开

---

① 宁骚：《公共政策学》，高等教育出版社 2003 年版，第 135 页。

方式等过程因素方面都要体现中立特征。

其次，在焦点团体座谈会中，要求与会者讨论过程的设计必须是针对某些核心问题而展开的，即围绕核心问题来设计讨论过程。这就要求与会人员必须具有较强的同质性，且与会人员的背景、经验等应该与讨论的问题相接近。因此，典型的焦点团体座谈会应该是由同质性与会者群体组成的座谈会。在尽可能的情况下，应避免异质性群体参加焦点团体座谈会，如文化程度、职业、年龄、经历等差距较大的群体就不宜参加同一焦点团体座谈会。

最后，焦点团体座谈会要求现场的信息传递具有即时性。所谓信息传递的即时性，是指与会者获悉问题、发表见解、深入讨论、形成互动等均是在现场即时形成的，既不是事先周密准备的，也不是与其他人商量好的。之所以要求采用这种即时性的方式，是因为这种互动方式所得到的结果比较接近与会人员真实的内心感受。

此外，由于焦点团体座谈会是多人参加的，所以座谈会中的信息具有互相启发、互相印证和互相检验的特点。包括主持人在内的所有与会者都可能获得一次或多次受到启发的机会。与此同时，每种信息也会受到多方面、多层次、多角度的印证与评论。因此，焦点团体座谈会可以在同一时间内收集到多种信息。从收集信息的效率来说，焦点团体座谈会在单位时间内收集的信息量是一对一交流模式所比不了的。经由焦点团体座谈会收集的这些信息，既可以反映每位参与者的个人意见，也反映了在特定情境下特定社会公众对特定事物的集体性解释。所有这些，对帮助主持人与其他研究人员深入了解和研究某个问题是非常有益的。“作为一种收集深度资料并在此基础上形成不同于数理逻辑的推断、判定结果的方法，焦点团体座谈会本身即可提供自成一体的结论。”可见，焦点团体座谈会既可以单独使用，也可以与定性或定量的方法组合使用。

焦点团体座谈会与传统座谈会的比较见表 3-1。

表 3-1　焦点团体座谈会与传统座谈会的比较

	焦点团体座谈会	传统座谈会
主持人角色	协调人	核心
与会者亲和力	陌生人，身份概念弱	熟人，身份概念强
信息互动条件	重视现场即时互动	事前准备
座谈会的倾向	中立性	带有利益倾向
座谈会的程式	注重沟通技巧，气氛活跃	按会议规则进行，程式化

三、调查研究方法

调查研究是一种非常灵活、使用面非常广的信息收集方法，它能从数量相对较少、代表其作用总体的样本中概括出一般性结论，从而满足政策制定者广泛的信息需要，因而特别适用于政策研究者从地理位置分布十分分散的群体中获得信息。调查研究有两个特点：一是调查是通过向人们询问而获得信息，而不是通过直接观察、个别团体交流或是对文本资料进行分析而获得信息的；二是调查研究也是一种公众参与政府管理的有效途径，因为它在公众与政策制定者之间搭建了沟通的桥梁，增加了政府的民主责任感和敏感度以及公众作为国家和社会成员的自豪感和参与性。调查研究技术向政策研究者提供了大量可选择的方法来设计调查策略，以使被调查者最大限度地参与进来，提供准确、适用的信息。

邮寄问卷、电话调查和现场调查是三种基本的调查方法，它们具有不同的特点，各有利弊。在选择具体的调查方法时，需要综合考虑多方面的因素。

（一）邮寄问卷

邮寄问卷是所有调查方法中最常见也经常被采用的。通常的做法是，由调查机构或研究者把打印好的问卷通过邮局寄给选定的被访者，请他们按一定要求自行填答问卷，并在规定时间内将填完的问卷寄回调查机构或研究者。

邮寄问卷的优点在于以下几个方面。

首先，邮寄问卷的过程不需要访谈者，因此其调查成本低，易于管理。其次，在问卷的填写过程中不出现访谈者，有助于消除受访者的偏见，受访者不会受访谈者外貌、形体语言、举止行动或声音的影响，从而可以提高收集信息的质量。再次，适合处理敏感议题。对于某些存在较高隐私与敏感性的议题，如果有访谈者在场，会使被访者感到压力，从而可能对真实情况进行隐瞒。最后，邮寄问卷不受调查地域的限制，只要邮路畅通的地方都可以进行这类调查。

邮寄问卷最大的一个缺点就是回收率低，并可能导致样本出现偏差。根据美国某研究机构的报告，如果调查对象是随机选择的，在不做任何事前和事后接触又不准备谢礼的情况下，邮寄问卷调查的回收率一般不会超过15%。由于研究者需要数次补寄问卷才有可能达到预期的问卷回收率，因此邮寄问卷调查的周期较长。由于填写问卷时访谈者不在场，因此很难控制问卷的填答质量。此外，问卷的内容和形式也受到很多限制。例如，在面谈时，假设受访者没有理解所问的问题，则访谈者可以换一种说法，而这在问卷调查中是不可能实现的。

（二）电话调查

随着其他调查方法成本的增加，电话调查越来越流行。其收集信息的速度快，周期短。一般而言，通过现场调查或邮寄问卷去收集需要的信息可能要花上几个星期，然而通过电话调查只需要短短几天。总之，电话调查的成本较低，效率相对较高。不同于现场调查，电话调查可以以较少的费用在广泛的地域范围内进行访谈；电话调查的管理相对较简便，容易控制访问员的误差。通常，电话调查往往在某一地方集中进行，这也提高了访谈主管人控制访谈过程及采取适当行动保证调查质量的能力。此外，电话调查的成功率较高。通常，如果电话调查的时间控制在 10 分钟以内，问题不超过 30 题，则在电话接通之后，能达到 40%～60%的成功率。

电话访谈的重大局限性是，首先，尽管绝大多数的家庭都有电话，电话调查的结果仍不能代表像穷人、上了年纪的人和居无定所的人这样一些群体，而对于许多政策研究的目标来说，不能代表这些群体就会使研究结果出现偏差，因为这些群体未被包括进抽象框架中。其次，由于电话访谈时间不宜过长，较为适宜的时间是在 10 分钟以内，访问题目不超过 30 题，因此在开展一些深度调查（尤其是一些学术性调查）时，难以深入进行。

（三）现场调查

现场调查是成本最高的调查研究方法。其优点在于有着更高的回答率，可获得最详尽的资料。其缺点是成本高，很难控制访谈者误差，因此要求访谈者具有高超的沟通和交流技巧。

四、问卷设计要点

从表面上看，设计问卷并不是一件非常困难的事，只要说出你想了解的是什么，并列出能得到相关信息的问题即可。但要把调查问卷真正设计好却不是一件容易的事情。下面是一些在设计问卷时应该做什么和不应该做什么的要点。

第一，避免应答者可能不明白的缩写、俗语或生僻的用语。例如，在“你对 PPO（Preferred Provider Organization，首选供应机构）的意见是什么？”这个问题中，很可能并不是每个人都知道 PPO 是什么意思。因此，如果这一问题以一般公众为目标应答者，则研究人员可能会遇到麻烦。

第二，提问要具体。含糊的提问会得到含糊的答案。例如，您的家庭收入是多少？当应答者给出此问题的数字答案时，其答案是各式各样的，如 2023 年的税前收入、2023 年的税后收入等。

第三，要求不要过头。当问题的要求过多时，人们或者会拒绝回答或者会乱猜。例如，2024 年您读了多少本书？需要给出一个范围：①无；②1～10本；③11～25 本；④26～50 本；⑤多于 50 本。对于这类问题，许多人往往会觉得无所适从。

第四，确保问题易于回答。要求过高的问题也会导致拒答或乱猜。例如，“请您以购买新车时考虑因素的重要性将以下20项排序”就不是一个妥当的问题。因为你正在让应答者做一项计算量相当庞大的工作。所以，不要让人们去为20个项目排序，而应让他们挑选出前5个选项。

第五，不要过多假设，这是一个相当普遍的错误。有时候，问题设计者默认了人们应具有某些知识、态度和行为，而事实上他们并不知道这些。例如，您对美国总统关于枪支控制的立场倾向于同意还是反对？这一问题假设了应答者知道美国总统对枪支控制持有某个立场并知道该立场是什么，然而事实上并非如此。

第六，注意双重问题和相反观点的问题，将多个问题结合起来或运用相反观点的问题常常会导致模棱两可的问题或答案。例如，“您赞同在私人住所而不是公共场所吸食大麻合法化吗？”如果此问题意在精确描述应答者的立场，那么就很容易解释“是”这种回答。但是，回答为“不”则可能意味着应答者赞同在公共场所吸大麻而不赞同在私人场所吸，或对两者都反对或对两者都赞同。又如，“警察总长不应该直接对市长负责吗？”这个问题模棱两可，似乎任何做出回答都可以。

第七，检查是否存在误差。带有误差的问题会引导人们以某种方式进行回答，但这种方式并不能准确反映其立场。现实中，有这样几种使问题存在偏向性的方式。一种是暗示应答者应回答参与了某一行为。例如，“今年看电影《少年派的奇幻漂流》的人比看其他电影的人多。您看过这部电影吗？”为了不显示出“不同”，应答者即使没有看过也会说“是的”。因此，“您曾看过电影《少年派的奇幻漂流》吗？”这种提问方式更为妥当。另一种使问题具有误差性的方式是使选择答案不均衡。例如，“近期我国每年在援外方面花费了××万美元。您认为这个数字应：①增加；②保持不变；③稍减一点；④减少一点；⑤大量减少”。这套答案似乎在暗示应答者选择“减少”选项，因为其中有3项“减少”，而只有一项是增加。

第八，预先进行测试。正式调查之前的试调查，“所有的修改和编辑都不能保证成功。事先测试是保证你的问卷研究项目成功而费用最低的方式”。事先测试的基本目标是保证问卷提供给应答者以清晰、容易理解的问题，并且这样的问题将得到清晰、容易理解的回答。

在访问类方法中，邮寄调查、留置调查等都要采用问卷的形式，面谈法、电话调查等也可以采用问卷的形式。因此，问卷设计就成为调查前一项重要的准备工作。问卷设计的好坏，在很大程度上决定了问卷的回收率、调查效率，甚至关系到调查活动的成败。总之，问卷设计的科学性在调查中具有关键性意义。

知识链接一

问卷设计原则

1. 合理性

合理性指的是问卷必须与调查主题紧密相关。违背了这一点，其他方面设计得再好都是无益的。合理性的关键是在问卷设计之初找出与“调查主题相关的要素”。

2. 一般性

一般性是指问题的设置要具有普遍意义。这是问卷设计的一个最基本的要求，如果在问卷中出现常识性的错误，这不仅不利于调查成果的整理分析，而且会使调查者的水平受到轻视。

3. 逻辑性

问卷的设计要有系统性和层次感，即问题与问题之间要具有逻辑性。如果问题设置紧密相关，调查对象才会感到线索清晰、思路明确，调查者也才能够获得比较完整的信息。相反，如果问题过于发散，带有随意性痕迹，则问卷会给人以缺乏严谨的感觉，调查对象也会因此对调查失去兴趣。为了提高问卷的逻辑性，在一个综合性的问卷中，调查者通常会将差异性较大的问卷分块设置，从而保证每个“分块”的问题都密切相关，富有条理。

4. 明确性

所谓明确性，事实上是指问题设置的规范性。这一原则具体是指：命题是否准确，提问是否清晰明确、便于回答，被访者是否能够对问题做出明确的回答，等等。

5. 非诱导性

诱导性问题是调查问卷的大忌。这种提问方式如果不是因为要刻意得出某种结论而甘愿放弃客观性原则，那么就是彻头彻尾的无知。非诱导性是指问题设置居于中性位置，不掺杂提示并排除主观臆断，将调查对象的独立性与问题的客观性作为问卷设计的限制条件，以防止在不自觉当中掩盖事物的真实性。

6. 便利性

便利性是指对调查结果进行整理和分析的便利。成功的问卷设计除了考虑契合调查主题与方便信息收集外，还要考虑如何使调查结果的整理和分析更方便、更容易，从而有利于提高调查结果的说服力。首先，调查指标能够累计和便于累计；其次，指标的累计与相对数的计算具有意义；最后，能够通过数据清晰说明所要调查的实际问题。

五、问卷设计步骤

问卷设计是由一系列相关的工作过程所构成的。为使问卷具有科学性、规范性和可行性，一般可以参照以下步骤进行。

步骤1：确定调研目的、来源和局限。

调研过程经常是在领导做决策时感到所需信息不足后发起的。在一些组织中，评价全部二手资料以确认所需信息是否收集齐全是主要领导的责任。在另外一些组织中，领导会将所有的调研活动（包括一手资料和二手资料的收集）交由研究部门去做。

步骤2：确定数据收集方法。

获得询问数据可以有多种方法，主要有人员访问、电话调查、邮寄调查与自我管理访问等。每一种方法对问卷设计都有影响。事实上，在街上进行拦截访问比入户访问有更多的限制，街上拦截访问有着时间上的限制；自我管理式访问则要求问卷设计得非常清楚，且时间相对较短，因为访问人员不在场，没有澄清问题的机会；电话调查经常需要用丰富的词汇来描述一种概念以确定应答者理解正在讨论的问题。相比而言，在个人访谈中访问员可以给应答者出示图片以解释或证明概念。

步骤3：确定问题回答形式。

问题形式有开放式、封闭式、量表应答式等。

- 开放式问题。开放式问题是一种应答者可以自由地采用自己的语言来回答和解释有关想法的问题类型。也就是说，调研人员没有对应答者的选择进行任何限制。
- 封闭式问题。封闭式问题是一种需要应答者从一系列应答选项中做出选择的问题。
- 量表应答式问题。这类问题是以量表形式设置的。

步骤4：决定问题的措辞。

- 用词必须清楚。
- 避免诱导性的用语。
- 考虑应答者回答问题的能力。
- 考虑应答者回答问题的意愿。

步骤5：确定问卷的流程和编排。

问卷不能任意编排，问卷每一部分的位置安排都具有一定的逻辑性。有经验的研究人员很清楚科学合理地制作问卷是获得访谈双方联系的关键。联系越紧密，则访问者越有可能获得完整、彻底的访谈结果。同时，应答者也可能思考得越仔细，回答得越仔细。

步骤6：评价问卷和编排。

一旦问卷草稿设计好后，问卷设计人员应再对其做一些批评性评估。如果每一个问题都是经过深思熟虑、百般推敲的，则这一阶段似乎是多余的。但是，考虑到问卷所起的关键作用，这一步恐怕还是必不可少的。在问卷评估过程中，应当关注下面一些原则。

- 问题是否必要？
- 问卷是否太长？
- 问卷是否回答了调研目标所需要的信息？
- 邮寄及自填问卷的外观设计是否适宜？
- 开放试题是否留足空间？
- 问卷说明是否用了明显字体？

步骤7：获得各方面的认可。

当问卷设计进行到这一步时，实际上问卷的草稿已经完成了。草稿的复印件应当分发至有权直接管理这一项目的部门。实际上，在设计过程中各部门可能会多次加进新的信息、要求或关注。不论主要领导什么时候提出何种新的要求，修改是经常且必要的。总之，使草稿获得各方面的认可是一件重要的事。

步骤8：预先测试和修订。

当问卷获得管理层的最终认可后，还必须进行预先测试。在尚未进行预先测试前，不应当进行正式的询问调查。应通过必要的访谈，寻找问卷中存在的错误解释、不连贯之处、不正确的跳跃等。此外，还应为封闭式问题寻找额外的选项并获取应答者的一般反应。预先测试也应当以与最终访问相同的形式进行。例如，如果最终访问是入户调查的形式，则预先测试也应当采取入户的方式。

在预先测试完成后，对任何需要改变的地方都应当切实修改。在进行实地调研前应当再一次获得各方的认同，如果预先测试造成问卷产生较大的改动，则应进行第二次测试。

步骤9：准备最后的问卷。

做好打印指导工作，空间、数字、预先编码等必须得到精确的安排、监督和校对，同时应注意问卷所需的特殊折叠和装订样式。

步骤10：实施。

问卷一旦填写完成，即说明其为调查者获得所需的决策信息提供了基础。问卷可以采用不同的数据收集方式、采用相应的形式和过程，以确保数据的正确、高效并以合理的费用加以收集。上述形式和过程包括管理者说明、访问员说明、过滤性问题等。

案例一

器官捐献的同意率①

以下这组数据统计了欧洲各国人口中，签署器官捐献知情同意书的比率：丹麦为4.25%，德国为12%，英国为17.17%，荷兰为27.5%，瑞典为85.9%，比利时为98%，波兰为99.5%，葡萄牙为99.64%，法国为99.91%，奥地利为99.98%，匈牙利为99.997%。

从上面这组数据可以看出，统计结果呈现出极其显著的两极分化。前4个国家的同意率都不高，最高的荷兰也只有略多于其国人口1/4的人同意捐献器官。然而在这4个国家之后，器官捐献的同意率直线上升，瑞典高达85.9%，比利时为98%，波兰、葡萄牙、法国、奥地利、匈牙利等国则基本上都是100%，接近全民同意。那么，是什么因素造成了这些国家的显著区别呢？可能有些人会觉得，其差别主要源于文化、地理、宗教信仰、经济水平、教育水平等因素。但是，英国和法国教育、经济水平相当，可英国仅有17%的人同意捐献器官，而法国却接近100%。另一组数据似乎则更能说明问题，德国和奥地利接壤，也同为德语国家，然而德国只有12%的人同意捐献器官，奥地利却接近100%。这说明上述这些因素还不足以解释这种差别。那么，会不会是宣传的作用呢？但是，荷兰在这方面的宣传规模最大，几乎每个家庭都能收到关于器官捐献的信件，人们在电视、广播中也时常能看到宣传广告，而其器官捐献的同意率却只有约28%，与邻国比利时相比明显相形见绌：比利时几乎没花过一分钱做此类宣传，但其器官捐献的同意率却高至98%。

那么，其原因究竟在哪里？当研究者排除了以上因素后，便将目光聚焦到了一个极其细微的环节上，那就是人们签署的那张有关器官捐献的知情同意书。所有这些差别的根源就在于，在那些低同意率的国家中，知情同意书中有一项是这么写的："如果您想参与器官捐献计划，请在这里画钩。"在同意率高的国家中，知情同意书中则是这么写的："如果您不想参与器官捐献计划，请在这里画钩。"如此看来，器官捐献率的高低之差，就在知情同意书中的那个词——"想"或"不想"。

这是两种不同的"默认选项"，第一种默认的情况是"不想"，因此参与者需要做出行动来加以改变——"画钩"，但往往在这种情况下，人们会不自觉地接受默认选项，因为在潜意识里这会被看成是推荐的方案，而做出"画

① 金巍娜：《拯救生命的"默认选项"》，《东方早报》，2014年3月22日。

钩”的选择则需要费点力气，要付出认知、情绪和行为上的投入，以换取改变默认选项后的收益。同理，在第二种默认选项中，默认的情况是“想”，一切顺理成章。可见，在两种情况下，“画钩”的人都是少数，而接受“默认选项”则是大多数人的决定。

知识链接二

统计数字会撒谎吗？

在我们的工作、生活中，经常能接触到各种各样的数据和调查结果，这些数据和调查结果都是正确的吗？哪些数据有误导性？哪些数据有限定条件？哪些数据不可以比较？达莱尔·哈夫的《统计数字会撒谎》一书通过大量的案例告诉大家如何解读数据，如何看透数据的真相。以下是书中所举的一些例子。

【之一】

样本的代表性

1936年《文学文摘》对美国总统大选的结果进行预测，结果却失败了，其问题出在调查方法上（调查对象是其读者，调查方法为电话调查）。1936年，有能力购买电话和订阅杂志的人并不能代表所有的选民，至少在经济上是如此，这是一个极其特殊的群体，只将其作为调查对象显然是不全面的，事实证明他们中有许多人是共和党的选民。换言之，如果调查选择的样本是有代表性的，能代表全部选民的话，那么调查就能得到准确的预测结果。以盖洛普公司为例，它为什么预测美国大选的结果很准确？因为其采用的是抽样调查的方法，在美国各州按比例选择调查对象，因而总体上具有很强的代表性。

【之二】

样本量是否足够？

以调查“喜欢大番茄的人多还是小番茄的人多”为例，究竟是调查10个人、20个人还是100个人得出的结论更准确呢？实际上，需要选择多少人作为调查对象（即需要多大样本量）的影响因素有很多，如总体的大小、总体内部的变异程度等。总体的大小很容易理解，如调查全市市民和调查一个班级相比，哪个需要的样本量大呢？显然是前者。至于总体内部的变异程度，可以举例加以说明：如果总体只有100个人且他们的差异不大，那么或许十几个样本就已足够，但如果这100个人彼此的差异都很大，或许就要选取更多的样本才能更真实地反映他们的情况。

【之三】

敏感、隐私话题

对于一些敏感、隐私的问题，被调查者可能不会给出最真实的回答。如果采纳了这些不真实的信息，就会影响调查结果的准确性。例如，当被问道“您更喜欢阅读哪本杂志?”这个问题时，可能有的人明明更喜欢阅读娱乐杂志却偏偏说的是一本学术期刊的名称。其原因在于，有的被调查者担心选择前者的话可能会被别人认为自己的阅读档次不够。因此，对于敏感、隐私类的话题，不必面对面调查，而是可以采用集体填答问卷的形式或者电话调查的方式，并且提前阐明保密原则，这样结果就会好很多。另外，有些隐私话题不用直接询问，而是可以通过不同角度来确认调查所需的信息。例如，当开展诸如“您每月的消费支出水平”这类调查话题时，我们可以通过询问“购买哪些品牌的衣服?”“经常去哪儿就餐?”等问题从侧面来收集资料。

【之四】

平均数的陷阱

假设你是某个小型制造企业的3位合伙人之一。年底时，你给本企业的90名职工发了99 000英镑（每名职工1 100英镑），你和其他合伙人每人则各获得5 500英镑的工资。这样，最后还余下21 000英镑，作为利润可供你们3位合伙人评分。此时，如果你采用“平均数”如实宣布员工的收入信息，情况可能是这样的：职工的平均工资为1 100英镑，合伙人的平均工资及利润为12 500英镑。可是，这样看上去似乎职工和你们的收入差距太过悬殊。于是你也可能会尝试另一种方式：从利润中拿出15 000英镑，以奖金的形式平均分给3位合伙人。接下来，再把所有合伙人和职工的工资进行平均，同时仍然采用“平均数”的宣布方式，这样就变成：所有人员的平均工资或薪资为1 403英镑，合伙人平均利润为2 000英镑。改过后的声明看上去似乎平衡多了，总额中只有低于6%的部分形成了利润。那么，制造这个“骗局”时用的主要伎俩是什么呢？无疑就是精心挑选了平均数。

【之五】

一样的数据，不一样的图形

广告商都希望自己的广告能够促进商品销售，出版商都希望自己出版的书能够在市场上畅销。为此，除了数字和文字外，他们还可以借助画图来达到目的。

为了让没有直接接触数据的人也能直观地感受到有关信息，人们发明了各种各样漂亮的统计图表。但是，看似“客观”的图表里面其实也存在着各种各样的“陷阱”。例如，人们在制作统计图表时，一个常用的“欺骗”手法便是改变统计图形的坐标尺度，从而改变整个图形的陡峭程度，以凸显增长趋势。

【之六】

结论的使用范围、限定条件

假设有这样一则广告，极力鼓吹某种感冒药的效果极好，但广告词中却并没有标明与“效果极好”这一结论有关的限定条件。可见，仅通过这则广告并不能就此认定该感冒药到底效果如何。因此，我们要特别关注结论的限定条件。实际上，并不是所有条件下结论都成立。正是由于结论受到很多条件的限制，我们在调查中如果想得到较为稳定的结论，则需要探究一些较为稳定的现象。

【之七】

口径不同的数字不可比较

如果只看数据，相信许多人肯定会认为美国海军的死亡率低于纽约市的市民。但是不妨想一下：美国海军与纽约市民的年龄结构是一致的吗？美国海军成员大都是青壮年，而纽约市民中有相当一部分是死亡率极高的老年人，这两个群体的死亡率可以比较吗？显然是不行的。

【之八】

真的是因果关系吗？

有这样一项统计测试，先给出全班所有学生的成绩，再给出学生是否抽烟的情况，即可发现抽烟学生的成绩大都比较差。那么，我们是否就能因此得出

"抽烟导致低分"的结论呢？显然不能。因为低分可能还与学生性格、家庭等各方面的因素有关。换言之，当两个变量一起变动时只能代表它们相关，但并不能代表它们一定存在因果关系。

资料来源：达莱尔·哈夫：《统计数字会撒谎》，廖颖林译，中国城市出版社2009年版。

案例二

【之一】

"波将金村"的复活

2015年12月11日的《人民日报》刊发了一篇题为《杜绝"造盆景式"的作秀扶贫》的文章，其中提到这样一件事：有个地方，为了让上级考察时看到自己的扶贫成绩，派一些小学生披着装化肥用的白塑料袋趴在领导路过的山坡上。领导远远望去，山坡上尽是"美羊羊"，于是大加赞许。地方干部"喜洋洋"，皆大欢喜。

《解放日报》曾报道，在云南省宜良县，从县城到城外公路两侧山上，所有的坟墓都被刷上了一层绿色的油漆，一眼远望，"青山"一片葱绿，满山植被，郁郁葱葱，原来都是油漆造的"景"。乡民们说，"'上面'有通知，山上坟墓要么刷绿，要么用绿布蒙住坟墓，否则就炸掉……"

《华商报》也曾报道，河南焦作为了迎接创建全国卫生城市活动，居然关闭了市区内所有中小饭店、报刊亭、中小理发店，而且某些路段的饭店还在一夜之间被迫"转行"。饭店变成了五金批发店，卖冰棍的变成了拉丁舞培训中心。害得市民和外来的旅客找不到吃饭的地方，买不到想看的报纸。

实际上，类似"学生装羊""绿漆刷坟""关停饭店"的做法并不少见。各地应对上级检查和考察的奇葩招数层出不穷，如水泥地上撒土装扮耕地、柏油路上铺薄膜种菜、在非法征用的土地上插上没有树根的果树苗、用绿色油漆"绿化"光秃秃的山坡、干部化妆成群众接受记者采访等手法相继横空出世，真可谓创意无极限，做法无止境。

其实说起来，这些做法说奇也不奇，因为这套把戏算不上什么首创，而是一个从俄国进口的"舶来品"。沙俄叶卡捷琳娜女皇时代有个大臣叫波将金，在世界史上这个人可谓大大有名，他的出名不在于他是女皇身边最得宠的臣子兼面首，而是因为他为了讨女皇的欢心，在女皇沿第聂伯河巡视期间，在自己的领地用画笔搭建了一些美轮美奂的假村庄，即用墙壁遮挡沿途贫困肮脏的景象，并把大片墙壁打扮成鳞次栉比的房舍轮廓，一眼望去，一片繁华乡村的面貌。叶卡捷琳娜女皇当然会“非常满意”，波将金也一定会“更加受宠”。但从此在世界史上就留下了一个专有的名词——“波将金村”，它成为人所共知的做表面文章和弄虚作假的代名词。

波将金告别这个世界已经好几百年了，可“波将金村”现象却在我们这里一版再版，这到底是因为什么？毛病到底出在哪里？其实大家也不是不想讲真话，做实事，可是为什么行动起来这么难呢？如果运用政治学原理进行分析，那么，毛病主要还是出在制度设计上，即由上及下的政策指令信息与由下及上的政策效果信息走了同一条管道。我们可以设想一下，如果你是政策的制定者或执行者，同时又要你来评价这个政策的效果好坏，要是你说这个政策执行效果如何不好，这不是自己跟自己过不去吗？正因为如此，假话、假象就难以避免，“波将金村”现象就一再上演，上面得到的信息在相当程度上是不真实的。民间有句顺口溜说得好：“村骗乡，乡骗县，一直骗到国务院。”有时候下面的人甚至连最高领导人都敢骗，实在是胆大包天。

美国著名社会学家詹姆斯·威尔逊（James Q. Wilson）在一篇批评社会政策评估的文章里指出，所有对社会问题的政策干预都会产生预想效果——如果由政策制定者和执行者，或是他们的朋友进行评估的话。这段话后被大家称为威尔逊第一法则。心理学里也讲到一个很有意思的现象——人人都喜欢听或者说好消息，而不喜欢听或者说坏消息，俗称“颂歌效应”，正是因为这种效应的影响，使下属“报喜不报忧”的现象甚为普遍，上级难以获得真实的信息，经常被蒙在鼓里。在罗马帝国时期，如果有人带来坏消息，很可能被直接送上断头台，所以下面总是把不好的消息隐瞒不报，以避免遭受杀头之祸。而现代社会的政治体制不会再有罗马帝国的那种古怪遗风，可坏消息仍然报不上来，不能不使人联想到一些制度安排的原因和心理效应的影响。

实事求是地讲，官员都会有自己的“理性”。所谓理性，这里主要是指对自身利益的追求。当然，只要是合法的利益，即无损公共利益的个人利益，这种追求就完全是正当的。但有时这种追求会超限，从而构成对制度的负面影响。我们现在的许多制度设计没有很好地关注这种影响，总以为官员都会是毫无私念和不求回报的。其实，他们都生活在现实中，都是活生生的人，其行为同样遵循“理性”的原则。相应地，我们的制度设计必须很好规范官员的个人“理性”，防止其过度扩张。设计一个制度，不能只是想提倡什么或制止什么，而是要考虑人们出于“理性”会怎样和这个制度进行博弈。如果牛吹得越大，获得的利益就越多，“干部出数字，数字出干部”，造假现象就会屡禁不绝，政策悖论也就难以避免。

【之二】

科尔曼报告改变美国公共教育①

1. 背景

第二次世界大战结束以后，美国社会对教育机会均等问题表现出了极大的关注，相继出台并实施了以促进教育机会均等为目标的若干政策措施。这些措施大多针对当时相对处于弱势地位的人群。1964 年是美国历史上非常重要的一年，这一年通过了酝酿已久的新的民权法案，奠定了全面废除南方种族隔离制度、实现种族平等的法律基础。这时，离最高法院的布朗案裁决已有十年，黑（人）白（人）合校的过程还在以“审慎的速度”进行之中，而在全国范围内，对于黑人儿童的教育条件和水平究竟如何，有没有值得政府和社会关注的问题以及是什么样的问题等，人们并不是很清楚。因此，美国国会于 1964 年民权法第四条 402 节中提出，联邦教育署长要“在两年内，就美国各级公立机构中个体由于种族、肤色、宗教和民族血统等原因缺乏平等教育机会的问题进行调查并向总统及国会提交报告”，以便形成有针对性的公共政策。这一调查任务落到了约翰·霍普金斯大学社会学教授科尔曼（Coleman）的身上。

2. 调查过程

科尔曼牵头的调查组收集了美国 4 000 所学校的 64 万个学生的数据，这是当时教育领域所做的规模最大的调研。调查对象涉及学区管理者、学校校长、教师和学生等。调查内容包括公立学校的种族隔离程度、学校的设施设备、学校的制度和课程、校长特征、教师特征、学生的社会背景和学生的学业成绩等七个方面。

针对样本数量大、地区差异性显著的问题，此项调查采用了二阶分层随机抽样的方法，先建立抽样框和分配样本，然后再选取有 12 年级的学校和输送学校，以此解决了样本代表性的问题，最终样本数为 1 170 份。在数据收集和处理阶段，科尔曼通过行政的力量获得各州学校行政主管、地方学校主管和学校的自愿协作，在“教育考试服务中心”（ETS）专业技术人员的帮助下，成功解决了测试评分和数据输入的问题，有效控制了样本估计的标准误和回收率，修订了测验和问卷，保证了问卷回答的效度。随后，他们用了 3 个月的时间完成了对数据的回归分析②。科尔曼等依据种族类型，将学生划分为黑人、美洲印第安人、亚裔、波多黎各人、墨西哥人、白人等六类，统计分析各类学

---

① 林大：《科尔曼报告改变美国公共教育》，新京报网，www.thebeijingnews.com，2005 年 4 月 2 日。

② 蒋逸海、张海娜：《大样本问卷调查的设计和管理：以〈科尔曼报告〉为例》，《统计与决策》，2009 年第 24 期，第 30~33 页。

生在上述调查内容方面的现状及差异，并最终于1966年向国会递交了《关于教育机会平等性的报告》（以下称之为“科尔曼报告”）。这就是社会学史上著名的科尔曼报告，它被公认为20世纪政策分析领域最重要的研究报告之一。

3. 科尔曼报告的内容及结论①

科尔曼报告共分为报告摘要（第1部分）、分类报告（第2~8部分）以及附录（第9部分）三部分内容。其中第2部分和第3部分被认为是有关学校政策的最重要的两个部分。科尔曼报告的主要结论如下。

第一，美国公立学校中存在严重的种族隔离问题。科尔曼团队通过调查美国中小学学生的种族情况后发现：在少数民族人群中，黑人学生的种族隔离程度最大；在所有人群中，白人学生的种族隔离程度最大。在1年级和12年级中，白人学校中黑人学生所占比例不足10%。此外，对学生与教师的种族对应情况的调查也充分反映了这一点。就全国平均而言，黑人学生所在的小学中，65%的教师为黑人；与之相对照的是白人学生所在的小学中，97%的教师为白人。

第二，校际差距对不同种族的学生有不同的影响。科尔曼报告指出：少数民族学生的学业成就高低更多依赖于其所在的学校，而白人学生的学业成就较少因为学校的设施、课程和教师等条件而受到影响。统计结果表明，白人学生学业成就中只有10%可归因于学校，而黑人学生（尤其是美国南部的黑人学生）的这一比例却高达20%。

第三，造成黑人儿童学习水平低的原因主要不是学校的物质条件，而是校内社会因素，即学生家庭的社会经济背景、同学的社会经济背景等。在此之前，人们只知道黑人儿童的文化教育水平相对较低，并且越往后差距越大。最初科尔曼和大多数人一样，都以为这种差距主要是学校的物质水平和条件造成的。然而调查发现，黑人学校和白人学校在校舍设施、教师工资等有形条件上的差距，并不像人们之前想的那么大。

科尔曼报告就影响白人学校学生学业成就差异因素的重要性进行了排序，其中最重要的因素是学生的社会经济背景差异，接下来是教师素质的差异，而设备和课程的差异是最不重要的因素。黑人学校也是如此。同时，影响最小的因素（即设备和课程）在黑人学校和白人学校间的分布是最平等的，影响最大的因素（同学间的社会经济背景）在两类学校之中的分布却是最不平等的。科尔曼报告进一步指出，学生的学业成就还与其对学习的期望有很强的相关性，学生处于不同的学习环境（如周围学生的情况）中将取得不同的学业成就。

① 马晓强：《“科尔曼报告”述评—兼论对我国解决“上学难、上学贵”问题的启示》，《教育研究》，2006年第6期，第29~33页。

科尔曼发现，如果一个学校里大多数学生是经济比较稳定的中产阶级家庭的孩子，那么所有学生，不论白人还是黑人，都会取得较好的学习成绩；反观几乎都是穷学生的学校，学生的成绩普遍较低。此外，在黑白合校（即便大部分是白人学生）的环境中，黑人学生的学习也比在全是黑人的学校里要好。

科尔曼还发现，学生的家庭背景和学习成绩有很强的相关性。与白人中产阶级相比，黑人和其他弱势少数族裔（如拉丁裔和印第安人）缺乏一种改变和控制自己前途的自信。受种族、肤色等因素造成的社会地位的影响，这些处于弱势的学生，自我评估（科尔曼在调查报告中提出的概念）比较低。也就是说，他们觉得环境过于强大，因而自己不可能通过教育来改变人生。他们对自己的前途缺乏期待，觉得没有盼头，学习的“士气”不高，从而导致学习成绩较低，并且差距越拉越大。人们由此发现，造成黑人和弱势人群学生“自我评估”较低的原因其实是不合理的社会现实。

第四，同学之间的社会经济背景对不同社会阶层的学生有不同程度的影响。科尔曼报告认为，将低收入阶层的孩子送到中等收入阶层子女占大部分的学校，对低收入阶层子女有好处，且不会对中等收入阶层子女构成伤害。科尔曼等人认为，这是因为低收入阶层家庭的孩子比中等收入阶层家庭的孩子更容易受到外界的影响。对此科尔曼解释说，在中等阶层家庭里，信心和成就根植于成人（主要是家长）的监督和教育，因此中等阶层的孩子大都在家里学得多一些，而从同学和老师那里所学的东西要少一些。因此，白人学生的成绩并没有因为种族隔离而下降。

4. 科尔曼报告的意义

科尔曼报告的历史意义是，它把教育平等置于社会经济平等的背景之中。该报告指出，教育平等受制于社会经济平等，反过来也会影响社会经济平等，从而应把教育平等问题提高到改造社会的整体目标上来。科尔曼报告的一个突出贡献在于它重新界定了教育机会均等的内涵。该报告向国会证明，教育机会的平等，不仅仅要从教育的投入来考察，即考查学生能够获得的公共教育资源，更重要的是要从教育的结果来考察。换言之，正是对所谓的受教育结果的期待，影响了学生的自我评估，从而决定了学生的学习状态，也造成了在种族、肤色、宗教等因素的影响下，弱势人群教育机会的实质性不平等。

总之，科尔曼报告不仅具有重要的理论意义，而且对美国乃至世界范围内的教育政策和法律制定产生了直接影响，它为美国普遍实行平权法案（affirmative action）铺平了道路。自此，美国的公共教育事业大幅度地向弱势人群倾斜，实行“为了平等的反向歧视”政策。在中小学强制性黑白合校的同时，在大学招生、政府机关招聘和晋升等方面也都普遍实行了倾斜性的政策，以照顾黑人和其他弱势人群。与此同时，该项报告也推动了统一学校和校车接送学生政策的实施。

当然，这种反向歧视是特定历史状态下的阶段性措施。因此，几十年后，这样的做法是否已完成其历史使命，是否应该逐渐终结，具体措施是否适度等问题又成为争议的焦点，也为此出现了一系列司法诉讼，至今仍未平息。但不可否认的是，公共教育事业对弱者的倾斜，明显地改善了近几十年来美国社会教育机会的平等性。同时，科尔曼报告也启发我们，在教育资源配置基本均衡的前提下，学校和教师如何创造丰富的学习机会、创设适切的学习环境，以确保来自不同社会各个阶层和经济、文化背景家庭的孩子充分实现其潜能，获得全面发展，这应该是教育公平的目标和追求。

资料来源：

[1] COLEMAN J S, et al. *Equality of educational opportunity*, *department of education*, U. S. Government Printing Office, 1966.

[2] 王艳玲：《教育公平与教师责任："科尔曼报告"的启示——美国宾夕法尼亚州立大学庞雪玲教授访谈》，《全球教育展望》2013 第 4 期，第 3~9 页。

[3] 刘尧：《教育增值评价的教育公平追求：从"科尔曼报告"谈起》，《江苏教育》，2012 第 12 期，第 25~26 页。

【之三】

布朗诉堪萨斯州托皮卡地方教育委员会案

美国堪萨斯州首府托皮卡市的布朗夫妇要求当地学校允许他们的孩子到专为白人子弟开办的学校上学，但被拒绝，布朗夫妇遂根据美国宪法第 14 条修正案关于平等保护的原则，向地区法院提起诉讼。结果，地区法院以"隔离但平等"原则为依据，判决布朗夫妇败诉。1954 年，布朗夫妇上诉至联邦最高法院，控告托皮卡市地方教育委员会在学校中进行公开隔离的种族歧视做法。类似的案件在其他州也时有发生，基本上都是由黑人未成年人请求法院援助，取消种族隔离，以使之获得进入其所在社区公立学校学习的权利。

这些案件涉及一个共同的法律问题：黑白分校是否仍能维持教育机会的平等，是否与美国宪法第 14 条修正案中"平等的法律保护"条款相违背。为此，联邦最高法院将这些案件放在一起考虑，并和布朗夫妇的诉讼一起做出了裁决。联邦最高法院在判决中指出：这一案件中所涉及的黑人学校和白人学校在有形条件方面是平等的，如学校建筑、课程、教师工资和资格以及其他有形条件等。因此，判决不能仅依靠对两个案件中所涉及的白人学校和黑人学校的有形条件进行对比，而必须探讨种族隔离本身对公立教育的影响。

在此，联邦最高法院援引“斯威特诉培恩特案”和“麦克劳林诉俄克拉何马案”（在这两个涉及高等教育的判决案中，最高法院认为种族隔离的学校在无形条件方面是不平等的）后认为：“以上案件中的观点完全适用于小学和中学。仅仅根据种族原因就把一些儿童同另一些年龄相同的儿童隔离开来，会使他们产生社会地位低下的感觉，而这将无可挽回地损害他们的心灵和头脑。在公立学校中把白人儿童同有色人种儿童隔离开来，对有色人种儿童有着不利的影响。特别是在得到法律允许时，这种地位低下的感觉会严重妨碍儿童学习的积极性。因此，种族隔离对教育机会有着不良影响，得到法律允许的种族隔离必然会阻碍有色人种儿童（特别是黑人儿童）的教育发展和智力发展，并剥夺他们在取消种族隔离的学校制度中应享受的某些利益。”

联邦最高法院最后宣布，“在公立教育领域中，‘隔离但平等’的理论没有立足之地，隔离的教育设施实质上就是不平等的”，“种族隔离是违反法律平等保护规定的”，“在公共教育制度中，1896 年以来实行的只讲‘政治平等’，不讲‘社会平等’的原则是不能成立的”。

布朗案是美国宪政史上联邦最高法院审理的最有历史意义的案件之一，随着这一判决的出现，“隔离但平等”的原则被彻底否定。这一划时代的判决使受教育权的平等保护原则最终在美国的法律上得以确立，它对黑人和美国国内其他少数民族的教育产生了极为深远的影响。同时，它又是一种催化剂，其影响所及已不仅仅局限于公立学校，而是影响到了社会生活的各个层面。

第三节　政策信息可视化

一般来说，政策信息是指那些与政策有关的、已经被有选择地解释并进行整理和归类的数据。这些数据能够给政策分析人员及其他相关人员提供有关政策问题、政策预期、政策行动、政策结果和政策绩效的信息。可视化（visualization）是利用图形学和图像学知识，将数据转换成图形或图像加以显示的方法与技术。随着信息技术的发展，可视化作为信息展示重要技术手段的作用也越来越明显。

下面结合一些实例介绍政策领域中应用比较多的信息可视化类型。

一、饼图

饼图（pie chart）是将一个圆划分为若干扇形，以整个圆表示数据的总和，各个扇形的角度与面积的大小反映变量取不同值的频数或频率，分类或分组数目一般不超过 6 个（见图 3-1）。饼图得到广为应用的重要原因之一在于其简单性和视觉吸引力。它把有限的数据值转换成观众不易判读的可视化对象，再通过数据标签把内容说清楚，然后以具有吸引力的方式表达。

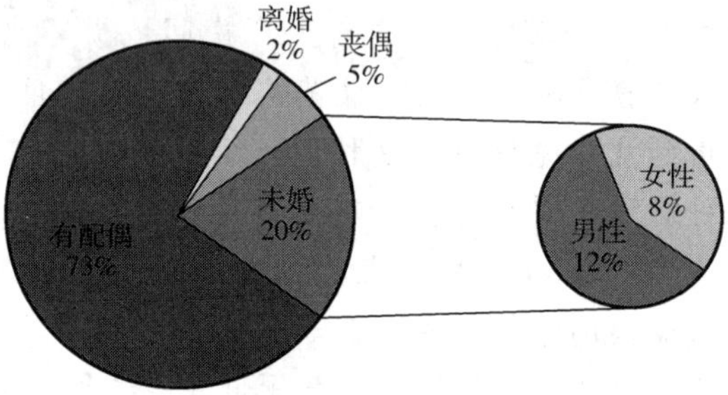

图 3-1　中国婚姻状况人口分布

注：数据摘自《中国统计年鉴（2016 年）》。

环形图（circular graph）类似于饼图，其区别在于前者的中间有一个圆洞，因为外观像甜甜圈，所以环形图也被称为甜圈图。环形图可以善加利用环形图的中间空白部分，将图表强调的关键信息以文字的形式置于其中（见图 3-2）。

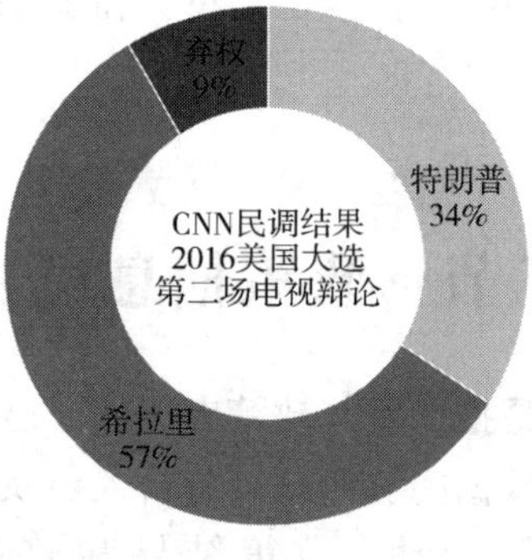

图 3-2　美国有线电视新闻网（CNN）2016 年民调结果

二、柱状图与条形图

柱状图（bar graph）以垂直方向呈现的矩形的高度表示数值大小，横轴代表分类变量的取值，纵轴代表该变量取不同值的频率，其分类数目一般多于饼图的分类数目，比饼图更能显现不同类别的频率差异，因此较之饼图得到了更广泛的应用（见图 3-3）。

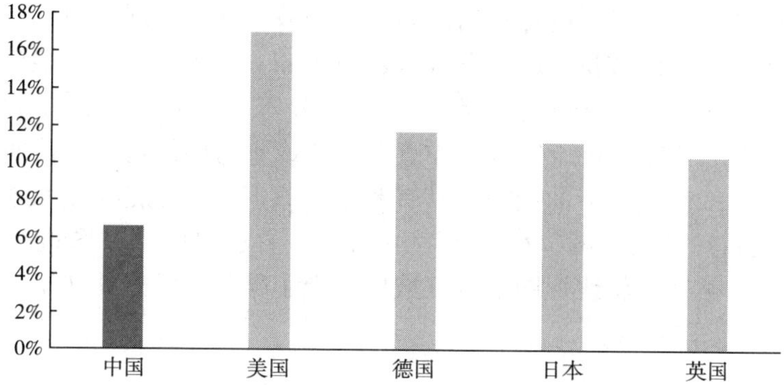

图 3-3　2019 年部分国家的医疗费用在其国内生产总值中的占比情况

注：数据源自经济合作与发展组织（OECD）。

条形图类似于柱状图，它利用了一般纸张纵长横短的物理特性，实际上是向右转 90°、可以用来放置更多矩形的柱状图。其功能与柱状图完全一样，又能比柱状图反映更多的分类数目，且类别的标签列在纵坐标轴左侧，更易于阅读（见图 3-4）。

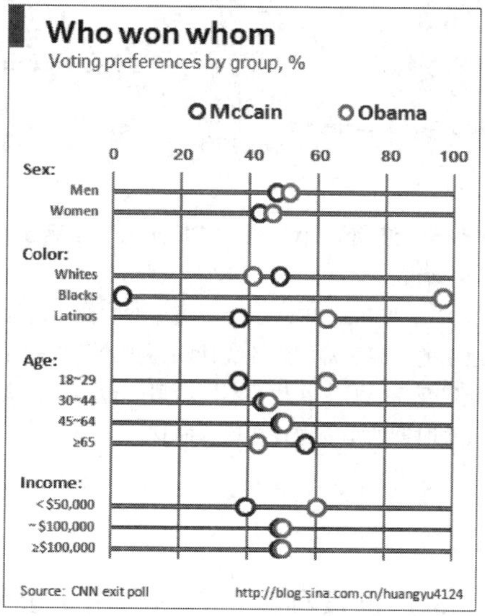

图 3-4　奥巴马与麦凯恩（Obama vs. McCain）在 2008 年美国大选中的滑珠图

注：资料源自 ExcelPro 图表博客。

三、直方图

直方图（histogram）是用矩形的宽度和高度（即面积）来表示分组数值

变量分布的图形，它呈现的是数值区间中的次数累计，如同采用正字计数方式计算落入每个区间的数量。线形图（line diagram）是宽度等于或接近于 0 的特殊的直方图，主要用于表示连续数值变量的分布，其取消了直方图的左右边界，并将每个直立矩形的上方线段中点以直线或平滑曲线进行连接而成。线形图又可分为折线图和平滑曲线图，其有利于观察时间上的趋势。面积图（area diagram）是特殊的线形图，相当于对取消了左右边界的直方图进行视觉强化的效果，可以被视为将线形图下方区域填充上了颜色，其好处在于增加了数据的能见度（见图 3-5）。

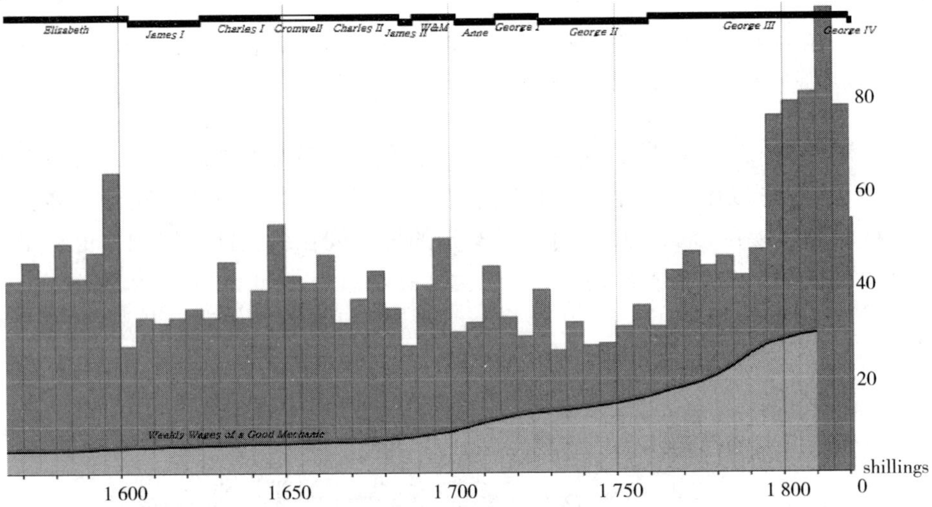

图 3-5　波雷费小麦图（Playfair’s Wheat）

注：1. 资料源自 Protovis 网站。

2. 波雷费小麦图是 1822 年 William Playfair（威廉·波雷费，通常他被认为是统计图形创始人）在给国会的信中绘制的一幅非常精致的统计图，描绘了 250 年来的小麦价格走势，其中包括技工周薪的变化以及几位君主在位的不同阶段。他想以此说明的是，相比技工周薪增长而言，从来没有一个时期的小麦像现在这么便宜。

四、散点图

散点图（Scatter Plot）也被称为 XY 图，用于显示两个数值变量之间的关联性（正相关、负相关或不相关），此图在学术领域使用较多，从散布的数据点中可以看出整体趋势。它仿佛给我们提供了一个从高空鸟瞰地面的角度，将众多数据点聚合起来从而形成一个整体的印象，其意义不在于凸显数据之间的差异，而在于挖掘全体数据点所共同呈现出的接近性。气泡图（bubble chart）可以被视为是显示了一个或两个额外数值变量的散点图，该变量由气泡的大小（面积或宽度）和颜色（深浅）表示。瑞典科学家汉斯·罗斯林（Hans Rosling）研究全球经济数据累计已超过30年，直到2007年，当他在TED Talk ①上以可视化的方式展示这些数据时，人们才真正领略到了数据研究的魅力。

五、数字地图

数字地图（data map）用于描述有关空间关系的可视化图形，其中，热力地图（heat map）最常见，它不仅可以通过颜色对不同区域的类别进行区分，而且可以用填充颜色的深浅表示数值变量的大小。

六、词云图

词云图（word cloud）也叫文字云，是对文本中出现频率较高的“关键词”予以视觉化的展现。关键词在整个文本中出现的次数越多，则其字体越大，视觉效果越突出。词云图过滤掉大量低频、低质的文本信息，从而使浏览者只要一眼扫过就可领略文本的主旨。此外，为了获得更好的可视化效果，使用者还可以调整关键词的布局和配色。见图3-6。

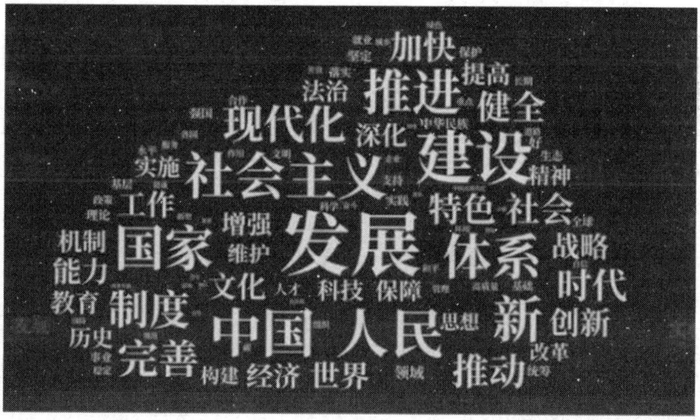

图3-6　党的二十大报告词云图

注：资料源自央视网。

关键词

公共信息　政策信息　政策信息源　政策相关信息　集中综合法　个别访谈法　焦点团体座谈法　电话调查　问卷设计

---

① Ted talk就是TED演讲，TED（取自“technology，entertainment，design”在英语中的缩写，即技术、娱乐、设计）是美国的一家私有非营利机构，该机构以它组织的TED大会著称，这个会议的宗旨是致力于推广“值得传播的创意”。

本章小结

1. 政策信息是指对公共信息加工、处理后所得到的与公共政策有关的信息。

2. 政策信息收集的方法包括集中综合法、访谈法、调查研究法等。

3. 集中综合法的基本概念是：从可获得的资料中收集政策研究过程中所需信息的方法。

4. 访谈法包括个别访谈法和焦点团体座谈会法等。

5. 调查研究方法包括问卷调查、电话调查、现场调查等。

6. 问卷调查是目前调查业中所广泛采用的调查方式之一。首先，由调查机构根据调查目的设计各类调查问卷；其次，采取抽样的方式（随机抽样或整群抽样）确定调查样本，并通过调查员对样本的访问，完成事先设计的调查项目；最后，由统计分析得出调查结果。

7. 问卷设计的原则包括合理性、一般性、逻辑性、明确性、非诱导性和便利性等。

思考题

1. 什么是公共信息？
2. 公共信息、政策信息、政策相关信息三者间有什么关系？
3. 如何使用集中综合法？
4. 什么是焦点团体座谈会法？
5. 比较个别访谈与焦点团体访谈的不同。
6. 调查研究有哪些方法？
7. 问卷设计过程中应注意哪些问题？
8. 问卷设计应遵循哪些原则？
9. 问卷设计有哪些步骤？

参考文献

[1] 谢明．公共政策概论［M］．2 版．北京：中国人民大学出版

社，2014.

［2］宁骚．公共政策学［M］．2 版．北京：高等教育出版社，2011.

［3］JUN J S. 公共行政：设计与问题解决［M］．台北：五南图书出版公司，1994.

［4］风笑天．社会研究方法［M］．4 版．北京：中国人民大学出版社，2013.

［5］风笑天．现代社会调查方法［M］．4 版．武汉：华中科技大学出版社，2013.

［6］杜子芳．抽样技术及其应用［M］．北京：清华大学出版社，2005.

第四章

公共政策评估

公共政策评估（以下简称“政策评估”）作为一种对政策结果进行分析的政治行为，是政策分析过程中重要的环节。它主要回答“政策产生了什么影响”等问题，也就是告诉人们政策究竟为社会带来了什么影响。只有通过科学的政策评估，人们才能够判定一项政策是否实现了合意的效果，是否达到了预期的目标，从而决定是延续、调整还是终止该政策。同时，也只有通过政策评估，人们才能了解和分析公共政策的全过程，从中吸取经验和教训，为后续的政策制定和执行提供参考和借鉴。

本章将着重阐述如何进行政策评估，旨在将政策评估过程系统化，使人们在政策分析过程中能够有效把握政策评估的基本步骤与方法。

第一节　政策评估概述

近年来，学者及大众越来越关注政策评估这一领域，因为该领域的实际应用性非常强。通过政策评估，能够使政府官员及广大群众清晰地了解政策目标的实现程度、政策措施的预期效果、政策执行的实际障碍、政策过程的经验教训等。总之，政策评估能够在很大程度上决定政策的基本走向。那么，究竟什么是政策评估呢？我们先通过具体事例来做一下说明。

案例一

北京为何限改禁？

作为中国人最熟悉、最传统的祈福仪式，在春节燃放烟花爆竹是人们庆祝节日的重要文化符号。燃放烟花爆竹与写春联、贴年画、扭秧歌、吃饺子和汤圆一样，是中国人记忆里生动的生活场景和温暖细节。随着时代的发展和人们对生活要求的变化，北京的烟花爆竹销量逐年减少，不放或少放烟花爆竹成为首都市民的新风尚。

2017年12月1日，北京市十四届人大常委会第四十二次会议表决通过修改《北京市烟花爆竹安全管理规定》的决定。为缓解春节期间燃放烟花爆竹对空气质量和公共安全的不利影响，满足人民群众对改善环境质量的共同期待，北京市再次收紧烟花爆竹燃放政策：在五环路内实施全面禁放；五环路以外，由区政府划定禁止、限制燃放区域。空气重污染橙色和红色预警期间，全市范围内禁止销售、燃放烟花爆竹。

《北京市烟花爆竹安全管理规定》颁布于2005年。该规定执行12年来，烟花爆竹各项安全管理制度及禁限放政策得到了有效落实，取得了立法预期成效。2017年春节期间，北京市烟花爆竹销量降至规定执行12年以来的最低水平，同比下降30.5%，较2013年下降68.9%。残屑清运量同比下降16.2%，较2013年下降85.6%。

烟花爆竹燃放过程中会释放出大量的二氧化硫、氮氧化物、烟尘等细小颗粒物，是造成春节期间空气质量变差的主要污染源。与当初期待燃放烟花爆竹“图个热闹”不同的是，多数人出于环保和安全的需要而开始对它们说“不”。与此同时，还有许多市民在网络平台上自发倡议不燃放烟花爆竹，为首都蓝天多贡献一份力量。

北京市人大法制委员会认为，在新的时代背景下，基于维护公共安全和保护环境的需要，从严管控燃放烟花爆竹十分必要。随着首都经济社会的发展，燃放烟花爆竹与环境承载力之间的矛盾日益突出，加剧了空气、噪声等污染，给人口密集区域人民群众生活带来的危害日益凸显，群众要求禁限燃放烟花爆竹的呼声强烈。北京作为首都，提高城市治理水平、保证城市安全运行至关重要。对烟花爆竹燃放进行严格管理，符合首都城市功能定位，也符合建设国际一流和谐宜居之都的要求①。

案例二

史上最严交规，为何没有下文？

2012年9月12日，时任公安部部长孟宪柱签署公安部第123号令，该文件称修订后的《机动车驾驶证申领和使用规定》已经2012年8月21日公安部部长办公会议通过，现予发布，自2013年1月1日起施行。该规定以其对违章驾驶员的严厉惩处而被称为“史上最严交规”。然而，该规定正式施行不过两天，其中的“闯黄灯”罚则便成为大众争议的焦点。实际执行中更多反映出来的似乎都是该项法则的“不靠谱”，其给人的普遍感觉是“政府有些意气用事”。不少人认为，当初制定此项罚则时缺少科学态度和严肃性，因而其在实际执行中让人感到无所适从。

2013年1月6日公安部交管局专门下发通知，表示对目前违反黄灯信号的，暂不予以处罚。“闯黄灯”罚则因质疑的舆论呼声极高而被迫叫停，表现了有关部门顺应民意、做出妥协的求实态度。但是，发现有问题后不能光叫停就久久没有下文了，而是要及时进行修改完善并重新发布。否则，既会引起群众的误解，也会使我们的法规失去权威性。

案例三

法律问题还是道德问题？

2013年9月24日，《广西日报》刊登了南宁市法制办公室《关于公开征求〈南宁市城市公共汽车客运管理办法（征求意见稿）〉修改意见的通知》。

① 2017年以来，全国人大常委会会议每年都听取和审议法工委关于备案审查工作情况的报告，备案审查工作已实现显性化、制度化、常态化，备案审查制度的独特功效日益彰显。2023年12月26日，全国人大常委会法工委主任沈春耀向十四届全国人大常委会第七次会议报告2023年备案审查工作情况。备案审查报告公布多起典型案例。其中一个案例涉及燃放烟花爆竹。报告称，有的地方性法规规定，全面禁止销售、燃放烟花爆竹。有公民和企业对全面禁止性规定提出审查建议。法工委经审查认为，大气污染防治法、国务院制定的烟花爆竹安全管理条例等法律、行政法规对销售、燃放符合质量标准的烟花爆竹未做出全面禁止性规定，同时授权县级以上人民政府可以划定限制或者禁止燃放烟花爆竹的时段和区域；有关地方性法规关于全面禁止销售、燃放烟花爆竹的规定，与大气污染防治法和烟花爆竹安全管理条例的有关规定不一致；关于全面禁售、禁燃的问题，认识上有分歧，实践中也较难执行，应当按照上位法规定的精神予以修改。报告称，经沟通，制定机关已同意对相关规定尽快做出修改。

这是南宁市首次就城市公共汽车客运立法。该征求意见稿中明确提出：拒绝给老幼病残孕让座，经劝阻仍不改正的，驾驶员、乘务员可拒绝为其提供营运服务。所谓拒绝提供客运服务其实就是不让乘车。

从“请您让座”到“罚你下车”，公交车让座问题从道德范畴一下子切换为法律范畴，所以，该征求意见稿刚一公布就引起了舆论的一片哗然。大家普遍认为，不让座只是道德上的错，赶人下车则是法律上的错。然而，法律不是万能的，不能盲目迷信之。道德问题应该运用道德进行评判，法律问题才应该采取法律的方式加以解决。凡事立法，恰恰是法治的悖论。

案例四

为什么要延迟退休年龄？

2013年11月12日，中国共产党第十八届中央委员会第三次全体会议通过的《中共中央关于全面深化改革若干重大问题的决定》指出：研究制定渐进式延迟法定退休年龄政策。

为什么一定要延迟退休呢？主要原因之一还是养老金缺口的问题。1997年，中国政府制定了《关于建立统一的企业职工基本养老保险制度的决定》，开始在全国建立统一的城镇企业职工基本养老金制度。然而，到1998年我国已有半数省市的养老金出现收不抵支的问题。根据劳动与社会保障部的数据显示，截至2005年底，中国养老基金空账已达8 000亿元，并且每年以1 000多亿元的规模不断扩大。

截至2010年，国家养老金个人账户本应有资产19 596亿元人民币，但实际上却只有2 039亿元人民币，而这17 557亿元人民币的缺口无疑将由政府来补足。据世界银行的一项估算，从2001年到2075年，中国养老金缺口可能会达到9万亿元人民币之多；就目前对中国养老金缺口的估算，即便是最乐观的估计也认为届时的缺口将达到3万亿元人民币。从全国来看，延迟退休可以使中国养老统筹基金一年增加40亿元、减支160亿元，即减缓基金缺口约200亿元，从而降低国家养老金的支出压力。

此外，中国的退休年龄和其他国家相比算是比较早的。中国当前的法定退休年龄为男60岁、女55岁（干部）或50岁（工人）。而在欧美国家普遍的退休年龄都为65岁，其中，美国为67岁，日本为男65岁、女60岁。随着生活水平的提高，人类的平均预期寿命会越来越长，延迟退休年龄是一个必然趋势，并且在不少岗位上也需要有经验的老人继续发光发热。人口老龄化是无法回避的事实，社会政策不能墨守成规，否则可能会出大问题。当然，对于延迟退休政策的落实也不能搞“一刀切”，更不能搞“一步到位”，而是应该循序渐进，一点点延长。

现实中，反对延迟退休的意见还是十分普遍的，如 2013 年人民网联合清研咨询、优数咨询所做的一项问卷调查显示，近七成受访者反对延迟退休。他们的意见主要集中在这样几个方面。

(1) 延迟退休会增加就业压力。

(2) 延迟退休对中低收入劳动者不公平。原本，这些人的收入在扣除社保金及所纳税金后，实际拿到手中的往往已所剩不多，而这所剩不多的工资还要用来生活、还房贷、供养老人以及教育子女等。另外，以那些为数不少的下岗职工为例，他们大都已经四五十岁了，且很难再就业，就盼着到法定退休年龄后可以拿到退休金，政策一旦调整，他们无疑将遭遇巨大风险。

(3) 延迟退休对退休者也不公平。2009 年，中国人的平均寿命为 73 岁。因此，如果将退休年龄推迟到 65 岁的话，那么平均而言退休者只能拿 8 年的养老金，而此前他们却已经交了几十年的养老金，因此，这也会让许多人感到不公平。

的确，退休问题不是一个小问题，制度改革不能一蹴而就，而是应该认真研究，更多听取不同意见，逐渐完善，点滴推进，从而做到稳妥谨慎，防止出现大的偏差。

一、政策评估的概念

由于人类认识活动的局限性和政策活动本身的复杂性，那种无跟踪、无反馈、一劳永逸的政策已经不可能再为公众所接受。任何一项政策在执行的过程中都可能有违政策制定的初衷，出现这样或那样的问题；甚至由于政策制定中的不完善，就连政策本身也可能成为问题。因此，如果不对政策执行信息进行及时反馈和有效评估，就可能导致预想中具有可行性的政策在实践中达不到预期效果的问题。

通过政策评估，人们不仅能够了解一项政策，说明哪些项目更可能达到政策目标，而且能够监督该政策的制定与执行，从而也就对有关政府部门的行为进行了监督。这有利于保证政策的公平、公正与效率，对提高政策效率和政策执行效果都有积极影响。

所谓评估，通常是指根据一定的标准对事物做出优劣判断。人类的评估活动由来已久，但现代意义上的政策评估是在 20 世纪随着现代科学方法的发展成熟及其在社会研究和政策研究中的广泛运用而兴起的，其历史也就百年左右。

政策评估是政策分析的重要环节，是针对政策效果进行的评估，即考察政策带来了哪些不同。

就政策评估的方法而言，其从一开始就存在价值层面和技术层面这两类分析方法。在过去相当长的一段时间内，政策评估领域一直注重事实层面的技术分析，而忽略了对政策本身价值的评判和伦理的考量。从 20 世纪 70 年代开始，一些学者提出，如果在政策评估中不先弄清合理性、公正性、正当性等关键问题，而只是从量化分析角度进行分析，无异于本末倒置。有鉴于此，本书注重从定性和定量两个方面来说明政策评估的方法，为全面评估政策提供理论依据和实践参考。

二、政策评估的基本内容

一般来说，评估政策影响①需要重点关注如下内容：

（一）政策对目标群体产生的影响

所谓目标群体，是指政策试图影响的那部分人，如无家可归者、精神病患者、低收入家庭、学龄儿童、退伍老兵等。政策评估中需要重点考虑的问题是政策对目标群体产生的预期影响。例如，如果要出台一个反贫困计划，就要提前搞清该计划的目标是增加贫困人口的就业机会（提高就业率），还是改善他们的身体条件和生存状况；是增加他们的收入（提高工资水平），还是改变他们的态度和行为。如果预计会产生多重效果，即将上述内容都视为目标，那么就需要考虑相互之间的优先次序。此外，政策可能产生预期的结果，也可能产生非预期的结果。有些是人们乐见的（正面影响），有些则是人们不乐见的（负面影响）。例如，旨在提高农民收入水平的农产品补贴计划可能会导致被补贴产品的过量生产；某一福利计划确实改变了受益群体的收入状况，但却削弱了他们就业的主动性；廉租房计划可以有效改善穷人的居住状况，但也可能会产生因穷富隔离而引发的问题。

（二）对目标群体以外的群体产生的影响

一项政策不仅会对目标群体产生影响，而且还可能对一些非目标群体产生影响。这种影响被称为第三方影响（third-party effects）或溢出效应，因为它通常会增加第三方的收益或提高其成本。例如，廉租房等公共住宅项目不仅惠

① ChatGPT 对政策影响的定义是：政策影响是指政策对其影响的民众、企业和社会产生的影响。其目的是衡量政策如何改变现状以实现预期结果。这可以通过许多方式来衡量，如民意，经济、社会指标或调查数据。政策制定者必须意识到他们的政策正在产生的影响，必须知道哪些政策有效，哪些政策还需要改进。（Policy impact is the effect that a policy has on the people，businesses and society it affects. Its purpose is to measure how a policy changes the status quo to achieve an intended outcome. This can be measured in many ways such as public opinion，economic or social indicators，or survey data. It is important for policy makers to be aware of the impacts their policies are making，as it is essential to know what works and what needs improvement.）

及低收入阶层，而且会给建筑企业带来收益；公共教育计划不仅教育了学生，而且为公司培训了能干的员工，还向社区输送了高素质的居民；污染控制计划会增加许多工厂的成本，却为污染控制设备的生产厂商带来了实惠；等等。当然，非目标性效果可以表现为收益，也可以表现为成本，可以取得积极的效果，也可以造成消极的效果。例如，砍伐森林无疑对木材公司有利，并且符合那些把森林视为自家农场的人的利益，但会引起环保主义者、热爱大自然的人和野外运动爱好者的反对。后者认为，砍伐森林会使野生动植物的生存环境遭到破坏，并使大自然失去美感。

（三）对近期以及未来产生的影响

有时候，政策方案的设计只是为了应急（应对突发情况或紧急事件），并没有长期的考虑。例如，2010 年 11 月广州亚运会期间，当地有关部门推出的免费乘坐地铁、公交和过江轮渡的优惠政策。此外，有的政策方案的设计并不在于眼前而是关乎长远，如中国的核电发展和航天发展计划。

研究表明，一些新的或带有创新性的政策非常吸引人们的眼球，通常会产生短期的正面效果。但当这些政策方案的新颖性消失、人们的热情减退后，其正面效果也就随之远去了。与之相反，有些政策起初举步维艰，遇到很大困难，但只要坚持下来就能产生意想不到的正面效果，如医疗保险制度的建立、住房改革政策的推出等。

（四）直接成本

“天下没有免费的午餐”，这是经济学家常挂在嘴边的话。它提醒我们，做事一定要考虑成本。成本的表现形式多种多样，而直接成本是政策评估过程中应首要考虑的问题。所谓直接成本，是指方案实施过程中直接消耗的资源，包括人、财、物等。相对来说，直接成本比较容易计算，预算文件可以为此提供准确的数据。当然，如果政府的某项开支服务于多个项目，那成本的核算就会复杂一些。

（五）间接成本

政策的制定和实施过程中除了会产生直接成本外还会产生间接成本。例如，为达到煤矿安全生产要求而采取的措施可能会造成煤矿产量的下降，环保部门提出的更严格的环境保护标准可能会造成有关产品的价格提高，等等。有的间接成本是有形的，有的则是无形的。例如，当某人的家乡因修建水坝而被淹没时，其精神上的痛苦（无形损失）也会由此产生。尽管经济补偿可以弥补房屋的损失，但老屋被淹没在 30 多米的水下，再想回去是不可能了，这种精神损失又怎样补偿呢？换言之，间接成本常常涉及人的主观感受和情绪、心理，这些无形的东西往往无法用物质的形式进行换算，要给它们定一个价格实在不是件容易的事情。

（六）机会成本

评估时不仅要关注直接成本和间接成本，还要关注机会成本。所谓机会成本，是指用于某一项目（如修建防洪设施）的特定资源不能同时用于另一项目（如修建公共住房）。机会成本所关注的问题是资源被用于某一目的而非其他目的时，人们不得不放弃的东西，或者在做出选择时必须放弃的那些原本能够得到的东西。例如，某人有一片空地，可售可租，如果将其售出可赚500万元，如果出租则每月可收租金2万元。当然，如果租出去的话，则在租赁期间就不能出售了，那么卖地的500万元就是租地的机会成本，反之亦然。政策评估中必须考虑类似这样的机会成本问题。

（七）物质性影响与符号性影响

政策影响可能是物质的（有形的），看得见摸得着，实实在在，也可能是符号的，看不见摸不着，朦朦胧胧。政策的符号性影响主要包括："领导人物对社会价值的肯定，国旗、军旗和军队的展示，各种军事仪式，高级官员的出访和来访，政治领导人的意图和重要的政策声明等。"① 其作用在于激发大众的信念、态度和激情。政策的符号性影响往往并不会引起社会条件的实际变化，但会使人们在意识形态或情感心理等方面得到满足。有时候，一些看似满足物质需要的政策行动，在效果上却更多是符号性的。此外，政策的符号性影响虽然很重要却又难以测量，有时候还真需要一点政治上的敏感方可觉察到。

现实中，人们在进行政策评估时大多把注意力集中在一些物质性影响方面，即关注政府所采取的具体行动，采取行动的理由和由此产生的实际结果等。然而，尽管政策的符号性影响有时显得模糊和不可捉摸，但绝不可因此而忽视对它的评估。

三、政策评估的作用

政策评估作为一种对政策的效益、效率、效果和价值等进行全面分析的政治行为，是政策运行过程中的重要一环。但是，长期以来，人们往往将更多的重点集中于政策制定，而对政策的运行过程及实际效果缺乏关注。这种现象固然有体制上的原因，但也与人们缺乏对政策评估的重要性认识有着密切关系。事实上，政策评估对改进政策制定系统、克服政策运行中的弊端和障碍、增强政策的活力和效益、提高政策水平等具有重要作用。概括地讲，政策评估的作用主要表现在以下几个方面。

① Gabriel A. Almond，G. Bingham Powell：Comparative Politics：A Developmental Approach，Little Brown，1969，pp. 199.

（一）政策评估有助于对价值取向的阐明和评判

政策评估能够阐明一项政策的价值取向，而这种价值取向是政策目标的选择基础。通过定义和实施目标，价值取向将得以阐明；通过对所论述问题的适宜性进行质疑，价值取向将得以评判。通过政策分析，可以检查价值的各种归属（如行政官员、既得利益者、客户集团等）及其不同表现形式（包括技术的、经济的、法律的、社会的、独立的）等背景。

（二）政策评估是检验政策的价值、效果、效益和效率的基本途径

政策运行的过程往往是复杂的而不是一目了然的，人们在制定政策时往往难以顾及所有情况。有时，一项构思精良、经多方论证认定为无懈可击的政策投入运行后，却并没有达到预期目标。这是由于在政策的实际运行中，产生了很多非预期的情况。这就需要对政策信息进行及时反馈，从而及时发现问题，改进政策。也就是说，评估人员要密切关注政策执行的动向，利用一切可行的技术和手段搜集相关的资料和信息，并在此基础上加以科学分析和阐释，得出可靠结论，以确定该项政策是不是基于适宜的价值取向、是否有好的效果、执行过程中的效率是否足够高等，从而有助于进一步制定富有成效的政策。

（三）政策评估是决定政策去向的重要依据

政策运行是一个动态的过程，任何政策在执行了一段时间后，政策决策者都必须根据实际情况，决定该政策是否继续、调整或终结。政策评估为政策的走向提供了客观依据。政策的走向一般分为以下三种情况。

第一，政策继续。也就是说，该政策符合客观情况，运作顺利，效果显著，可以继续执行，乃至上升为法律。

第二，政策调整（或称政策革新）。这是指一项政策在执行过程中遇到了新问题、新情况，原来的政策已明显不适应新的政策情况，因此，在继续执行前，需要对原有政策进行调整或者革新，以适应新变化，更好地实现政策目标。

第三，政策终结。这是指有些公共政策所针对的问题已经解决或因环境变化已不适应，需要终止并根据新问题、新情况重新设计政策方案。

（四）政策评估是合理配置资源的有效手段

在政策实践中，政府的资源其实是很有限的，然而需要政府投入资源的政策却很多，如教育政策、医疗政策、就业政策等。那么，政府在每项政策上应该投入多少资源呢？这就需要通过政策评估对每项政策的价值和重要性进行判断，然后决定投入各项政策的资源的优先顺序和比例，以寻求最佳的整体效果。同时，通过政策评估，也可以检验以前的资源分配情况是否合理，以总结经验，吸取教训，使政策的实施更高质、更高效。

（五）政策评估是公共决策科学化、民主化的必由之路

公共政策担负着国家管理的重要职能。实践证明，随着社会条件的不断变化和政府活动的日益复杂，那种无跟踪、无反馈、一劳永逸的政策模式已经不可能再为公众所接受。换言之，经验决策必须向科学决策转变。通过政策评估，不仅可以检验政策的效果、效益和效率，而且可以与时俱进，随时掌握新情况，对政策的去向做出继续、调整或终止的决定。另外，通过政策评估得出的结论充分体现了科学性，从而可为下一步的民主决策奠定坚实的基础。因此，政策评估对于公共决策的科学化、民主化来说是不可或缺的。

（六）政策评估是提高政策水平的重要途径

在现代社会中，随着公众整体素质的不断提高，其对政策质量的要求也越来越高，从而要求政府主管部门不断提高自身的政策水平，制定符合社会利益的政策。政策评估就提供了这样一个机会，它促使政策制定人员不断地反省政策、改进政策。另外，政策评估不仅应借助专业的政策评估人员，而且应该允许政策制定者、政策执行者和公众的参与，从而使各方对政策运行的整体过程有完整、理性的认识。此外，政策评估者应对政策评估的结果负责，这也有助于促使其加强平时学习，提高自身能力，不断提高政策水平。

（七）政策评估是改善执行不力，提高行政效率的重要保障

政策执行不力与行政效率不高一直是困扰各国政府的两大难题。对此，政策评估能够及时发现政策运行过程中的问题，可以有效监督政策的执行情况，从而保证政策的有效实施，促进行政效率的提高。

第二节 政策评估要素

一、评估主体

评估主体即政策评估者的主体构成，包括决策者和执行者、专业学术团体和研究机构，以及政策的目标群体等。

很多政策评估都是由非政府部门做出的。传播媒介、大学与研究中心、私人性质的研究机构、压力集团、公益组织等都会参与公共政策的评估，这些评估或多或少都会对政府官员产生影响，并向公众提供相关信息。在西方，政策评估机构常常会公开政策的成功与失败之处，有时还会为一些不太受欢迎的政策进行辩解，偶尔也会为那些没有代表的群体充当代表，如那些被困在管理不善的养老院里的老人或受到剥削压迫、按季节流动的农场工人等。

有学者将非政府部门参与的评估命名为政策评估产业。这个产业主要有三

个组成部分，大学、研究机构和媒体。

通过与政府部门签订合同的形式，很多供职于大学的学者都会积极从事政策评估活动。不少大学都有研究公共政策的研究生院和研究中心，它们有更强的应用导向和实践意愿，并乐于承担一些政策评估项目。大学学者的某些研究成果会刊登在一些刊物上或以评估报告的形式提交给政府相关部门。但总体上看，大学的学者更热衷于在自己擅长的学术领域里进行理论研究，而没有兴趣卷入时下的政策争论。

在西方，许多私人性质的研究组织，如布鲁金斯学会、城市研究所和美国企业协会等，会将大多数甚至全部的时间和精力投入政策评估项目。与政府部门的研究机构相比，这类研究组织的活动更具有独立性，其对政府部门的活动及政策也更具批判性。当然，正如有学者指出的，“合同研究者经常面对遵循政府部门路线的压力，特别是在他们高度依赖某一个部门的情况下”。一些研究机构往往受托于政府部门进行政策评估，因而在评估经费、信息获取等方面具有一定优势。但这种优势也可能会转变为劣势，正是由于存在来自政府部门的种种影响，所以这些研究机构容易受到某种暗示，存在一些“心理障碍”，从而影响其政策评估的质量。但无论如何，研究机构具备专业的理论知识和专门的方法技术，它们完全能够胜任政策评估工作，其评估结论也往往能够引起政府部门的高度重视。

在新闻报道中，当涉及公共政策时，媒体更倾向于关注公共政策的失误与政府行为的偏差。一些有关政策丑闻和行为出轨的报道更具有所谓的“新闻价值”。在实际生活中似乎存在这样一种假设，即这种类型的报道与那些有关成功计划或常规性政府行为的信息相比，能吸引更多的听众与读者。例如，美国电视网有一档节目叫“美国的骗局”，以此作为晚间新闻报道的一部分。其关注焦点是政府所犯的错误及其随之而来的糟糕境遇。这种铺天盖地的报道催生了一种看似“很爽”实则错误的观点，即“政府什么都做不好”。当然，其积极的一面是，可以促进大众关注某些需要重新审视与纠正的问题。广播、电视和互联网的影响看似无形，但实际上它们在一定程度上关系着公共政策的成败。

除政策评估产业外，还有体制内运作模式，即政府官员与相关组织以多种方式进行政策评估。有时候这些评估是严格和系统的，有时候则是偶然和零星的。在某些情况下，政策评估是政策过程中一个正式、规范的组成部分；在另外一些情况下，它又是非正式与非结构性的。一般来说，政府官员担任着政策活动的关键角色，能够比较全面、直接地掌握政策活动的第一手资料，获取政策实施效果的有关信息，因而其具有信息特权或优势。但作为局中人，政府官员也会受到各种因素的影响，如固有观念、部门利益、上级压力、心理因素等，从而影响评估的质量。进一步讲，政策评估是一项专业性和技术性很强的工作，需要评估者掌握相关的理论和方法，但遗憾的是，许多政府官员往往缺乏这方面的专业训练。

此外，政策目标群体是政策评估重要的信息来源，往往被视为“准政策评估主体”。政策目标群体的成员往往能够通过自己的亲身感受和彼此的信息沟通，对政策执行效果做出具有针对性的评价。政策目标群体既是政策的受体，又是政策过程的参与主体，其与政策的成败具有直接的利害关系。因此，他们能够根据自己和他人的切身体会，积极参与政策评估活动，并对政策做出比较客观的评价。总之，他们对此具有非常高的参与热情。重视听取目标群体成员的意见，也是建设决策民主化的有效途径。但这里需要强调的是，目标群体中既有政策受益者，也有政策受损者，他们难免会从自身利益出发对政策进行价值判断，可能会设法掩盖政策本身的一些缺陷，也可能会设法夸大政策执行中的阴暗面，甚至可能会采取极端态度全盘否定有关政策。所以，在听取他们的意见时，一定要注意区分不同的情况。

二、评估对象

评估对象是指所要评估的具体政策。虽然在一项实际的政策评估活动中评估对象往往是既定的，但这并不是说所有政策在任何时候都可以且有必要进行评估。评估应以有效性（有没有实际价值）、时间性（时机合适不合适）、必要性（有没有现实需要）和可行性（具不具备评估条件）等为前提，具体问题具体分析，而不能不加区别，一概而论。实际上，如果政策评估对评估对象不会产生任何影响，则评估工作就是一种徒劳之举。

政策评估主要侧重于对政策效果的分析。所谓政策效果，是指在一定成本投入基础上的执行结果。由于政策资源存在有限性，所以任何政策的实施都必须考虑成本问题，不能为了取得所谓的理想结果就不计成本，不惜代价。因此，评估对象的成本因素是评估过程中需要重点考虑的内容。当然，成本不仅包括与政策密切相关的直接成本，而且包括政策实施中的机会成本和其他间接成本。此外，由于政策内容与环境因素具有很强的互动性，因此评估政策时也不能不考虑环境条件的发展变化。

三、评估目标

评估目标即评估工作的出发点，就是设法回答“为什么要进行评估?”这样一个问题，并做出必要的解释。一般来说，评估目标能够决定政策评估的发展方向、基本内容和评价标准。评估目标主要涉及以下三个方面的内容。

(一) 政治方面

所谓评估目标的政治方面，即评估政策的执行是否会影响现有的分配状态，是否有利于社会的团结与稳定，是否会破坏原有的政治格局，是否有利于政权的巩固与发展，是否取得了合法性地位，是否得到了舆论界和社会公众的认可与支持，等等。

(二) 法律方面

所谓评估目标的法律方面，即从狭义合法性角度进行政策评估，并重点关注政策执行机构是否合法，执行人员是否具备资格，执行程序是否符合规定，具体要求是否存在问题，等等。

(三) 行政方面

所谓评估目标的行政方面，即评估某个或某些政府机构能否在政策执行中发挥必要作用，是否具备相关方面的能力，能否通过政策执行获得这样或那样的利益，能否有效克服组织管理方面存在的问题，等等。

(四) 经济方面

所谓评估的经济方面，即政策的投入与产出是否合乎预期的要求，是否存在不必要或意想不到的损耗，是否存在消费者剩余（consumer surplus），是否具有政策效率，等等。

(五) 方案方面

所谓评估的方案方面，即评估政策方案的应用价值是否达到了预期目标（包括是完全达到还是部分达到），政策的实施是否对政策环境构成预期影响，是不及还是超出，等等。

四、评估标准

(一) 效力

效力（effectiveness）针对目标和结果，主要是指某一政策能否实现预期目标和结果。效力常常按提供公共产品和公共服务的数量及其货币价值进行说明。例如，假设某项能源政策的目标是获得更多电力，并且相比之下核电站可比太阳能装置产生更多的电力，则前者会被认为更有效力，因为它产生了更多有价值的结果。总之，效力所涉及的并非政策是否按原计划执行的问题，而是更多考查政策是否产生了预期的结果或影响。

(二) 效率

效率（efficiency）通常是指以尽可能少的投入获得尽可能多的产出。它主要涉及结果与努力之间的关系，同样需要用货币成本来加以计量。效率的计量方法有单位产品和服务的成本，如提供每立方米灌溉水的成本或每次医疗检查的成本，单位成本能提供的产品和服务的数量（如花费 100 元可以提供 10 立方米灌溉水或花费 1 000 元可做 10 次医疗检查)，等等。用最低的成本实现最大的收益的政策被称为最有效率的政策。

效力和效率不同，效力通常是指做正确的事情，强调的是目标和效果；而效率通常指的是正确地做事，强调的是方式和手段。成功的政策不仅需要有好的效力，而且需要有高的效率，二者是相辅相成的。

（三）充分性

充分性（adequacy）是指特定效力水平满足政策目标的程度，用来表明对政策与其特有结果之间关系强度的价值期待，即在多大程度上解决了目标问题。设定政策目标自然是为了全面解决问题，但由于各种因素的限制，政策执行后并未能充分解决问题或满足预期需要，而只是部分或在一定程度上解决了问题。如果以充分性为标准，则可以比较科学地衡量这一程度的高低。

（四）公平性

公平性（equity）的评估多涉及收入分配、教育机会和公共服务等方面的政策。某一项政策或许完全符合效能、效率、充分性等评估标准，但如果该政策造成或引起不公平的成本或收益分配，可能仍会被认为是一个失败的政策。例如，那些最需要某项收益的人却没有得到与其人数相应的、成比例的服务(如有关申购廉价房的规定)；又如，最没有支付能力的人却要超比例地分担成本（如有关个人所得税的规定)；再如，政策的最多受惠者或得益者并没有按比例支付其应该支付的成本（如房产税的规定)；等等。

当一个行动将影响到社会中两个或以上的人时，公平分配就成为决策者必须面对的问题。从个人和群体的角度来看，满足某个人和某些人（或某个群体）的价值未必就能满足另一个人或另一些人（或另一个群体）的价值。换言之，个人和群体有不同的价值观。所以，从社会的角度来看，公共政策的目标不是使个别人或个别群体的利益最大化，而是要使社会福利（或称社会成员总体满意度）最大化。

（五）回应性

回应性（responsiveness）是指政策满足特定群体的需要、偏好或价值的程度。回应性标准对政策评估而言十分重要，因为，某一项政策也许符合其他所有的标准，但因未能很好地回应受此政策影响的目标群体的需求，故仍可被认为是一项失败的政策。

（六）适合性

适合性（appropriateness）并不与单一评估标准的分析相关，而是与多项标准的组合分析相关。单个来看，当其他标准均被“目标”视为理所当然且恰如其分时，唯独适合性标准会质疑：目标的真正价值何在？价值前提是否适当？目标对社会是否适合？适合性标准是开放的，不存在也不可能存在适合性标准的准确定义，但其因优先于其他标准而展现了一个综合的视角。例如，当一些人通过欺诈、歧视、行贿而不当得益时，即便没有任何人会因此而利益受损，我们是否也可以质疑帕累托标准的适宜性呢？又如，向贫困人口重新分配收入的计划遭遇低效执行，以致只有一小部分再分配收益能够实际到达贫困人口手中，那么此时罗尔斯福利再分配的平等观（使处于最不利社会地位的人最多受益）是否就是一项更适合的标准呢？

知识链接一

【之一】

帕累托最优

1897 年，意大利经济学家帕累托在研究资源配置时，提出了一个最优状态标准，人们简称为“帕累托最优（效率）”。其主要内容包括：在某种既定的资源配置状态下，任何改变都不可能使至少一个人的状况变好，而又不使任何人的状况变坏，这就是帕累托最优。否则，就不是帕累托最优，而是帕累托改进。所谓帕累托改进，是指一种制度的改变中没有输家，而至少有一部分人能赢。帕累托改进是基于人们的既得利益而言的，而不是基于人们正在试图取得的东西，因为后者是没有止境的。如果一种改进剥夺了一部分人的既得利益，则不论其是否能带来更大的整体利益或者是否有助于实现崇高的目标，都不是帕累托改进。帕累托改进是通过持续改善、不断提高效率，从而做出对各方都有利、使各方都同意的事情或制度安排。

例如，一条溪流终年不断，外来至此的人从溪流中取点水饮用，从正常供水的角度看对附近居民并无任何影响，那么，这种外来人员的取水饮用就是帕累托改进。又如，一辆有 30 个座位的客车，有序地一次性安排满载运行，即是帕累托安排。在没有满载之前，每增加一个乘客即是一个帕累托改进。车辆达到 30 位乘客满载运行，即达到了帕累托最优。

帕累托最优是公平与效率的“理想王国”，帕累托改进则是达到“理想王国”的路径和方法。帕累托安排、帕累托改进、帕累托最优是人类进步、事物前进和社会发展的不竭动力之一，其存在并作用于社会的一切领域。

【之二】

罗尔斯的差别原则

一个家庭不把教育几个子女的资金平均地使用，而是主要用来培养其中天分最低、能力最差的一个，其原因在于这个孩子将来成功的机会先天地少于其他孩子。那么请问，这个家庭的做法是明智的还是不明智的？推而广之，一个社会的制度安排和公共政策主要向出身和天赋较低的成员倾斜，以缩小和拉平其与出身和天赋较高的成员在出发点上的差距，即所谓拉前推后，起点公平。那么，这个社会的选择是恰当还是不恰当的？美国著名伦理学家罗尔斯于1971年出版的《正义论》回答了这些问题。罗尔斯采纳了功利主义对待福利的利益观，并在此基础上提出了一个涉及公平分配的差别原则，即“最少受惠者最多得益”。

罗尔斯认为，一个社会的公平状况主要取决于这个社会中生活处境最差的那一部分人。社会和经济的不平等可以存在，但必须基于这样一个前提，即最大限度地使先天有利条件最少的那部分人受益。只有如此，他们才可能服从和接受这种社会差别的存在。为此，罗尔斯设计了一个非常理想的状态，希望社会制度在理性支配下，使利益的分配能够尽量倾向于社会弱势群体，以期让所有的社会成员达到和谐的初始状态，从而保证社会正义的实现。许多学者在论及罗尔斯时，通常将他和诺齐克比较，而二者之间争议的焦点就是罗尔斯提出的差别原则。

诺奇克承认社会不平等是一种不幸，但认为罗尔斯对不平等的纠正无法得到合理的辩护。诺奇克的观点是，正义与平等无关，正义在于权利，而不在于平等，不平等是不幸但不是不正义。至于不平等的社会文化条件和自然天赋如何再生了不平等，这与权利无涉。诺奇克强调“权利”的首要性，全力捍卫不受侵犯的个人权利（特别是财产权）。为此，他精心划定了一个以权利为硬核的堡垒，包括平等在内的任何东西都不得越权利这个雷池一步。可见，诺齐克强调的是程序正义，他认为罗尔斯所谓“社会不平等应当有利于最不利的社会成员”的观点，从程序角度而言是不正义的。

【之三】

卡尔多–希克斯标准

如果一种变革使受益者的所得足以补偿受损者的损失，那么这种变革就可被称为卡尔多–希克斯改进。如果一种状态下，已经没有卡尔多–希克斯改进的余地，那么这种状态就达到了卡尔多–希克斯效率。

与帕累托标准相比，卡尔多–希克斯标准的条件更宽。按照前者的标准，只要有任何一个人利益受损，则整个社会变革就无法进行；但是按照后者的标准，如果能使整个社会的收益增大，那么变革就可以进行，无非是如何确定补偿方案的问题。因此，卡尔多–希克斯标准实际上是总财富最大化标准。换言之，在一项变革中，人们主要考虑的是社会价值最大化和社会财富最大化。当然，这里也可能包含一定的收入分配不公。例如，改变经济政策以后，可能会使一方得利，另一方受损，但如果通过税收政策或价格政策，使那些得利者补偿受损者，则其仍不失为正当的经济政策，即其在整体上增加了福利。在长期的一系列政策改变之中，政策改变对收入分配的影响是或然性的，即这次是这些人受益，另一些人受损，下次可能就是这些人受损而另一些人受益，结果相互抵消，而不会是全社会所有人都一起受益。

五、评估方法

评估方法对政策评估具有非常重要的意义，从某种意义上讲，评估的成功往往取决于方法的成功。从目前情况看，评估方法多种多样，有经验型方法，也有演绎推理型方法；有定性分析的方法，也有定量分析的方法；有传统的方法，也有现代的方法。

（一）过程对比法

过程对比法指的是评估者在政策执行过程中对不同阶段的政策效果进行对比检测的一种方法。它有两个方面的特点：一是评估的对象是政策执行过程中各个阶段的效果，具有动态性和全面性的特点；二是评估采用前后对比的分析方法，是一种将政策执行前后的有关情况进行对比分析，从而判定政策价值、提出政策建议的分析思路。该方法被称为政策评估的基本方法，因为它概括了政策评估的基本特点和本质要求。

该方法主要包括“始-终”“始-中”对比以及“有-无”对比。下面分别予以介绍。

1. “始-终”对比分析

始-终对比分析可以这样来定义：政策评估者为了考察某项政策的效果，对政策执行前和执行后的各种情况加以对比，以此确定评估某项政策效果的方法。始、终仅是政策执行过程的两个不同的时间点，而这也是我们确定该方法的基本依据。在具体的操作中，还可以将其进一步划分为：“前-后”对比法、“投射-实施后”对比法和“控制对象-实验对象”对比法。它们各有优点和不足，评估者应视具体情况综合、灵活地加以运用。

（1）“前-后”对比法。所谓“前-后”对比法，就是将政策对象在政策实施前可以衡量出的状态与其接受政策作用后可以衡量出的新状态之间进行对比，从中检测出政策效果，进而据此对政策的价值做出判断。图 4-1 中 A_1 代表执行前的值，A_2 代表执行后的值，那么（A_2-A_1）就是政策效果。这是一种定量分析法，它通过大量的参数对比，使人们对政策执行前后情况的变化一目了然。这种方法的不足之处在于，其无法将被评估政策的“纯效果”与该项政策以外的因素所产生的效果分离出来。

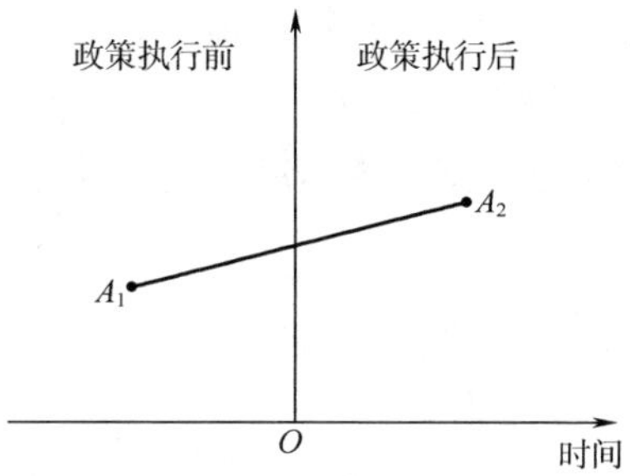

图 4-1 “前-后”对比分析

（2）“投射-实施后”对比法。这种方法是将政策执行前的趋向线投射到政策执行后某一点上，并将所得到的投影与政策执行后的实际情况进行对比，以确定政策的效果。图 4-2 中（Q_1-Q_2）就是根据政策执行前的各种情况建立起来的趋向线，A_1 为该趋向线处推到政策执行的投影的某一点，代表若无这项政策在该点会发生的情况，A_2 为政策执行后的实际情况，（A_2-A_1）便是政策的效果。这种方法由于考虑到了被评估政策所处的因素的影响，并通过投影将其滤除，因而结果就更加精确，并且比“前-后”对比分析更向前迈进了一步。该方法的困难在于如何详尽地收集政策执行前内外环境的数据资料，以确定某一点会发生的情况，即建立起政策执行前的趋向线。

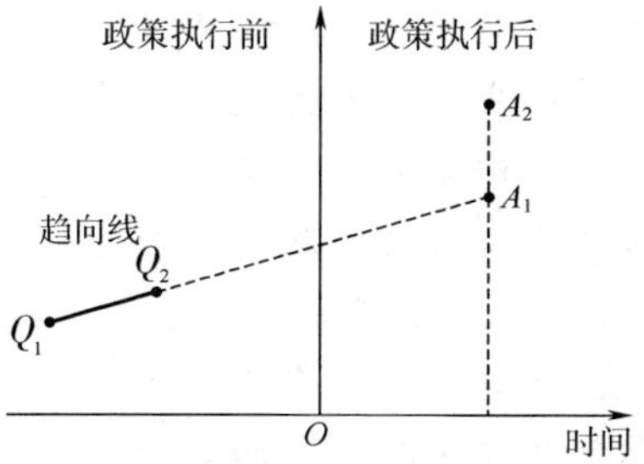

图 4-2 “投射-实施后”对比分析

这种方法也可称作“预测效果-实际效果”对比法。Q_1 为预测效果的基点，Q_2 为预测效果的顶点，二者之间的连接线为预测效果的趋向线。（A_2-A_1）为政策执行后产生的实际效果。实际效果与预测效果之间的差就是滤除其他因素产生的效果之后剩下的被评估政策的“纯效果”。这里的关键是预测须有科学依据。

（3）“控制对象–实验对象”对比法。这种方法是社会实验法在政策评估中的具体运用。这种方法要求评估者将政策执行前的同一评估对象分为实验组和控制组这两组，对前者实施政策而对后者暂不实施政策，然后比较这两组的情况，以确定政策的效果。图 4–3 中，A_1 和 B_1 分别为实验前实验组和控制组的情况，A_2 和 B_2 为实验后实验组的控制组的情况，（A_2–B_2）便是政策效果。我国改革开放以来一系列政策出台时采取的试点评估法就是这种方法的一种应用。

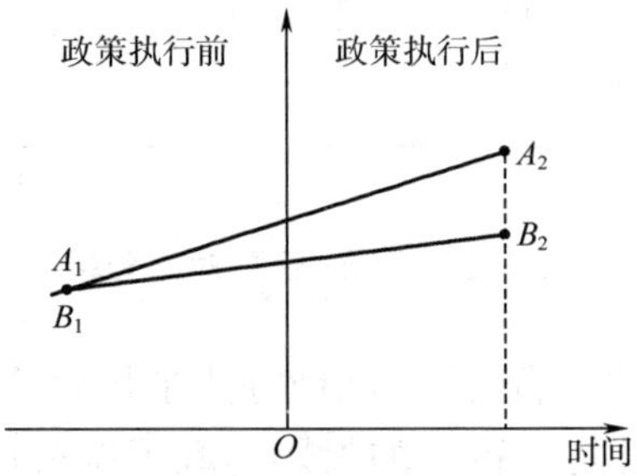

图 4–3　“控制对象–实验对象”对比分析

相关链接一

实验举例

美国特拉华州劳动部门 20 世纪 80 年代进行了一项现场实验，旨在评估援助失业工人计划实施中不同行为的有效性。所谓失业工人，是指那些因为日益激烈的国际竞争与技术变革而失去长期稳定工作的人。为失业工人设计的这一援助计划得到了工作合作培训法案的资金支持，其目标在于帮助提高工人收入与降低工人对失业补助金的需求。进行此项试验时，先确定 175 个可比较的工人，并随机抽取其中的 65 人组成实验群体，另外 110 人组成控制群体。实验群体中的成员能够得到就业活动的相关咨询，得到工作之初的定向指导、再培训和其他服务。两个群体经历了为期一年的实验。通过对二者绩效的比较，在实现计划目标的过程中，控制群体反而优于实验群体。实验的结论是：“这一计划看起来不能改善参与者的工作前景。”

另一项著名的实验设计是美国康涅狄格州高速公路速度控制计划。依据高速公路交通事故的数据，州政府开始对速度进行限制。初始数据表明，这一计划的执行明显减少了交通事故。然而，这一结果也可能源自其他一些因素，如天气情况的不同或使用了更高安全性能的汽车等。为了控制这种可能性，就要将康涅狄格州高速公路每10万人的事故发生率与那些未执行这项计划的邻州进行对比。对比结果表明，康涅狄格州的事故发生率远低于其他州，由此证明了康涅狄格州的控制速度计划对减少交通事故有效这一推论。

2. “始-中”对比分析

“始-中”对比指的是在政策执行中的某一时间点上将政策执行的情况与执行前的情况进行比较、评估的一种方法。该方法和“始-终”对比法的根本区别就在所选择的评估时间点不同：前者的评估时间选择在政策执行过程中，后者则选择在政策执行后，“始-终”对比分析的各种具体方法同样适用于“始-中”对比分析法。

“始-中”对比分析要特别注意政策运动规律中政策效力规律的影响。政策效力规律是政策运动的基本规律。政策效力是指一项政策付诸实施后所产生的对现实生活的实际效力，它又可分为政策正效力和政策负效力。相应地，政策效力规律也可分为正效力周期规律和负效力周期规律。

下面，我们以政策正效力周期规律来说明应对“始-中”对比分析予以重视的原因（见图4-4）。一般而言，政策正效力运动过程有三个阶段，即政策效力低效期、政策效力增效-高效期和政策效力递减期。

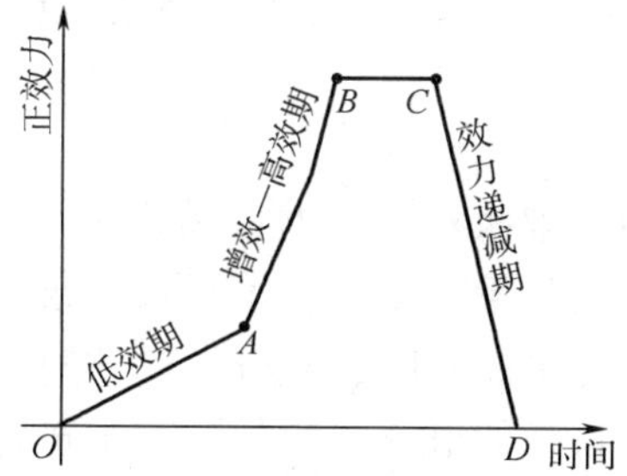

图4-4 政策正效力周期运动不规则曲线图

3. “有-无政策”对比分析

这一方法是在政策执行前和执行后这两个时间点上，分别采取有某一政策和无政策两种情况进行前后对比，然后再对两次对比结果进行比较，以确定被评估的那项政策的效果（见图4-5）。

A_1 和 B_1 分别代表政策执行前有政策和无政策两种情况，A_2 和 B_2 分别是政策执行后有政策和无政策两种情况，(A_2-A_1) 为有政策条件下的变化结果，(B_2-B_1) 为无政策条件下的变化结果。$[(A_2-A_1)]-[(B_2-B_1)]$ 便是政策的实际效果。这种方法的长处是能够比较有效地将被评估政策的“纯效果”

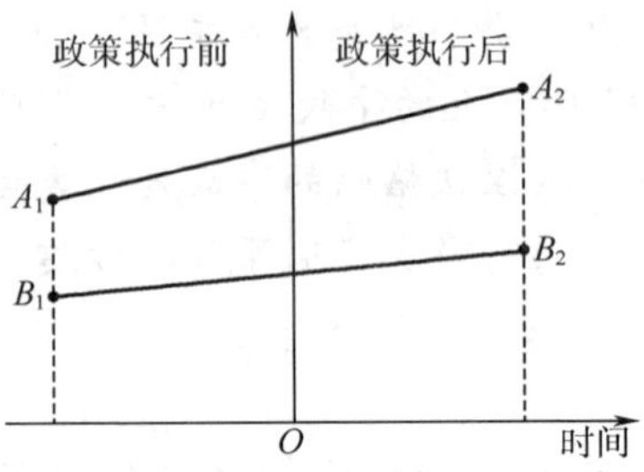

图 4-5 “有-无政策”对比分析

从政策执行后产生的总效果中分离出来，所以是测量政策“纯效果”的主要方法。

（二）经验判断法

经验判断法是政策评估的定性方法，是指相关人员凭借个人的经验和直觉，对政策结果进行评估，对政策影响进行判断。

1. 专家评估法

专家评估法是指组织有关方面的专家审定各项有关政策的记录，观察政策的执行，进行实地考察，对政策对象和政策参与者进行调查，与执行人员及有关工作人员交换意见，鉴定政策成效。这个方法的优点是，专家的知识专业化较强，能比较科学地分析政策。同时，由于专家相对于政策制定者、执行者和政策对象来说属于局外人，因此能够站在比较客观、公正的立场上进行评估。

2. 执行群体评估法

执行群体评估法是指政策执行人员对政策影响和目标实现程度进行评估。政策执行人员对政策内容、政策环境、政策对象和政策过程比较了解，并掌握相对充分的政策信息，其有可能及时、充分地评估每一项政策的效果，因而在政策评估活动中是最有发言权的群体。此外，政策执行人员可以根据自己的评估结论，迅速调整自己的政策目标和措施，使评估活动收到立竿见影的效果。

3. 目标群体评估法

目标群体评估法是指由政策目标群体以自己的亲身感受和对政策的个人理解来评定政策执行的效果。由于政策目标群体是政策的实施者，又往往是政策活动的主体，其对政策的效果有着切身感受，因而最有发言权。评估工作者要做好评估工作，就必须了解政策目标群体的想法，认真倾听、研究其对政策效果的评价。

六、评估步骤

政策评估是一项程序性工作，需要按步骤进行。尽管由于评估对象和评估类型不同，政策评估的步骤也不尽相同，但一般来讲，政策评估都需要经过计划与准备、组织与实施、总结与报告这三个环节。

（一）计划与准备

计划与准备是政策评估的基础性工作，是完成政策评估的前提和条件。人们常说，打不好基础就盖不起高楼，评估工作又何尝不是如此。如果缺乏有效的计划和准备，那么政策评估就难以取得务实的效果。计划与准备的主要任务可以归纳为下列几项。

第一，建立评估机构。机构设置是政策评估的组织保证，要根据评估的具体要求确定相应的组织规模和职位数量。

第二，挑选评估人员。政策评估是一项严肃的研究工作，对评估人员具有很高的素质要求。就体制内的运作而言，不仅要精心挑选人员，而且要对其进行必要的培训。如果工作内容有特殊要求，还可以通过政府雇员制加以解决。

第三，确定评估对象。评估对象的正确定位是政策评估的方向性工作。确定评估对象就是要选择评估什么政策或政策的哪部分内容。政策具有系统性和相关性特征，某种效果的产生往往掺杂了多项政策的共同作用和影响，因而要清晰地划定政策影响的边界并非一件容易的事情。

第四，制订评估方案。评估方案的好坏直接关系到评估工作的质量高低和活动成败。制订评估方案主要涉及下列几项工作：确定评估主体（谁来评估），描述评估对象（评估什么），阐述评估目的（为什么评估），建立评估标准（根据什么评估），选择评估方法（怎样进行评估），等等。

第五，落实评估条件。此项工作包括评估的时空条件（如场地、时间），经费筹措与使用，设备准备和人员要求等。

（二）组织与实施

这是整个政策评估活动中最为重要的一个环节，从组织管理的角度而言，其主要任务就是分解并下达评估任务，搞好人、财、物方面的资源配置，建立和健全有效的管理措施，做好工作进度安排，进行必要的协调工作等。从具体操作角度而言，其主要任务如下。

1. 全面搜集信息

信息是进行政策评估的基础原料，信息不是万能的，但进行政策评估缺少相关信息却是万万不能的。评估的前期工作主要就是努力收集有关评估对象的各种信息，掌握更多的原始材料。一般来讲，信息可以是主观印象，也可以是客观事实；可以是精确的数据，也可以是较为模糊和笼统的看法。信息的收集强调的是多角度、多侧面，尽可能做到全面、系统、准确、可靠。信息收集的常用方法有现场观察、实际调查、资料查阅、个案分析、实验研究等。

2. 加工整理信息

根据政策评估的要求对信息进行整理，需要关注六个方面：一是客观性，防止信息失实或带有“水分”；二是完整性，信息要素齐全，结构完善；三是代表性，表现平均水平或大多数人的状态；四是广泛性，指信息内容覆盖面广，涉及范围宽；五是深刻性，信息能够反映事物的本质特征；六是启发性，信息能够反映趋势和变化。

3. 评估政策效果

在加工整理的基础上对政策的执行效果进行描述、解释、分析和评估。其中，描述是阐明来龙去脉，解释是说明原因和结果，分析是把握重点和难点，评估是说明政策影响。

4. 提出评估结论

在评估的基础上做出总结，给出结论性意见并提出政策建议，即根据政策评估的结论，设法提出下一步的行动方案。政策建议可以是针对政策本身的，也可以是面向政策过程的；可以是针对政策目标的，也可以是针对政策手段的；可以是针对政策制定部门的，也可以是面向政策执行部门的。

（三）总结与报告

政策评估的最终环节是总结评估结果，撰写评估报告。所撰写的评估报告，要么以规范的书面形式将评估结果公之于众，要么提交给有关政府部门或有关领导。评估报告作为评估阶段的最终产品，对政策的延续、调整或终结会产生直接的影响。其内容除对政策效果进行客观陈述和价值分析外，还应包括政策建议，以及对评估过程、应用方法和一些重要问题所做的说明。

第三节　政策评估的制约因素与评估结果的处理方式

一、政策评估的制约因素

公共政策评估不论是在理论上还是在实践上都有着非常重要的意义。然而在现实工作中，要对公共政策做出系统和全面的评估，仍面临许多困难与障碍，如有些评估活动无法展开，有些评估活动只是流于形式而没有实质意义。清楚了解制约政策评估的因素，有助于我们形成对政策评估作用的合理期待，进一步推动今后政策评估工作的有效进行。制约政策评估工作的因素主要表现在以下几个方面。

（一）政策目标的不确定性

公共政策目标是政策评估中的一个重要层面，政策评估的一项重要任务就是衡量政策效果实现目标的程度。如果政策目标是明确、单一的，那么开展政策评估就比较容易。但是，在现实工作中，政策目标往往是不容易确定的。首先，公共政策制定是面向未来的活动，政策目标的确定不可避免地带有一定的预测性，这就使得生活中不乏那些原则性很强、目标难以量化、缺乏可操作性的政策，如一些政治类和文化类的政策。其次，政策目标往往不是单一、集中和兼容的，而是多个、分散的和有一定冲突的，而政策评估又必须以政策目标为基础依据和必要前提。可见，模糊不清的目标会给评估工作带来很大的困难。

（二）政策影响的广泛性

公共政策实施所产生的效果往往具有广泛性和多样性的特征，一项政策的效果往往涉及生活的方方面面：有些是预期效果，有些是非预期效果；有些是直接效果，有些是间接效果；有些是长远效果，有些是短期效果；有些是实质性影响，有些是非实质性影响；等等。在这些影响中，不仅有些因素难以测定或根本无法测定，而且各种影响因素也往往难以用一个计量标准进行衡量。例如，我国有关外来人员务工的政策，对它的评价就不能仅局限于对外来务工人员的影响，而是还要分析由此带来的正面或负面的影响，如对留守儿童的影响、对城镇化的影响、对经济发展的影响等。另外，政策效果的不确定性也成为某些反对评估的人的借口，同时也使有的人为自己的评估失误找到了一些冠冕堂皇的理由。

（三）政策资源的混合和相关政策的重叠

政策并不是孤立存在的，往往有多个政策在同一领域同时发挥作用。这样就产生了两个问题，即政策资源的混合和相关政策的重叠。

政策资源的混合指的是投入不同政策的资源彼此纠结在一起，因而很难分清某项资源的支出究竟属于哪一个政策或每项政策的总投入是多少。政策资源的混合使政策的成本难以核定，而要测定某项政策的效益就更无从下手了。

政策的重叠指的是针对相同或相似的政策问题和政策目标群体、不同的机构或部门分别制定并执行各自的政策。各种不同的政策效果混杂在一起，很难将某项政策的实际效果从总体效果中提炼出来。有时，不同的政策之间缺乏协调甚至相互干扰，从而使区分政策效果的工作更难以进行。

（四）政策问题的复杂性

政策一般都是针对解决政策问题的目的发布和实施的，而政策问题又往往涉及非常复杂的因素，带有很大的不确定性。一个问题经常包含另一个问题，而后者又可能是其他问题的一部分，问题之间关系交错，分析起来具有相当的难度，这就给政策评估工作带来很大的障碍。例如，行贿受贿问题、社会治安问题、环境保护问题、人口控制问题等就属于此类问题。

（五）政策行动与行动效果之间的因果关系不易确定

公共政策是针对某一特定社会问题而提出的，因此，要评估政策的效果，就必须明确哪些情况的改变是由政策行动引起的。然而，在现实生活中，实际社会情况的改变往往还会受到政策行动以外其他因素的影响，这就使得政策行动与行动效果之间的因果关系并不确定。例如，限速政策是为了降低交通事故的发生率，而问题是：如果交通事故减少了，是否就一定是限速政策所起到的作用呢？这个问题很难回答，或许是由于酒后驾车行为减少了；或许是基于回归理论，交通事故率必然呈下降趋势；等等。

（六）评估信息的缺乏

公共政策评估是建立在获取充足信息的基础之上的，没有足够的信息是难以展开有效评估的。因此，获取真实而全面的第一手资料和各种数据，就成为进行政策评估的基础和前提。但是在我国，一方面，政策信息工作还比较落后，信息搜集的数据往往是残缺不全、杂乱无章的，根据不全的数据评估出来的结果，必然有违真实的情况。另一方面，有些政府机构往往以保密为由拒绝向公众公开相关的政策信息或数据，从而大大增加了政策评估的难度。

（七）政策评估资源的不足

政策评估是一项复杂、系统的工作，需要投入相当的人力、物力和财力。但在现实中，由于人们对政策评估尚未给予足够的重视，或是决策者和执行者不希望进行评估，因此，往往很难指望政府机构从现行政策资源中拿出足够的人力、物力和财力作为评估之用，政策评估资源也常常处于经费短缺的状态。

（八）政策主体及相关人员的抵制

政策评估必然涉及政策主体的行为评判，所以必然受到来自政策主体的一些干扰。有的人会寻找各种借口，通过各种渠道，试图影响政策评估的结果。当政策评估的结果可能会出现对其不利的影响时，来自政策主体的反对之声可能会非常强烈。毕竟，没有人愿意别人对自己的行为品头论足。为此，他们可以找到很多的借口。正如托马斯·戴伊在《理解公共政策》一书中所指出的，政策主体反对政策评估的理由可以归纳为以下一些：“政策影响是一个长期过程（政策存在震荡效应），不能在目前就妄下断言；政策的影响在本质上是广泛而普遍的，任何单一的标准都不足以判断政策目标是否真正实现；政策的影响又是非常精细的，用简单概括的量化表格和统计数据根本无法认定其结果；政策效果之所以不明显，主要是因为投入的政策资源不够；政策的积极影响未被真正发现，只是因为评估方法采用不当所至，绝非政策本身有问题；等等。”有关人员的抵触主要表现为拒绝提供评估经费和资料，藐视、贬低和否定评估结论等。在政策评估面临的所有困难中，人为的抵制是最直接也是最严重的困难。

二、政策评估结果的处理方式

政策评估结果的处理方式，主要有以下几种。

（一）政策方案调整

政策执行的情况在经过监测与评估后，当发现执行有困难或是环境已经发生变化或是人力、经费等资源不足时，就必须调整方案执行的方法、技术或程序等。

（二）政策方案持续

政策执行的情况在经过监测与评估后，经推测已初步满足目标群体需求、价值观、机会等，即政策方案的执行已达成基本目的，故可继续执行政策方案，而不必修改政策问题、标的人口、执行人员及经费。

（三）政策方案终止

政策执行的情况在经过监测与评估后，如果结论是原先的问题已获得解决或未获解决、反而产生更多问题时，应该终止该政策方案的执行。

（四）政策方案重组

政策执行情况在经过监测和评估后，如果发现问题未获解决是由于当初对问题界定不当、目标不明确、解决问题的方法不妥当等所引起的，就应重新建构问题，了解问题的症结，设定新的目标和新的解决方案。

案例五

“五日制限行”政策评估

背　景

北京市第一轮“五日制限行”（即每周停驶一天）的规定自 2008 年 10 月 11 日起至 2009 年 4 月 10 日止，北京市行政区域内私人用车按车牌尾号每周停驶一天（法定节假日和公休日除外）。限行范围为五环路以内道路（含五环路），限行时间为 6 时至 21 时。

粗略计算，私家车每周少开 1 天，每月大概少开 4 天，六个月少开约 26 天，这是当初购车的消费者绝没有估计到的。对此，北京市推出限行政策也有补偿手段，那就是对停驶的机动车减征一个月养路费和车船税。但这种经济补偿并不意味着该长期限行政令具有合法性。“五日制限行”至 2009 年 4 月 10 日完成第一周期，有关部门评估了相关限行效果，包括道路通畅情况、空气改善情况、民意支持程度等，有关结论已正式向社会公布。由于当初实施限行前未举行听证，这一长达半年的行政强制手段一直饱受非议。虽然北京市有关部门此后通过媒体表示：部分人所说的“五日制限行侵害了公民对机动车财产的使用权”实际上是对物权法（现已废止）的误读。但是，在一个法治社会中，公民对全国性法律的理解是不是属于“误读”，似应由全国人大做出最权威的、具有法律效力的解释。

事　由

2009年4月2日上午，由北京交通发展研究中心牵头完成的《实施〈北京市政府关于实施交通管理措施的通告〉监测评估报告》首次对外公布，民意调查显示，约85%的北京市民支持“每周少开一天车”措施，其中80%以上的有车人士和93%以上的无车人士支持该措施继续实施。从去年10月11日至今（指从2008年10月11日至该评估报告发布之日——笔者注），北京市的交通拥堵指数大幅下降，从“中度”下降为“轻度”，工作日全天拥堵时间也由限行前的7小时45分钟减少为2小时30分钟，全市空气质量亦整体呈好转趋势。根据北京市交通委新闻发言人的说法，北京市正在研究4月10日之后的相关政策，相关措施会择机发布。同时，对于“每周少开一天车”措施是否进入立法程序的问题，发言人表示，“目前试行的交通管理措施是有法律依据的，但会进一步进行研究完善”。

从交通状况来看，工作日严重拥堵时间降为零。该评估报告选取2007年10月至11月作为“无限行”期间基准数据，通过各种数据来评价“每周少开一天车”交通管理措施（2008年10月11日至2009年2月28日）的实施效果。北京交通发展研究中心、市公安交管部门和环保部门监测结果表明，在2009年2月底比2007年11月底净增机动车45.4万辆的情况下，交通状况仍得到了改善。据监测，“每周少开一天车”期间高峰路网速度比“无限行”期间明显提高，早高峰（7：00—9：00）提高15.6%，晚高峰（17：00—19：00）提高13.8%。全天市区主干道流量下降4.1%，环路流量下降2.8%。工作日五环内“122”拥堵接报警下降27.6%。交通拥堵指数从7.54（中度拥堵）下降至5.15（轻度拥堵）。如前所述，工作日拥堵持续时间从7小时45分钟减少为2小时30分钟，特别是“严重拥堵”时间由1小时45分钟减为0分钟。该评估报告指出，车流的变化说明交通限行政策的实施初显成效，再加上部分单位错开上下班时间，市民选择延后出行等措施，使得路网的拥堵程度明显降低。详细数据见表4-1。

表4-1　限行前后北京市道路交通拥堵情况对比

指标	限行前	限行后
交通拥堵指数	中度	轻度

续表

指标	限行前	限行后
全天拥堵时间	7 小时 45 分钟	2 小时 30 分钟
严重拥堵时间	1 小时 45 分钟	0 分钟
早高峰拥堵路段	422 条（99 公里）	249 条（55 公里）
晚高峰拥堵路段	818 条（117 公里）	554 条（110 公里）
早高峰拥堵开始时间	7 点整	7 点 30 分
晚高峰拥堵开始时间	15 点 15 分	17 点整
快速路早高峰速度	31.1 公里/小时	37.7 公里/小时

据北京市交管局统计，“每周少开一天车”后，全市交通拥堵情况明显下降，未出现严重拥堵路段，同时，全天各时段拥堵警情均有所下降，早 6 时至 7 时变化最为明显。城区拥堵有所缓解，二、三、四环常规拥堵桥区通行能力有所提升。只是每周轮到尾号是 4 的机动车限行的日子，路面总是比较拥堵。与工作日相对应，不限行的周六和周日的拥堵状况比限行前有所增加，全市日均接拥堵报警较工作日有所上升，且大型商业区、社区流量相对集中。其中周六成为全周报堵最高峰。西单、木樨园、新发地等大型商业区、批发市场，以及回龙观、天通苑、望京等大型社区是周末交通热点。

实行“每周少开一天车”交通管理措施后，北京市公共交通客运量变化显著，日均客运量比“无限行”期间增加 287 万人次，上升 20.8%。地面公交日均客运量达到 1 343 万人次（高峰日达到 1 593 万人次），地铁日均客运量达到 353 万人次（高峰日达到 438 万人次）。

从空气质量改善情况来看，机动车排放每日减少 375 吨。评估报告依据北京市环境保护主管部门提供的每日空气质量监测数据，全市空气质量整体呈好转趋势。据市环保部门测算，“限行”期间，每日机动车污染物排放量减少 375 吨，其中机动车排放的碳氢、一氧化碳、氮氧化物、可吸入颗粒物分别减少 10%、10%、8%、8%。市环保局表示，这一方面是由于每天上路机动车总量减少，污染排放绝对量减少；另一方面是由于拥堵缓解，速度提高，污染排放相对量也减少了。

为追踪市民对机动车限行措施的态度和意见，北京市社情民意调查中心（以下简称“社情民意中心”）和北京零点调查公司（以下简称“零点调查”）分别于 2008 年 12 月和 2009 年 2 月展开民意调查。社情民意中心的总样本数为 3 641 份，其中有车人士 1 512 份，无车人士 2 129 份。零点调查的总样本数为 3 603 份，其中有车人士 2 085 份，无车人士 1 518 份。民意调查内容包括支持度、对号码轮换制和轮换周期的评价、实施效果评价和对未来的建议等四个方面。调查结果显示，市民对“每周少开一天车”政策的支持率均达到85%以上，且零点调查得到的支持率略高于社情民意中心的调查。对于是否支持轮号制，两项调查结果的支持率均超过58%，其中零点调查得到的支持率比社情民意中心调查得到的支持率高出13个百分点。不支持轮号制的主要原因是轮号频繁，容易忘记停驶日。详见图4-6。

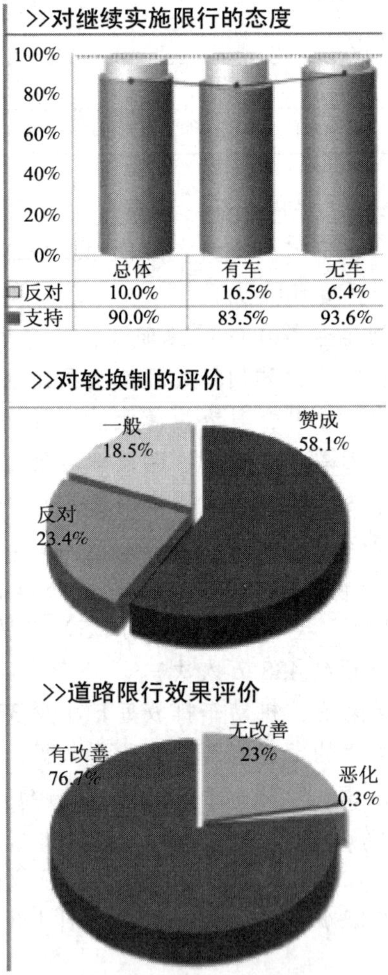

图4-6 对“五日制限行”的调查情况

观点交锋

北京地区实施的车辆“五日制限行”引发了较大争议，有人对限行措施拍手叫好，也有人认为此举多有不妥。诚然，我们希望首都具有畅通的交通环境和更多的蓝天绿水，但更需要首都具备和谐的社会环境和稳定的管理秩序。

在这种情况下，政府部门施以何种手段合理化解人、车、路的矛盾，是“疏”还是“堵”，需要仔细考量。

正方：

● 若不限行，汽车速度等同于自行车。像北京这样一个人口超过1 000万的特大型国际都市，要缓解城市的交通拥堵，必须在大力发展公共交通的同时对机动车实施交通需求管理措施。国内外许多经验与教训表明，只有当一个城市采用了这种双管齐下的战略举措时，城市的交通问题才能得到缓解。截至2009年4月2日，北京全市机动车保有量突破360万辆（驾驶员525万人），如不继续实施限行措施，早晚高峰路网平均运行速度将仅能达到20公里/小时。其中晚高峰路网运行速度将低至18.5公里/小时，次干道及支路的平均运行速度不足16公里/小时，仅比自行车速度快4公里/小时（自行车速度一般为12公里/小时）。这些数据表明，这种情况下机动车几乎丧失了其机动性优势，拥堵产生的时间及燃油损耗等社会成本也将因此大幅增加。

● 车辆集中在城区使用导致拥堵。虽然强制性限行措施在国际上并不多见，且目前北京机动车保有量还远低于东京等发达国家大城市，但实行强制性限行措施很有必要。在机动车使用地域、使用量等方面，北京和东京、伦敦、纽约等一些国际大城市存在很大差别。东京等城市的机动车主要在城市外围区域使用，其在城区内的使用率仅为10%；而北京机动车主要集中在城区使用，使用率高达30%。这也是北京机动车保有量比东京少，但道路拥堵程度比东京严重的主要原因。

● 拥堵难治本，限行先治标。所谓治本，就是要彻底解决北京市的交通拥堵问题。那么，对此有切实可行的办法吗？如果没有彻底解决的措施或者一段时间内无法实施，则先治标又有何妨？如果不先解决暴露出来的问题，可能会引发更大的问题。限行虽是北京缓解拥堵的治标之策，但治标总比不治好，总比不作为或“躺平”强。交通拥堵作为北京这种特大城市发展中的问题，在相当长的一段时间内是很难彻底解决的，所以才需要治标之策。对此，北京市民应当予以充分理解。

● 限行可取，但应做到公交优先。近些年来，北京市政府在公共交通方面虽然做了很大的努力，但还没有达到充分吸引有车一族放弃自驾的程度。如果能够像2008年北京夏季奥运会期间那样大力发展公共交通，肯定会有更多的人在出行时选择公共交通，道路也就不会越来越堵。换言之，只有大力发展更舒服更快捷的公共交通体系，才能真正缓解北京的道路拥堵问题。

反方：

● 重划城市结构。长期限行是下策，治标不治本。限行将引发机动车数量上涨，不少人会通过买第二辆车的方法，自我规避调整，而机动车出行率、占用道路资源的时间并不会因为限行而减少、缩短。同国际发达城市相比，北京机动车的保有量并不高，但拥堵却比它们严重，其中一个重要原因就是城市的服务结构有很大差别。北京市的政府机构扎堆，教育资源、医疗资源以及大型社区的布局过于集中，大量人流在早晚高峰时期往往会集中到几处交通要道，这才是导致北京市道路拥堵的症结所在。因此，治本之道应从改变城市功能结构入手，避免布局集中。

● 削减公车是治本之道。为了治理北京交通拥堵，政府部门可谓“招数用尽”。“五日制限行”也实属无奈之举，虽可治标且多有成效，但不仅在合法性上存在缺陷，而且在实际效果上遭到普遍质疑。那么，有没有治本的措施呢？对此，学者支振锋在2009年4月1日的《法制日报》（即今《法治日报》）上撰文指出，在当前情况下，削减公车是比限行更有效之缓解拥堵的措施。文章指出：2006年的中非峰会期间，除了个别路段、个别时间段外，并没有实行限行政策，但整个北京却出现少有的一路畅通，秩序井然。究其原因，就是中央驻京机关公务车的50%、北京市属机关公务车的80%被封存。峰会后，北京市政府新闻办公室在其举行的新闻发布会上说，49万辆公车入库封存后，本市各机关事业单位并没有因此而受到“丝毫”影响。可见，在其他条件不变的情况下，封存部分公务车竟能极大改善交通状况，这一措施实在值得推荐。

可能会有人质疑，比起越来越多的私家车，在北京的政府及事业单位公务车数量并不占优势，并且比例还可能在逐年下降之中。那么，削减政府公务车真能缓解交通拥堵吗？答案是肯定的。中非峰会时北京市全部的机动车保有量大约为280万辆，而封存其中49万辆公务车后交通状况就能得到极大改善，这至少说明公务车是导致拥堵的重要原因。如果再加上外地来京办事的公务车，则在京公务车的数量更是惊人。

● 简单强制不如综合治理。单一的交通需求管理政策作用有限，简单的一刀切方法效率不高，必须考虑经济杠杆等与强制手段相结合，实施综合管理措施。为此，应尽快出台差别化停车管理政策，深化错时上下班措施，研究特殊区域拥堵收费政策，提高燃油税，积极完善公共交通体系，大力发展智能交通系统，提高整体交通运行效率。使用好经济杠杆和其他措施，力争在不远的将来不需要再通过限行来解决交通拥堵。

● 限行是应急，能长期执行吗？限行属应急管理权限，是临时性政策措施，即在特定或特殊情况下应对临时需求所能采取的措施。短期来看确实能起到一定效果，长期来看却存在一定的隐患。例如，每逢重大事件或紧急情况，职能部门可动用应急管理权限，采取临时管制措施，但如果在平时擅动则属于权力滥用。从发达国家大城市的管理来看，没有哪个会长期执行强制限行举措，如果北京长期限行，势必会影响其国际大都市的形象。

● 长期限行有法律依据吗？职能部门在哪些情况下可以采取紧急措施？一旦采取，紧急措施的最长执行期限如何？这些问题都应通过立法的方式予以明确。恰如一些学者所指出的，限行政策有侵犯个人财产权之嫌，诸如道路交通安全法、大气污染防治法等，都不能作为长期执行限行政策的法律依据，因为下位法要服从上位法，即物权法。换言之，长期限行实际上是在用行政强制手段损害我国物权法的权威性。

● 程序合法吗？从2008年北京奥运会前开始的单双号限行到奥运会后的“五日制限行”，事实证明，多数百姓都能支持、理解，因为大家也希望在北京奥运会后能保持良好的城市形象。所以，政府如果继续限行，应该向百姓讲清缘由，至少要召开听证会。只要政府理由充分，相信百姓还是会理解和接受的。政府的执政能力不应该体现在简单的“一刀切”上，不能过分依赖强制命令，不能只考虑结果，还要考虑程序问题。限行问题实际上是个人权利和社会公共利益的平衡问题，需要倾听民意。从法治层面而言，不仅政府职能部门应先召开听证会，而且在限行政策执行前还应向人大提出申请，由人大决定限行是否可以作为一种长期的行政强制措施。

就民意调查而言，以当年北京市参与有关限行调查的两家机构来说，许多人看到其调查结果后都说与自己的真实想法差距很大，并且区区几千人的调查范围也很难说具有很大的代表性——不少人甚至怀疑调查机构的立场和这种调查的科学性与真实性。反观人民网就此进行的调查显示，反对限行的网民占压倒性优势（例如，人民网曾发布过这样一组调查数据，其中有93.1%的人认为“五日制限行”应该交由人大审议通过后再执行）。其他调查显示的结果亦多有不同。那么，这种情况下究竟应采信何种民调？决策者又应如何看待各种差距很大甚至相互矛盾的民调？如果上述人民网发表的调查数据属实，那么，在提倡环保出行、构建和谐社会的今天，为什么会有如此多的网友对限行政策持反对意见？这些问题都很值得我们思考。

后续：“五日制限行”还要继续吗？

2009年4月5日下午北京市政府举行发布会，宣布从2009年4月11日至2010年4月10日，社会车辆继续试行交通管理措施，按车牌尾号每周一日高峰时段停驶（法定节假日和公休日除外）。这次的措施较之前有三处变化，一是停驶时间由之前的6时至21时调整为7时至20时；二是停驶范围调整为五环路以内道路，但不含五环路；三是停驶的车牌尾号由之前的一个月轮换一次更改为每13周轮换一次。另外，从2009年4月11日起，北京市各级党政机关继续封存30%公务用车。北京市行政区域内的中央国家机关、本市各级党政机关、中央和本市所属的社会团体、事业单位和国家企业的公务用车继续按车牌尾号每周停驶一天，停驶范围为该市行政区域内道路，停驶时间为0时至24时。这次新的限行措施不再照搬之前，而是根据以往的限行效果进行了总结和修正，使得限行更加科学和人性化，也更有利于广大普通市民的出行。

案例六

城市乞讨问题讨论——两种截然不同的观点

1. 关注社会秩序

曾经一度，社会上的乞讨现象可谓不少见。在一些城市的地铁上，有时在短短10多分钟的车程中，不少乘客就被迫参加多场次的乞讨人士“演唱会”，这些“演员”们发出的刺耳噪声、做出的古怪动作和表情，搞得许多人心里实在是不舒服。据一些经常乘坐地铁的乘客讲，过去这些“职业乞丐”只是在车厢里挨个向顾客作揖、鞠躬讨要，谁想今天都改扮“歌星”了，要是偶尔来上个一两次也就罢了，可“轮番轰炸”就让人有些受不了了。

这些年来，国内一些大城市对乞讨现象越来越关注，要求对乞讨行为进行一定限制的公众呼声也日渐高涨。有的地方酝酿并出台了在“地铁、旅游区、繁华街区”等处禁止乞讨的政府法令。事实上，在一些特定时期强制要求乞讨者离开繁华、热闹的市区地段是许多城市长期以来的惯行做法，当初制定收容遣送制度的主要目的就是清理城市里的乞讨和流浪人员。现在，收容遣送制度已被废止，但乞讨、流浪等方面的问题仍有存在。

城市中，特别是在人多繁华的地段和景区应不应该限制乞讨？应不应该清理流浪人员？诸如此类的问题在媒体和公众讨论中引发了很多的分歧，这无疑说明其更多表现为人的某种价值判断。

有的专家认为，乞讨是经济发展到一定阶段的社会问题，对于那些采取违法手段强行乞讨的人员必须进行打击，否则就是对大多数市民的不负责任，也给城市管理带来了一定的负面效应。例如，美国纽约市20世纪90年代曾重拳出击，打击恶性乞讨行为，对改善城市秩序起到了重要的作用。

有的学者强调，城市街头出现大量的流浪乞讨人员，不仅直接影响城市形象，而且给社会治安管理带来严重隐患——大量乞讨人员的存在极易引发各种严重的治安问题，因此十分有必要对乞讨行为进行立法规范性管理。就目前阶段而言，相关部门必须开展立法调研，完善法律法规，从制度上保证具备有效的管理手段。同时，在取消收容遣送制度后出现的一些新问题，不应被简单视为治安问题。一个城市的管理和秩序需要政府及各有关部门的密切协作配合，在目前城市管理法律体系尚未健全完善的情况下，应有效开展综合治理，加大联合执法工作力度。

警方有关人士指出，在打击以乞讨为名违法犯罪专项行动中，打击重点是唆使残疾人、未成年人行乞，教唆其强乞强讨者，在乞讨过程中公然侮辱他人、寻衅滋事、阻塞交通、扰乱企事业单位正常工作或以其他方式扰乱公共秩序者，还有那些谎称家乡受灾、投亲不着骗取他人同情以达到行乞目的骗人者。至于那些以乞讨为名实施盗窃、诈骗、抢夺等刑事犯罪者，则更是在警方严厉打击的范围之内。

2. 强调公民权利①

与上述“关注社会秩序”者的观点不同，“强调公民权利”者对微观个体的关注度更高。为此，后者批评道，收容遣送制度刚废止不久，在公共场所清理行乞者的“行政欲望”就再一次肆无忌惮地公开化了。这一政策趋向是十分危险的，其实质不仅是对宪法赋予每个人（包括乞讨者）平等权利的侵犯，而且是对他们人身自由的限制。

第一，从立法技术上讲，行政部门或许可以针对行乞行为进行管理，但绝不能针对行乞者进行管理。行乞是一种民事行为，即行乞者请求他人与之缔结一份私人赠予契约，此类民事行为可由法律进行规范。但是，“乞丐”却并非一种特定的法律主体，即其并不是一类法律意义上的特殊人群。因此，如果把一个在公共场合行乞的公民视为应该受到管制的乞丐，这本身是对行乞者的一种身份歧视。在法律的视野中，只有甲方乙方、自愿或不自愿的契约之分，而没有高贵的契约与低贱的契约、体面的缔约人与卑贱的缔约人之别。

行政部门对公共场合行乞行为的限制，必将造成对行乞者自由出入公共场合的限制。例如，某市出台的规定中这样说，发现行乞者后“可以劝其离开”。如果行政部门针对的只是行乞行为，那么就应该劝其停止，但政府有什么权力“劝其离开”一个公共场合呢？这一规定非常鲜明地透露出立法者的真实意图和价值观：其实，并非乞讨行为而是行乞者本身才构成了对城市形象的“抹黑”。基于这种理解，行乞者就算没有乞讨而仅仅只是站在那里，也是一种“环境污染”。这种观点是非常危险的，因为其动辄干扰、限制、侵害公民的人身自由，并因此危及他们的生存方式。根据《中华人民共和国立法法》的规定，限制人身自由的法律只能由全国人大来负责制定。可见，诸如此类的法规无疑都是“非法”的。

第二，如果一个人可以在街道上散发宣传资料、名片、调查表格，或随机采访行人，或在地铁里拦住另一个人问路，或在公众场合举行商业活动，或在

① 王怡：《限制乞讨与“禁止来电”》，《南方周末》，2004年1月8日。

旅游区请求别人为自己拍照，那么其也就可以在上述场合向别人行乞。与此同时，当面对上述这些情况时，我们也可以自由选择接受或者拒绝。

但如果行政部门要对此进行干预，其就必须针对上述每一种行为而不能仅仅针对行乞这一种行为去干预，否则这种干预就构成了对行乞者平等权利和契约自由的伤害，也构成了对他们的一种身份歧视。

所以，我们在此讨论的不是别人是否可选择拒绝的问题，而是行政部门能否选择性地限制公共场合中“法无禁止”之个人行为的问题。即使有人不喜欢行乞者，但只要对方没有触犯法律，则也应由其自己去做出拒绝的选择。行政部门动辄出面“帮助”人们行使拒绝权，往往是非常不明智甚至是危险的。因为“公器”不应该被用以评价法律认可范围内不同人的生活方式、行为举止和衣着外貌等，并按评分等级给予其以权利上的差别对待。

早在2 000多年前，《礼记》中就有过这样的论述：“大道之行也，天下为公……故人不独亲其亲，不独子其子，使老有所终，壮有所用，幼有所长，矜、寡、孤、独、废疾者皆有所养。”诚然，对社会秩序的维护和对公民基本权利的保障在政府的管理过程中会存在这样或那样的矛盾。但是，从取消收容遣送制度到实施《城市生活无着的流浪乞讨人员救助管理办法》，足见我们国家更加注重对人权的尊重和保障，即在维持正常社会秩序的同时加大对每个公民生命权的保障力度，使之获得最大限度的受助权。曾经参与该管理办法起草和制定的一些专家学者认为，政府从权力本位到义务本位的重大变化，表明其在维护社会秩序的同时，更多关注为百姓安居乐业、自由生活提供便利，从而与执政为民的理念、形象、做法的贴合更加紧密。

案例七

禁与不禁：换位思考

针对“禁止自带酒水”“收取包间费”等不合理规定，中国消费者协会（以下简称“中消协”）、北京市消费者协会（以下简称“北京市消协”）曾多次呼吁予以取消。2013年4月12日，北京市消协正式向商务部提交《关于“不应在〈餐饮业管理办法〉中允许餐饮业设置最低消费，使之变身为差异化服务收费项目”的建议》（以下简称《建议》），呼吁应在《餐饮业管理办法》中对餐厅设置所谓“最低消费”的做法做出明确的禁止性规定。北京市消协在《建议》中指出，包间设置最低消费不属于差异化服务收费，不应当成为所谓差异化服务收费的借口，其结果是将违背大多数消费者意愿的“最低消费”合法化，这有悖于“清理和规范餐饮行业不合理收费”的初衷。

自当年4月起，北京市工商局在全市范围内开展了餐饮行业合同格式条款专项整治。工商部门对全市主要餐饮企业进行走访，收集了菜谱、水牌、店堂告示、就餐卡等多种形式的合同格式条款。通过整理分析，发现餐饮行业合同格式条款普遍在开瓶费、包间费、服务费、餐具费等方面存在侵害消费者权益的内容，并成为近年来社会广泛关注、争议较多的焦点问题。工商部门组织相关专家对这些条款进行充分论证，最终确认“禁止自带酒水”“包间最低消费××元”等6种合同格式条款，属于经营者免除自己责任、加重消费者责任或排除消费者权利的不公平格式条款。工商部门表示，经营者在提供餐饮服务的过程中，虽然拥有对所销售商品和提供服务的定价权，但在获取利润的同时也应当履行应尽的社会责任，不能忽视和违背公平交易、等价有偿、诚实信用的市场规则。为此，工商部门要求各餐饮企业根据2012年12月10日发布的合同格式条款违法表述在一个月内开展自查自纠，逾期不改正的，工商部门将依据《合同违法行为监督处理办法》进行处罚。

市工商局叫停餐饮行业霸王条款，在获得消费者叫好的同时，却招致行业协会的激烈抵制。2013年12月11日，中国烹饪协会（以下简称“中烹协”）以公开信的形式指出，北京市工商局此举已“激发行业公愤”，认为“不公平表述”以偏概全，“违法定性”理由牵强，行政干预违背改革原则，并请国家工商总局对北京市工商局此次行政行为及时予以制止，责令其立即整改并公开道歉，以消除社会舆论影响。12月13日，国家工商总局新闻发言人表示，合同行政监督管理是合同法和国务院“三定方案”赋予工商部门的法定职责。由于合同格式条款具有单方拟订、重复使用且不与对方协商的特性，不少经营者利用不公平合同格式条款将自己的意志强加给作为合同弱势方的消费者，损害了消费者的合法权益。不公平合同格式条款的大量存在，破坏了正常的消费秩序，容易引发矛盾和纠纷，涉及社会公共利益，已成为影响社会和谐稳定的公害。针对这种情况，近年来国家工商总局组织全国工商系统对“霸王条款”加大监管执法力度，集中开展专项整治，得到社会各界和广大消费者的普遍认可。

行业协会直接叫板工商部门，堪称罕见。双方争议的焦点集中在关于“禁止自带酒水”“包间最低消费××元”等方面。以下是有关各方的立场和观点。

中烹协观点

在市场经济条件下，餐饮企业和消费者都有充分选择的自由。在目前的价格法、消费者权益保护法等法律条文中，并未把餐饮企业“禁止自带酒水”等行为划分至违法范畴。此外，现实中既有设定“禁止自带酒水”的商家，也有未设定的商家。餐饮业与垄断行业不同，消费者完全可以用脚投票。因此，北京市工商局的违法定性理由牵强。

北京市工商局的立场

消费者权益保护法第九条规定："消费者享有自主选择商品或者服务的权利。"第十条规定："消费者享有公平交易的权利。"因此，消费者不仅有权选择在哪一家餐厅就餐，在同一家餐厅也有权选择具体的商品和服务内容。以禁令形式拒绝与消费者就酒水问题协商，侵害了消费者的自主选择权和公平交易权。设置最低消费的行为，排除了消费者选择消费数量、消费金额的权利，也容易产生浪费等现象。

北京市消协观点

针对北京市工商局与中烹协关于上述"霸王条款"的争议，作为消费者"娘家"的消费者协会公开表态指出，行政部门对"霸王条款"的认定有理有据。北京市消协还公布了对全市63家餐饮企业的调查结果，指出餐饮企业提供的酒水往往高于市场价格的一至数倍。以53度飞天茅台为例，市场价1 080元（指当年的市场价格）左右，餐饮提供价格为市场价的200%至300%。这种普遍的加价幅度已成为行业潜规则，限制和剥夺了消费者的选择权和公平交易权。消费者权益保护法规定，消费者享有自主选择商品或者服务的权利，有权拒绝经营者的强制交易行为。餐饮企业设置"禁止自带酒水""包间最低消费"，其问题的本质"是使消费者接受餐饮企业提供的高价酒水"，强制消费者只能接受不需要的商品（菜品）。北京市消协指出，虽然经营者在提供餐饮服务的过程中拥有对所销售商品和提供服务的定价权，但企业在获取利润的同时，应当遵循公平交易、等价有偿、诚实信用的市场规则。

餐饮企业观点

许多餐饮企业表示，整治"霸王条款"的初衷是好的，但时机不对，没有进行周全的考量，毕竟目前餐饮业正经历寒冬，经营非常困难。在维权方面，工商部门应该一手托两方，既要维护消费者权益，也要保证企业的正常经营。

据有的餐饮企业反映，有消费者自带酒水、食品到餐厅，要求免费使用餐厅包厢就餐；在与服务员产生语言冲突后，第一时间致电12315举报，并根据接线员的指点"拍照留证"。不知上述现象是"合法"还是"违法"？

有的餐饮企业管理人员发问，既然消费者可以自带酒水，那么是不是意味着他们也可以自带饭菜？

媒体声音

媒体之中，有与北京市消协保持一致的，也有与中烹协持类似观点的。以下举媒体人苏文洋的发文为例（选用时笔者做了适当修改）。

餐饮业是商业的一部分。这说明，一桩买卖的成交，谁都不能“霸王硬上弓”，大家得商量着来，买卖双方都要公道，强买不行，强卖也不行。“谢绝自带酒水”被消费者视为商家的“霸王条款”，其实是带有很强的片面性，缺乏实事求是的态度。孔子说：“己所不欲，勿施于人。”凡事都要反过来想一想。假如消费者是餐馆经营者，你是否愿意接受就餐者不在你这里买酒水而是自带酒水？外面的酒水要比餐馆便宜，消费者花钱随便到一家烟酒店、超市、商场去买，一定便宜很多。但是，这些纯粹的烟酒经营者不给消费者提供饮酒的场地，你要喝得另找地方。这样，他们节省了场地租金、水电消耗、服务员工资等开支，所以酒水价格才能比酒店便宜。举个例子，1 听可乐在街摊上卖 3 元，可要到五星级酒店去喝的话 1 听得卖你 100 元。你可以说贵，也可以说黑，当然也可以不买，但你要求酒店降价这事儿估计很难办得到。100 元 1 听可乐卖得出去卖不出去那是酒店的事情，酒店倒闭也与你无关。事情就是这么简单。消费者可以选择在街头喝而不在酒店喝，但你要求酒店的酒水价格要和街摊一样便宜，或是从街摊买了酒却要去酒店免费找地儿喝，那就显得不太讲理。

还有一个餐馆包间费或最低消费问题，多年来也一直为消费者诟病。其实，这个问题就像飞机上设头等舱、公务舱一样，你要安静、宽敞、舒适，你就要多付钱，比经济舱贵一倍甚至两倍。你要花经济舱的钱坐头等舱，不让坐就是“霸王条款”，这大概也不能成立。再打个比方，你在宾馆开了一间单人房，然后自己带上两张折叠床，再住进去 4 个人，你认为可行吗？各行各业都有规矩，有一些约定俗成的东西，我们不能把所有限制消费者的规定统统斥之为“霸王条款”“潜规则”。有些规定或许商家可以改进，也有些规定消费者只能遵守。在国外有些餐馆，客人如果衣冠不整或不穿西服，连店门都不让进；人均消费低于规定数额，也根本不接待。你天天炮轰也未必能够改变这些所谓的“霸王条款”。唯一的办法大概是自己开一家餐馆，客人随便自带酒水，衣冠不整照吃不误，消费 10 元可以坐一天，包间费一律不收钱。当然，要真那样的话，我估计不出三个月你的店就得倒闭了。

餐馆谢绝自带酒水，是因为酒水是餐馆经营项目的一部分，其提供场地、水电、服务等，包括饭菜，当然要挣酒水钱。消费者可以嫌贵不喝，但你嫌贵就自己带，那就要和店家商量。我也干过自带酒水的事情，有时交点开瓶费，有时店家不允许就换一家餐馆，也有的店家为了留住客人而同意他们自带酒水。总之，在这件事情上大家要平心静气，前思后想，一手托两家。剃头挑子一头热是不行的，任何一方都不能搞“霸王条款”①。

① 苏文洋：《谢绝自带酒水果真是霸王条款吗?》，《北京晚报》，2010 年 5 月 3 日。

专家意见

其实，问题并不是非黑即白。

市场经济条件下，利益主体多元，利益标准多元，难有唯一不变的标准答案。各方在公共舆论空间里公开博弈，摆出立场、拿出证据，这是一个值得赞赏的解决问题的好方法。

作为消费者，我们自然希望条款更有利于自己，但是店家的自主经营权同样需要得到尊重。例如，“包间最低消费”固然限制了消费者的部分选择权，但饭店的包间本身就是有边际固定成本的，一定情况下还是稀缺资源，如果消费者花费极少却要占着包间，这对饭店并不公平。

但从另一个角度来看，在以上商家和消费者的契约关系中，前者明显处于强势地位，后者则处于明显弱势。在这种情况下，契约自由并不会自然而然导向契约正义，自由竞争也并不等同于公平交易。毕竟，消费者不可能次次都去法院打官司维权，因此的确需要有关行政部门的“有形之手”进行格式合同监管，纠正“霸王条款”，维护消费者利益。

这就是说，行政监管既不能完全代替民事合同的意思自治，但也不能放任无良商家打着“契约自由”旗号损害消费者利益。消费者应受保护，市场交易自由也应受保护。工商部门既要积极履职，依法审核侵害消费者利益的格式合同；又要在政府职能转变、简政放权的大背景下，避免重走过分干预市场的老路。

在当下利益主体多元化、利益标准多元化的格局下，不可能再搞“一言堂”，而是需要建设“多声部”，各种利益主体公平博弈，公开博弈，这才是处理利益纷争的有效机制①。

实际上，就上述餐饮业与消费者之间的利益冲突而言，现行法律上并没有十分具体的规定。

之所以不做具体规定，恐怕也是考虑到市场行为的复杂性，所以要为市场主体预留一定的博弈和自治空间。其实，禁止自带酒水本身或许并不是问题的关键，真正令消费者不满的是酒店的酒水价格畸高。在酒店的酒水价格贵得离谱的情况下，还要禁止消费者自带酒水，就有违民法、消费者权益保护法等指出的公平原则了。

如此长时间的争论，凸显出利益博弈中双方缺乏坦诚沟通与必要妥协。经营者担心无条件允许自带酒水会引发自带饭菜等更闹心的后果，消费者则认为这不过是酒店公开赚取高额酒水利润的借口。如果从平衡经营者利益与消费者利益的角度审视，则只要博弈充分，双方就不是没有达成折中方案的可能。尤其是经营者一方，行业规范和自治领域已赋予其很大的让与空间。试想，如果

① 袁伊文：《公开激辩“自带酒水”是件好事》，《新京报》，2013年12月14日。

酒店酒水价格合理，谁还想着自带酒水呢？①

相关链接二

德国餐馆的做法

德国汉堡市的很多餐馆分为大厅和包间。包间收费较高，大厅收费便宜。大厅的桌子有圆形桌子和方形桌子。奇怪的是，即使你点同样的菜，使用圆形桌子的人要比方形桌子的人多交1欧元。

圆形桌子为何要多收1欧元呢？不是因为德国人和圆形桌子有仇，而是平衡餐馆和消费者权益的结果。因为方形桌子可以互相拼凑在一起，用餐高峰期，来餐馆就餐的人很多，方形桌拼在一起，服务生照顾客人更容易一些，跑的路也少了，服务质量亦自然会提高，这样就节约了人力成本。此外，如果客人吃饭时不谈及一些隐私话题，则坐在一旁的其他客人听到也无妨。大家凑在一起，增加了交流机会，或许原来的陌生人还会因此而成为朋友。

现代社会，人与人的交际好像也越来越困难，许多人似乎除了亲人和同事，平日里很少与别人沟通。德国人更是如此，他们为人处世十分严谨，与人交流也极为慎重，很少与陌生人交流。于是，那些起初因就餐需要而拼在一起的方形桌子，或许能在无意中起到了推动人们交际的“红娘”作用。那不多不少的1欧元，鼓励人们“拼”在一起，互相交个朋友，不论对个人还是餐馆而言都大有裨益。

关键词

政策评估　机会成本　物质性影响　符号性影响　效力与效率　充分性　公平性　回应性　适合性　始-终对比分析　始-中对比分析　有-无对比分析　专家评估法　执行群体评估法　目标群体评估法　评估制约因素

本章小结

1. 政策评估是针对政策效果进行的评价，即考察政策带来了哪些不同。

① 傅达林：《酒水价格畸高“禁带”之争难免》，《京华时报》，2013年12月14日。

2. 政策评估的内容包括对目标群体的影响、对（目标群体以外）相关群体的影响、对近期和未来产生的影响、直接成本、间接成本、机会成本、物质性影响与符号性影响等。

3. 政策评估是政策分析的重要一环，对政策过程有着重要的影响。

4. 政策评估标准有效力、效率、充分性、公平性、回应性、适合性等。

5. 评估方法包括过程对比法和经验判断法等。

6. 政策评估的制约因素包括政策目标的不确定性、政策影响的广泛性、资源混合与政策重叠、因果关系不确定、信息缺失、资源不足、相关人员抵制等。

思考题

1. 政策评估有哪些内容？
2. 政策评估有什么作用？
3. 政策评估有哪些要素？
4. 政策评估有哪些标准？
5. 过程对比法包括哪些具体方法？
6. 经验判断法包括哪些具体方法？
7. 政策评估有哪些制约因素？
8. 评估结果如何处理？

参考文献

[1] 谢明．公共政策原理［M］．北京：中国人民大学出版社，2013.

[2] 谢明．公共政策案例：分析与思考［M］．北京：中国人民大学出版社，2010.

[3] 全钟燮．公共行政的社会建构：解释与批判［M］．北京：北京大学出版社，2008.

[4] 费希尔．公共政策评估［M］．吴爱明，等译．北京：中国人民大学出版社，2003.

[5] 韦默，维宁．政策分析：理论与实践［M］．戴兴翼，译．上海：译文出版社，2003.

[6] 金登．议案：备选方案与公共政策［M］．丁煌，方兴，译．北京：

中国人民大学出版社，2004.

［7］牟杰，杨诚虎．公共政策评估：理论与方法［M］．北京：中国社会科学出版社，2006.

［8］POISTER T H. Public program analysis：applied research methods［M］. Maryland：University Park Press，1978.

第五章

方案开发

对现行公共政策进行一系列评估之后得出的评估结果，大体可分为三类：继续执行现行政策、调整现行政策、终结现行政策。在这一章里，我们主要针对后两种情况来分析如何开发和设计政策方案。政策方案的开发设计涉及两项非常重要的内容，一是设法消除或减轻问题产生的原因，二是改善现行政策的缺陷。

第一节　方案概述

一、政策方案的特性

（一）政策方案的目标取向

政策方案是对“未来事务状态”（以下简称“未来状态”）的设想，因此它具有一定的目标取向，其主要表现就是任何一项政策方案都必须具备前瞻性与指导性。要实现政策方案所设计的未来状态，就必须有人力、物力、财力的支持和相关人员的共同努力。

（二）政策方案的变革取向

要实现未来状态，就必须逐步改变现状。因此，政策方案必须要有“变动性”与“创新性”。也就是说，政策方案要注重实际行动，要在时间、观念、行为、事务关系、人际关系等方面有所改变，以此适应未来状态的要求。

（三）政策方案的选择取向

政策方案重在“选择与设计”，它包含一系列大大小小的活动。以选择为例，这类活动要有广度、深度、连续性、相关性。也就是说，在进行设计时要设法扩大选择的机会，在资源有限的约束条件下做出有效的选择。只有这样，才能激发创新，发掘智慧。但需要指出的是，在选择时，要对选择的项目、程序、时间等做适当而谨慎的分析。

(四) 政策方案的理性取向

政策方案的精髓就在于重视理性。其真正的意义在于：通过环境、目标、手段之间的有效搭配，发现政策方案的可行性条件。如果政策方案超越了环境的限制，便缺乏成功的可能性。从目标与手段的配合而言，二者的结合越紧密效果就越好。

(五) 政策方案的集群取向

现代政策问题的复杂性，常常使政策方案难以发挥一锤定音的功效。因此，政策方案的设计不仅需要考虑眼前问题，而且要考虑后续问题。药到病除固然好，但现实中往往很难做到，所以总要准备一个甚至多个备选方案。

二、政策目标分析

(一) 如何确定政策目标

决策时先要确定目标。政策目标不仅是方案设计的基础依据，而且是政策执行的指导方针，同时为政策评估提供了参照标准。

一般而言，无目标的决策行为是不可思议的，这就像打高尔夫球一样，如果让某人夜间去打高尔夫球，他可能会感到非常好笑：连标杆都看不见，让我往哪儿去打？看足球赛也是如此，如果把球门搬走，则根本无法计分，那么又有谁会有兴趣看两个球队在足球场上无聊地奔跑呢？政策目标就是决策者对未来一段时期内所能取得的成果的判断。没有这种基础性的判断，决策就无从谈起。

一般来说，政策目标具有如下特征。

1. 层次性

政策目标是由总目标、子目标、次级子目标等从大到小、自上而下组成的一个多层次的目标体系。总目标、子目标之间既相互联系又相互制约，构成了一个层层节制的目标系统。

2. 多样性

公共政策内容的广泛性和复杂性决定了政策目标的多样性。从内容上看，有政治目标、经济目标、社会目标等各领域的目标；从范围和数量上看，有宏观目标、中观目标和微观目标，还有单目标和多目标；从期限上看，有长期目标、中期目标、近期目标；从程度上看，有主要目标和次要目标；等等。

3. 系统性

多层次、多样化的目标并不是相互独立的，更不是相互并列的，各种具体目标之间要建立有机的联系，形成合理的结构，发挥系统的功能。局部、低层、近期的目标从属于整体、高层、长期的决策目标。具体目标受制于总体目标，并根据总体目标的要求进行调整。

为了防止“用‘对’的方法解决‘错’的问题”情况的发生，保证政策目标的正确性，政策目标的确定必须遵循以下一些原则。

第一，针对性，即目标必须针对现实问题，有的放矢，切中要害，并选择好突破口。

第二，可行性，即目标必须是在现有条件下通过一定努力可以实现的。

第三，系统性，从整体着眼，对目标进行层层分解，并将其系统地归并和综合为一个有机的目标体系。

第四，规范性，即目标必须符合一定社会的法律、政治和道德规范，符合绝大部分人的价值观和信仰。

第五，具体性，即目标的表达要准确、清晰，含义明确且具有唯一性，有确定的时限、范围、约束条件和具体指标等。

案例一

制定明确的目标

一位记者在采访美国财务咨询师协会前主席刘易斯·沃克时问道：“到底是什么因素使人无法成功?”

沃克回答：“模糊不清的目标。”

记者有点不以为然，想请沃克进一步解释。

沃克说：“我想先问你一个问题，你的目标是什么?”

记者回答：“希望有一天可以拥有一栋山上的小屋。”

沃克笑道：“这就是一个模糊不清的目标。问题就在‘有一天’上，它不够明确，而且‘山上’这个概念也不够清晰。因此我可以预料到，你实现这个目标的机会不大。如果你真的希望在山上买一间小屋，那么你就必须先找出那座山在哪儿，算出那间小屋现在的价值，然后还得考虑通货膨胀等因素，算出5年后这栋小屋会卖多少钱。接着，你还必须计算出，为了达到这个目标，每个月要存多少钱。如果你真的按照这些步骤做了，那么你才可能在不久的将来拥有这栋山上的小屋。”

有了明确的目标，你就会知道自己应该采取什么样的行动去实现它。如果你的所有努力都是在围绕这个明确的目标进行，即你的时间和精力没有浪费在与目标无关的地方，那么你就具备了做事情时的高效能，取得成功也就不足为奇了。

（二）怎样区分价值前提与事实前提

在政策目标的选择过程中，最先面临的是价值前提与事实前提问题，下面就讨论一下这两个概念。

根据西蒙等人的看法，目标选择无非是根据前提引申出结论，这类前提主要涉及两个方面的内容，即价值因素和事实因素。所谓事实因素，是指决策活动中所依据的客观事实，如一个人在决定上班带不带伞时要考虑天气情况，这里的天气情况就是事实因素。但决策的依据不仅仅是事实因素，还包括价值因素。所谓价值因素，是指决策者的个人好恶。仍以上述有关天气的决策为例，如果天下雨，带伞可以遮雨；如果天不下雨，则带伞就成为累赘。在进行决策时，有的人看重对自己身体健康的保护，有的人则更看重减少不必要的麻烦，他们依据同样的天气情况时会做出完全不同的选择，这就是他们在进行价值判断。

在做任何一项决策时需要优先考虑的就是价值问题，因此，价值判断被认为是决策的首要前提。对此可能有人会提出，一些非常具体且技术性很强的决策活动中并不含有价值因素的作用，如决定一条市区道路如何修建的问题，似乎就与价值因素毫不沾边。其实不然，只要我们了解了“决策层次系统”或“目标手段系统”的概念就不难理解这一点了。人的行动都是有目的性的，支配低层次行动的目标总含有实现更高层次行动的内容。例如，人穿衣是为了出门，出门是为了去书店，去书店是为了买书，买书是为了阅读，阅读是为了掌握知识，掌握知识是为了有所作为……如此推导下去，直至达到一个相对明确的终点和目标。这就形成了一个决策层次系统。

在这个系统中，较低层次的决策行为往往成为实现较高层次决策目标的方法和手段，因此又称为目标手段系统。由此看来，较低层次的决策和判断总会受到较高层次决策目标的制约。既然任何决策都离不开对目标的选择，而小目标又要服从于大目标，那么，任何决策行为不论其重要性大小、技术性强弱都包含价值因素，都需要回答“值不值得去做”这样的问题。仍以修建市区道路为例，在进行决策时固然要考虑地形、地质、资金、技术等事实因素，但也必须考虑“值不值得修建这条道路”的问题。这自然就会涉及更高层次的目标，如城市交通安全、经济发展布局、纳税人的负担等。那么，该怎样给这些方面的重要性排序呢？这其实又是一个价值判断的问题。当然，我们可以笼统地认为，决策中的价值因素与事实因素的区分大致相当于目标与手段的区分，越是低层次的、技术性较强的决策，事实因素所占的比重越大；反之，越是高层次的、战略性的决策，价值因素所占的比重越大。

决策的价值前提不是由单一因素决定的，而是由诸多价值因素构成的价值系统决定的。在价值系统内部，既有一致的方面，又有不一致甚至相互冲突的方面。进行决策时往往很难兼顾价值体系的多重因素，于是有时决策者就需要在价值冲突中求得平衡或为突出某些价值因素而放弃其他一些价值因素。价值体系的这种矛盾性特征往往是决策者难以下决断的重要原因之一。

价值判断不仅在决策的开始阶段存在，而且还会在整个决策过程中得以持续。确立以某一价值前提为指导并不意味着它不会在其后发生动摇和改变。决策活动往往涉及多个目标和多种方案，选择和判断中的复杂性决定了其不可能完全服从于价值前提的不变性。事实上，重新确立具有指导性的价值前提是决策活动中常会发生的事情。此外，在决策方案的评估过程中，对价值前提的评估也是其中一项重要的内容。择优离不开对方案的论证，论证最先涉及的就是价值因素，而价值论证实际上就是对价值前提的重新评价。

价值判断常常表现为价值目标的选择。价值目标与决策目标是既有联系又有区别的两个概念。决策目标包含有价值目标，但又不等同于价值目标。决策目标主要是对实践结果的预先设定，价值目标则是对实践结果的意义的评价。两项决策在决策目标上的一致性并不说明它们在价值目标上也完全一致。例如，同样是做出研制核武器的决策，一方是为了扩张侵略，另一方则是为了反击侵略。尽管这是一个极端的例子，但也说明价值目标与决策目标是有所区别的。当然，成功的决策需要二者具有一致性，如果我们将决策目标称为“事”，将价值目标称为“愿”，则我们在实践中需要做的是力求“事遂人愿”，防止“事与愿违”。

事实前提的特点主要表现在客观性、可检验性和变动性三个方面。事实前提虽然也有赖于决策者的认知，但这种认知与决策者对价值前提的认知有所不同，它不是对主体自身需求的认知，而是对客观对象的具体认知，所以其内容具有客观性；具有客观性的事实前提是人们可以通过实际调查和科学实验加以认识的，它具备量化的依据，是能够被检验的；事实前提是决策的客观依据，是客观事实中对决策发生作用的部分，决策的选择性特点必然会造成事实前提的变动性。

事实前提与价值前提既有联系又有区别。它们的区别主要表现在以下几个方面。

第一，提出问题的角度不同。价值前提是从需不需要和值不值得做出决策的角度提出问题，主要侧重于决策主体的要求；事实前提则是从能不能和可不可以的角度提出问题，主要侧重于客观实际的条件。现实中，常有具备了价值前提却缺少事实前提或与之相反的情况出现，从而使决策活动难以进行。

第二，认识形式的表现不同。对事实前提的判断有赖于明显的客观标准，所以往往容易达成共识。对价值前提的判断则更多有赖于人们的价值体系，所以经常引起冲突和矛盾。

第三，影响决策的作用不同。价值前提对决策的影响主要表现在对决策目标的确定上，事实前提对决策的作用主要体现在对行动方案的选择上。

知识链接一

影响决策者行为的价值标准

决策是有意识的选择活动，其影响因素涉及很多方面，如政治压力、社会压力、资金压力、时间压力、社会经济环境、决策程序的限制等。然而，在关注这些要素时，我们不应忽视决策者本人价值观的作用。影响决策者行为的价值观可以概括为以下五个方面。

1. 政治价值观

决策者评价政策方案的标准常常受其所在政党或政治团体/其服务对象的影响。政策常被视为发展和实现政党或利益团体目标的手段，政治上有利是决策的基础性原则，政策分析者也往往从这一方面来研究和评价政策的制定过程。

2. 组织价值观

各种组织机构（包括政府部门）都试图运用奖惩手段使成员接受其确定的价值观并照此行事。一般而言，决策者在决策过程中总会考虑如下一些问题：此种方案对本组织的生存、发展和扩大是否有利？对本组织的一般计划和日常行动是否会产生影响？怎样更好地保持和维护本组织的目标和权力？在权力交叉且相互竞争的机构之间所发生的许多博弈，便源于上述目的。

3. 个人价值观

现实中，个人价值观有时会起到某种决策准则的作用。例如，有的人在任职期间坚持原则，坚决拒腐；有的则接受利益输送，与利益输送者私下交易。有的人讲求权为民所用，无愧于心；有的人则为了自己能够连任而不惜向某些利益集团妥协，做出违心的决定；有的人讲求实事求是，不计自身成败得失且在问题发生时会及时止损；有的人则硬着头皮也要把事做下去，因为他们考虑更多的还是个人的利害得失。

4. 公众价值观

不能否认，许多决策者还是从公众利益出发进行决策的。例如，西方国家中的某些议员极力赞成通过某项法案，尽管这可能在政治上给他们个人带来很大的风险，但他们之所以坚持如此行事，是因为相信这样做是正确的，即应当把公正与平等作为公共政策的目标。

5. 意识形态价值观

所谓意识形态，是指一整套逻辑上相联系的价值观和信念，对人们的行动具有指导作用。例如，在社会主义国家，马列主义意识形态起到了规范社会和经济发展的作用，是政策行动合理化和合法化的重要保证。决策者在进行重大决策时总会考虑这样一个问题，这样做是不是符合马列主义原则？又如，在一些发展中国家，民族主义在其意识形态上占支配地位，这体现了其要求独立自主的愿望和对自身特点、需要的认识以及对所存在困难和问题的关切，从而对这些国家内政和外交政策的制定有着非常重要的影响。总之，对决策中来自意识形态的影响应予以高度重视。

三、政策方案的设计

政策方案是指一个或一组为解决问题、实现目标而设计的行动准则和内容，它具体规定了实现政策目标的步骤、途径和方法。方案设计就是在明确政策目标的基础上，经过调查研究，运用适当的技术与方法设计或者规划各种实现政策目标的行动方案的过程。方案设计是政策制定的关键环节。

设计政策方案多是为了解决现实问题，这就像医生给病人开方治病一样，不仅是为了缓解症状，而且是为了解除病因，而药方的好坏是能不能治好病的关键。同理，决策者对政策问题进行分析和判断的根本目的，也正是在于寻求解决这一问题的途径和方法。

政策方案的内容一般涉及原则和操作两个层面，原则层面是指政策目标的确立，操作层面是指政策方案的具体内容。在政策方案的设计中，需要注意这两个方面的问题。一是对方案后果及其效应的准确估计。没有准确估计，就无从辨别方案的好坏优劣，从而失去进行选择的价值标准。二是对方案实施细节的详尽规定。没有详尽规定，则再好的方案也难以付诸行动，从而也就无法进行优化选择。

（一）方案设计步骤

政策方案的设计一般可分为轮廓设想和细部设计这两个具体步骤。

第一，轮廓设想，即从不同角度、多种途径出发，尽量大胆地提出多种多样的方案设想。其主要内容有二：一是为实现既定的决策目标，尽可能多地提出决策方案；二是将各种方案的轮廓（如行动原则、指导方针、发展阶段、阶段目标等）大致勾画出来。轮廓设想阶段的主要要求是：方案要尽可能多样化并具备整体上的完备性，各个方案之间要有所差别。轮廓设想阶段也是运用创造性思维方法最多的一个阶段，要求设计者敢于打破陈规，独辟蹊径，用新的方法和技术来实现方案的突破和创新。

第二，细部设计，即对轮廓设想阶段所产生的备选方案进行初步筛选，淘汰那些明显不可行的方案，留下一些较为可行的方案，并对其进行精心的细节分析。淘汰阶段的主要工作是在重新进行决策目标分析的基础上，通过对备选方案与目标的比较去掉那些偏离决策目标的方案。细节设计则要对每一可行方案进行方案扩大，将决策方案根据决策对象的性质分解为一些较为具体的规定。秦代李斯的《谏逐客书》中有这样一段话："臣闻地广者粟多，国大者人众，兵强则士勇。是以泰山不让土壤，故能成其大；河海不择细流，故能就其深；王者不却众庶，故能明其德。"老子也说："天下难事，必做于易；天下大事，必作于细。"是故，在政策方案的设计中应从大处着眼，从小处入手，即在方案设想阶段应当"大礼不辞小让"，在方案设计阶段则应注重细节。

（二）方案设计内容

设计政策方案并不是实施政策的行动，而是行动之前对政策的内容、程序、方式、方法等进行的初步设想。按照事前设定的方案行动，是人区别于动物的一个显著特点。动物在行动中所表现出来的计划性，只是其在长期生存过程中形成的习惯性本能，是对自然无意识地服从。人的计划性则完全不同，人是自然界唯一有意识活动的高级动物，其行为受思想的支配，行动之前也会有思考和选择的过程。

马克思对人类活动与其他动物活动的区别曾有过一个非常形象的解释，他说，蜂窝的精密构造曾使建筑大师们为之叹服，但建筑师在建造楼房之前就已在头脑中有了楼房的完整形象，而这正是蜜蜂所没有的，也是其根本做不到的。搭建蜂窝完全是蜜蜂代代相传的本能行为。人是自觉地改造自然并使之为己服务。这就是被动适应与主动改造之间的区别。这种以改变外部世界达到自己目的的计划，就是人们设计的行动方案。行动方案的内容是多方面的，通俗地说可以用5W1H法进行概括，即What（做什么）、Why（为什么做）、Who（谁去做）、When（何时做）、Where（何地做）、How（怎么做）。

（三）方案设计要点

1. 成本（cost）：方案的成本和效率。
2. 稳定性（stability）：方案的抗干扰性及目标的可持续性。
3. 可靠性（reliability）：在既定时间段实施方案的可能性。
4. 牢固性（invulnerability）：如果执行中方案部分失灵或受损，该方案是否能持续。
5. 灵活性（flexibility）：方案的伸缩余地多大，其目标和手段是否能改变或调整。
6. 风险性（riskiness）：方案失败的可能性。
7. 传播性（communicability）：方案是否容易被理解，沟通是否有困难。
8. 功效性（merit）：方案的价值表现及其伦理特征，解决问题的是非界限。
9. 简单性（simplicity）：方案是否易于操作和执行。

10. 相容性（compatibility）：方案是否与现行相关政策及其目标、手段衔接或相容。

11. 可逆性（reversibility）：方案执行中的阶段性目标和程序等的相互替代性。

12. 强韧性（robustness）：方案是否能适应不同环境和条件。

（四）设计思路的来源

那么，备选方案又是如何形成、怎样出现的呢？一般说来，分析人员多以“与现状相符且尚未实施过的方案”为起点，然后参考他人的经验、案例调查、对类似问题的类推、学者专家的意见、权威人物的要求、参与者的想法、法律条文的规定、可获取的技术条件等相关内容，逐渐形成自己的方案框架。一些学者认为，备选方案的设计思路大致有四个基本来源，即现行的政策方案、通常的解决方案、调整的解决方案和创新的解决方案等。

（五）寻求备选方案的方法

第一，消极等待法（passive approach）：像新闻热线等待公众提供新闻线索那样，等待别人以毛遂自荐方式提供问题的解决方案。

第二，主动寻求法（search-generation approach）：不仅要让其他人了解自己所要寻求的方案，而且应主动提供方案的政策目标和分析的基本思路。

第三，触类旁通法（neighborhood approach）：寻求在解决类似问题时前人的一些通常做法，从而在差异比较的基础上类推出新的解决方案。

知识链接二

方案移植

所谓方案移植，就是把已成熟的方案转移、应用到新的地区、新的部门和新的领域等之中，用以解决相近或相似的问题。因此，方案移植也可以说是现有成果在新情境下的延伸、拓展和再创造。方案移植的特点，概括来说就是他国用于本国、他地用于本地、他部门用于本部门、他领域用于本领域。

进行方案移植时，先要解决“为什么要移植”“到底要移植什么”这两个问题，然后还要考虑应用条件等问题。方案移植的应用条件主要包括：一是用传统或习惯的方法难以找到理想的解决方案和合适的处理办法；二是他国、他地、他部门和他领域存在解决相似、相近或相同问题的方案；三是对移植方案的适应性已经有了提前预判。当具备上述三个基本条件时，才可以进行方案的移植。

根据利用内容和参考程度的不同，可以把方案移植分为以下六种形式：

- 复制：直接拷贝，完全照搬；
- 参照：部分利用，有所选择；

- 效法：模仿框架，变动细节；
- 混合：将不同参考方案的内容混合起来；
- 借鉴：只借鉴其他方案的原则和理念；
- 启发：从所参考的方案中得到启发，并在此基础上加以创新。

案例二

北京历史上最严厉的楼市调控

2017 年 3 月 26 日晚间，北京市住建委发布了《关于进一步加强商业、办公类项目管理的公告》（以下简称《公告》），一石激起千层浪。根据《公告》，开发企业在建（含在售）商业、办公类项目（以下简称“商办类项目”）只能销售给企事业单位、社会组织等，个人购买二手商办房需满足名下在京无住房和商办类房产记录等条件，并且不能使用商业银行的个人购房贷款。至此，市场传闻已久的商住房调控政策终于“靴子落地”。

根据《公告》，开发企业新报建商办类项目，最小分割单元不得低于 500 平方米；不符合要求的，规划部门不予批准；开发企业在建（含在售）商办类项目，销售对象应当是合法登记的企事业单位、社会组织。购买商办类项目的企事业单位、社会组织不得将房屋作为居住使用，再次出售时，应当出售给企事业单位、社会组织。

对于个人购买商住房和已购房屋再销售的，《公告》虽然明确既可出售给企事业单位、社会组织也可出售给个人，但同时规定了颇为严格的限制性政策，包括名下在京无住房和商办类房产记录，以及在申请购买之日起在京已连续 5 年缴纳社会保险或者连续 5 年缴纳个人所得税。此外《公告》规定，商业银行暂停对个人购买商办类项目的个人购房贷款。

本次限购新政对北京商住房最直接的影响，就是将一块市场上的“香饽饽”变成了“烫手山芋”。

案例三

广州试点“房票安置”新政策

2024 年 1 月 4 日，《广州市房票安置实施方案》经市政府常务会议审议通过。荔湾区土地开发中心积极响应，以石围塘旧城改造项目为试点，率先落地全市第一批“房票安置”。这标志着广州探索“房票”工作迈出了实质性的一步，也使广州成为全国率先推行房票安置的一线城市。房票安置是指征收人按照征收政策，将被征收人的房屋评估价值进行货币量化并以房票的形式核发给被征收人，作为其在城区购买新建商品房、安置房时享受优惠的证明。房票中载明了房票类型、购房地址、票面金额、政策性奖励金额、使用/兑付期限等信息，可由本人或其直系亲属购买“定点入库”的新建商品房源。房票政策是征收安置的一种创新举措。相比其他安置方式，房票政策拓宽了政府安置渠道，有利于激发房地产市场活力，同时满足了被征收人的差异化需求。

四、方案开发的理性基础

方案开发依赖于多元理性，换言之，就是需要具备多种理性基础。

（一）技术理性

技术理性亦即工具理性，是目的理性的工具系统。工具的活动按照技术规则来进行，而技术规则又以经验知识为基础；技术规则在任何情况下都包含对可以观察到的事件（不论是自然界中的事件的还是社会中的事件）之有条件的预测。这些预测本身能够被证明是有根据的或者是不真实的。

（二）经济理性

经济理性的突出特征就在于其强调经济行为的个人性和自利性。经济理性所设定的目标符合“经济人”的个人偏好，在通常情况下，“经济人”行为总是服务于其自身目的的。现代经济学把经济理性等同于现实理性，认为除了自利最大化以外的其他任何行为都是非理性的，并拒绝对伦理的考虑在实际决策中的作用。

（三）法律理性

法律理性的实质是通过确立基本的法律原则，实现正当程序的理性化。法律理性是西方法律文明自古希腊时代以来一以贯之的传统。当代法治国家正当程序原则的普遍化反映了更高层次的理性回归，从另一个侧面深化了法律理性的影响。

（四）社会理性

社会理性涉及我们与社会以及社会问题之间是何关系的问题。对于这一问题的解释主要包括三种语言范式：一是“自我范式”，其思维基础是个人理性[①]；二是“我们范式”，其思维基础是社会理性；三是“他们范式”，其思维基础是中立的科学理性[②]。社会理性从“我们”出发，将“我们”作为社会问

---

① “个人理性”是一个典型的以“自我”为观察视角的思维方法，其将“自我”排除于所研究的目标问题之外，作为一个局外人来思考，其判断标准是纯粹的个人主义。

② “科学理性”强调一种价值中立的观察角度，“他们”作为一种完全独立于个人和群体所处的社会的外部视角，对人类社会乃至自然界的诸多现象予以阐释。“他们”作为观察者，在价值立场上完全中立于无数个“自我”和“我们”，在逻辑描述上则往往采用实证主义的方法对事实和现象予以诠释。

题研究的终极目标，进而借助一种群体主义的价值内涵来进行思考，而个人则被置于一个从属的地位，其判断标准往往是群体主义的。

（五）实质理性

实质理性与形式理性相对，二者的根本区别在于形式性（或自治性）有所不同。换言之，形式理性要求，不同的存在应按照相同的决策标准来作为决策的依据；实质理性则要求根据不同的事件做出不同的分析、考量，虽然过程是理性的，但缺乏统一的决策标准。实质理性包括多种理性形式的综合与比较，如技术的、经济的、社会的、法律的，其目的是在特定情况下做出最合适的考量。

第二节　方案开发的原则

一、信息原则

信息是方案开发的基础材料，从某种意义上讲，方案开发的过程就是信息的收集、整理、加工和处理的过程，方案开发的成效很大程度上依赖于信息的全面、具体、准确、及时。如果没有充分的信息保障，方案开发也只能是“巧妇难为无米之炊”。

案例四

数据的误区

如果我们不知道数据的统计过程，那么数据基本上就是没有多大意义甚至是毫无意义的。我们经常会在媒体上看到各种各样与数据有关的千奇百怪、违背常识的惊人结论，这些结论常常令人质疑。然而，要弄清这些统计调查本身是不是真的有问题，则还需要对具体情况进行认真分析。

1. 上涨了还是下跌了？

2013 年 12 月 18 日，国家统计局和广州市国土房管局分别公布了同年 11 月广州市的房价统计数据。前者数据显示，广州房价同比上涨达 20.9%，环比上涨 0.8%；而后者则称，广州房价环比下降 10.6%，当月成交均价同比下降 7.1%。同是政府部门，公布的房价数据却一个天上一个地下，这实在让公众无所适从。那么，问题到底出在哪儿了呢？

据悉，两个政府机构的基础数据来源都一样，可统计口径却大不相同，国家统计局的统计范围只是市辖区，而广州市却把增城、从化这两个房价较低的县也纳入其中。此外，广州市国土房管局采用的是“算术平均法”，即用成交总价除以成交总面积得出成交均价；而国家统计局采用的是“指数计算法”，即根据“同质可比”的原则，抽取同一楼盘不同时间段的数据，通过加权的方法得出数据。由此不难看出，广州市的统计办法无疑有人为压低房价水平之嫌，属于变相“造假”行为。

从目前的情况看，统计法和相关制度对统计口径和方法并无一致性的规范，这实际上给了一些政府部门在数据采集方面过大的自由裁量权，也给数据的真实性带来了不利影响，对此有关部门应高度重视。

2. 留守儿童数量锐减

2016 年 11 月 9 日，民政部在农村留守儿童部际联席会议第二次全体会议上通报了一个数据：目前中国农村留守儿童是 902 万人，而此前全国妇联调研报告推算的数据是 6 102 万人。留守儿童数量从 6 000 多万人骤减至 900 万人左右，锐减约 5 000 万人。为何会出现如此巨大的差额？

实际上，“锐减约 5 000 万人”是统计口径不同带来的错觉。此前，对农村留守儿童的通行定义是“父母一方外出务工、不满十八周岁”。此次民政部则依照预防未成年人犯罪法和《国务院关于加强农村留守儿童关爱保护工作的意见》的标准，将统计年龄设定为“未满十六周岁”，将统计条件设定为“父母双方外出务工”或“一方外出务工另一方无监护能力”。据称，这是出于与法律法规“校准”的考量，也有让帮扶更“对靶”的现实考虑。

实际上，地方政府和职能部门更愿意强调的是，留守儿童数量锐减说明近年来实施的留守儿童关爱政策起到了实效，这才是数量变化的主要原因。例如，一些地方通过推进新型城镇化建设、扶贫攻坚、户籍制度改革、随迁子女就地入学、鼓励农民工返乡创业等政策，为减少留守儿童数量创造了有利条件。

然而，也正是由于政府部门把数字锐减当作一项政绩的冲动，难免引起人们对留守儿童数量“断崖式下跌”这一说法的质疑。当然，不论数据表现如何，人们总是乐见留守儿童数量越来越少的，同时也希望那些不再被当成留守儿童的孩子也能够得到有效的关爱。总之，从目前的情况来看，留守儿童问题依旧严峻。解决这一问题绝非一日之功，并且需要相关部门真正行动起来，讲真话，做实事。

3. “中国超 5 亿人有了家庭医生”

据新华社报道：“记者最近从国家卫生计生委了解到，截至 2017 年 11 月底，全国家庭医生签约服务覆盖 5 亿人，全人群签约率达到 35%，重点人群覆盖率超过 65%。我国推动改变基层服务模式，将间断性服务转变为连续性、责任式的健康管理。”该报道遭到网民质疑，称与自身感受相去甚远。国家卫生计生委对此进行了详细的解释：实际上，这是由于一些网民混淆了家庭医生的概念造成的。这里所说的家庭医生并非很多人理解的国外那种私人医生，统计数据是没有问题的。自 2017 年 5 月起，各地通过国家专门的信息系统报送家庭医生签约服务进展数据，以县（市、区）为单位进行填报，省级进行汇总，报送到国家卫生计生委。目前，全国签约人数已经完成任务目标，但是签约服务的推进还不均衡，服务质量也有待提高。

二、系统原则

系统性是社会问题的重要特征之一。任何政策问题都不是孤立存在的。在社会大系统内，不同范围、领域、层次的社会问题存在着相互联系、相互制约的辩证统一关系。这就要求政策方案的开发工作必须牢固树立系统观念，在决策活动中要根据客观事物所具有的系统特征，正确处理整体与局部、战略与战术、当前利益与长远利益、主要目标与次要目标的关系。考虑问题时应以大局为着眼点，从事物的整体出发，去认识、分析和处理局部性问题。

随着现代科学技术的日益发展，人们对系统的认识也越来越深入。系统思想在我国现阶段政府决策中也起着非常重要的作用。新中国成立以来，我们在公共决策问题上曾有过一些大的失误，如工业上提出“以钢为纲”，农业上提出“以粮为纲”，在一定时期造成国民经济发展的比例失调；又如环境保护方面出现的短期行为，对可持续发展带来极大障碍；等等。对这些历史教训，我们应再三反思，决策中应统筹考虑，既见树木，又见森林，避免出现以偏概全的错误。

案例五

丁渭工程

人们对系统的认识是随着对自然界和人类社会认识能力的提高而不断深化的。据《梦溪笔谈》记载：北宋年间，汴梁皇宫为大火烧毁，大臣丁渭受命限期重建。工地“患取土远”，又远离水道，运输材料困难，面对如此多的困难，该怎么办呢？经过勘察和思考，他终于找到了解决的办法：一是在皇宫旧址前大街上挖出宽大渠道，取土烧砖；二是引开封附近的汴水入大渠道，将上游木材水运至宫门；三是待皇宫建好后，用工程遗留下来的碎砖废土填塞河道，“复为街衢”。

就这样，“丁渭工程”终以“一举而三役济，计省费以亿万”。“一举”就是挖沟，这一做法省去了从远方运土烧砖之所费，是谓一得；引水入沟把陆路运输改为水路运输，省工省时，节约了运输费用，提高了运输效率，是谓二得；同时还解决了废墟的处理问题，是谓三得。虽然挖沟取土暂时破坏了一条完好的大街，从局部角度看可谓是巨大的损失，但从工程的全局来看则是非常有利的。丁渭的修复方案包含了系统思想的重要内容，他也因此被后人誉为运用系统方法解决实际问题的一位重要先驱。

三、预测原则

政策方案是对未来事务所做的行为设计和方案抉择，是一种面向未来的活动。凡事预则立，不预则废。科学预测是保证方案开发成功的必要前提。只有建立在可靠预测基础上的政策方案，才是具有现实可行性的政策方案。

案例六

真正的远见

1985 年，在英国牛津的一所学院发生了一件大事。校方在例行的工程检查中发现，有 350 年历史的学校大会堂出现了安全问题。20 根由巨大橡木制成的横梁已经风干朽化，失去了支撑屋顶的力道，必须进行抽换。校方请人估算了将梁木更新的价格。由于那么巨大的橡木已经很稀少，预估每根横梁要花 25 万美元左右，并且还没有把握能找到那么巨大的橡树。预算一出来，校方感到焦头烂额，若不募款恐怕没有办法进行修缮。这时，一个天降的好消息化解了危机，园艺所负责人前来报告：在 350 年前，设计该大会堂的建筑师已经想到后代会面临这样的困境，于是早早就请园艺人员在学校所拥有的土地上种植了一片橡树林。现在，林中每一棵橡树的尺寸早就超过了横梁所需的尺寸。350 年后，这位不知名建筑师的墓园虽已荒芜，但他的用心却始终令人肃然起敬——这才是真正的远见。

四、客观原则

实事求是，尊重客观规律，把握政策对象及其环境的主要特征，一切从实际出发，克服方案开发过程中的主观随意性（想当然），这是政策方案开发中最基本的要求。只有做到这一点，才能大大减少方案开发的主观盲目性。为此，我们不能心血来潮，脑袋发热，“挟泰山以超北海”“一天等于20年，跑步进入共产主义”。大话好说，事情不一定好办，毕竟不是人有多大胆，地就会有多大产，不实事求是，也就不会如愿以偿。

案例七

阿斯旺水坝的教训

20世纪70年代初竣工的埃及阿斯旺水坝是由苏联援建的，最初预计其建成后可以使尼罗河两岸的灌溉面积扩大3亿亩[1]。水坝建成后，给埃及带来了廉价的电力，控制了水旱灾害，灌溉了农田；但另一方面却破坏了尼罗河流域的生态平衡，遭到了一系列始料未及的自然的报复。一是由于尼罗河泥沙和有机物质沿坝积存到水库底部，使尼罗河两岸的绿洲失去了肥源，土壤日趋盐渍化、贫瘠化。二是由于尼罗河河口供沙不足，河口三角洲平原从向海中伸延变为向陆地退缩，一些工厂、港口、国防工事有被地中海吞没的危险。三是由于缺乏来自陆上的盐分和有机物，盛产沙丁鱼的渔场毁于一旦：埃及1961年产沙丁鱼15 000吨、1965年锐减至500吨、1971年则几乎绝迹。“沙丁鱼搬家”给埃及的国民经济造成重大损失。四是由于大坝阻隔，尼罗河下游奔流不息的活水变成了相对静止的湖泊，为血吸虫和疟蚊的繁殖提供了生存条件，致使水库一带居民的血吸虫病罹患率达80%以上。除埃及之外，其他一些国家在现代化进程中建设一些大型项目时也发生过类似的情况。这些教训提醒我们，政策规划要尊重客观规律，加强科学论证，权衡利弊得失，三思而后行。

五、智囊[2]原则

借助外脑，发挥智囊团的作用，让专家参与，形成智力共振，这是现代政策方案开发过程中不可或缺的外部条件。所谓智囊团，又称头脑企业或思想库，是指专门从事开发性研究的政策咨询研究机构。它将各学科的专家学者聚集起来，运用他们的智慧和才能，为社会经济等领域的发展提供政策备选方案，是现代决策体制中一个不可缺少的重要组成部分。

---

① 1亩约合666.7平方米。

② “智囊”一词出自《史记·樗里子甘茂列传》。书中云：“樗里子滑稽多智，秦人号曰智囊。”后常用智囊来比喻足智多谋和善于给人出主意的人。据传，汉代的晁错多智谋，颈下有一大肉瘤，好像袋子一样，因此朝野称之为“智囊”，后该说法沿袭至今。

知识链接三

兰德公司

美国的兰德公司（RAND）是一家具有代表性的智库，它成立于1948年，最初由福特基金会提供资金，总部设在加利福尼亚州。兰德公司成立之初，主要为美国军方提供调研和情报分析服务。其后，该公司业务逐步扩展，也为政府以及一些营利性机构提供服务。兰德公司目前已拥有1 600名左右员工。兰德公司的名字是“调研和发展”的缩写（Research and Development），其长处是进行战略研究。它开展过不少预测性、长远性研究，提出的不少想法和预测是当事人根本就没有想到的，而后经过很长时间才被证实。兰德公司正是通过这些准确的预测，在全世界咨询业中建立了自己的信誉。成立初期，由于名气尚不大，兰德公司的研究成果并没有受到外界的重视，直到几件事情的发生方令其声誉鹊起。

朝鲜战争爆发前夕，兰德公司组织大批专家进行了评估，并对“中国是否出兵朝鲜”进行预测，其结论是“中国将出兵朝鲜”。当时，兰德公司欲以200万美元将研究报告转让给五角大楼。但美国军界高层对其报告并不感兴趣。在他们看来，当时刚成立不久的中华人民共和国不论是就人力或财力而言都不具备出兵的可能性。然而，战争的发展和结局却被兰德公司准确言中。这一事件让美国政界、军界乃至全世界都对兰德公司刮目相看。

第二次世界大战结束后，美苏两个超级大国称雄世界。美国一直想了解苏联的卫星发展状况。1957年，兰德公司在预测报告中详细推断出苏联发射第一颗人造卫星的时间——与实际发射时间仅差两周，从而令五角大楼震惊不已，兰德公司也由此完全确立了自己在美国咨询业首屈一指的地位。此后，兰德公司又对中美建交、古巴导弹危机、美国经济大萧条和德国统一等重大事件进行了成功预测。这些预测使兰德公司的名声如日中天，成为美国政界、军界的首席智囊机构。

六、可行原则

政策方案开发时应注重可行性分析，认真考虑主客观多种制约因素，如时间、空间、能力、技术、人力、物力等。

案例八

高阳应造屋

《吕氏春秋》记载了这样一则故事：高阳应将为室家，匠对曰："未可也，木尚生，加涂其上，必将挠。以生为室，今虽善，后将必败。"高阳应曰："缘子之言，则室不败也——木益枯则劲，涂益干则轻，以益劲任益轻则不败。"匠人无辞而对，受令而为之。室之始成也善，其后果败。

该文大意是说：从前有个人叫高阳应，总是自以为是。有一次，高阳应要盖新房子，他催木匠马上开工。木匠说："不行啊！现在木料还没有干。如果把湿泥抹上去，会把木料压弯的。用新砍下来的湿木料盖房子，刚盖成的时候挺像样，过不了多久会倒塌的。"高阳应听后马上"怼"了回去："照你的说法，这房子管保坏不了！因为日子一久，木料越干就越硬，而湿泥越干就越轻。用越来越硬的木料去承受越来越轻的泥土，这房子还能坏吗？"高阳应的诡辩把木匠噎得无话可说，于是一赌气就开工了。房子盖成以后，外表看上去挺气派，但没过多久，就因为梁木变形而坍塌了。

这个例子说明，尽管高阳应能言善辩，能把别人噎得无话可说，但规律就是规律，光凭主观臆断，十有八九会坏事。

七、效率原则

在政策方案开发过程中，效率研究是一项重要的内容，而成本-收益分析是效率研究中最基础的方法。所谓成本-收益分析，就是通过比较项目的全部成本和收益来评估项目价值的一种方法。该分析作为一种经济决策方法，将成本费用分析法运用于政府部门的计划决策之中，其目的是寻求在投资决策上如何以最小的成本获得最大的收益。成本-收益分析常用于评估需要量化收益的公共事业项目的价值。

案例九

生命的价值

以下是一个来自西方的案例，有人认为这挑战了一些观念的底线，有人则认为这是现实使然。

假设你被选为本地镇委员会成员。这时，镇上的工程师向你建议：本镇可以花1万美元在现在只有禁行标志的十字路口装一个红绿灯，其作用（即安装收益）是增加安全。这位工程师根据十字路口的经验数据估算，在整个红绿灯使用期间可以使发生车祸死亡的风险从1.6%降低到1.1%。那么，你应该同意花钱装这个新红绿灯吗？

为了回答这个问题，就需要运用成本-收益分析，其前提是接受“一个人的生命是有价的”这样一种观点，否则我们就应该要求在每一个路口都安装红绿灯。同理，我们每个人应该都去买那些有着全套最新安全设备的大型车，而不是去开那些没有防撞气囊或防抱死装置的小型车。现实中，不论公共决策还是私人决策，我们有时为了节约成本而愿意用自己的生命来冒一些险。

评价人的生命价值的一种较好方法是，观察要给多少钱人们才愿意从事有生命危险的工作。例如，不同职业的死亡率是不同的。建筑高楼的工人所面临的死亡危险就大于办公室中的工作人员。通过比较高风险职业和低风险职业的工资，在受教育程度、工作经验以及其他决定工资的因素不变的情况下，经济学家就可以在一定程度上得出人们对自己生命的评价。用这种方法研究的结论是：一个（美国）人的生命价值约为1 000万美元。

如此看来，给小镇工程师的答复就显而易见了。安装红绿灯后减少的车祸死亡率应为0.5%（1.6%-1.1%）。因此，安装红绿灯的预期收益是0.005×1 000万美元，即5万美元。收益估算大于成本，所以应该批准该项目。

八、兼听原则

在政策方案的论证过程中应注意听取不同的意见。“意见完全一致时不轻易做出选择”是一条非常重要的思想，体现了事物在矛盾中运动的规律。“完全一致”往往掩盖了事物的本质，特别是那种轻易形成的“一致”很可能并不是真正意义上的一致，英明的判断和正确的抉择往往都是在不同意见的激烈争辩和交锋中取得的。见解的冲突被认为是通往正确之路的一种工具，因为它可以使人们注意到问题的各个方面。从这个角度来看，没有交锋就没有正确的结论，只有冲突基础上的一致才是真正意义上的一致。兼听则明应该成为决策者时刻牢记的重要信条。你可以坚决反对他人的意见，但是你要誓死捍卫他人讲话的权利。

案例十

斯隆①的故事

美国通用汽车公司总裁斯隆先生身上有很多经典的管理故事，据说，有一

① 小艾尔弗雷德·斯隆，美国通用汽车公司的传奇CEO，也是《我在通用汽车的岁月》的作者，全世界优秀职业经理人的代言人，他以“坚定的职业管理信念”赢得了世人的尊敬。

次他主持会议，讨论公司一项重要的管理决策。参加的高管都发表了自己的看法，斯隆在认真听取了发言后说："在我看来，大家似乎看法一致，没有什么不同的意见。"会议出席人员都频频点头表示同意，有的人已经开始收拾自己的公文包，因为他们认为，既然意见一致，就没有必要再浪费时间了。但是，斯隆突然话锋一转，说："女士们，先生们，如果大家现在想走的话，我只能宣布休会，而不能宣布散会，因为我们还没有听到不同的意见。这个问题只能延期到我们能听到不同意见时再开会决策。"与会者先是一愣，接着都会心地笑了。

斯隆领导通用汽车公司长达40年。他刚接手通用汽车公司时，通用汽车公司在美国汽车市场的占有率只有12%，后来上升到56%。斯隆的成功绝非偶然。他明确指出，决策一定要考虑正反两方面的意见，正确往往源于意见的交锋，而不是那些"一边倒"的看法。

九、时效原则

俗话说："机不可失，时不再来。"有些时候，客观情况的变化会创造出某种机会，而这种机会错过了就不会再来。由于时间窗口转瞬即逝，成功的希望往往会很快成为泡影。所以决策时切不可优柔寡断，坐失良机，而是要敢于承担风险，把握决策时机。

案例十一

D日行动①

1944年，以艾森豪威尔为总司令的盟军远征军，经过近一年时间的准备，在英国集结了大量的兵力，计划横渡英吉利海峡，在欧洲开辟第二战场，实行战略大反攻。登陆地点确定为诺曼底。当时，在海峡对岸担任德军守备任务的指挥官是伦斯德和隆美尔。他们也估计到盟军准备大规模登陆，但对于何时、何地登陆，二人看法不一。伦斯德认为兵贵神速，盟军会在海峡最窄处加莱附近登陆；隆美尔却凭直觉认为会是在诺曼底。由于二人意见相持不下，希特勒

① "D日"（D-day）是美军常用军事术语，和D日同样常用的另一个术语是"H小时"（H-hour）。这两个字母用来表示特定作战与行动的开始时间。这种表示有两个意义，一是表示作战时间尚未确定，二是表示行动计划高度保密。当和数字以及正号或负号一起使用时，这些术语表示指定行动的提前或推迟时间的长度。如H-3时表示H时的3小时前，D+3日表示D日的3天后。大规模作战行动的计划书通常在行动时刻之前很久就会详细地制订出来。因此，命令通常会通过标记有D日或H时来下达，后续的命令中则将标记真实的日期和时间。迄今为止，最著名的D日是1944年6月6日——诺曼底战役打响之日，即解放被纳粹德国占领的欧洲大陆的行动开始之日。

最后搞了折中方案，把西线兵力一分为二，从而失去了把握战局的良机。

艾森豪威尔在5月29日下令打印“D日计划”，准备择机发起进攻。但那时英吉利海峡遭遇连日暴风雨，天气情况极为恶劣，看上去“D日计划”几乎无法实施。盟军全力投入对气象资料的分析，预测到暴风雨会有间隙，海峡地区会有短时间的晴好天气。艾森豪威尔抓住时机，果断决策，命令部队做好一切部署，随时准备发起进攻。与之相反，连日来的恶劣天气却使德军放松了警惕。6月5日，作为西线德军总指挥之一的隆美尔飞回柏林面见希特勒。德军最高统帅部一致认为，这段时间里，盟军渡海登陆的作战计划根本无法实施，于是让大部分军官休假，并取消了空中和海上的例行侦察，从而使德军完全处于戒备松懈状态，失去了进行防御部署的时机。

6月6日凌晨2时整，盟军发动了全面进攻，先把三个伞兵师空降至德军防线的背后，接着进行了大规模的空中轰炸和舰炮攻击。随后，盟军发起了登陆冲击，使德军腹背受敌。当日凌晨6时半，经过4个多小时的激战，盟军突破了德军防线，诺曼底登陆宣告成功。

第三节　方案开发中的思维方法

方案设计是通过家思维过程实现的。从本质上讲，方案开发是一种高强度、高难度的思维活动。正确的判断离不开有效的思维活动（其中，也包括不同思维方法的运用）。从这个意义上说，思维方法是否科学往往会影响决策的成败。同样一件事，有人干成了，有人却失败了，究其根源就是他们的思维方式、方法有所不同，正所谓“成也在人，败也在人”。

一、经验思维

在规划活动中，经验思维是最易碰到和最常使用的一种方式。在处理问题时，人们就像条件反射一样，常常会自觉不自觉地首选经验思维。这似乎体现了人的一种心理上的惯性。只有当经验思维解决不了问题时，人们才会去考虑其他的思考方式。

经验思维的特点在于经验的联想和经验的迁移。经验的联想适用于处理重复性的工作。也就是说，当前所要处理的问题是过去曾经处理过的。因此，通过联想，运用经验，就可以做到胸有成竹了。当然，这里所说的重复并不是百分之百的重复。辩证地看，不可能有以前事情的完全翻版。但是，事情在主要环节上出现重复或基本一致则是完全可能的，这就为经验联想的运用创造了前提。

经验迁移与经验联想有所不同。它是通过类比发现两类事物之间的共通性或机械性，从而将解决这一类问题的方法迁移到解决另一类问题上去。例如，美国人莫尔斯在发明电报过程中遇到了向远距离发报信号减弱的问题，后来从驿车到驿站换驿马那里受到了启发。于是，他把这种方法迁移到了发报信号上，形成了沿电报线设放大站的想法。可见，经验迁移超出了重复性的界限，重在挖掘两类不同事物之间实质的相似性，从某种意义上而言带有创造性思维的特点。然而，这种思维的迁移所依据的仍是经验的类比，因此仍然属于经验思维的范畴。

经验思维方式简单实用，但适用范围有限，局限于重复的和可类比的事物。不论是经验联想还是经验迁移，都容易忽略一些新的变动因素，而这些因素有可能会对事物产生重大影响。一旦出现这种情况，运用经验思维方式就难免会造成一定的失误可能性。

案例十二

老河兵的经验

清代纪昀的《阅微草堂笔记》卷16中有一段关于河中石兽的故事，说明了经验的价值。故事说，沧州南面，靠河有座石庙。一天，山门倒进了河里，门前一对石雕的神兽也随之沉入河底。过了10多年，庙里的和尚募集了资金，想重修山门，准备从河里打捞那对石兽，于是派人驾几只小船，带上铁耙，顺水打捞了十几里，却不见石兽踪影。这时恰好一位学究正在寺庙里讲学，他认为石兽质地坚硬且重，河沙松软且轻，石头落到沙上就会越沉越深，不可能被洪水冲到下游。一位老河兵听了却哈哈大笑说：“凡石头掉到河里，都应到上游去找，因为水冲不动石头，所以其一定会朝着水流的方向把石头底下的沙土冲走，在那里形成一个深坑，及至石头的一半，石头就会倒转滚进坑里。如是，水不停地流，石头就逐渐滚到上游去了，所以不能在原来的河底去挖。”人们按老河兵所说向上游去找，果然发现了石兽。

二、逻辑思维

首先，与经验思维相比，逻辑思维方式更偏重于理性的思考，强调有理有据，重视逻辑推理。其基本模式是“因为……所以……”因为A=B，B=C，所以A=C。逻辑思维表现为一种抽象思维。这种抽象不是形式的抽象，而是科学的抽象，包含着最丰富之具体、超越特殊的形式。它扩展了思维的空间，跨越了时间的界限。随着时空跨度的增加，思维中也就能容纳更多的对象。这些对象不仅是现实中存在的，而且包括了历史的状况和未来的发展。在思维对象越来越丰富的基础上，我们也就能对其做越来越高度的抽象概括。

其次，逻辑思维表现为一种概念思维，是运用概念进行的。概念思维是相对于形象思维而言的。在思维中，形象表现的只是个别的对象，概念却可以概括某一类对象。当我们说高度的抽象包含着丰富的具体时，在抽象中出现的并不是大量的具体形象，而是对其进行分类，揭示各类对象的共同本质，再将本质凝结在概念中。由此，我们就可以将各类对象之间的关系用概念与概念之间的关系表述出来了。也就是说，概念之间的关系反映了对象之间的本质联系。

最后，逻辑思维实质上是一种辩证思维，或者叫辩证的理性，这是相对于形式的理性而言的。形式的理性要求在思维中避免矛盾，使思维过程按照形式化的格式进行。但是，在思维的形式上避免逻辑矛盾，绝不等于在思维的内容中否定矛盾。辩证的理性就是要求在思维的内容中认清各种矛盾关系，从而做到在思维形式上不陷入逻辑矛盾。

总之，辩证的思维就是承认矛盾、揭露矛盾和分析矛盾，并寻求解决矛盾的方法。

案例十三

古希腊哲学家伊壁鸠鲁驳斥有神论

古希腊时迷信盛行，有许多人认为世上有神存在，并且觉得“神是万能和完美的”。一天，哲学家伊壁鸠鲁与几个神的信徒就“神到底存不存在”展开了激励的辩论。伊壁鸠鲁用严密的逻辑推理，有力地驳斥了有神论。

伊壁鸠鲁：你们认为世界上有神存在，是吗？

信徒：是的。

伊壁鸠鲁：那么，只会存在三种可能：或是神愿意但没有能力除掉世间的丑恶，或是神有能力但却不愿意除掉世间的丑恶，或是神既愿意并且有能力除掉世间的丑恶，对吗？

信徒：是的！

伊壁鸠鲁：如果神愿意但没有能力除掉世间的丑恶，那么他就不是万能的；如果神有能力但却不愿意除掉世间的丑恶，那么他就不是慈爱的；如果神既愿意并且有能力除掉世间的丑恶，那么世间为什么还有那么多的丑恶存在呢?!

三、系统思维

生活中，我们经常会听到这样一些说法，如“只见树木不见森林”“头痛医头脚痛医脚”“按下葫芦浮起瓢”等，这说的就是缺乏系统思考的表现。

所谓系统思考，是指这样一种思维方式，它不是割裂地、局部地看待问题，而是关联地、整体地审视问题。整体性和结构性可以说是系统思维的关键所在。

什么是整体性？对此，美国麻省理工学院（MIT）斯隆管理学院资深教授彼得·圣吉在一次演讲中举了可口可乐的例子。他说，大概在 2000 年前后，可口可乐的数据显示，每生产 1 升可乐要消耗 3.3～3.5 升水。于是生产商设定了一个目标，要努力减少 30%的用水。当时，世界自然基金会是可口可乐的合作伙伴，它对可口可乐公司说：“你们错了，每生产 1 升可乐，不是像你们说的那样只消耗 3.5 升水，而是消耗 200 多升水。”之所以这么说，是因为做可乐要用糖，多出来的那 200 多升水，80%都用于种植糖原料。

可口可乐没看到种植糖原料用水的存在，是因为这一更大的系统不是其生意的一部分。所以，在它的心智模式当中只看到了直接生产可乐所用的水。虽然它也要用糖，但它只知道怎么去买到最便宜的糖，至于种植糖原料，它不觉得这是自己的事情。所以，想要看到更大的系统，有效把握整体性，就要知道系统的边界在哪里。

什么是结构性？德内拉·梅多斯在《系统之美》[①] 一书中指出，任何一个系统都包括三种构成要件：要素、连接、功能。这三者缺少任何一项，都不能称之为系统。

罗马帝国时期，一个叫普鲁塔克的哲学家提出了一个著名的哲学悖论，他说，有一艘忒修斯之船，在海上航行了许多年。如果有木板腐烂了就会被马上替换掉，久而久之，这条船上所有的木板都被重新换过了一遍。那么问题来了：这艘忒修斯之船，还是原来的那艘船吗？哲学家们为此争论不休，由此有了“忒修斯悖论”，即假定物体的全部构成要素都被替换后，那么它还是原来的物体吗？如果答案是否定的，那么当船上所有的木板都被更新后，这条船当然也就是新的了。但是直觉会告诉我们，这条船分明还是原来那条船呀。

如果从系统的角度出发则可以知道，系统不是一堆要素的简单集合，而是由一组相互连接的要素构成、能够实现某个目标的整体。仍以忒修斯之船为例，它的要素是一堆木板，所谓连接就是这些木板的相对位置和铆合关系，也就是这艘船的结构，其功能则是海上航行。

---

① 德内拉·梅多斯：《系统之美》，邱昭良译，浙江人民出版社 2012 年版。

德内拉·梅多斯说，当我们看一个系统时，往往只会注意到系统的要素，而忽略掉系统的连接和功能。实际上，对一个系统来说，要素往往是最不重要、随时可替换的。但是，如果改变了系统的连接，那么系统就会发生巨大的变化。

搞清楚了系统的要素、连接和功能，我们现在可以回答“忒修斯悖论”了：忒修斯之船只是要素更新了，而连接和功能都没变，所以它仍然是原来的那条船。

德内拉·梅多斯指出，当系统出现问题时，我们最容易发现的是要素层面的问题，所以往往会先想到去更换要素。这种解决问题的思路，对一条木船可能是适用的，但对于一个更复杂的系统可能就不适用了。从系统思维的角度看，重要的是结构而不是要素。

案例十四

“中国足球悖论”

中国足球为什么不行？如果说球员不行，技术太差，那么可以换球员；如果说教练不行，水平太差，那么可以换教练；如果说领队不行，总是没事找事，那么可以换领队。甚至就连足协主席也都换过多少轮了，可是换来换去，为什么还是不行？看来这个系统的问题不是出在要素上，而是出在连接上，如果连接的问题不解决，再换多少要素都没用。中国足球的问题实际上是体制上的问题，认识上的问题，连接上的问题。

首先，中国足球长期以来都没有一个按照现代足球打法进行科学训练的青训系统，只讲体系不完善、发展不成熟、技术不过硬是解决不了问题的。另外，各个级别的青训机构之间也缺乏有效联动，并且足球人才选拔的机制也不够科学和完善，这些都严重影响了足球人才的培养和提高。

其次，我们爱把竞技体育和全民健身相提并论，不少人认为国家与其花这么多钱搞竞技体育，不如多搞一些社区体育设施，促进全民健身。换句话讲，与其花这么多钱搞职业足球，不如搞校园足球。笔者则认为不然，竞技体育是市场行为，是让观众花钱看的事儿，是一种实实在在的市场产业，属于人民精神文化生活的范畴。全面健身则完全是两码事，是人民生活水平提高以后就会自然而然去做的事情，因此，全民健身应该属于医疗保健的范畴。

四、直觉思维

从古希腊哲学家对直觉问题的关注发展至今，人们对直觉的认识和讨论已经进行了 2 000 多年。直觉一直是非理性问题研究中一个重要的焦点。一般而言，人们在使用直觉这个概念时，更多的还不是对事物本身“是什么”做出判断，即分析因为什么，会造成什么，而是对人应当“怎么做”进行直接选择。也就是说，直觉主要是指思维判断的一种方式。因此，决策行为研究对直觉问题予以高度重视。在方案设计实践中，直觉思维也会发挥一定的作用。

当然，从纯科学角度来看，似乎不该凭直觉思考。这里所讲的纯科学角度，是要求人们思考问题时收集详尽的信息，运用严格的逻辑推论去得出结论，人们无疑应该朝着这个目标去努力。但从现实情况来看，这却是很难做到的，即便能做到，也只适用于那些范围较窄、关系简单、变动性小而时间又允许的情况。对于涉及范围较广、关系复杂、动态性强而又严格限定时间的情况，信息既不完整，又难以按程序推论，这时人们就只能更多地依靠直觉了。后一种情况是人们更经常遇到的现实情况，因而直觉思维的运用在现实中是极为普遍的。换言之，如果完全否定直觉，那么人们在现实中也就难以进行决断了。

什么是直觉？有人说，直觉是知识积累的本能反应；也有人说，直觉只是一种灵感，是一种说不清道不明的东西；还有人说，直觉就是当你有了它的时候，它是确定无疑的，如果你还存在一些犹豫，存在其他选择的可能性，那么就说明你还没有真正发现它。例如，买东西时一眼就看上了，并毫不犹豫地掏出钱来，这可能就来自你的直觉。

与逻辑思维相比，直觉表现出非逻辑的跳跃性：有时结论得出来了，论证却尚未进行，甚至不知道怎样去论证。直觉的结论也是直接把握对象的整体而形成的，至于部分，则隐没于整体之中了。直觉的结论何时在头脑中产生，存在随机性。逻辑思维是按程序一步步进行的，因此结论何时产生是可以预计的；直觉则不然，其常常是突然产生的。

由于直觉具有整体性、直接性、跳跃性、随机性和突发性等特点，因此造成人们对直觉的评价出现很大分歧。否定直觉是相当简单的，只要说它没充分依据就行了。然而，直觉的特性就是提不出充分的根据，如果能的话，那它就是逻辑思维而非直觉思维了。可见，直觉的成立通常不在于依据：对个人而言，有时靠的是自信；对他人来讲，有时靠的是权威。

知识链接四

尤里卡时刻

依靠直觉思维形成灵感和顿悟，从而实现科学领域重大突破，这方面的例子很多，如牛顿从苹果落地想到万有引力定律，门捷列夫做梦制成元素周期表，等等。相传古希腊伟大的物理学家阿基米德在洗澡时突发灵感，找到了解决皇冠真伪问题的办法，其在兴奋之余大声呼喊着“尤里卡”（Eureka，古希腊语“我发现了”之意）跑出了浴室。科学史上把这种灵感突现、一下子找到问题出路的情境统称为“尤里卡时刻”。有关灵感与科学发现的关系，“证伪主义”的代表人物英国科学哲学家卡尔·波普尔在其代表作《科学发现的逻辑》一书中写道，灵感是一种莫名其妙的非理性、非逻辑的东西，科学理论的真正提出必须依赖科学家的灵感。波普尔的观点很具有代表性，灵感在科学发现中的确非常重要，但突发的灵感离不开经验材料的积累与前期逻辑思维的演绎，其本质上仍然是基于长期科学研究实践、经过苦思冥想后突破临界点的一种顿悟，是一种合乎逻辑的必然中的偶然。

五、创新思维

鲁迅先生曾说：“什么是路？就是从没有路的地方践踏出来的，从只有荆棘的地方开辟出来的。”所谓创新，就是披荆斩棘、开辟新路，想前人之不敢想，做前人之没有做，充分发挥人的想象和创造力。从“山重水复疑无路”到“柳暗花明又一村”。

人类历史的发展需要不断创新，一部人类社会的文明史，实际上就是一部创造史。创造是人类文明的源泉，也是人类生活的本质所在，没有创新就没有人类的进步与发展。当我们在享受前人创造所带给我们的巨大益处时，也必须勇于用自己的智慧去创造，以满足国家管理和社会公共事务管理的需要。我们要敢于去做前人没有做过的事，要善于为后人造福，为他们开辟新路。

幻想是发明的良好开端，创造性思维是人类社会前进的主要动力。它基于现实而又超越现实，从揭示事物的本质出发，冲破了经验俗套的障碍，克服了思维定式的束缚，以新为本，以奇制胜，能提供新颖、具有社会价值的思维成果。与一般性思维相比较，创造性思维表现出这样的特征：思考的独立性（不依赖经验、不迷信书本和权威）、方法的独特性（统一的或通用的、适于解决各种问题的创造性思维是不存在的）、目标的前瞻性（强烈的超前意识）、思维的发散性（多线特征、正向反向）、结果的聚敛性（面对思想火花表现出的无序、混乱等特征，聚敛是一个不可缺少解决这一问题的过程）、形式的超常性（求新求异、有所突破，不“人云亦云”）等。

（一）突破思维定式

我们把常规思维的惯性称为“思维定式”。这是一种人人皆有的思维状态。当它在支配常态生活时，似乎有某种“习惯成自然”的便利，发挥某些积极作用。但是，当面对创新局面时，它却会像绳索一样，牢牢地把我们束缚住，从而对思考构成较大障碍。

在观看马戏表演时我们会发现，巨大的大象，往往能安静地被拴在一个小木桩上。事实上，大象的鼻子能轻松地将一吨重的东西抬起来。如果它想逃走，只需要用点力就能把木桩拔起来！那么，为什么它不懂得这样做呢？原来，大象从幼年时起就被沉重的铁链拴在木桩上，当时不论它用多大力气去拉，这木桩对幼象而言都太过沉重，拉动不了。后来，虽然幼象长大，力气也变大了，但只要它被拴在木桩旁边，还是不敢轻举妄动。这就是动物的思维定式。长大后的大象，其实可以轻易地将木桩拔起，但由于幼时的经验一直留存下来，所以它习惯性地认为木桩“绝对拉不动”，所以不再去拉扯。

人类同样会犯类似的错误。虽然人类被赋予了“思考”这一强大的武器，但却也总是受到习惯和常规的束缚，用僵化和刻板的观点认识事物，不能有效突破思维定式，因此难以找到解决难题的出路。耳熟能详、习以为常、理所当然、确定无疑，这类现象和事物充斥着我们的生活，使我们逐渐增长了思考的惰性，失去了行为的理性。经验似乎成了我们判断事物的唯一标准，存在象征着合理，经验代表着正确。随着年龄的增长、阅历的增加、经验的丰富、知识的积累，我们却变得越来越循规蹈矩，变得越来越所谓“老成持重”，于是想象力丧失了，创造力萎缩了，思维定式成为我们超越现实、政策创新的一大障碍。

（二）重视逆向思维

逆向思维是人的一种重要的思维方式。逆向思维也叫求异思维，它是对司空见惯、似乎已成定论的事物或观点反过来思考的一种思维方式。逆向思维敢于“反其道而思之”，让思维向对立面的方向发展，从问题的相反面深入地进行探索，树立新思想，创立新形象。

人们往往习惯于沿着事物发展的正方向去思考问题并寻求解决办法。其实，对于某些问题，尤其是一些特殊问题，从结论往回推，倒过来思考，从求解回到已知条件，反过去想或许会使问题变得简单，使解决问题变得更容易，甚至因此而有所发现，从而创造出惊天动地的奇迹。这就是逆向思维的魅力。

有一道趣味题是这样的：有四个相同的瓶子，怎样摆放才能使其中任意两个瓶口的距离都相等呢？可能我们琢磨了很久还找不到答案。那么，办法是什么呢？原来，把三个瓶子放在正三角形的顶点，将第四个瓶子倒过来放在三角形的中心位置，答案就出来了。把第四个瓶子“倒过来”，这是多么形象的逆向思维啊！

在美国某市，足协体育场为了满足大批球迷看足球的强烈要求，开始动工将看台上的 8 万个座位扩容到 12 万个。可是，政府的治安管理部门发现了问题，通往足协体育场的道路最多可容纳 8 万人的流量，对 12 万人的观众来说则远远不够。如果不解决这个问题，就很难避免大型赛事中交通堵塞甚至意外伤害事件的发生。于是，政府治安管理部门与道路管理部门协商如何解决交通问题。道路管理部门提出，可以把道路加宽，扩大其容量，但政府至少得拿出 4 000 万美元的经费。治安管理部门则很清楚这笔经费可不算少，政府一时之间很难办到。无奈之下，政府治安管理部门向市民征集建议，寻求一个稳妥的过渡办法，以解决燃眉之急。经过各方面的论证，最终采纳了一位音乐家的建议：在足球比赛结束后，增加一些精彩的娱乐演出。例如，象征性地花上 1 000 美元请乐队来演出，这对乐队来说也是一次向数万观众展示自己实力的难得机会。这样，有些人会陆续离开，有些人则会因观看演出而多留一会儿，观众离开体育场的时间就不会集中，道路拥挤的问题也就能相应地得到缓解。于是，“要疏散观众先留住观众”这一逆向思路疏通了道路。

我国古代也有这样一个故事，一位母亲有两个儿子，大儿子开染布作坊，小儿子做雨伞生意。每天，这位老母亲都愁眉苦脸，天下雨了怕大儿子染的布没法晒干；天晴了又怕小儿子做的伞没有人买。一位邻居开导她，叫她反过来想：雨天，小儿子的伞生意做得红火；晴天，大儿子染的布很快就能晒干。逆向思维使这位老母亲眉开眼笑，心开意解。

案例十五

【之一】

后到为胜

通常，人们总是习惯于按常规去思考问题，这就难免陷入习惯的沼泽而难以自拔，落入自己所编织的罗网而难以脱身。创新思维最重要的特点之一就在于它突破了定式思维。下面的故事可以说明这个问题。

一位世界著名的大公司的董事长年事已高。一天，他把自己的两个儿子叫到面前说：“我想让你们俩今天进行一场赛马，路线是通过沙漠到达绿洲。谁的马胜了，我就把董事长的位置留给谁。但这次比赛不是比快而是比慢。我将在百里之外的目的地等待你们的到达，谁的马到的最迟，谁就将获得比赛的优胜。”兄弟俩按照父亲所说的话，分别骑上自己的马，慢吞吞地上路了。沙漠里炎热难熬，兄弟俩口干舌燥，他们都想停下来不走，可又难忍沙漠的煎熬。当两人一起停下来休息时，哥哥突然想到了一个取胜的办法。待弟弟醒悟过来时，他已处于极大的劣势。哥哥最终取得了这场比赛的胜利。

试问：哥哥用了什么样的办法？答案：哥哥骑上弟弟的马狂奔而去。

【之二】

威尔逊的复印机

1945年，美国一家小工厂的老板威尔逊看准了蓬勃发展的信息业对新技术的需要，高薪聘用了一位慕尼黑工业大学毕业的德国青年德索亚来研制复印机。经过艰苦努力，研制终告成功。威尔逊如愿拿到了专利，组建了施乐公司，进行批量生产。他本可以靠出售这种新产品发财，可他却做了个出乎所有人预料的决定，把成本仅为2 400美元的“新生儿”定价为29 500美元出售。对他的做法，人们百思不得其解。复印机由于定价过高，产品利润大大超过了法律许可的范围，被政府禁止出售。正当人们为威尔逊的做法感到不解的时候，威尔逊却兴高采烈地告诉下属：“我知道把价格定这样高肯定一台也卖不出去，但这正合我意，我并不是真想卖自己的产品，只想转而开展复印机租赁业务。”由于人们的确需要这种复印机，可又觉得买一台太贵，所以施乐公司的租赁业务一经开辟，即深受各行各业的欢迎，威尔逊也由此成了名副其实的复印机大王。他的这一做法可以说充满了创造性。

【之三】

巴贝罗的“奇拳怪招”

西班牙巴克罗特电器公司商店的老板埃米利奥·巴贝罗在1992年巴塞罗那奥运会前夕登出广告：如果西班牙在此届奥运会获得的奖牌数超过10枚，那么凡在6月3日至7月24日这段时间从他的商店购买电器的顾客，可以得到退款。此招非常灵验，顾客踏破了门槛。这段时间到商店买电器的顾客人数比上一年同期翻了几番。不料，西班牙运动员在本次奥运会上以令全世界瞠目结舌的速度大捞奖牌，其在上届奥运会中只得到4枚奖牌，此次居然挤进了前6名，奖牌数远远超过了10枚。巴贝罗履行了自己的诺言，退款总额达1亿比塞塔，折合100多万美元，相当于1 000位顾客每人白白从商店拿走了价值1 000美元的商品。不过，聪明的巴贝罗不但没有赔钱，反而名噪一时，大发其财。这是因为巴贝罗事先在保险公司办了1亿比塞塔的风险保险。巴贝罗很好地抓住了巴塞罗那奥运会这个机会，利用国人关心奥运奖牌的心理大做家电生意，其“获奖退款”的绝招在于他表面冒险，实际上早已把危机转嫁给了保险公司。

（三）创新方法

1. 头脑风暴法

1939年，美国学者奥斯本率先把头脑风暴法总结归纳为一套创新方法。他强调，早在400多年前，印度的一些传教士就在印度教的传教活动中使用过与头脑风暴法程序相似的方法。早期的头脑风暴法多用于广告设计，试图通过思维共振达到智力放大的效果，目的主要还是为了产生更多、更新的广告创意。之后，这种方法逐渐流行起来，被广泛应用于社会各个领域。头脑风暴法随着实践经验的不断累积而日趋成熟，在整个20世纪50年代被视为思想创新的主要方法。奥斯本为头脑风暴法提供了以下几点必须遵循的原则。

（1）排除批评（criticism is ruled out）。必须阻止对新观点的不利评价，不能违背“无批评”原则。

（2）欢迎畅所欲言（free-wheeling is welcomed）。不存在权威意见，与会者人人平等，谁也无权做出结论，大家自由思考，任意遐想，即使是荒诞不稽也应受到鼓励和尊重。经验告诉我们，有上下级关系的小组讨论常常会使下级的自由参与信心不足。

（3）观点多多益善（quantityis wanted）。质量源于数量，观点看法的数量越多，产生创新思想的可能性就越大。

（4）合并与改进（combination and improvement are sought）。不同观点的组合与改进也是产生创新思想的必要途径。

运用到政策分析领域，头脑风暴法的优点包括：发挥所召集专家的共同智慧，产生专家智能和信息方面的互补效应；促使专家交流信息，相互启发，产生思维共振的作用，从而爆发出更多的创造性思维的火花；专家会议所考虑的问题以及所提供的备选方案，比单个成员单独思考提供的备选方案更多、更全面、更合理。这种方法的主要缺点是：与会者易受权威即潮流的影响，容易忽略少数人的意见，有些专家易于固执己见；等等。但总的看来，利用头脑风暴法进行政策分析，有可能在较短的时间内获得富有成果的政策方案或设想。

此外，头脑风暴法还有一些注意事项：以较大团体（6~12人）为宜，团体太小，效果不好；做好观点意见的笔录，哪怕是看似毫无意义的观点；特定时段集中关注一个特定的问题，以便获得更好的思维共振效果；遵循判断置后原则，对观点的评估要在产生理念阶段之后进行，否则观点提供者会将此视为批评。为此，应由另外一些人在随后的讨论会上对头脑风暴法产生的观点进行筛选。

案例十六

野生动物园的诞生

一次，一个研究野生动物的组织邀请一些专家来座谈，想从中获得一些有益的启示。会议的议题包括了这样一个题目：用什么方法可以捉住老虎？

与会者发挥了个人充分的想象。一位专家提出近似替代的方法，即老虎的近似是猫，抓住一只猫就可近似地认为抓到了老虎；另一位专家提出了同态像问题，认为拍到一些老虎的照片，就可以认为抓到了老虎。还有一位专家是研究拓扑学的，他的意见最为离奇，他说："抓老虎就意味着把老虎关在一个铁笼子里，让人站在笼子外观赏。如果对笼子做一个拓扑变换，将笼子的外面变为里面、里面变为外面，即把人关在铁笼子里再放入有老虎的野生环境。这样，只要人看到了笼子外面的老虎，也就等于人在笼子外面看到了笼子里面的老虎，这样老虎就等于被捉住了。"

离奇不等于荒谬，人们从中得到启示并建立了天然野生动物园。游人可以坐在汽车里，尽情观赏在大自然中生活的各种动物，真是妙不可言，同时还保持了自然生态环境的原有状态。

案例十七

一道选择题的开放性解答

如图 5-1 所示，对这道"简单"的选择题，你会按左边按钮还是右边按钮？

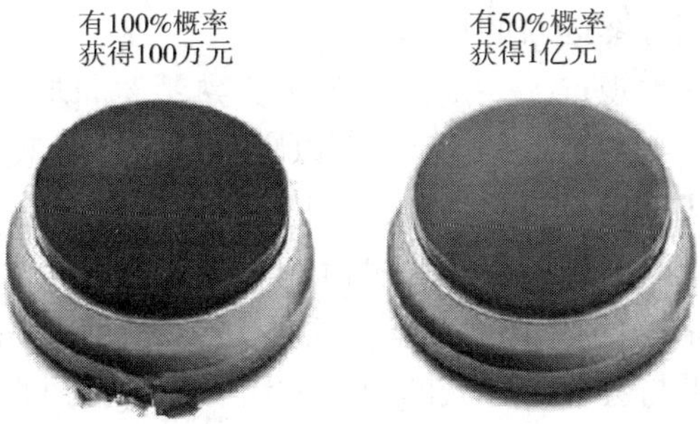

图 5-1　"概率权"问题

这是一个涉及决策“概率权”的问题，答案远比想象的有趣。让我们试着回答一下。

选择一：根据期望值理论，右边按钮价值 5 000 万元；

选择二：很多人仍然愿意选择拿到确认的 100 万元，因为他们无法忍受 50%概率下什么都拿不到的结果；

选择三：换言之，假如一个人无法承受“什么都没有”，那么右边的选择就相当于“你有 50%概率得到 1 个亿，有 50%概率什么也得不到”。你当然无法承受这么高“什么也得不到”的风险；

选择四：开放地想，假如你拥有这个选择的权利，你可将右侧价值 5 000 万元的选择权卖给一个敢于冒险、有承受力的人。例如，只卖 2 000 万元或 2 500 万元；

选择五：继续优化上一条，考虑到增加“找到愿意购买你该选择权的人”的可能性，你可以只用 100 万元（低首付）卖掉这个权利，但要求购买者中得 1 个亿后与你分成；

选择六：再进一步，你可以把这个选择权做成彩票公开发行，将选择权分割零售：2 块钱 1 张，印 2 亿张，头奖 1 个亿。对比选择五，选择六的风险更低，收益更大；

选择七：鉴于选择六的成功商业模式，你可以开始募集下一笔以 1 个亿作为头奖的资金，并令其成为一项生意；

选择八：按照 P/E 估值，募资 20 亿元，公开上市，市值 100 亿元。

2. 哥顿法

此法是美国人哥顿于 1964 年发明的一种创新思维方法。它主要是通过会议形式，根据主持人的引导，让与会者进行讨论。但会议的根本目的是什么，真正需要研究的问题是什么，实际上只有主持人自己知道，其他与会者都不知晓。这样做是为了避免思维定式的约束，使大家能跳出框框去思考，从而充分发挥群体智慧以达到方案创新的目的。

哥顿法有两个基本观点，一是“变陌生为熟悉”，即运用熟悉的方法处理陌生的问题；二是“变熟悉为陌生”，即以陌生的方法处理熟悉的问题。从实践来看，后一种方式运用得更多一些，并已逐渐成为哥顿法的主流。哥顿法强调暂时抛开所要处理的问题，而是通过讨论一些其他的问题，从类比中得到启发，然后再回到原来的问题上。当然，这种方法对会议主持人的要求是很高的，智力激发的效果与会议主持人的引导方法、艺术有很直接的关系。

3. 零起点方法

这是 20 世纪六七十年代在美英率先流行起来的一种创新方法，源于行政领域的零基预算法，强调要抛开过去所有的框框，破字当头，突破思维定式，一切从零开始。

毛泽东在新中国成立初期曾指出："我们现在是一张白纸，但在这张白纸上可以画最新最美的图画。"这句话可以用来形象地说明零起点方法。例如，我们要为学校中的一门老专业重新进行课程设计，如果采用零起点方法，就不能参考过去的内容，如某某老师曾讲授过某门课程，某某课程过去是多少学时，这个专业过去都包括哪些课程等，而是一切都要从零开始，就像建立一个新的专业那样去考虑问题。当然，这里只是举例说明，具体在学校中应当如何应用还要另当别论。在此需要强调的是零起点方法在政府部门的应用，尽管代价可能不菲，但这种方法的创新作用仍是为大家所公认的。

知识链接五

零基预算法

零基预算法（zero-base budgeting，ZBB）最初是由德州仪器公司开发的，是指在编制预算时，对于所有的预算支出均以零为基底，不考虑以往情况如何，从根本上研究分析每项预算有否支出的必要和支出数额的大小。这种预算不以历史为基础做修修补补，而是在年初重新审查每项活动对实现组织目标的意义和效果，在成本-效益分析的基础上重新排出各项管理活动的优先次序，并据此决定资金和其他资源的分配。

4. 角色互换法

这种方法类似于辩论中的角色互换，要求站在对方的立场上进行思考，主要适用于"做还是不做"这类决策问题，包括机构建立还是不建立、撤销还是不撤销、合并还是不合并、精简还是不精简等。总之，要在意见对立的方案中进行选择。当然，与决策有关的因素可能相当复杂，需要调查的面也可能相当广泛。

为了能形成比较一致的看法，可以先指定持赞成意见的一组人去收集有关问题有利方面的材料；再指定持反对意见的另一组人去收集有关问题不利方面的材料。经过一段时间的工作，双方汇合，一起讨论他们所整理出的材料。讨论过后，双方交换任务，继续进行调查工作。等双方再次汇合时，因为各自都从对方观察问题的角度进行过调查，所以各组参加调查的人员很可能会发现自己原来的意见所存在的漏洞以及对方观点中所具有的合理成分。

通过这种任务的互换，意见的交流，很可能使双方发现彼此之间更多的共同点，明白那些双方都可以接受的一般事实，从而在一个新的基点上去认识和分析问题，这样最终的决策也就瓜熟蒂落了。当对某个问题产生对立意见，双方相互对峙、难以一致时，角色互换法能够起到积极的协调作用，它会使争论的双方增加一些实事求是的意识，避免情绪化的极端倾向。

5. 综摄法

这种方法基于心理学中的“垃圾箱理论”，试图利用非理性因素激发群体创造力。该理论认为，知识在人脑中有两种存在状态：一种是规则排列状态，一旦需要从头脑中寻找这些信息时，就可按其排列顺序去查找，这就是合乎逻辑的推理过程；另一种则是不规则排列，这些知识是偶然反映在人脑中的，无法按一定排列顺序或规律进行存放或整理，只能非常杂乱地堆放在大脑的某一区域，像个大垃圾箱。

要想在垃圾箱里找东西，自然无规律可循，只能靠瞎翻乱找，至于找得到找不到，有时全凭运气，即心理活动中的非推理因素。但这种靠非推理因素组合或综摄起来的知识，其中往往存有独特、新奇、具有创造性的知识产品，“废物利用”有时会收到意想不到的效果。综摄法力求收集那些看似不合理、带有更多情感色彩的想法，并把它们与理性看法相结合，通过比较鉴别，实现创新突破。

第四节　政策论证

在政策制定过程中，政策论证是必要的。政策分析人员应该设法把专业的技术词汇转换为可以为政策制定者和其他参与者所理解的论证，从而获得政策制定者的注意力。

根据威廉·邓恩的观点，政策论证的模式是把政策信息转化为政策主张时所遵循的特有方式。这些模式主要包括权威论证（reasoning from authority）、方法论证（method）、概括论证（generalization）、分类论证（classification）、直觉论证（intuition）、原因论证（cause）、符号论证（sigh）、动机论证（motivation）、类比论证（analogy）、案例论证（parallel case）和伦理论证（ethics）。

一、权威论证

权威论证是指政策主张源于权威的推理，相关信息的可靠性和可信度与提供者的社会地位或背景有关，如专家学者、内部人士、政府官员、立法者、节目主持人、新闻记者、宗教领袖、大学教授、知名作家等。概括地讲，权威特征的形成受制于多种因素，如职业、地位、名望、身份、家庭、年龄等。社会心理学的研究表明，带有权威特征的信息具有更大的影响力，因为权威本身往往就是一张信度的名片。在一项心理试验（这项试验以试验者的名字命名，被称为凯尔曼试验）中，同一个人就预防青少年犯罪问题做了三场内容完全相同的报告，只是对报告人的身份做了不同的介绍。第一场报告中介绍他是一位著名的法官，第二场报告中介绍他是一位社会热心人士，第三场报告中介绍他是有过前科的悔过人员。试验结果表明，当报告人以法官身份出现时，其报告内容最容易使人信服；而以悔过人员的身份出现时，则报告几乎起不到说服的作用。

二、方法论证

方法论证是指源于对产生政策信息方法或技术的认可，其功能主要体现在把政策相关信息（如事实陈述或相关报告）与认可的方法与规则联系起来。方法是指基本程序及其规则，而技术是指专门的程序和规则。方法论证强调产生信息方法的重要性，重视事件的描述、情况的说明、目标的阐述及其价值因素。例如，在政策分析中广泛采用的成本-收益方法，其权威性得到了政策分析人员的普遍认可。人们有时甚至相信，这类方法的使用实际上设定了政策议程及其发展方向。

三、概括论证

所谓概括论证，实际是指归纳推理。归纳推理是指从个别性知识推出一般性结论。例如，直角三角形的内角和是 180 度，锐角三角形的内角和是 180 度，钝角三角形的内角和也是 180 度，而直角三角形、锐角三角形和钝角三角形是三角形的全部形态，所以一切三角形的内角和都是 180 度。该例从直角三角形、锐角三角形和钝角三角形内角和分别都是 180 度这些个别性知识，推出了“一切三角形内角和都是 180 度”这样的一般性结论，因而属于归纳推理。

四、分类论证

分类论证是指通过类别进行推理，从类别界定入手，分析相关个人、团体、环境或事件所具有的特点。分类论证的合理性在相当程度上取决于所定义之类别的特征的明确性或性质的完整性。许多分类看似简单，实则复杂和困难，如对政权的意识形态进行分类就存在这方面的问题。

知识链接六

分类与划分

分类是指在比较基础上，根据对象的共同点和差异点把对象按类区分开来的方法。具体来说，就是把具有相同点的事实材料归为同一类，把具有差异点的事实材料分成不同的类。通过分类，可以使杂乱无章的现象条理化，使大量的事实材料系统化。分类不同于划分，前者是从种到属（从“下位”到“上位”），后者则是从属到种（从“上位”到“下位”），尽管二者方向相反，但相辅相成，往往同时并用，结果一致。例如，动物界或植物界的门、纲、目、科、属、种的系统，既体现分类又体现划分。分类在传统、最邻近的属加种差式的定义方法中和划分一样起重要作用。分类也可以是非本质的，分类规则与划分规则一致。

五、因果论证

因果论证是为了确定引起某一现象变化原因的分析，主要解决“为什么”的问题。因果论证就是在研究对象的先行情况中把作为其原因的现象与其他非原因的现象区别开来，或者是在研究对象的后行情况中把作为其结果的现象与其他的现象区别开来。因果性是自然界现象之间普遍的和基本的联系。虽然在宇观世界、宏观世界和微观世界中，因果律的表现形式各异，但是，因果律的存在是确定无疑的。

威廉·邓恩举了一个非常简单的例子来说明因果论证的作用。如果把汽车一整夜都放在户外，而室外温度已下降到零摄氏度以下，则无任何防冻措施的汽车散热器将会被冻裂。为什么会出现这种情况呢？因为散热器装满了水，盖子也被拧得很紧，并且室外温度在冰点以下，水结冰后会发生膨胀，由这个例子可以看出，重要的环境知识和一定的规律把握有助于论证因果之间的关系。

自然界里有些现象之间的因果联系是可逆的，有一些现象则是不可逆的，而认识因果关系的可逆性是非常重要的。在因果论证中需要进行可逆分析，主要是为了解答下述这个问题：作为结果的某一现象是否又反过来作为原因，从而会产生原来作为原因的那一现象？

知识链接七

穆勒因果五法

1. 契合法

契合法的内容是：考察几个出现某一被研究现象的不同场合，如果各个不同场合除一个条件相同外，其他条件都不同，那么这个相同条件就是某被研究现象的原因。因这种方法是异中求同，所以又叫作求同法。

契合法可用下列公式表示：

场合先行情况　　被研究现象

①ABC　　a

②ADE　　a

③AFG　　a

…………

所以 A 是 a 的原因。

例如，1960 年，英国某农场十万只火鸡和小鸭吃了发霉的花生，在几个月内得癌症死了。后来，用这种花生喂羊、猫、鸽子等动物，又发生了同样的结果。1963 年，有人又用发了霉的花生喂大白鼠、鱼和雪貂，这些动物也都纷纷罹患癌症而死。上述各种动物患癌症的前提和条件中，对象、时间、环境都不同，唯一共同的因素就是吃了发霉的花生。于是人们推断：吃了发霉的花生可能是这些动物患癌并死亡的原因。后来通过化验证明，发霉的花生内含黄曲霉素，黄曲霉素是致癌物质。这个推断就是通过契合法得出的。

契合法的结论是或然性的。为了提高契合法结论的可靠性，应注意以下两点：

第一，结论的可靠性和考察的场合数量有关。考察的场合越多，结论的可靠性越高。

第二，有时在被研究的各个场合中，共同的因素并不止一个，因此，在观察中应当通过具体分析排除与被研究现象不相关的共同因素。

2. 差异法

差异法的内容是，比较某现象出现的场合和不出现的场合，如果这两个场合除一点不同外其他情况都相同，那么这个不同点就是这个现象的原因。因这种方法是同中求异，所以又称之为求异法。

求异法可用下列公式表示：

场合先行情况　　被研究现象

①ABC　　a

②—BC—

所以 A 是 a 的原因。

例如，一百多年前，一艘远洋帆船载着五个中国人和几个外国人由中国开往欧洲。途中，除这五个中国人外，其他几个人全都病得奄奄一息。经诊断，他们都患有坏血病。同乘一只船，同样是人，一样是风餐露宿，受苦挨饿，漂洋过海，为什么中国人和外国人却不同呢？原来这五个中国人都有喝茶的嗜好，而外国人却没有。于是得出结论：喝茶是这五位中国人不得坏血病的原因。这个结论就是用差异法得出的。

差异法是求异除同。运用差异法进行比较的两个场合，必须只有一点不同，其他情况都相同。这种条件在通常情况下是少见的，因而差异法常和实验直接联系。运用差异法应注意以下两点。

第一，运用差异法，必须注意排除除了一点外的其他一切差异因素。如果相比较的两个场合还有其他差异因素未被发觉，则原结论就会被否定或出现误差。

第二，运用差异法，还应注意两个场合唯一不同的情况是被考察现象的全部原因还是部分原因。

3. 契合差异并用法

契合差异并用法又被称为求同求异并用法。它的内容是，如果某被考察现象出现的各个场合（正事例组）只有一个共同的因素，而这个被考察现象不出现的各个场合（负事例组）都没有这个共同因素，那么，这个共同的因素就是某被考察现象的原因。该法的步骤是两次求同一次求异。

契合差异并用法可用下列公式表示：

场合先行情况	被研究现象
①ABC	a
②ADE	a
③AFG	a
…………	
①—BC—	
②—DE—	
③—FG—	
…………	

所以 A 是 a 的原因。

例如，某医疗队为了了解地方病甲状腺肿的原因，先到这种病流行的几个地区巡回调查。他们发现这些地区的地理环境、经济水平各不相同，但有一点是共同的，即居民常用食物和饮用水中缺碘。医疗队又到一些不流行该病的地区去调查，发现这些地区的地理环境、经济水平也各不相同，但有一点是共同的，即居民常用食物和饮用水中不缺碘。医疗队综合上述调查情况后，认为缺碘是产生甲状腺肿的原因。后来对病人进行补碘治疗，果然疗效甚佳。这一结论就是通过契合差异并用法而得出来的。

应用契合差异并用法应注意以下两点。

第一，正反两组事例的组成场合越多，结论的可靠程度就越高。

第二，所选择的负事例组的各个场合，应与正事例组各场合在客观类属关系上较近。

4. 共变法

共变法的内容是，在其他条件不变的情况下，如果某一现象发生变化，另一现象也随之发生相应变化，那么，前一现象就是后一现象的原因。

共变法可用公式表示如下：

场合先行情况	被研究现象
①A_1 BC	a_1
②A_2 BC	a_2
③A_3 BC	a_3
…………	

所以 A 是 a 的原因。

例如，一定压力下的一定量气体，温度升高，体积增大；温度降低，则体积缩小。气体体积与温度之间的共变关系，说明气体温度的改变是其体积改变的原因。应用共变法时应注意以下几点。

第一，不能只凭简单观察来确定共变的因果关系，有时两种现象共变，但实际二者之间并无因果联系，可能二者都是另一现象引起的结果，如闪电与雷鸣。

第二，共变法通过两种现象之间的共变来确定两者之间的因果联系，是以其他条件保持不变为前提的。

第三，两种现象的共变是有一定限度的，超过这一限度，则两种现象就不再有共变关系。

5. 剩余法

剩余法的内容是，如果某一复合现象已确定是由某种复合原因引起的，则把其中已确认有因果联系的部分减去时，剩余部分也必有因果联系。

剩余法可用公式表示如下：

ABC 是复杂现象 abc 的复杂原因，

已知 A 是 a 的原因，B 是 b 的原因，

所以 C 是 c 的原因。

例如，有一次居里夫人和她的丈夫为了弄清一批沥青铀矿样品中是否含有值得提炼的铀，于是对其含铀量进行了测定。令他们感到惊讶的是，有几块样品的放射性甚至比纯铀还要大。这就意味着，在这些沥青铀矿中一定含有别的放射性元素。同时，这些未知的放射性元素只能是非常少量的，因为用普通的化学分析法不能将其测出来。量小，而放射性又那样强，说明该元素的放射性要远远高于铀。1898 年 7 月，他们终于分离出放射性比铀强 400 倍的钋。该元素的发现，应用的就是剩余法。

应用剩余法时应注意以下两点。

第一，确知复杂现象的复杂原因及其部分对应关系，不得有误差，否则结论就不可靠。

第二，复合现象剩余部分的原因可能又是复杂情况，对此还应进行再分析，而不能轻率地下结论。

六、符号论证

符号论证也称示性论证，其与因果论证完全不同，不是要解释事物之间的因果关系，而是要指明一件事情所标明的一些现象。具体来说，A 如果标明 B，并非 A 会造成 B。例如，温度升高和鲜花盛开可标明某个特定的季节，但这个季节绝非温度升高和鲜花盛开带来的结果。符号不是原因，原因必须满足一些额外的要求。符号则不需要，符号论证只是基于相关关系和概率价值做出的判断。

知识链接八

概率推理

M. 克莱因在《西方文化中的数学》中写道："一个事件是否发生的概率决定了我们对该事件的态度和行动。"那种在某种条件下可能出现也可能不出现的现象，我们称之为随机事件或偶然事件，如从一副扑克牌中抽出一张红桃 K。事实上，当我们观察了大量的同类随机事件后，就会发现其中存在一定的规律性。概率就是对大量随机事件所呈现的规律的数量上的刻画，通常用 P（A）表示。运用概率推理，我们可以获知某个事件发生的可能性有多大，或者说某个事件发生的机会有多大。从这个意义上讲，概率推理即关于机会的推断。

在实际生活和工作中，我们不能仅仅满足于估计一个事件发生的概率高或是低，而是还应设法知道准确的概率值。要达到这个目的，就必须求助于数学，依靠数学计算出来的概率值能有效指引我们的行动。

一般而言，计算概率值的定义是：如果有 n 种等可能性，而有利于某事件发生的情形是 m，则该事件发生的概率是 m/n，不发生的概率是 $(n-m)/n$。在这个定义下，如果事件是不可能的，则事件的概率为 $0/n$，即为 0；如果事件是完全确定的，则概率是 n/n，即为 1。因此，概率值在从 0 到 1 的范围内变化，即从不可能性到确定性。所谓等可能性，就是说出现的可能性相同。例如，一个骰子有 6 个面，若在骰子的形状上或在扔骰子的方式上没有任何因素有利于某一面的出现，则骰子 6 面出现的可能性相同，也就是骰子具有 6 种等可能性。按照计算概率值的这个定义，从 54 张一副的扑克牌中，选取一张牌"A"的概率就是 4/54，即 1/13。因为这里有 54 种等可能性，其中有 4 种是有利的。但是，如果全部可能性不是等可能的，则这个计算概率值的定义就不适用了。例如，某运动员射击一次存在中靶心与不中靶心这两种可能性，但是，不能由此断定说某运动员射击一次中靶心的概率是1/2。因为“一次中靶心”和“一次不中靶心”这两种可能性并不是等可能的。

应当注意的是，概率告诉我们的是大量选取中所发生的情况。例如，从54张一副的扑克牌中选取“A”的概率是1/13，这并不意味着，如果某人在这副扑克牌中取了13次，就一定会选中一张“A”。他可能取了30次或40次，也没有得到一张“A”。不过，此人取的次数越多，则取得A的次数与取牌总次数之比也将越趋近于1/13。另外，这也并不意味着，如果某人取了一张“A”，正好是第一次取得的，则其下一次取出一张“A”的概率就必定小于1/13，此时的概率依然是相同的，即为1/13。即使3张“A”被连续取出来时也是如此。因为，一副牌既没有记忆也没有意识，所以已经发生的事情并不会影响未来。

经验概率（empirical probability）也称实验概率（experimental probability）或相对频率（relative frequency），是指特定的事件发生的次数占总体实验样本的比率。经验概率并不是一个理论取样范畴，而是通过实际实验取得的。大致来说，经验概率是从实验和实际观测中估算得出的概率。

在取样空间中，给定一个事件A，事件A的经验概率=事件A发生次数/全部观测次数。

从统计学上讲，经验概率是一个被估算的概率值，或称为概率的估算值。在简单情况下，这样一个试验的结果只决定某特定事件是否发生。此时，如果已对概率的先验值做了具体的假设，则可以用贝叶斯法进行估算。如果一个试验包含更多的信息，则我们可以做基于统计模型的进一步假设，以改进经验概率：如果这个模型合适，则它可以被用来推导一个特定事件的概率。

七、动机论证

动机论证关注政策意图、目标和价值的动机作用，强调政策行动的接受、采纳或执行具有合理的动机支持。

动机论证源于亚里士多德以来被哲学家大为推崇的三段论式实用推理。实用推理一般表现为大前提、小前提、结论的三段论模式，即从两个反映客观世界对象的联系和关系的判断中得出新的判断的推理形式，其要求是从一般性的前提出发，通过推导（即演绎），得出具体陈述或个别结论的过程。举例来说：“自然界一切物质都是可分的，基本粒子是自然界的物质，因此，基本粒子也是可分的。”在实用推理中，对政策意图、目标和价值的认可能够促成对特定结论和具体主张的认可。一般来说，实用推理中的主张通常用于理解行动，而理论推理中的主张则是为了解释事件。

八、直觉论证

直觉涉及洞察力、判断力和理解力等心理因素，并与隐性知识（知识积累）有关。直觉论证有赖于对政策分析人员洞察力的前提和假设，其强调的是政策主张的创造性特征。尽管在开发创造性解决方案中，洞察力、判断力和理解力具有非常明显的作用，并且许多人都建议将直觉判断和隐性知识纳入政策分析的视野，但客观地讲，几乎不可能提前辨别源于洞察力的论证方法。按照美国学者丘奇曼（Churchman）的说法，尽管可以进行回溯分析，但一项创造性的行为不可能是被提前设计的行为。

知识链接九

直觉思维及其酝酿效应

直觉思维也称非逻辑思维，它是一种没有完整的分析过程与逻辑程序而是依靠灵感或顿悟迅速理解并做出判断和结论的思维。这是一种直接的领悟性的思维，具有直接性、敏捷性、简缩性、跳跃性等特点。

意大利美学家克罗齐指出：人的知识有两种，一种是直觉的，另一种是逻辑的，前者是“从想象得来的”，后者则是“从理智得来的”。直觉是人脑对对象中隐含的整体性、次序性、和谐性的某种迅速而直接的洞察和领悟，它可以引导我们绕过障碍，曲径通幽。

酝酿效应（brewing effect）是直觉思维的重要表现形式。在日常生活中，不论是科学家还是普通人，在解决问题的过程中，都会出现“把难题放在一边，放上一段时间，才能得到满意的答案”这一现象。心理学家将其称为“酝酿效应”。酝酿时，表面似乎把问题放下了，实际上大脑潜意识的思维并没有完全终止，并且此时消除了因“想不出办法”而导致的紧张，从而有利于找到新思路，正所谓茅塞顿开。

阿基米德发现浮力定律就是酝酿效应的经典例证。

公元前 245 年，为了庆祝盛大的月亮节，赫农王（古希腊叙拉古的国王）给金匠一块金子，令其做一顶纯金的皇冠。做好的皇冠尽管与先前的金子一样重，但国王还是怀疑金匠掺了假。于是他命令阿基米德鉴定皇冠是不是纯金的，但是不允许破坏皇冠。

这看起来是件不可能的事情。阿基米德开始时冥思苦想，不得其解。于是来到公共浴室，躺进浴盆，全身放松，他的大脑中闪现出模糊不清的想法。阿基米德注意到他的胳膊浮出了水面。他又把胳膊完全放进水中，可胳膊还是浮出了水面。

他从浴盆中站起来，浴盆四周的水位下降；再躺下去，浴盆中的水位又上升，而他也感觉到自己变轻了。他感觉一定是水对身体产生了向上的浮力。

他把差不多同样大小的石块和木块同时放入浴盆，石块下沉到水里，木块浮在水面上。通过不断的观察和思考，阿基米德发现，浮力与物体的排水量（物体体积）有关，而与物体的重量无关。他由此找到了解决国王问题的方法，问题的关键在于密度。如果皇冠里面含有其他金属，则其密度会不相同，即在重量相等的情况下，这个皇冠的体积也将是不同的。

于是，阿基米德把皇冠和同样重量的金子放进水里，结果发现皇冠排出的水量比金子排出的水量大，这表明皇冠掺假了。更重要的是，阿基米德发现了浮力原理①，即液体对物体的浮力等于物体所排开液体的重力大小。

九、案例论证

案例论证注重两个或更多政策制定案例的相似性，如治理城市交通拥堵和空气污染的政策就能够互相借鉴。案例论证源于经验前提的假设，即在相似情况下采纳的政策及其结果具有参考价值和启发意义。综观全球，各国（地区）政府往往面临一些相似的问题，因此政策制定过程中可以借鉴别人的经验或汲取别人的教训。例如，英国的全民医疗政策与城市规划政策的经验对美国相关政策的形成具有很大影响，美国各州在税制改革、公共住房和平等就业等方面的政策也已被用作联邦政府政策制定的依据。

案例论证的一个最新变化是，经验借鉴从横向到纵向的发展，即以同一地区或同一机构在不同时间段的经验作为基础进行论证，把过去的政策用作采纳特定行动的主张依据。尽管过去的情况与现状会有不同，但在一些特定的领域，过去的政策经验不仅具有很大的相似性，而且具有非常重要的参考价值。政府在制定财政预算时往往会借助于这种假设。

知识链接十

推理的法律含义："遵循先例"（staredecisis）原则

英美法系与大陆法系的一个重大区别就是是否实行判例法（case law），是

① 浮力原理也称"阿基米德定律"，即浸在液体中的物体受到向上的浮力，浮力的大小等于物体排开的液体所受的重力。阿基米德定律是力学中的基本原理之一，是流体静力学的重要内容。浸在静止流体中的物体受到流体作用的合力等于该物体排开的流体重力，方向竖直向上。这个合力称为浮力。古希腊学者阿基米德最先提出这一定律，并用它来确定王冠的黄金含量。

否以判例法为主要的法律渊源。通常来说，英美法系的主要法律渊源为判例法(特殊到一般推理)，制定法（一般到特殊的推理）只是其补充；大陆法系则以制定法（statute law）或成文法为主要的法律渊源，判例不具有法律拘束力。

判例是指有法律拘束力的案例。成为判例的案例是一种法律规范，后来的法官在处理案件时，如果符合条件，就应适用该判例作为判决的法律根据，因此判例法就是基于法院的判决所形成的具有法律效力的案例。凡是对以后的判决具有法律规范效力、能够作为法院判案的法律根据的案例，就是判例法。所以说，判例法是与立法机构制定的成文法或制定法相对而言的概念，这种法律并非来源于专门的立法机构，而是来源于法官对案件审理的结果，它不是立法者创造的，而是由司法者创造的，所以判例又称司法判例，判例法又称法官法。

十、伦理论证

伦理论证基于对政策方案或其结果的判断，表明事情的对与错或善与恶。例如，政策主张的依据通常需要表明“公正”的价值判断或“良好”的伦理规范。社会的道德原则和伦理规范是超越个人和团体理念的，在一些公共政策里，许多关于经济成本和收益的论证并未阐明隐含的道德或缺少伦理分析，因此受到质疑。伦理论证表明政策主张的是非对错，提供了政策主张的理念依据，有助于政策的接受和采纳。美国政治哲学家、伦理学家约翰·罗尔斯提出的“差别原则”与意大利经济学家、社会学家维弗雷多·帕累托（Vilfredo Pareto）提出的“帕累托最优”理论都是社会公平的重要理论依据，也是伦理论证中有效的工具。

伦理论证的过程适于开发伦理规则，而伦理规则对各种情况都具有普遍的适用性。实际上，伦理论证在价值既定性方面与其他各种政策论证模式有所区别，它致力于发现是否有充分的原因坚持某种价值立场；其他政策论证模式则都视价值观为“既定的”，只是根据观点调查对此加以描述而已。

知识链接十一

从“戈德华特守则”看精神医学伦理

已经退休的哈佛医学院精神病学临床副教授兰斯·多德斯（Lance Dodes）和国际精神分析协会研究计划委员会前主席约瑟夫·沙赫特（Joseph Schachter）曾联合其他33位精神病学家给《纽约时报》写了一封公开信。信中警告说：特朗普“情绪极度不稳”，这表现在他的讲话和行为中，这让他“不能安全地履行总统职责”。然而，这封公开信打破了一项长期坚守的专业守则。美国一位知名精神病专家艾伦·弗朗西斯向《纽约时报》撰文反驳道，这35位精神病专家没有遵守自己的职业道德，违反了戈德华特守则（Goldwater Rule）。

戈德华特守则的制定源于50多年前另一个美国总统候选人拜瑞·戈德华特（Barry Goldwater）的“被诊断”事件。1964年，美国杂志*Fact*向12 356名精神科医师发出了调查问卷，请他们从专业角度评价戈德华特的精神状态是否适合担任总统。在对该杂志调查做出回复的2 417人中，有1 189人认为戈德华特的“精神状态不适合担任总统（psychologically unfit）”。戈德华特为此将*Fact*告上了法庭并胜诉。法院认为，该杂志歪曲事实，对戈德华特进行了恶意攻击。

6年后，美国精神分析协会以这次事件为戒，将“戈德华特守则”写入了第一版《美国精神医学协会伦理手册》中，告诫心理健康工作者不要再重复这样的错误。《美国精神医学协会职业伦理守则》第7.3条（俗称“戈德华特守则”）规定：“当被问及对一个公众人物或一个在大众媒体上透露过自己私人信息的个人时，精神科医师可以和公众分享他在某个精神障碍领域的专业知识。但在没有经过专业问诊且没有得到正当授权的情况下就向公众发表相关的专业性意见，是一种违反职业道德的行为。”

教学案例一

人质危机（角色扮演）

1. 案例介绍

假设你们都是某个某国（A国）政府的重要成员。在10周前，你们国家驻某国（B国）的大使馆遭到该国武装人员的袭击。所有大使馆的工作人员都被挟持为人质。为营救人质所进行的谈判一直在进行，但毫无进展。总统竞选迫在眉睫，公众强烈要求对人质危机采取行动。假设你们是政府决策小组的成员，你们必须对人质危机做出必要的行动反应（决定采取何种行动）。下面是可供选择的行动方案：

- 组织一次军事营救行动；
- 对该国发动军事进攻；
- 对该国进行军事封锁；
- 对该国进行经济制裁；
- 经联合国讨论后再采取相应行动；

- 直接与该国政府进行谈判或通过调停人进行谈判；
- 缴纳赎金解救人质。

进行军事营救行动要冒相当大的风险，各种不确定因素难以把握，成功的可能性不大。因为这个方案涉及营救突击队进入驻该国的大使馆，然后再从该国返回。其中最重要的是避免人员的伤亡。这一系列行动所需要的后勤保障是相当困难的。尽管如此，政府要平息公众对它不采取行动的指责和要为即将到来的总统竞选赢得获胜的机会，需要对人质危机采取必要的行动。因此，军事营救计划也被列为可行性方案之一。

决策小组包括总统、副总统及外交部长、国防部长等内阁重要成员（由学员扮演这些角色），每个人都将分别被提供一份注明他们各自观点和立场的简要说明，并彼此保持信息的独立。

2. 备选方案

方案1：组织一次军事营救行动。

任何形式的军事营救活动都是很冒险的，它需要8架直升机以很低的高度飞行，并需要中断无线电通信联系，从本国的一艘航空母舰飞行约966公里到达初始着陆点。在这里，直升机上的突击队员将与已乘坐运输机先期到达的100名突击队员汇合，直升机需要从运输机上重新加油，然后把突击队员运至位于该国首都南面约80公里的第二着陆点。特工人员将在这里与突击队员汇合，并将他们带到山中的隐蔽点。到了晚上，突击队员将重新集结，特工人员用卡车把他们运到首都外围的某个地方，从那里，突击队员将对大使馆发动进攻，营救人质，然后把救出的人质带到附近的一个足球场，直升机在这里等他们，从这里把他们转移到另一个机场，在那里，运输机将带他们离开这个国家。实施这一方案，时间安排、人员调动和后勤保障不允许出现半点差错，否则后果不堪设想。

方案2：对该国发动军事进攻（空中打击）。

从游弋在附近海域的航空母舰对该国进行空袭是相对容易的，但这种行动并不能直接解救人质（除非同时组织营救行动），而是对人质被扣事件的惩罚性回答。它可能会迫使该国政府设法释放人质以避免进一步受到空中打击。这将迎合公众和政府内部要求采取行动的意愿。但实施这种方案会受到来自国际社会的严厉谴责，并且可能会造成一定的人员伤亡和飞机的损失。同时，B国也可能会采取其他报复性手段，如虐待人质等。

方案3：对该国进行军事封锁。

这种方案实施起来相对容易些，但是B国的周边国家将有很大可能参与对其的帮助，从而削弱军事封锁的实际作用。虽然军事封锁提供了政府采取决策行动的有力证据，但却不能明确表现出这种方案所能带来的最终结果。并且，这种行动可能并不会促进人质尽快得到释放，对恢复和提高总统个人的威望也无明显的作用。

方案4：对该国进行经济制裁。

强有力的经济制裁是一个十分严峻的选择，其困难在于制裁所引起的任何影响都将是国际性的。从某种意义上讲，经济制裁只会伤及B国肌肤而不会触及其骨肉。并且，国际制裁可能会带来更为严重的后果。因为，伴随这一方案的实施，A国将不得不对国际社会施加压力，迫使他们对B国施以同样的经济制裁，而这并不是一件容易的事情。

这一方案的另一个问题是经济制裁并不能产生即时的效果，因此这种选择需要耐心。很显然，如果制裁是国际性的，则B国政府几个月后就会迫于国内压力而释放人质。A国政府需要做的工作是使国内的公众舆论认识到这是一种最理想的选择，只要人质不受伤害，等上几个月要远比以人质生命为代价冒军事行动的风险要强得多。

方案5：经联合国讨论后再采取相应行动。

这一方案将会陷入一个非常长的谈判过程，其优点在于运用了合法的手段以确保A国始终处于国际舆论中主动的一方，而令B国处于被动地位。但由于其过程很长，因此恐怕难以令国内的公众满意，毕竟公众希望政府采取更果断的行动。

方案6：直接与B国政府进行谈判或通过调停人。

与长期手段和激烈方式相比，这是一个能较好解决人质危机的折中方案，但问题是与B国政府谈判会显出A国政府的妥协和软弱，从而使绑架人质的一方处于主动地位。这种谈判将严重威胁A国作为重要大国的国际声誉。

方案7：缴纳赎金解救人质。

这是最后一个可以求助的手段，也是万不得已情况下才会进行的选择。因为，这种做法一旦公开，A国的国际形象将受到极大的损害。国际社会将视这种行为是对绑架人质的鼓励。不过，如果这一切能秘密进行的话，倒不失为一个解决问题的好办法。

3. 案例素材

从1979年美国和伊朗爆发人质危机至今，已经过了30多个年头。在这30多年中，多起重大人质事件正是当年美伊人质事件的翻版。当年困扰美国政府的难题，现在同样是不少国家“烫手的山芋”。总结和分析美伊人质危机的决策得失，能够从处理危机的个案研究中提炼出一些有价值的内容。

1979年1月，伊朗伊斯兰革命迫使巴列维国王退位并逃到国外。同年10月，时任美国总统卡特同意巴列维到美国治病。两周后，即11月4日，300名伊朗学生冲入美国驻德黑兰使馆，将53名美国人扣为人质，美国驻伊朗联络处主任与两名助手则被羁押于伊朗外交部。伊朗学生要求将巴列维引渡回国受审，美国断然拒绝了伊朗方面的要求，从而爆发了美伊之间的人质危机。卡特总统的国家安全顾问布热津斯基力主武力解救人质并得到了卡特的同意。为此，美国参谋长联席会议设立了一个名叫“饭碗”的策划小组，研究解救方案，并最终决定由新组建的“三角洲”部队来实施营救行动。这支部队由陆军上校查理斯·贝克威斯指挥，是美国为处理国际危机而组建的精锐部队，刚进行过解救人质的演习，已具备作战能力。曾在越南有过空中突击经验的空军军官凯尔则负责整个空中行动的指挥。

贝克威斯计划采用空降方式。直升机是奔赴德黑兰展开此次营救行动的首选机种，海军的“海上种马”直升机由于航程远、运力大以及具备从航母起飞的能力而被选中，但该机必须中途加油，否则就不能从印度洋飞到德黑兰，所以贝克威斯又选择了C-130运输机为其中途加油。要中途加油，还必须在伊朗沙漠中找到一个能起降C-130的地方。情报机构认为德黑兰西南320公里处有一个合适的地方，并将此处的代号定为“沙漠1号”。

解救计划如下。

1980年4月24日晚，6架载有132名“三角洲”突击队员、陆军别动队员和救援人员以及直升机燃料的C-130运输机，从阿曼的马西拉岛起飞，飞行1 600公里到达“沙漠1号”。8架“海上种马”直升机从部署在阿拉伯海的“尼米兹”号航母上起飞，沿伊朗南部海岸飞行80多公里后再向内飞行960公里抵达“沙漠1号”。在此，C-130给直升机加油，直升机再将营救人员送抵德黑兰东南约80公里的山中一隐蔽处，然后C-130返回马西拉岛。

次日半夜，“三角洲”部队乘车到达使馆，陆军别动队则前往伊朗外交部救出另外3名美国人。人质救出后，直升机在3架C-130护送下飞抵使馆与外交部，然后将全部被救人质送到德黑兰西南80多公里位于曼扎利亚的一个废弃空军基地。

该基地将由先期抵达的一个别动队连夺取并保护起来，然后毁掉直升机，改乘沙特飞来的C-141运输机将全体人员运到埃及某基地。

然而，这一看似精密的计划却在执行中出了问题。

解救行动于4月24日半夜开始，8架“海上种马”直升机一进入伊朗境内就遇到了如牛奶般厚重的尘埃。飞行不到2个小时，2架直升机就因出现故障而退出了任务。当第2架直升机退出时，编队距离“沙漠1号”只剩下25分钟航程。“三角洲”部队与陆军别动队的队员乘C-130到达“沙漠一号”后曾与伊朗军队发生交火，并很快控制了降落场。然而，在等待了1个小时后，6架直升机才姗姗到来，这时又有一架直升机因液压系统完全失灵而无法继续完成后续任务。这样，原来的8架直升机只剩下5架保持完好。此时，负责空中行动现场指挥的凯尔通过卫星电话与参联会进行了沟通，参联会又通知了卡特总统。卡特直接征求了贝克威斯的意见，最终决定放弃行动。然而，就在营救部队准备撤离伊朗的时候，一架在空中移动位置的直升机与一架停在地面的C-130运输机相撞，引起大火，爆炸又波及另外3架直升机，最终导致8名美军士兵死亡、5人严重受伤。

第二天，卡特在电视上宣布营救行动失败。国会和五角大楼设立调查委员会对行动失败的原因展开调查。该调查委员会的结论是，这次任务的方案和策划是可行的，有一定成功的机会，但解救人质的任务是高风险行动，要求人员和设备尽其能力的极限来实施，若有闪失，几无挽救余地。

1981年1月20日，经过444天的较量，美国和伊朗最终达成协议。在里根宣誓就任美国总统的时候，人质得到释放，危机得以解决。

关键词

事实判断　价值判断　方案移植　技术理性　经济理性　法律理性　社会理性　直觉思维　政策论证　实质理性　兰德公司　霍布森选择　经验思维　创新思维　思维定式　逆向思维　头脑风暴法　穆勒因果五法　逻辑思维　哥顿法　零起点法

本章小结

1. 政策方案的特性包括：目标取向、变革取向、选择取向、理性取向、集群取向。

2. 政策目标的特征包括：层次性、多样性、系统性。

3. 目标选择涉及价值前提与事实前提。

4. 方案设计的要点有：成本、稳定性、可靠性、牢固性、灵活性、风险性、传播性、功效性、简单性、相容性、可逆性、强韧性。

5. 方案开发的理性基础包括：技术理性、经济理性、法律理性、社会理性、实质理性。

6. 经验思维的特点表现在经验的联想与经验的迁移。

7. 创新思维的特点表现为思考的独立性、方法的独特性、目标的前瞻性、思维的发散性、结果的聚敛性、形式的超常性。

8. 头脑风暴法应遵循四项基本原则：排除批评，畅所欲言，想法多多益善，合并、改进同行。

9. 政策论证模式主要包括权威论证、方法论证、概括论证、分类论证、直觉论证、因果论证、符号论证、动机论证、类比论证、案例论证、伦理论证。

10. 穆勒因果五法包括契合法、差异法、契合差异并用法、共变法、剩余法。

思考题

1. 政策方案有哪些特性?
2. 政策目标有哪些特征?
3. 什么是价值前提?什么是事实前提?二者有何不同?
4. 方案设计有哪些要点?
5. 方案开发的理性基础包括哪些内容?
6. 方案设计需要遵循哪些原则?
7. 创新思维具有哪些特点?
8. 创新有哪些方法?
9. 政策论证有哪些模式?
10. 什么是穆勒因果五法?

参考文献

[1] 谢明. 公共政策分析概论 [M]. 北京：中国人民大学出版社，2011.

[2] 谢明. 公共政策分析 [M]. 北京：中国人民大学出版社，2004.

[3] 西蒙. 管理行为 [M]. 4版. 詹正茂，译. 北京：机械工业出版社，2004.

[4] 凯尔曼. 制定公共政策 [M]. 商正，译. 北京：商务印书馆，1990.

[5] 姜圣阶. 决策学基础 [M]. 北京：中国社会科学院出版社，1989.

[6] 莱斯特，斯图尔特. 公共政策：演进研究途径 [M]. 陈恒钧，译. 台北：学富文化事业有限公司，2001.

第六章

结果预测

决策是一项立足现实、面向未来的活动，而未来对任何人来说都是一个未知的领域。人们不会甘心在未知的领域面前无所事事，而是希望能够尽可能对未来做出科学的判断，以把握自己今后行动的方向。当然，这种判断毕竟是一种估计和设想，任何人对行动的结果都不可能有百分之百的把握，我们能做的就是尽力去接近设想的结果。总之，面向未来并不是脱离现实去凭空设想，而是立足现实又不执着于现实，以现实作为通向未来的起点，根据现有的知识和经验，进行科学的预测。

那么什么是预测？又该怎样进行预测呢？

本章将介绍预测性分析的含义、类型、程序以及常用的预测方法，从而使我们对这种有效的分析手段有一个全面的认识。

第一节　预测概述

一、预测的概念

预测是立足过去和现在，分析和推测事物未来发展的一种活动，是人类发挥主观能动性的集中表现。古代的求神占卜、算卦看相等，实则都反映了人类对预测未来的渴望。现在我们讲的预测，不是迷信的附会，而是以科学理论为指导，以知识和经验为依据，在把握事物发展规律的基础上运用各种预测方法和技术，分析和判断所掌握的多种信息，对事物未来发展的可能状态做出合理推测。

预测之所以被运用于公共政策的制定，目的是为决策提供合理的依据。正如威廉·邓恩所说：“预测为未来政策变化及其结果提供有关信息。”具体地说，就是要在政策方案的优选阶段，依据先前政策制定各阶段所掌握的关于政策问题、目标和方案的信息或知识，运用各种预测方法和手段，对备选方案的实施结果、各种方案所要承担的风险、具体政策目标的实现程度、能够带来的效益等方面进行全面分析并做出预测，以供决策者参考。

二、预测的类型

从不同的角度或根据不同的标准可将预测划分为不同类型。对此，国内外学者提出了各种不同的分类方法。例如，根据预测领域的不同，可以分为社会预测、科学预测、技术预测、经济预测、军事预测等；根据预测时期的长短，可以分为即期预测（一个月以内）、短期预测（一至三个月）、中期预测（二年以内）、长期预测（二年以上）以及超长期预测（几十年甚至一个世纪以上）；根据预测要素的不同，又可以分为定性预测、定量预测、定时预测和概率预测等。

从预测的形式上看，威廉·邓恩认为预测主要有以下三种：推断、预言和猜测[①]。

推断是基于目前和历史趋势向未来进行外推的一种预测形式。推断来自对相似情况的论证，这些论证假设某些分析方法（如时间序列分析）有效或某些情况（如过去与未来的政策）之间有相似之处，以此来确立其预测的说服力。还可以用权威意见（如专家意见）和理论（如经济和政治等理论）来对推断方法进行补充。

预言是以明确的理论假设为基础的一种预测。这些假设可以采用理论法则（如货币的效用递减法则）、理论主张（如市民骚乱起因于期望与能力之间的差距）或者类比（如政府机构的扩张与有机体的自然成长之间的类比）等形式。预言的关键特征在于它明确了原因和结果在过程或关系（类比）等方面的相似性。我们还可以用权威意见（如经验判断）和方法（如经济计量模型）来对预言加以补充。

根据专家对未来社会状态的判断进行的预测。这些判断可采用直觉论证的形式，在这种论证中，常常用利益相关者（如政策知情人）的洞察力、创造性或灵感等来支持关于未来的指示性主张。这些判断也可采用动机论证的形式，通过现阶段的目的、价值取向或意思表示等来判断主张的合理性。例如，对未来的社会价值观（如闲暇）的猜测可用于这样的主张：在未来 20 年内每年平均工作时间应降低到 300 个小时。

---

① 威廉·邓恩：《公共政策分析导论》（第 2 版），谢明等译，中国人民大学出版社 2002 年版，第 214 页。

三、预测的作用和局限

（一）预测的作用

预测是政策分析过程中必不可少的一个阶段，也是政策分析过程的一个关键环节，是政策方案评估、比较与抉择的基础。预测提供各种可能的方案，并预言其结果，从而为政策方案的优化选择提供依据。预测虽然不能保证绝对的正确性，但它却是决策科学化的前提。

预测性分析对政策优选的作用可以概括如下。

第一，预测为政策分析者或决策者提供所必需的未来信息。为提高未来信息的可靠性与准确性，必须深入研究获取这些未来信息所使用的各种方法与手段。

第二，描述可供自由选择的各种备选方案的状态与数据。

第三，确定备选方案合理的发展区间，并推断和分析在发展区间内的全部可能利益。

第四，提出如果希望就可以达到的可能性。

第五，提供抉择的参考标准。这样就可以在任意时间将目标与预测加以比较，以便确定是否仍能完成目标或因预测的变化是否必须改变目标。

（二）预测的局限

尽管预测性分析为方案优选提供了很多有益的途径，然而在实际的预测过程中其总是会受到许多因素的制约，如预测的方法、技术、模型及其包含的假定、预测的时限、背景等，这些都有可能构成制约预测结果可信度的因素。预测的局限性可从以下三个方面来理解。

1. 预测的准确性

不论是单个变量进行的趋势外推还是更为复杂的模型分析，都是建立在对现实世界的简化和抽象的基础之上的，这个过程中必然造成某些失真，从而影响预测的准确性。

2. 效果的相对性

以复杂理论模型为基础的预测，其准确性有时并不比以简单模型和专家判断为基础的预测高，也就是说，其效果具有相对性。复杂模型的优点在于对出乎人们意料之外的或非直觉可判定的未来事件具有敏感性，但如果建立和使用复杂模型的政策分析人员机械地利用它们，就会降低预测的准确性。

3. 背景

预测还会受到机构、时间及历史背景的影响。就预测的机构背景来说，各种机构中激励机制的差异是机构背景差异的重要方面，具有代表性的是政府、企业和非营利研究机构等。其中，非营利研究机构中预测的准确性往往大于企业或政府机构。就预测的时间背景来说，如果以预测的时间长度来代表预测的时间背景（如三个月或一年、五年），则不同时间长度也会对预测的准确性产生影响。时间越长，预测越不准确。同时，历史背景也会影响预测的准确性，预测历史、群体特点及决策者等都会成为相关影响因素。

此外，预测的结果也与人们带入预测过程的假设有关。正如阿舍指出的：评价预测结果的一个困难之处在于确定建立和使用模型的人所持的假设。许多预测都存在严重的“假设拉动”问题，即建立和使用模型的人趋向于符合模型中的假设，而在某些情况下，这些假设是值得怀疑或是不合理的。

四、预测的对象和依据

在进行预测性分析时，首先，分析人员必须确定要预测的是什么，即预测的对象；其次，要决定怎样进行预测，也就是要选择预测的依据。

（一）预测的对象

预测的对象涉及以下四个方面的内容。

1. 现行政策结果

政府没有采取行动时，可以用预测来估计可能发生的变化。例如，美国在人口普查中所做的人口推断和其劳工统计局进行的有关女工参与度的推断就属此类。

2. 新政策结果

在新政策得以采纳时预测社会变化。例如，可以以假设采纳规范工业污染的新政策为根据推断某年的能源需求。

3. 新政策内容

预测可用来估计新政策内容的变化。例如，欧洲某议会研究服务机构根据这一假设，即某国政府和工会将效仿多数欧洲国家每年四周至五周带薪休假制度，从而预测其可能实行四周的带薪休假制度。

4. 政策利益相关者的行为

以此可预测新政策可能遇到的支持或反对意见。例如，可用评价政治可行性的方法来预测不同利益相关者在政策实施各阶段支持或反对该政策的可能性。

（二）预测的根据

预测的根据是一套假设或数据，用来对现行政策或新政策的结果、新政策内容或利益相关者的行为合理性等进行估计。预测根据主要有三种：趋势外推、理论假设、有见地的判断，每一种根据都与前面讨论过的三种预测形式有联系。

1. 趋势外推

趋势外推即用过去观察到的趋势来推测未来。这种方法假设在没有新政策出台或不存在不可预测的其他事件来干预时间的发生过程的情况下，过去发生的事情也会在将来发生。趋势外推法以归纳逻辑为基础，即从个别的观察（如时间序列数值）进行推理，从而形成一般的结论或看法。我们通常以一组时间序列的数据开始，将过去的趋势推向未来，然后援引支持预测的规律和假设。

2. 理论假设

理论假设即被系统地构造并在经验上可以测试的一套规律和建议，以一个事件为基础来预测另一个事件的发生。

理论假设在形式上是因果关系，它们的具体作用是解释和预测。使用理论假设法是一种演绎逻辑，即从一般的陈述、规律或议题再到具体的信息和主张。例如，有意见认为，在"后工业化"社会中，政策分析人员所掌握的知识越来越成为一种稀缺资源，从而加强了他们的权力。据此，我们可以从政府中日益增加的专业性政策分析的有关信息得出这一预测性主张，即政策分析人员在未来几年将比决策者拥有更多的权力。

3. 有识之见

有识之见即以经验和洞察力为基础而非以演绎或归纳推理为基础的知识。这些判断通常由专家或有识之士来表述，在理论或政府数据缺乏或不充分的情况下使用。这种方法以逆向逻辑为基础，即从对未来的看法入手，经由逆向推理取得支持这一看法的信息和假设。通过科学家或其他有识之士推断未来的技术变化就是一个典型例子：我国专家先借助逆向逻辑得出判断，即在 2010 年我国国内会出现时速达到 300 公里以上的动车组，然后回过头来寻找用于支持这一判断的信息和假设。

实际上，归纳、演绎和逆向推理的边界常常模糊不清。逆向推理常常是探究怎样从当前预计可能的未来的一种创造性方法；归纳法和演绎法则产生新的信息和理论，从而得出对未来社会状态的看法。当然，归纳推理和演绎推理可能会趋于保守，因为对过去事件信息的利用和对现有科学理论的运用有可能限制对潜在可能的未来（不同于合理的未来）的思考。

五、预测的过程及程序

一个完整的预测过程，一般包括以下几个步骤。

第一，明确预测要求，包括预测的目标、预测是为计划还是为决策或为其他目的进行的、对预测精度的要求、对完成时间的要求等。

第二，做好组织工作。预测工作的负责人应选择合适的人员组成一个小组，兼职或专职地来做预测工作，有些小型的项目也可能只需要一名成员。

第三，充分搜集数据。数据的收集可通过各种途径，如利用公开发表的数据资料，使用会计、统计人员的原始记录，进行专门的调查等，这一步骤不仅与预测目标有关，而且与预测者对完成时间的要求有很大的关系。在时间较紧的情况下往往只能利用已有或较易获得的数据；如果时间较为宽裕，则有可能同时采用几种方法以获得丰富而细致的数据。

第四，选择适当方法。这是整个过程中关键的一步，方法是否适用将对预测的质量产生重大影响，甚至决定其成效。

第五，利用采得数据。这是整个预测过程中具体而细致的一步，缺少数据预测不仅很难进行，而且由此得出的结果也会缺少说服力。

第六，评价与修正预测结果。对中长期预测，由于预测值与实际值一时无法比较，因此这一步骤往往是一种主观的判断；对短期与即时预测，需要将实际结果与预测值做比较，从而对整个预测工作做出评价。如果误差在预定范围之内，可以认为预测是成功的；在误差过大的情况下，则应寻找其原因。例如，如果误差是由于数据质量太差引起的，那么就应“补课”，设法提高其可靠程度；如果原因是预测方法选用不当，则应回到第四步重新进行预测；如果方法适用但模型有缺陷，则可对模型做适当修正，以保证下一步预测的可靠性。

第七，编写预测报告。在预测的最后阶段，应对预测做出总结，并以报告的形式将结果提交给决策者或委托人。

第二节　预测的方法

威廉·邓恩认为，预测的方法可以概括为三类，每一类又包括几种具体的方法，如表 6-1 所示①。

表 6-1　三类预测方法

方法	根据	适当的技术	结果
外推预测	趋势外推	传统的时间序列分析、线性趋势估计、幂的加权、数据变换、剧变法等	预言
理论预测	理论	理论图形化、因果模型、点和区间估计、相关性分析等	推断
判断预测	有见地的判断	常规德尔菲、政策德尔菲、交叉影响分析等	猜想

下面，我们介绍几种较常用的预测方法。

---

① 威廉·邓恩：《公共政策分析导论》（第 2 版），谢明等译，中国人民大学出版社 2002 年版，第 225 页。

一、外推预测的方法

外推预测（trend extrapolation）是根据过去和现在的发展趋势推断未来的一类方法的总称，它根据历史和现实资料，探索事物发展和变化的规律，从而推测其未来的发展状况。

外推预测的基本理论假设是：决定事物过去发展的因素在很大程度上也决定着该事物的发展、变化，事物的发展变化过程一般都是渐进式而非跳跃式的。只要掌握事物的发展规律并依据这种规律进行推导，就可以预测出它的发展趋势和未来状态。尽管在现实生活中，预测对象在各种随机的外界条件下运动，表现出大量的偶然性，但其固有的本质轻易不会改变，其发展和变化往往存在一定的规律性。人们只要能够发现和掌握这种规律，就可以参照历史经验和现有数据进行外导性推断，从而预测事物未来发展的状况。

外推预测法最先由赖恩（Rhyne）应用于科技预测中。赖恩认为，应用外推法进行预测时，一般包括以下 6 个步骤：①确定预测对象，选择预测参数；②收集必要数据；③拟合曲线方程；④进行趋势外推；⑤预测说明及进行准确度分析；⑥研究预测结果在政策制定和决策中应用的可能性。

外推预测的方法主要来自统计学，通常以时间序列分析和回归分析等形式作为基础。

（一）时间序列分析

时间序列是指基于时间顺序的一组数字序列。时间序列分析就是利用这组数列，应用数理统计方法加以处理，以预测未来事物的发展。这一方法基于“预测对象的变化仅与时间有关”的基本假定，把环境因素的复杂作用加以简化，根据预测对象的变化特征，以惯性推理的方式进行预测研究。它的基本原理是：一是承认事物发展的延续性，即应用过去数据就能推测事物的发展趋势；二是考虑到事物发展的随机性。时间序列法包括简单平均和加权平均两种形式。简单平均是指将按时间顺序发生的若干结果加以简单平均，并以这个平均值作为下一阶段的预测值；加权平均是指根据各期实际值和预测值的影响大小分别进行加权，并以加权平均值作为下一阶段的预测值。该方法简单易行，便于掌握，但准确性差，一般只适用于短期预测。

（二）回归分析

在现实生活中，人们发现某些变量之间存在一定的因果关系。一个变量的变化总会引起另一变量的变化。当人们能够准确地测定变量之间的数量关系时，就表现为函数关系；当人们难以准确测定其数量关系时，就表现为相关关系。人们为了定量地把握事物的因果规律，就需要把变量间的相关关系转变为函数关系。这种转化的中介就是回归分析。所谓回归分析，就是根据相关因素的大量实测数据来近似地确定变量间函数关系的分析方法。经由回归分析所建立的函数轨迹应尽可能接近已测数据，由此就可以通过一个或多个变量的数值去估计另一个变量的值。这种回归函数反映了事物内部各个因素的变化关系及其发展趋势。依据自变量和因变量之间关系的复杂程度，回归分析可分为线性和非线性两类。其中，线性方程又可依自变量数目的多少分为一元线性回归和多元线性回归。一元线性回归的一般表达式为马尔可夫模型，具体如下：

$$y=a+bx$$

现在，如果有了 n 对实测数据（x_1，y_1）（x_2，y_2）…（x_3，y_3），那么求回归函数的问题实际上就成为求函数系数 a 和 b 的问题了。

此外，马尔可夫模型也是外推预测中常用的一种分析方法。

在实际生活中，人们发现一些事物的变化过程只与事物的近期状态有关，而与事物的过去状态无关，即事物第 n 次的试验结果仅取决于第 $n-1$ 次的试验结果，第 $n-1$ 次的试验结果又只取决于第 $n-2$ 次的试验结果。这种转移过程的整体称为马尔可夫链。马尔可夫分析模型以随机状态事件各状态的转移概率矩阵为基础对事物未来的发展趋向进行推算，它只需要近期得到的数据而不需要大量的历史数据。这种预测方法既可用于短期预测，也可用于长期预测。

二、理论预测方法

理论预测是以理论假定及当前和历史的数据为基础，对未来的社会状况做出预测。与外推预测不同，理论预测不是用重复历史事件的假设来进行推测，而是以不同理论中的因果假设为基础的。外推预测在逻辑上是归纳性的，而理论预测基本上是演绎性的。威廉·邓恩总结了几种常见的理论预测方法，即理论图形化、因果模型、点和区间估计、相关性分析等，我们在这里简要介绍前两种方法。

（一）理论图形化

理论图形化是一种旨在帮助分析人员明确一项理论或因果推论的关键假设并对其进行排列的预测方法。理论图形化有助于揭示以下四种因果推论：收敛的、发散的、序列的、循环的。其中，收敛推论是用两个或两个以上的原因假设来支持一个结论或意见；发散推论是用单一的假设来支持一个或多个结论；序列推论是将一个结论作为假设来支持一系列进一步的结论和意见；循环推论是一种序列推论，序列中的最后一个结论与最初的结论相连，其结果是肯定的或否定的自我强化。

一种理论可以包含收敛、发散、序列和循环这四种推论，揭示一种理论或观点的总体结构一般有以下几个步骤：①将每个假设（可能是真理、规律或意见）分开并编号；②画出表示结论的词语（如“因此”“所以”等）和表示支持论断或结论假定的词语（如“因为”“由于”“为了”等）；③当这些逻辑指示词虽然被省略却明显体现了其隐含意味的时候，用括号将这些逻辑词补齐；④将编号后的假设和观点用箭头图进行排列，以说明因果关系。

（二）因果模型

因果模型是用来解释和预测公共政策因果关系的简化的理论表达形式。其基本假设是：两个或两个以上变量的相关变动，是潜在的原因和结果的反映。因果模型有助于因果假设的明确化，但也可能导致分析人员将统计分析所揭示的相关变动与因果推理相混淆。因果推论来自模型之外，即来自某些规律、建议或假设。因果模型广泛应用于交通、健康、教育和福利等公共政策问题领域。

因果模型中一项重要的统计性程序是路径分析，路径分析是一种使用多个而非单个独立变量的特殊的线性回归法。通过路径分析，可以确定那些单独的自变量（或与其他变量相结合）如何决定因变量的变化。用来描述因果关系的一个标准方式就是路径图。

三、判断性预测的方法

在外推和理论预测方法中，经验数据和理论起着关键的作用，而判断性预测则不同，它试图就各种判断进行推导和合成。分析人员先从设想的情况出发，然后再往回寻求支持这一设想的数据和假设。其逻辑在本质上是逆向推断。在此，我们介绍几种主要的判断性预测方法。

（一）交叉影响分析

所谓交叉影响分析法，就是在信息分析和预测中，根据若干个事件之间的相互影响关系，分析当某一事件发生时，其他事件因受到影响而发生何种形式变化的一种方法。一般来说，预测总会涉及两个要素，即事件出现的时间与概率。任何对事件出现时间和概率的预测，都是以尚未发生其他事件的假设为基础的。如果在这之中事件有不同于假设的结果，则原来的预测就会变得不切实际。因此，事件之间的预测是相互影响的。交叉影响分析法就是考虑了这种相互影响的预测方法。

使用交叉影响分析法时，可先根据预测选择出时间上最早出现的事件并确定其结果。然后，根据这个结果对接受第一个事件交叉影响的所有其他事件的出现时间和概率做出调整。再然后，选出下一个时间上最早出现的事件，确定其结果，并对其余事件进行调整。如此进行下去，即可得出最终的结果。

（二）专家会议法

专家会议法，是指以专家为索取信息的对象，通过会议讨论的形式，对决策对象的发展趋势和状况进行分析和判断的预测方法。专家会议有助于专家们交换意见，通过互相启发弥补个人观点的不足；通过内外信息的交流与反馈，产生“思维共振”，进而将产生的创造性思维活动集中于预测对象，在较短时间内得到富有成效的创造性成果，为决策提供预测依据。

总的来说，专家会议法具有如下优点：集思广益、信息放大，思维共振、有利创新，优势互补、智能叠加，知识共享、互相启发。其最明显的优势在于当缺少足够的统计数据和没有类似经验可以借鉴时，这种方法能起到非常有效的预测效果。专家会议法往往用于项目规模宏大且环境条件复杂的预测情境之中。

专家会议的人选应按下述三个原则选取：①如果参加者相互认识，要从同一职位（职称或级别）的人员中选取，领导人员不应参加，否则可能对参加者造成某种压力。②如果参加者互不认识，可从不同职位（职称或级别）的人员中选取。这时，不论成员的职称或级别的高低，都应同等对待。③参加者的专业应力求与所论及的预测对象的问题一致。运用专家会议法，必须确定专家会议的最佳人数和会议进行的时间。专家小组规模以 10~15 人为宜，会议时间一般以 20~60 分钟效果最佳。会议提出的设想由分析组进行系统化处理，以便在后续阶段对提出的所有设想进行评估。

专家会议法也存在一些局限。例如，参加会议的人数有限，代表性不够广泛，意见表达受到一定限制，看问题不全面；权威人物影响较大，容易出现“乐队效应”，即某些人的意见严重影响集体的看法；忽视少数人的意见，表现出从众倾向；专家之间的意见交流会受到心理因素的干扰，如固执己见、感情用事、以人画线、听不得不同意见等；专家的语言表达能力和信息接受能力对会议中的意见交流也会构成很大影响；等等。

（三）主观概率预测法

主观概率是人们凭经验或预感而估算出来的概率，与客观概率不同——客观概率是根据事件发展的客观性统计出来的一种概率。在很多情况下，人们没有办法计算事情发生的客观概率，因而只能用主观概率来描述事件发生的可能性。主观概率法是一种适用性很强的统计预测方法，可以用于人类活动的各个领域。采用主观概率法时通常有如下几个步骤：①准备相关资料；②编制主观概率调查表；③汇总整理；④判断预测。

知识链接一

贝叶斯推理

贝叶斯推理是把随机性转化为确定性的过程，简而言之，就是根据新信息不断调整对一个随机事件发生概率的主观判断。贝叶斯推理具有两大优势，一是迭代，二是信息，贝叶斯推理不是一次完成的，而是一个反复的过程，其间要对之前的判断进行调整。此外，尽可能丰富的信息是贝叶斯推理走向准确的最可靠保障。在贝叶斯推理中，概率本质上是对信心的度量，是人们对某个结果相信程度的一种定量化的表达。

福尔摩斯是19世纪末英国侦探小说家阿瑟·柯南·道尔塑造的一个家喻户晓的侦探形象，华生则是他的助手。福尔摩斯与华生初次见面时，他先看了看华生，然后说："你是从阿富汗回来的。"这让华生非常惊讶，并认为一定是有人提前告诉了福尔摩斯。福尔摩斯却说："是我自己观察得出的。"然后，他就像放慢镜头一样，把自己的推理步骤一步一步讲解给华生听。福尔摩斯说："你往那一站，既有医务人员的风度，又透着几分军人气质，显然是个军医。你脸色黝黑，但衣服遮住的腕部皮肤白皙，可见这是由于日晒造成的，而非自然肤色，由此推断，你刚从热带地区回来。此外，你面容憔悴，显然历经种种磨难；左臂动作僵硬，不能自如活动，说明还受过伤。在当前时势下，让英国军医受苦、受伤的热带地区会是什么地方呢？答案自然是阿富汗。"华生听完，惊讶之余连连赞叹道："太不可思议了！"

（四）情景预测法

情景预测法是一种新的预测方法，能够充分调动预测人员的想象力，有利于决策者更为客观地进行决策，在制定国家经济政策、公司战略等方面有很好的应用。但需要注意的是，一定要具体问题具体分析，同一个预测主题，一旦所处环境不同，则其最终的情形可能会有很大的差异。

情景预测法的特点包括：①使用范围很广，几乎不受任何条件限制，只要是对未来的分析都可使用。②考虑问题较全面，应用起来也比较灵活。③可通过定性、定量分析相结合的方式，为决策者提供主客观相结合的未来情景。④能及时发现未来可能出现的难题，以便采取行动消除或减轻它们的影响。

情景预测法的基本步骤包括：①确定预测主题。②寻找相关资料，充分考虑主题将来会出现的状况。③寻找影响主题的环境因素，要尽可能全面地分析不同因素的影响程度。④将上述影响因素归纳为几个影响领域，分析不同影响领域内主题实现的可能性，同时分析是否存在突发事件的影响（以及如果有的话，影响会怎样）。⑤对各种可能出现的主题状态进行预测。

（五）德尔菲法

德尔菲（Delphi）是古希腊的一个地名，阿波罗神殿的所在地，后人用德尔菲来比喻神的高超预见力。德尔菲法是由美国兰德公司命名并率先使用的。这种预测方法是对传统专家会议法的改进和发展。德尔菲法采用匿名通信和反复征求意见的形式，使专家们在互不知晓的情况下交换意见，这些意见经过技术处理后会得出预测的结果。

采用德尔菲法时，应先设计意见征询表。具体要求如下。

第一，问题含义要明确，以免应答者对问题产生不同理解，出现所答非所问的情况。例如，“到哪一年小汽车可以进入普通家庭?”这样的问题就比较模糊，缺少具体的指标，对其的不同理解也会引起不同的回答。因此，可将此问题更加具体化一些，如到哪一年（未来10年还是未来20年甚至更远?），小汽车（什么样的小汽车，小汽车是一个很笼统的概念），普通家庭（什么样的家庭可以被称为普通家庭），等等。

第二，问题要具有独立性，对某个问题的回答不应以对另一个问题的回答为条件。例如，“到哪一年某城市的私人轿车拥有量可以超过50万辆?”这种问题涉及公路建设的发展、家庭收入的提高等一系列前提条件，如果不对此事先进行说明，就很难做出有价值的预测。

第三，回答问题的方法要统一，否则就难以对预测的结果做出比较。例如，对“某件事发生的可能性有多大?”这样的问题，回答起来就难以统一。因为事件发生的概率总是随着时间的后移而增加的，如果没有具体的时间条件，那么预测的结果是很难比较的。

使用德尔菲法要经过几轮调查，对此，图6-1描述了德尔菲法的一般程序。

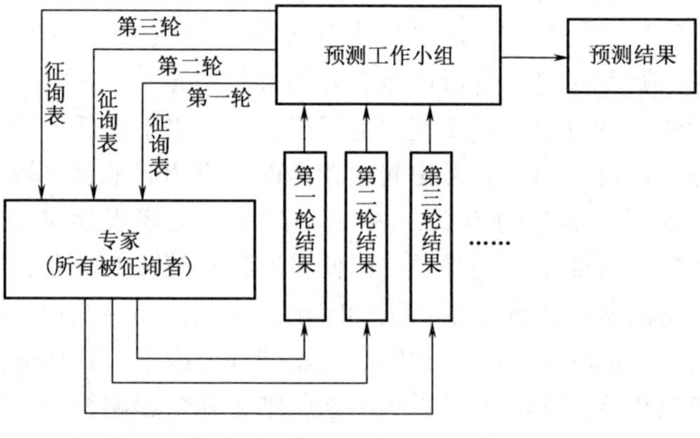

图6-1 应用德尔菲法的一般程序

第一轮：把意见征询表寄给专家小组的成员，请他们填写意见。预测工作小组收回调查表后，进行初步的统计和计算，发现具有共识性的意见和看法。

第二轮：将第一轮得到的相对比较集中的意见再反馈给每位专家，请他们以此为参考重新填写意见。如果某位专家做出的第二轮预测仍与多数人的意见不符，则要求其陈述理由，说明为什么其意见不同于大多数人的意见。预测工作小组收到调查表后，要根据新的数据重新进行统计和计算。

第三轮：将第二轮统计结果及有些专家的陈述理由告之每位专家，请他们在这个基础上进行新的预测。

一般来讲，经过三轮或四轮调查后，专家意见将比较集中，这时就可以将最后一轮调查所得到的结果视为专家小组的意见。

前些年，上海市政府曾借助德尔菲法的原则进行过一次小规模的政策咨询，调查对象确定为 45 人，都是有关专家和政府机关领导。预测的内容是：上海市当前急需解决的十大问题是什么？要求被征询者按轻重缓急的顺序进行填写。从第一轮的统计结果看，问题提得很分散，经归纳整理后仍有 107 个问题。调查小组从中选择了 20 个意见比较集中的问题进行第二轮咨询，要求每个人再从这 20 个问题里选出 10 个问题。两轮过后意见就比较统一了，其中有 10 个问题均超过了半数。这次预测咨询对上海市政府的政策制定具有重要的参考价值。

知识链接二

德尔菲调查表的典型格式

1962 年，在美国进行了一项运用德尔菲法对“新建住宅将何时配备内部能源”的调查。以下是向专家函寄的第三轮咨询调查表。表中叙述了经过第二轮调查反馈回来的意见以及统计的结果，并进一步向专家提出了咨询。

事件描述表

预测项目：大多数新屋将备有内部能源（燃料电池、太阳能电池），大约将发生于____年。

第二轮调查反馈回来的专家观点及原因陈述：

（永远不可能）——原子能动力装置发出的电能，在经济上并不十分有利。

（永远不可能）——生产同中心加热装置具有竞争力的此类动力装置，在经济上将是不利的。

（永远不可能）——唯一的可能性是生产可靠、安全、紧凑、廉价的原子能动力装置，这种装置可以做到安全、紧凑，但永远做不到廉价。

（2010 年）——只有在该领域出现某种重大发明后，总的动力装置将是比较经济和便宜的。

（2006 年）——我同意，唯一的可能性是家用原子能动力装置，但出现的时间不应早于2006年，此外还应考虑现在所用电能的集中生产和分配的有效性及廉价性。

(2000年) ——如果此问题仅同美国有关。

(2000年) ——如果内部能源不要求有任何形式的交换。

(1990年) ——此类方案的实验已经做了7年以上，基本原则已经确定，剩下待解决的只是某些细节。

(1990年) ——回答“永远不可能”至少是可笑的，这原则上是时间和钞票的问题。远距离输送电能，到处架设相应线路，不能适应未来日益增长的能量需求。

(1975年) ——美国煤气协会用天然气进行了加热，可同1970—1971年的电能生产、输电方式具有竞争力（见美国科学新闻1968年11月）

统计结果如下：

中位数：1998年；

四分点：1995—2000年；

极端日期：1975或2010年；

回答“永远不可能”的百分比：9.1%。

您的估计：

您的论据：

案例一

贝叶斯计算：以酒驾为例

一个人酒驾时出事故的概率到底是多少呢？对此可以先看一看以下这个贝叶斯公式：

$$P(A \mid B) = P(B \mid A) x P(A) / P(B)$$

该式的含义是：

现象 B 出现的情况下事件 A 发生的概率=事件 A 发生时现象 B 出现的概率×以事件 A 发生的概率/现象 B 出现的概率。

依据贝叶斯推理的过程，根据看到的新现象或信息调整随机事件的概率。两相对照，就能够明白公式里每一部分都代表什么意思了。

这里的 B，就是看到的新现象或者新信息，也就是“酒驾”；A 是和现象 B 相关的随机事件，也就是“出现交通事故”。

显然，公式的左边 $P(A|B)$，就是在酒驾的情况下发生交通事故的概率。

公式的右边 $P(A)$，就是发生随机事件 A 的概率，也就是出现交通事故的概率。

这个概率，又叫作“先验概率”。“先验”就是先于经验，“先验概率”就是在看到新现象、重新计算之前，基于经验甚至主观猜测得到的概率。

既然是基于经验和主观猜测，所以先验概率的设置当然就有任意性。毕竟，贝叶斯是一个迭代的过程，后面总能通过一次次调整，一步步收敛，最终逼近真相。

虽然先验概率的设置可以任性，但如果和真实情况相差太远，肯定要经过更长的计算过程才能获得相对靠谱的结果，造成事倍功半的结果。所以，先验概率的设置还是越贴近现实越好。对此，应当遵循以下三个原则。

第一，相信历史数据。例如，要判断一支球队比赛获胜的概率，最好去看它和对手的历史交手记录；如果没有这个数据，则可以去看它近期和别的对手比赛的数据。

第二，参考专家意见。如果很难找到历史数据，那就建议去寻找专家的意见。

第三，平均设置概率。如果既找不到数据，又找不到专家，则可以平均划分概率，这样总不至于使结果偏离太多。

说完了 $P(A)$ 这个先验概率，再来看公式右边的 $P(B|A)/P(B)$。这两个数叫作“调整因子”。拿酒驾的例子来说，酒驾时出交通事故的概率，就是在已知是酒驾的情况下得出发生交通事故的概率。这里，酒驾就是现象 B，出交通事故就是随机事件 A，所以 $P(B)$ 就是人们酒驾的概率，而 $P(B|A)$ 就是在出现的交通事故中司机酒驾的概率。比如每 10 起交通事故，平均有 3 起司机是酒驾的，那 $P(B|A)$ 就是 30%。

这里需要注意的是，$P(B|A)$ 和 $P(B)$ 这两个数一定是客观的，必须找到具体的客观值，而不能拍脑袋随便设定。

有多少人上路行驶，有多少人是酒后驾驶，又有多少交通事故里司机是酒驾的，这些数据我们都不清楚。不清楚就要去查，去交通部门、国家统计局这样的权威部门查统计资料。只有查完了，才能客观地确定调整因子的大小。

对于交通事故中有多少司机是酒驾这类数据并不难找，只要查询权威部门的交通事故数据就可以知道了；开车上路的平均事故率数据也不难找，对此交通部门都会进行统计。

真正困难的是确定酒驾的概率。因为有人是在酒驾中被查到了，有人则没有被查到，那么这种情况下怎么统计呢？其实，在此有一个替代数据可以参考，那就是交警经常组织的酒驾检查。我们可以把它想象为一种随机抽样，即用检查到的酒驾司机的数量除以检查车辆的总数，则可大致得出酒驾的概率。贝叶斯计算的难度并在于计算本身，而是寻找调整因子的客观数据。

有些数据虽然找起来费劲，但只要下功夫，就肯定能找到，有些数据则确实难以找到。在处理难以找到数据问题的时候，就不能生搬硬套地使用贝叶斯公式，有时需要依靠经验来进行评估。

对于一些更极端的概率问题，如第三次世界大战什么时候爆发、下一次金融危机什么时候出现等，则连基本的数据恐怕都没有，那么这种时候我们该怎么办呢？

对此，瑞·达利欧在《原则》[①] 这本书里提到的一个决策方法可以借鉴，就是赋予每个人决策的权利，然后给每个人的判断赋予不同的权重（其中专家的权重可以高一些），然后把所有人的判断结果加权求平均。这个方法或许不能保证结果很精确，但也不会太离谱。

总之，贝叶斯公式一共四个数，左边那个数就是我们要求的，右边的一个数是可以随意设定的先验概率，另外两个数则必须是客观的调整因子。查资料确定调整因子是计算的关键，如果瞎猜或者查得不对，就很可能越算越错。

资料来源：得到课程（刘嘉：概率论 22 讲）。

第三节　预测中的抽样方法

在社会科学研究中，我们经常要和样本（sample）打交道。样本就是从总体中选取的一组个案，由此抽样（sampling）就是从总体中选取一组个案的这一过程。抽样的好处显而易见，它使研究者能经济而迅速地收集到信息。例如，我国人口在 2023 年已超过 14 亿，要想对这 14 亿多人口中的成年人逐个进行问卷调查是完全不可能的。然而，根据抽样理论，不论总体的范围多大，采取概率抽样方法选取 2 500 人左右的样本就能够相当精确地代表总体的情

① 瑞·达利欧：《原则》，刘波、綦相，译，中信出版社 2018 年版。

况。显然，2 500 人的样本调查会大大减少花费和时间，所获得的资料也更准确、更可靠。抽样方法是政策研究过程中的一种常用方法。政策制定者常常需要在有关个人和群体对政策冲击的感受的信息（如政治选举、公共健康调查、公共舆论与态度的研究、产品与劳务生产、消费等）的调查中使用抽样调查方法。

在具体介绍抽样方法之前，我们先来看下面这个例子。

1936 年是美国的选举年，民主党的竞选人是试图连任的富兰克林·罗斯福，而共和党方面的竞选人是来自堪萨斯州的阿尔弗·兰登。对此，美国《读者文摘》进行了一次美国历史上规模最大的民意测验，以预测谁会在选举中胜出。他们调查了 240 万名美国人的选举倾向后公布：兰登将以 57%对 43%击败罗斯福。然而，实际的选举结果却是：罗斯福以 62%对 38%获得大胜。那么，是什么原因造成了错误的预测结果呢？研究者发现，错误主要出在“抽样框架”上。当时，《文摘杂志》总共寄出了 1 000 万份问卷，地址与姓名大都取自于电话簿与汽车俱乐部会员名单。但是在 1936 年，大多数美国人没有安装电话，很多人也没有汽车，所以很多低收入的穷人就完全被排斥在了调查之外，而正是这部分人支持了罗斯福。

一、抽样调查的常用术语和基本程序

（一）常用术语

1. 总体和样本

总体是指所要调查的对象的全体；样本就是从总体中按照一定程序抽取的那部分个体。

2. 抽样框

抽样框又称抽样范畴，指供抽样用的所有调查单位名单。例如，如果要从 1 000 名学生中抽取 200 名学生组成样本，那么这 1 000 名学生的名册就是抽样框。

3. 参数值与统计值

参数值是关于总体中某一变量的综合描述。最常见的参数值是某一变量的平均值。例如，全国女孩的平均受教育年限、某个城市市民平均工资收入值等。统计值则是关于调查样本中某一变量的综合描述，如从样本中得到的全国女孩的平均受教育年限等。

4. 抽样误差

抽取样本的目的是从样本的情况来推断总体的情况，在用样本的统计值去推导总体的参数值时会存在一定的偏差，这种偏差就是抽样误差。一般来说，样本的统计值与总体的参数值之间的差异越大，误差就越大；反之，误差也就越小。误差的大小由很多因素决定，抽样框可以说是其中最重要的因素之一。

（二）基本程序

抽样一般包括下面几个步骤：确定总体和抽样框，制订抽样方案，实际抽取样本，评估样本质量。

二、概率抽样

概率抽样是公共政策分析中获取信息的重要方法之一。在统计学中，概率抽样就是使总体中每一个体都有一个已知不为零的“被选机会”进入样本。这样可以排除主观上的随意性，使样本更具有代表性。概率抽样可分为等概率抽样和不等概率抽样。等概率抽样又称随机抽样，它是以概率理论为依据，通过随机化的机械操作程序取的样本，故能避免抽样过程中受人为因素干扰，从而保证了样本的代表性。非等概率抽样则可以采取某些加权的方法对不相等的概率做出调整。在以各种方式抽取的样本中，随机样本的代表性最高，虽然随机样本并不完全与总体一致，但它能确定抽样误差，也能准确地说出样本的统计值在多大程度上与总体一致。同所有其他科学方法一样，随机样本也允许通过对误差来源的分类和客观评价进行积累改进。

（一）简单随机抽样

简单随机抽样是最基本的概率抽样，最直观地体现了抽样基本原理，它是其他抽样方法的基础，其他概率抽样都可以看成是由它派生来的。

简单随机抽样也称纯随机抽样，是严格按照随机原则从含有 N 个单位的总体中抽取 n 个单位组成样本（$N>n$），在抽取过程中总体的每个单位都有同等的机会入选样本，并且每个单位的抽取都是相互独立的。常用的抛硬币、抽签等方法都是简单随机抽样，但是在公共政策分析中的简单随机抽样通常是使用随机数字表进行的。随机数字表是由数字 0~9 组成的表，由电子计算机编制而成。

（二）分层抽样

所谓分层抽样，就是先将总体 N 个单位按某种特征划分成若干个子总体，成为层；然后在每个层中分别独立地进行抽样；在此基础上将抽出的子样本合起来构成总体的样本。

分层抽样在政策分析中有着广泛的应用。当一个总体的内部分层明显时，分层抽样能够克服简单随机抽样的缺点，使样本与总体更相似，从而改善样本的代表性，提高总体参数估计值的精确度。除此之外，当有些研究不仅要了解总体的情形而且要了解某些相似类别的情形时，分层抽样可以同时满足这两个要求。此外，由于每一层可以被视为一个总体，每一层可以由专人管理，从而便于进行行政管理。

（三）系统抽样

在实际抽样中，只有在名单很短且事先已将所有单位编号（或用电脑处理过，便于编号）的情况下，才会使用简单随机抽样，否则抽样工作量就会太大。实际工作中经常采用的是系统抽样。

系统抽样就是将 N 个总体单位按一定顺序排列，然后先随机抽取一个单位作为起始单位，再按某种确定的规则抽取 $N-1$ 个样本单位。

系统抽样的具体步骤如下。

第一步：将总体的所有个体前后排列起来。

第二步：计算抽样距离。抽样距离是由总体大小和样本大小决定的，假设总体所含个数为 N，样本所含个数为 n，那么抽样距离应为 $K=N/n$。在头 K 个个体中，用完全随机的方式抽取一个个体，设其所在位置的符号是 k。自 k 开始，每隔 K 个个体抽取一个个体，即陆续抽取的个体所在位置序号为 k，$k+K$，$k+2K\cdots k+$（$n-1$）K。然后，将这 n 个个体结合起来，就构成了该总体的一个样本。

（四）整群抽样

整群抽样是先将总体划分成若干个群，每个群包含若干个次级单位，然后以一定方式从总体中抽取一部分群，并由中选群中的所有次级单位构成总体的样本。整群抽样的优点在于可以简化抽样过程，通过转换抽样单位、扩大抽样的应用范围，节省人力、物力。在简单概率抽样和系统抽样中，都要求有一份以总体所有个体排列的清单（即抽样框），但在实际调查过程中，如果抽样范围较大，这样的名单往往难以获得，有时即使可以得到这样一份名单，所需要的费用也十分昂贵，这就限制了抽样应用范围。在这种情况下，使用整群抽样获得抽样框就会容易得多。整群抽样的缺点是样本分布不均匀，样本的代表性较差。因此，与其他抽样方法相比，在样本数相同时，其误差较大。

三、非概率抽样

非概率抽样又称非随机抽样，是指抽样不遵循随机原则而是根据政策研究人员的主观判断或仅仅按照方便的原则抽取样本。在政策研究中，非随机抽样同样可以产生有用的信息。

在一定的信息需求的情况下，当随机抽样并非必不可少或获取信息成本太高、花费时间太多时，或者由于开发合适的抽样框架有困难时，就可以使用非随机抽样方法。有时，当面临财力与技术的限制时，可使用非概率抽样方法；又或总体中各个单位的差别不大并且调查人员具有丰富的经验时，也可以使用非概率抽样这一方法。非概率抽样有下述几种类型。

（一）偶遇抽样

偶遇抽样是指研究者将在一定时间、一定环境里所能遇见或接触到的人均选入样本的方法，“街头拦人”便是其中的一种：调查人员在街头路口、车站码头等处拦住过往行人来进行调查，询问其对某一政策的看法，并填写简单的问卷等。

偶遇抽样又称方便抽样，是指根据政策调查者方便与否来抽取样本。偶遇样本能够及时获得所需要的信息和资料，节省人力、物力和财力，但是其样本的代表性较差，有很大的偶然性。

（二）主观抽样

主观抽样中的“主观”在此有两种含义。一是主观判断之意，主观抽样又称为判断抽样，是指依据研究者主观判断选取可以代表总体的个体为样本。这种样本的代表性取决于研究者对总体的了解程度和判断能力。二是“有目的性”地选择样本。例如，在问卷设计阶段，为检验问题设计是否得当，人们常常会有意选择一些观点差异悬殊的人作为调查对象。这种含义的主观抽样的目的是探寻有意义的变量类型和范围。其作用在于发现问题，提出假设，而不在于对总体做出概括。

（三）定额抽样

定额抽样是非随机抽样中应用最广的一种。它类似于概率抽样中的分层抽样，也是按调查对象的某种属性或特征将总体中的所有个体分成若干类或层，然后在每个层中使用抽样方法，样本中各层（类）所占比例与它们在总体中所占比例一样，但不同的是，定额抽样中各层样本是非随机的。

定额抽样要求事先对总体中所有单位按其属性、特征分为若干类型，这些属性或者特征称为“控制特征”。例如，待被调查者的姓名、年龄、收入、职业、文化程度等确定后，再按照各个控制特征分配样本数额。这样可以确保总体的各个类别都能包含于所指样本之中。可见，定额抽样与其他几种非随机抽样方法相比，其样本的代表性更强。

（四）滚雪球抽样

当调查总体的信息不充分时，人们常常采取滚雪球抽样方法。先找出少数样本单位，再通过这些样本了解更多的样本单位，然后通过更多的样本单位去了解更多的样本单位。这样就像滚雪球一样，一步步扩大样本范围，从而使调查结果越来越接近总体。

以某政策研究部门调查某市劳务市场的保姆问题为例。一开始，在缺乏样本信息时，可以通过各种渠道（如家政中介公司、街道居委会或熟人）访问一些保姆，并请她们提供所认识的其他保姆的情况，然后再去调查这些保姆，并请这些保姆再提供她们所认识的其他保姆的情况……如此逐步扩大范围。通过这种方法，调查者可对保姆的来源地、从事工作的性质、经济收入等状况有比较全面的了解。

滚雪球抽样的优点是便于有针对性地找到被调查者，然而其局限性也恰在于此：该抽样法要求样本单位之间必须有一定的联系并愿意保持和提供这种关系，否则会影响调查的效果。

案例二

点球的启示

足球球门宽 8 码（7.32 米），高 8 英尺（2.44 米），点球距离门线 12 码（10.98 米）。在世界顶尖球员脚下，足球只需 0.2 秒就能从罚球点到达门线。一般来说，当球罚出后守门员是不可能有时间反应并做出有效扑救动作的。守门员必须事先决定向哪边倾斜重心，而球员也必须在看见守门员向哪边倾斜之前决定把球射向哪个方向。由于不像下棋那样有考虑的时间，双方都会尽力向对方掩饰自己的选择，这种博弈叫“同时行动博弈”，很考验球员的水平。

在 2006 年世界杯四分之一决赛德国和阿根廷的点球决战前，德国队聘请专家分析了 13 000 个点球的录像，从而对阿根廷 7 名最优秀的点球射手的习惯了如指掌，门将莱曼只需要根据小纸条上的指令扑救即可，而阿根廷队对此一无所知，最终输掉了比赛。

以色列本古里安大学的经济学家阿扎尔同样醉心于扑点球这件事，阿扎尔及其研究小组还在《经济心理学》杂志上发表了专门的论文。根据他们的计算，如果一个守门员待在中路不动，扑住点球的概率为 33.3%，扑向左右两侧的概率则分别只有 14.2%和 12.6%。研究小组也分析了现实中这些守门员的行为：门将老老实实守在中路的情况只有 6.3%。阿扎尔指出，守在中间的策略并非绝对，如果门将总是待在中路，点球手们就会毫不迟疑地改变他们的战术和靶心。

守门员的选择移动而非待在原地的做法或许说明了一件事：比丢球让门将感觉更坏的是不行动（待在中间）。一位身经百战的门将说：“如果你站在原地不动，认为球会直直打向中路而不进门，那你看起来就会像个猪头。”阿扎尔的理论证明了行为经济学的这样一个分析：当经济疲软时，政府就特别想干点什么，哪怕风险比可能的回报更高。即便无力回天，至少他们可以说我们已经尽力了，而如果他们选择不作为就难逃公众指责，被认为“什么都没有干”。为了避免自己“看起来就像个猪头”，于是，官员们在根本没看清问题来自哪里时，就匆匆忙忙找了个方向并扑了过去。

案例三

青龙奇迹

以下这个案例讲的是唐山大地震中发生的奇迹。1976年7月28日，唐山市发生了里氏7.8级强烈地震，几十万人遇难。这场劫难是世界地震史上极为悲惨的一页。然而，距震中唐山仅100公里之遥、同样受到毁灭性地震袭击的青龙县竟无一人伤亡，奇迹般地躲过了这场塌天大祸。1996年4月11日至19日，由时任河北青龙县副县长刘志新、国家地震局研究员汪成民等4人组成的中国减轻地震灾害代表团来到联合国总部，在第50届联合国大会的技术讨论会上做了专题报告。新华社、美国《纽约时报》、联合国广播中心等多家新闻机构纷纷对青龙县减轻地震灾害的成功经验进行了详尽的报道。由此，一个带有传奇色彩的名字——王春清进入了众人的视线。正是他的一份震前会议记录对挽救青龙县成千上万父老乡亲的生命发挥了重要作用。

1976年7月13日，初到青龙县科委地震办公室工作的王春清赶到唐山，参加了国家地震局召开的京津唐渤张地区地震工作经验交流会。会议期间，国家地震局分析预报室京津组组长汪成民要求做震情发言，打算通报“7月22日到8月5日，唐山、滦县（今滦州市）一带可能发生5级以上地震”的情况，但主持会议者没有同意。

当时，在对京津唐地区的地震分析过程中，专家们主要持两种观点，一是认为在辽宁海城地震发生之后，周围几百公里范围内近期不会有七级以上的强震。二是以汪成民为代表的一批年轻同志坚持认为，近期唐山、滦县一带地上、地下情况异常，可能会有大震，应给予高度关注。但他们的意见始终得不到重视。正是在这种背景下，汪成民做了一次“越轨”行为，也正是这次行为使青龙县躲过了一场大劫。

7月16日晚，汪成民利用会议休息时间召集了一个自由座谈会。据王春清回忆，当时参加会议的有唐山区县和华北地区的代表五六十人之多，他是其中之一。他做了详细的笔记，王春清当时不会想到，这份笔记成为一份永久的历史资料。笔记上赫然记载着：“1976年7月22日至8月5日，京津唐渤张地区有五级左右的地震，下半年到明年可能有七八级地震。”

7月19日一散会，王春清便立刻往回赶，到家已经是7月21日了。他连夜整理记录，然后立即向县科委和县革委会办公室做了汇报。这个时候需要做的就是风险决策了。对此，当时在县科委工作的陆吉康撰文回忆道，记得当时的主要问题是怎样决策的问题，既要预防地震，又要避免其他风险，包括报震而没震所引起的社会风险和政治风险。事实上，青龙县的临震信息也有群测点的功劳。青龙县有两个群测点，从1975年8月起投入观测。最初3个月，数据有明显漂移现象，后期转入稳定；自1976年5月均出现较大幅度的上升，1976年7月17日又发现观测指针莫名其妙地出现了些许跳动现象。

多个相互佐证的信息令时任青龙县委书记冉广岐提高了警惕。他在7月24日召开的全县800人农业学大寨会议上做了震情通报，要求必须在26日之前将当前形势通知到每一个人。当晚，近百名干部十万火急地奔向各自所在的公社。25日晚，县常委会会议进行了专门研究和部署，并于当天召开了全县电话会议，强调利用广播宣传地震知识，做好防震工作。

青龙县是一座群山环抱的县城。7月27日，马路两边大喇叭里广播着“随时发生地震”的警告，大大小小的商店沿街搭起了简易棚卖货，每个摊位前都有人争先恐后地采购。挤挤插插的人流看似有点乱，马路也显得时宽时窄，但“乱”而有序。冉广岐坐镇帐篷中，指挥青龙县人民创造了人类救灾史上的一次奇迹。

1979年7月28日凌晨3时42分，地震发生。离7.8级震中115公里、离7.1级震中仅60公里的青龙县尽管有18万间房屋倒塌或毁坏，但除一位老人震后因惊吓死于心脏病外，全县无一人伤亡。

资料来源：《唐山大地震30周年祭》，《南方都市报》，2006年7月19日。

关键词

预测　推断　预言　猜测　趋势外推　理论假设　经验判断　时间序列分析　回归分析　相关关系　函数关系　马尔可夫模型　德尔菲法　样本　概率抽样　随机抽样　非概率抽样　偶遇抽样　定额抽样　滚雪球抽样

本章小结

1. 预测的三种形式：推断、预言、猜测。
2. 预测的根据包括趋势外推、理论假设、经验判断等。
3. 外推预测的方法包括时间序列分析、回归分析、马尔可夫模型等。
4. 理论预测方法包括理论图形法、因果模型法等。
5. 判断性预测方法包括交叉影响分析、专家预测法、主观概率预测法、情景预测法、德尔菲法等。

6. 抽样是指从总体中选取一组个案的过程。

7. 概率抽样是指总体中每一个体都有一个已知不为零的被选机会进入样本。

8. 非概率抽样是指抽样不遵循随机原则，而是根据研究人员的主观判断、本着方便的原则抽取样本。

思考题

1. 预测有哪些形式？
2. 预测有什么作用？
3. 预测的根据是什么？
4. 如何进行时间序列分析？
5. 什么是回归分析？
6. 什么是交叉影响分析？
7. 如何运用德尔菲法进行预测？
8. 如何区分概率抽样和非概率抽样？

参考文献

[1] 朱立言，谢明．公共管理概论［M］．北京：中国人民大学出版社，2007.

[2] 谢明．管理智慧［M］．北京：中国人民大学出版社，2009.

[3] 斯通．政策悖论［M］．顾建光，译．北京：中国人民大学出版社，2006.

[4] 奚恺元．别做正常的傻瓜［M］．2 版．北京：机械工业出版社，2006.

[5] 刘思峰．预测方法与技术［M］．北京：高等教育出版社，2005.

[6] 哈夫．统计数字会撒谎［M］．廖颖林，译．北京：中国城市出版社，2001.

第七章

政策方案的优化选择

我们在第六章讨论了预测问题的相关内容，预测的目的是做出选择。作为政策制定者，必须能够运用科学的方法，在对政策方案可能产生的结果进行预测的基础上，根据现有条件对政策方案进行优化选择。本章将讨论政策方案的可行性问题，并在此基础上阐述方案选择的步骤与方法，以说明群体决策及其择案规则。

第一节　可行性分析

我国台湾学者林水波和张世贤在《公共政策》[①]一书中提出，在政策方案的可行性分析中应考虑四个层次的内容，即适当、可能、可行和实验。所谓适当，就是要考虑政策方案是否符合政策相关人员的心理感受、是否合乎历史传统、出台的时机是否合适等问题；所谓可能，就是要考虑政策制定和实施的相关资源、政府能力、社会共识和国际环境等因素；所谓可行，就是要从政治、法律、经济和技术等方面考虑政策实施的可行性；所谓实验，就是要对政策方案进行小范围的验证。

在具体实施中，政策方案的可行性分析一般要考虑以下几个方面的内容。

一、政治可行性

公共政策形成于政治舞台并必须接受政治考验。如果一项政策得不到决策者、政府官员、利益团体或者民众的支持，那么该项政策被采纳的可能性就很

① 林水波、张世通：《公共政策》，五南图书出版公司 1982 年版。

小。即使被采纳了，执行成功的机会也很小。这就使得政治可行性（political feasibility）成为一个重要的选择标准。

那么，什么是政治可行性呢？政策分析家们对这一概念的定义可以说是见仁见智的。威廉·邓恩等人将政治可行性细分为可接受性、回应性、合法性和公正性等方面，还有学者将政治可行性与政治成本和政治机会二者等同起来。美国学者马杰（Majone）在《论政治可行性概念》一文中，试图给这个概念下一个分析性的、易于操作的定义。他认为，一个政策方案或建议只有当它满足所有相关的约束或限制（constrains）时才是可行的。这里的约束，是指任何能够影响政策结果和不在政策制定者控制之下的环境特征。根据可行性的这一定义，一项政策在政治上不可行是指从缺乏政治资源、缺少体制的可驾驭性等角度来看，出现某种程度上的障碍或其他类似特征的限制性因素，因而妨碍了政策意图的实现。马杰把政治约束归纳为三类：一是来自可利用的政治资源的约束（政治约束），二是与政策的利益和成本所允许的分配相关的约束（分配约束），三是来自体制或制度的硬性约束（体制约束）。

第一，政治约束（political constraints）。政治约束指的是与政治资源有关的约束，它是由政治资源的利用所引起的对政策可能性的限制，包括对所提出政策（方案）的政治支持程度、运用政治和行政技巧的熟练程度等。

第二，分配约束（distributional constraints）。分配约束表示在受政策影响的个人和群体中分配利益和成本时所必须考虑的限制，它反映的是当事人或团体的相互依赖关系，通常被人们表述为帕累托可适性（Parato admissibility）条件。

第三，体制约束（institutional constraints）。公共决策是通过政治过程做出的，这种过程在很大程度上是体制化了的。因此，政策制定者的选择自由总会受一系列政治体制和决策规范的限制。

一般而言，政策方案的政治可行性是指某项政策方案在政治上是否与国家的性质、政治制度、政治思想和发展方向等保持一致，是否符合国家利益、大众利益，能否被社会和公众所拥护和接受。公共政策具有强烈的政治性，其本身就是一种政治行为。因此，政治可行性理所当然地成为政策可行性分析中位居首位的重要内容。结合我国国情，政治可行性可被理解为政策方案获取政治资源支持的程度（即获得合法地位和被政策执行机构接受的可能性）和对政治价值观的影响。它包括以下几个要点。

第一，可接受性。这里的“接受”包括来自上级部门、领导、群众等方面的认可。如果一项政策得不到决策者、上级领导的欣赏，那么这项政策是难以被接受的；如果一项政策得不到群众的支持，那么这项政策即使被决策者采纳，在实施中也会遭到群众的反对，从而使政策执行难以为继。对什么样的政策方案在政治方面具有可行性做出判断是一项颇具风险的工作，因为政治可行性较难量化。尤其是，群众可能由于受外在环境的影响，其态度的转变较快。例如，在美国对外发动的各类战争问题上，其民众对此类政策的支持率往往会随着战局的变化而起伏不定。

第二，适当性。适当性与可接受性紧密相连，因为它要回答的问题是政策目标与共同体或社会的价值观是否协调，如果与之相适应就容易为群众及决策者接纳。这个问题实质上也是一个道德问题，并涉及人类价值、权利、公平、正义等类似的问题。第二次世界大战中，德国法西斯和日本法西斯制定了侵略政策，这种政策不仅在程序上得到国会同意，具有“合法地位”，并且最初也为这些国家的多数人所拥护。但是，这并不影响其侵略计划与人类的人权观、正义观是相违背的。

第三，公正性。公共政策与私人企业决策的重要区别之一就在于公共政策必须关注政策对象的多样化，要尽力做到公平对待不同的群体。尽管任何公共政策都不可能绝对做到一碗水端平，即对所有人都完全平等地进行利益分配，但政策研究者在设计政策时还是要有长远眼光，对受到不公平对待的群体实行再分配，对利益享受者要合理使其承担成本。

从实践来看，在进行政治可行性分析中还应注意以下几个问题。

第一，政策制定者可能出于不同利益需要，对某项政策方案的考虑和处理方式有所不同，如考虑地方和部门利益等。对此，政策制定者应明确政策目标，充分论证优选方案，做到既有利于全局，也有利于各地方、各部门的利益，以取得各方的广泛支持。

第二，政策问题的轻重缓急也会对政治因素有影响。对有些突发事件(如自然灾害等)，必须采取紧急的政策应对措施，这些措施在局部和短期内可能会带来较大损失，但从长远和全局而言还是有利的，政治上也是可行的。

第三，现实中，一项政策同时受多种政治因素影响的情况也是经常存在的。在各种备选方案中，应尽量选取大多数人都能接受的方案，既不降低政策目标，又能满足方案的政治可接受性，方为明智的选择。

第四，有些政策可能会引起不同方面的反对意见。对此，在制订和论证优选方案时，应尽可能使该方案在带给一部分人利益的时候不损害另一部分人的利益，从而争取众多的潜在支持者。

二、经济可行性

经济可行性分析主要是分析政策方案在经济上是否合理（包括政策运行涉及的所有经济方面)，如政策投入成本是否低廉，完成的经济效果是否显著，产生的社会效益是否良好，各方案的利益是否都兼顾到了，等等。概括而言，它包括两方面的内容：一是某一备选方案占有和使用经济资源的可能性，进而实现政策目标的可能性；二是实施某一政策方案所花费的成本和取得的收益。公共政策是由国家和政府为了解决某些社会问题而制定、实施的。但是，政府的财政资源毕竟是有限的，任何一个政策方案占有和使用的经济资源也是有限的，而对于某项政策对资源的占有和使用能达到什么程度则并无一定之规。因此，任何公共政策都存在一个争取公共经济资源的问题。在政策研究者制订不同方案过程中，经济可行性是一个重要的标准。经济可行性分析的主要任务在于确定政策期望值与所需经济资源之间的关系，计算投入产出比。积极的经济可行性分析还要论证获得经济资源的途径的可能性，论证最大限度地合理使用经济资源的规则和方法，即分析某一备选方案获取政策资源的可能性。这里的政策资源是一个宽泛的概念，包括自然资源和人文资源、国内资源和国外资源等多种内容。

经济可行性的具体标准有投入产出比（O/I）、效率（efficiency）、效力（effectiveness）、利润率（profitability）等。这里需要特别说明的是效率和效力这两个概念。效率是以最小的投入所取得的最大产出，效力则是以最小的成本所实现的既定目标。二者虽然相关，但不能混淆，且最高效率和最高效力不一定出现在同一个点上。

评估经济可行性有两个基本方法：成本-收益分析（或称损益分析）和成本-效能分析（或称成本-有效性分析）。

（一）成本-效益分析

1. 政策分析中成本、效益的含义

要了解成本-效益分析方法，必须先了解成本和效益（收益）的含义。成本是商品经济的价值范畴，人们进行生产经营活动或要达到一定目的，就必须耗费一定的资源，其中所耗费资源的货币表现及其对象化称为成本。随着商品经济的不断发展，成本概念的内涵和外延都处于不断的变化之中。美国会计学会与标准准则委员会对成本给出如下定义：成本是为了一定的目的而付出的（或可能付出的）用货币测定的价值牺牲。这个定义的外延相当广泛，包括劳务成本、工程成本、开发成本、资产成本、资金成本、质量成本、环保成本等。

从经济学的一般意义上讲，效益就是人们在有目的的实践活动中所费与所得的对比关系。所费，即活劳动与物化劳动的消耗；所得，即由上述实践活动带来的有用的结果。人们研究效益问题的根本目的，在于以尽量少的劳动耗费取得尽可能多的有用的结果。公共决策中的效益是一个多层面的综合性概念，有以下几个特征。

（1）经济效益与社会效益的统一。经济效益是可以用货币来衡量的有形

成果，社会效益是财政资金的耗费与社会效果的对比关系。这里的社会效益包括经济的稳定协调发展、社会公平、国家安全、社会秩序安定、生态平衡及环境保护、教育科普、科学进步等一系列社会目标的实现，是难以用货币来衡量的。经济效益与社会效益二者是相互依存、相互制约的对立统一关系。

（2）宏观效益和微观效益的统一。宏观效益是指通过公共支出总量和结构的安排与调整所产生的有关国民经济效益和社会发展全局以及国民整体利益、长远利益的经济效果，如国民经济的稳定均衡发展、资源的合理配置等；微观效益则是指每一笔决策项目所带来的具体经济结果。

（3）直接效益与间接效益的统一。直接效益又称内部效益，指可以直接用货币计量的效益；间接效益又称外部效益，指除项目直接效益外，对社会产生的其他效益。例如，在投资学校的教育经费项目时，其直接效益主要表现在该项支出与学校培养的合格学生的数量以及教师科研人员的科研项目数量之间的对比关系；其间接效益主要表现在学生走向社会后对生产力的推动作用以及上述科研成果对社会发展的影响等。

成本-效益分析被广泛应用于企业和公共部门的决策分析中。效益与成本这两个概念的含义随决策主体的不同而不同。如果主体是企业，即以追求利润为目标，则其成本与收益的识别以利润减少或增加为原则，识别的基本方法是追踪项目的货币流动。公共政策的项目或方案是以政府为主体、为满足社会公共需要而进行的分配活动，其目的是追求社会福利的最大化。因此，政府不能只向一般的微观经济主体那样单纯考虑直接、有形、物质的所费与所得的对比关系，还必须站在宏观的角度来考虑社会发展的整体效益。然而，这些收益与成本往往因缺乏市场价格而难以用货币计量，因而使对其的识别和计量相对复杂和困难。因此，正确归集和分配成本、收益是做出准确分析的基础，这些成本和收益通常包括以下几个方面。

第一，直接收益与成本、间接收益与成本。①直接收益与成本是指直接可以用货币计量的收益与成本，如公路建设项目可以直接提高运输能力，某一灌溉项目旨在增加某片土地的产量等。就灌溉项目而言，其直接收益为一定时期内获得灌溉的那片土地农产品产量的净增长。②间接收益与成本是指直接收益与成本以外的收益与成本。它与特定成本对象相关，但不能经济而方便地追溯到各个成本对象的具体成本之上。间接收益与成本是由直接收益与成本引发生成的。例如，公路建设项目除能提高运输能力外，其间接收益是还能带动公路沿线的经济发展；对于灌溉项目而言，则其间接收益还可能包括毗邻土地肥力的增长。

第二，内部收益与成本、外部收益与成本。内部收益是由项目投资经营主体获得的收益，内部成本是由项目投资主体承担的成本。外部收益与外部成本是指项目以外的收益与成本。例如，一条免费通行的公路项目，通行者从中获得的收益是项目的外部收益。

在此需要指出的是，公共项目的直接收益（或成本）并不一定等同于内部收益（或成本），间接收益（或成本）也不一定等同于外部收益（或成本），尽管它们之间在有些情况下可能重合，但它们在概念上的差异却不能混淆。一般而言，间接收益与成本包含于外部收益与成本之内，内部收益与成本包含于直接收益与成本之内。

第三，有形收益与成本、无形收益与成本。有形收益与成本是指可以采用货币计量单位或实物计量单位予以计量的收益与成本。由于公共项目的成本-效益分析是以经济分析方法对项目的经济效益和社会效益状况进行评价的，所以，应尽可能把项目收益与成本货币化，使收益与成本具有可比性。这就需要了解项目产出物和投入物的价格，以便计算它们各自的货币价值。一般而言，公共项目投入物的货币价值容易计算，产出收益则常常因缺乏市场价格而不易计算其货币价值。

在对无市场价格的产出收益的货币化计量方面，通常有两种可供选择的方法：一是把可以获得同样的替代项目方案的最小成本费用作为该项目方案的收益；二是把消费者愿意支付的成本作为收益的估价。对项目产出所带来的外部损失，则可以用被损害者愿意接受的最低补偿收入作为外部成本或负收益价值的估价。在上述方法难以实行的情况下，有必要采用实物计量的方法来计算项目的有形收益和成本。无形收益与成本是一些既不存在市场价格又难以采用其他计量单位的收益与成本，可采用图片、音像、文字等各种形式予以描述和解释。

2. 成本-效益分析的步骤与方法。

一般来说，成本-效益分析的过程可分为以下五个步骤。

第一步：识别阶段，判断某一项目是否可以达到机构所希望的目标。

第二步：调查阶段，主要是了解能实现该目标的各项可能的方案。

第三步：收集信息阶段，主要是获取有关各备选方案效果的资料。

第四步：选择阶段，围绕定量财务指标分析、定量非财务指标分析以及定性指标分析等，采用不同的分析方法。

第五步：决策阶段。该阶段要以上述次序为依据，并应视限制条件情况而定。

3. 成本-效益分析的作用和局限性

对于公共政策的经济分析来说，成本-效益分析的作用是十分重要的。首先，它有助于纠正那些只顾需要不顾成本的倾向。其次，它有助于纠正那种只考虑成本而不顾效益如何的倾向。

成本-效益分析是一种有用的工具，可以分析政府投资的净收益和社会回报，但是这种方法的适用范围是有限的，很多政府领域的效益都不能以货币尺度来加以分析，如国防、太空研究、对外援助、公安和司法裁决等。教育、住房等领域虽然被认为可以提供巨大的货币效益，但至今尚没有可靠的测量方法，其效益类型很广泛，并且有一部分属于非经济性质。可见，成本-效益分析对那些主要是经济性质的、有形的、可以用货币测量的（如电力、邮政、运输等）公共政策更为适用。

（二）成本-效能分析

对于不适合成本-效益分析法的项目，可以考虑采用成本-效能分析法进行分析。这一分析法的要点，是根据方案或项目预期的结果的成本与效能来评估每个方案或项目的效果。公共政策大都会产生成本，成本通常都可以计算，但收益有时却无法计算，在这种情况下，就可以采用成本-效能分析法来衡量方案达到目标的有效性程度。

与成本-效益分析法不同，成本-效能分析法是根据方案或项目预期的成本和效能来评估每一个方案或项目的效果，而不用货币单位来计算备选方案的社会效益。采用此法时，只需计算每个备选方案或项目的有形成本，并以成本最低作为择优标准。

运用成本-效能分析法来确定方案时，其步骤同成本-效益分析法大致相同。首先，确定决策目标。其次，以货币为统一尺度，分别计算出备选方案的各种有形费用并予以加总。在计算费用的过程中，如果遇到需要实施多年的项目，还要用贴现法计算“费用流”的现值，以保证备选方案的可比性。最后，要按照费用的高低排序，以供决策者选择。

成本-效能分析法使政策制定者可以通过为具有类似任务的机构共同编制预算来发现各项计划之间的协调性。政府通过这种方法可以降低实现某些目标的成本。运用成本-效能法来确定最佳方案在技术上并不困难，困难之处在于备选方案的确定。因为，这里所指的备选方案应能够无差别地实现同一个目标，而要做到这一点并不容易。

三、行政可行性

行政可行性是指在特定的行政环境中实施既定的政策或规划的可能性，即政府行政部门在执行能力和工作效率方面的支持程度。假如一项政策方案或项目在技术、经济和政治上都是可行的，但却不能加以贯彻执行或难以贯彻执行，那么这项方案或项目的优点就会大打折扣甚至归零。

行政可行性涉及的问题包括：行政管理系统能否将一个政策方案或项目具体化，执行者有多大的授权及控制力，目标群体的配合程度如何，有没有备选的执行方法，有没有足够的人力、物力、财力以保证政策的执行，等等。这些问题是应该重视但却往往容易被忽视的，因为在许多情况下，政策的研究者和制定者并不是政策的执行者。正如学者斯泰斯和达奈科所说的那样："绝大多数情况下，政策制定者们都假定其能够设计政策，某些人能够执行并进行管理。很多公共政策其实是在对执行政策必需的特定行为一无所知的情况下被采纳的。"这种情况一旦发生，可能还会导致因政策失败而互相推诿责任：政策研究者认为政策失败的原因是政策执行人未能按照政策的设计去实施，政策执行者则认为是政策设计本身有问题。因此，加强行政可行性分析是十分必要的。

行政可行性的主要标准包括以下几点。

第一，权威。权威标准是指政策执行集团或代理人必须获得进行变革、要求其他集团合作、确定优先权等的影响力。政策执行者是否具有足够的权威，是把政策从图纸变为现实的关键。尤其是当政策所涉及的利益群体力量较大的时候，权威的作用就显得更加明显。同样的政策，有的人在执行过程中总会遭遇到这样那样的阻力，有的人在执行过程中却畅通无阻，很大原因就在于执行者的权威不同。因而，在政策分析过程中要及早提出执行权威的问题，这样既可以避免对具体方案没有人能够予以执行，又可以为潜在更优秀的方案树立权威。

第二，制度约定。制度约定指不论是高层官员还是普通工作人员，都必须为政策执行承担责任。通常情况下，由于环境的变化，大多数政策需要工作人员在执行中加以变通，如果没有这些看起来微不足道但对政策执行必不可少的行为，政策就不可能得以顺利地贯彻实施。因此，将制度约定确定为一个可行性分析标准，既可避免选择一个总体上不切实际的政策，又能将精力集中于执行优选方案所必需的组织改革上。

第三，能力。能力要求主要是工作人员应具备将政策付诸实施的技能。许多看似出色的政策之所以失败，就是因为其对技术的要求超越了具体工作人员乃至整个组织的既有能力。

第四，组织支持。仅仅有执行政策的权威是不够的，充足的装备、物资设备以及其他支持设施也是必需的。在行政操作的可行性分析当中，政策研究者要就组织是否拥有这些条件进行考察；如果没有，那么在政策实施前组织能否解决？对于这些问题都需要认真加以考虑。

四、法律可行性

法律可行性是指政策方案是否符合国家宪法和法律的有关原则和条款。公共政策行为本质上是一种按照法定授权、法定程序行使公共管理权力的行为，公共政策执行也是一种执法行为。任何公共政策都必须经过法定程序，获得合法性，才可能出台成为政策，才可能顺利地执行。例如，在我国，行政许可法实际上就是规范政府和一切公共机构政策行为的基本准则。所有公共政策都必须具有法律上的可行性。

政策研究者必须认识到，一些看似可行的方案如果得不到现行法律的支持，即使被决策者所采纳并付诸实施，也只能是暂时性的，其由此可能产生更为严重的后果。这种政策一般都是为了维护地方利益或小团体利益而选择牺牲国家利益或整体利益，因此不可能长久实施，终归要被取消。例如，一些地方政府制定了一些地方保护主义政策，不允许外地产品进入本地市场，这明显破坏了市场规则，扰乱了市场秩序，是一种违法行为。这种政策虽然可能在一定时期内能对当地企业起到某种保护作用，但从大环境看，一方面它不利于资源的优化配置，另一方面损害了消费者及外地企业的利益。并且由于缺乏竞争，长远看也难以促进当地企业的改革与发展。为此，我国政府一直严厉打击这种地区分割的保护主义行为。

法律可行性包括三个方面：其一，政策制定主体的决策权合法配置，就是说，政策制定主体必须在法律赋予的权限范围内决策，而不能越权决策；其二，政策制定的程序合法，也就是说，决策行为必须按照有关法律规定的程序和方式进行，不能随意减少或颠倒决策过程中的有关步骤和环节；其三，政策内容合法，即所制定的政策的内容不能违背有关法律，不能违背国家或本地的宏观政策和上位政策。

五、技术可行性

技术可行性（technical feasibility）分析是从技术角度衡量政策方案是否能够达到预期的目标、是否具备实施某项政策方案的技术手段，即分析在现有技术条件下实现政策目标的可能性。做任何事情都会有一个方法或途径问题，政策问题同样如此。许多政策设计在理论上可行而实际上却行不通，或者在政治、经济等方面均可行而在实际中却无法实现，其中一个重要原因就在于缺乏科学技术方面的手段。

技术可行性标准是从技术角度衡量政策是否能够达到预期的目标。这一标准包含两层含义：一是是否具备实施某项政策方案的技术手段，使政策目标的实现成为可能；二是在现有技术水平或方法论上实现目标的可能性有多大，即能在多大程度上实现政策目标。

技术可行性的一个重要标准是效力或效能（effectiveness）。效力标准所关注的焦点是政策方案是否能达到它的预期目标，政策行为在多大程度上实现了预期目标，现实生活中的变化是政策行为本身引起的还是其他因素作用的结果。政策方案的影响有直接的，也有间接的；有短期的，也有长期的；有可量化的，也有不可量化的；有充分的，也有不充分的。这些都会对效力标准的界定产生影响。如果效力标准具体明确、可以量化，则很容易制定衡量它的尺度。例如，某市政府决定治理本市山体裸露的问题，为此制定了具体的测量标准：现有裸露山体面积200多万平方米，一年后要使裸露山体面积减少一半。测量标准具体明确，政府官员也容易收集、处理并解释相关的数据资料。然而，对于大部分的政策方案来说，效力的测量是很困难的。如前所述，政策效果所受的影响有很多种，不是每一种影响都可以找到可靠的测量方法，也不是每一种影响都可以进行量化测量。例如，城市改造政策的目标之一就是通过整体规划，给市民营造一个清新、靓丽、舒适的生活环境。然而，清新、靓丽、舒适只是人的一种感觉，并没有直接的衡量标准或尺度来测量这种感觉。

在力求测量政策的效力时，重要的是先解决我们所要测量的问题，而不是受测量方法的限制。此外，我们必须经常对政策方案的影响进行预测，而不是总在实施后再对其进行测量。

六、社会可行性

社会可行性是指某个社会层面的政策方案能否取得广大人民群众的理解、认同、接受、拥护和支持，即社会对政策方案的认同和支持的可能性。其中，传统文化、道德观念、社会环境和意识形态都是其中重要的影响因素。

社会可行性分析的范围，从广义上说，所有其他种类的可行性分析似乎都可以包括在社会可行性研究中。一般来说，主要是从社会意识形态、文化传统、伦理道德、风俗习惯、民族心理、国民素质、宗教信仰和社会发展水平等方面来分析政策方案的社会可行性问题。这几种可行性是相互联系的，其中一种可行性不成立，都会降低其他几种可行性。

社会可行性分析的操作方法用来衡量某项政策是否有公众基础，如果有就可行；如果没有，则其可行性就值得怀疑。这种分析看似简单，但在实际操作中却比较复杂，因为公众是选择支持还是不支持甚至反对，受利益关系、价值取向等诸多方面的影响。对此应具体分析各种影响因素，仔细分析人们不易接受某项政策的原因和环境，从而寻找比较切实可行的解决办法，为政策的制定和实施打下良好的社会基础。

公共政策的可行性分析一般分为三个阶段，即机会研究阶段、初步可行性研究阶段和可行性研究阶段。机会研究就是根据资源、市场、既有政策等方面的情况，对一个拟定中的公共政策是否可行做出初步、大概的估计。这一阶段如获得通过，就可以进入初步可行性分析阶段。初步可行性分析与可行性分析在内容上基本相同，只是由于可行性分析阶段要耗费大量的人力、物力，因此分析人员有必要先做一番粗略的估算，如果认为确有希望，再进入这一阶段。

案例一

不可行性评估

当年，时任全国政协委员钟起煌在向全国政协十届五次会议提交的大会发言中，用有关三峡工程的实例进行说明，建议对重大决策建立“不可行性论证”制度。

温家宝在任总理期间视察三峡工程时曾这样问工程负责人：“在三峡工程建设中贡献最大的是谁?”该负责人回答：“贡献最大的是对三峡工程提出‘不可行’意见的几位中国科学院院士，他们提出的‘不可行性’分析和论证意见，使我们在工程建设中避免了多项重大失误，最终保证了工程的顺利实施。”

所谓“不可行性论证”，顾名思义，是指针对重大的政策项目，专门从项目的“不可行性”方面进行分析，对可行性报告提出反驳意见，运用逆向思维①的方法，从相反角度为项目审批提供参考意见，为决策创造一个兼听的平台，以利于政府决策的民主化、科学化。

现实中，一些地方在进行重大决策时，往往总是从“需要”出发，仅去论证决策的“可行性”，而不去考虑决策的“不可行性”。这种先入为主的“先有结论、后求论据，正方充分、反方缺失”的论证方式，对决策的科学化、民主化造成极大障碍。

研究“可行性”和研究“不可行性”，二者的目的其实是一致的。毋庸置疑，任何事情都具有两面性，有利就有弊，有好就有坏，不能仅凭主观愿望和感情因素加以定夺。

经济发展中最大的失误其实就是决策的失误。要想遏制这类失误，就需要把决策的“可行性”建立在“不可行性论证”的基础上，如此，决策就会少走弯路，少栽跟头；经济发展才会少些麻烦，少结“苦果”。

知识链接一

谔谔以昌

“千羊之皮，不如一狐之腋；千人之诺诺，不如一士之谔谔。武王谔谔以昌，殷纣墨墨以亡。”这是策士赵良对商鞅所说的话，出自司马迁《史记·商

① 逆向思维也叫求异思维，它是对司空见惯、似乎已成定论的事物或观点反过来思考的一种思维方式，敢于“反其道而思之”。

君列传》的记载。大意是讲：一千张羊皮，也不如一只狐狸的腋皮珍贵；众多唯唯诺诺之人，也不如一名诤谏之士可贵。周武王因直言纳谏而昌盛，殷纣王因喜人唯命是从而灭亡。

这段话具体形象地说明了真话的可贵与附和的可鄙。谔谔之士敢于不为尊者讳，胸怀坦荡，言为心声；诺诺之人行察言观色之事，为阿谀奉承之言，心怀叵测，言不由衷。

历史经验说明，谔谔之言多含超人之见，虽忠言逆耳，但良药治病。《旧唐书·魏徵传》载："（太宗）尝临朝谓侍臣曰：夫以铜为镜，可以正衣冠；以古为镜，可以知兴替；以人为镜，可以明得失。朕常保此三镜以防己过，今魏徵殂逝，遂亡一镜矣。"唐太宗李世民是一位出色的政治家，他很善于听取不同的意见。宰相魏徵是位讲话不留情面的人，经常当着满朝文武的面直言不讳地指出皇帝决策中的过失。但李世民兼听则明，勇于纳谏，所以才有了历史上著名的"贞观之治"。魏徵去世后，太宗感失镜之痛，于是决定设置专门为皇帝进言的官职，并推行"五花判事"，使国家"鲜有败事"，这也是盛唐之世得以出现的关键所在。

第二节　政策方案的选择

决策是一种面向未来的活动，而未来会出现多种的可能性。如果人们能够运用一些方法预知这些可能性时（预测的功能），就可以根据现有条件进行选择，并努力使这种选择成为现实。选择是决策过程的核心环节，选择性是决策过程最本质的特性。

在实际的决策过程中，人们往往很难在政策方案的设计与选择之间划分出一个明确的界限。设计本身就包含着选择，决策行为也就是一个不间断的选择过程。西蒙认为，任何细微行为的决策，必然涉及更为广泛的决策。例如，某人迈步前行是为了到邮局去，到邮局是为了寄信，寄信是为了向收信人传递信息，传递信息是为了使收信者有所行动，等等。可见，每一项决策都包含着对目标和行动的选择，而这种选择可能又是其他一些选择的中介，低层次行动的目标也往往是高层次行动的手段。从这个意义上讲，政策方案的选择并非只是始于方案的选择阶段。

一、方案选择的主要环节

（一）确定标准

确定标准就是确定一套对方案进行优选的价值准则，如符合国家和社会的总体战略，最大限度地实现公平目标，尽可能少地消耗政策资源，尽可能降低实现政策目标的风险，尽量减小方案实施所产生的副作用，等等。由于政策对象和内容本身的复杂多变，一项具体的政策方案往往很难同时满足上述标准，实践中经常采用的方式是关注重要目标，提出满意标准，遵循有限理性的原则，选择次优方案。

知识链接二

【之一】

目标置换效应：什么是既定目标?

目标置换效应是指对于工作如何完成的关切，致使一个人渐渐地让方法、技巧、程序的问题占据了其整个心思，反而忘了对整个目标的追求。换言之，“工作如何完成”逐渐代替了“工作完成了没有”。美国管理学家约翰·卡那率先指出了这种现象并提示我们：手段再高明也代替不了目的。第二次世界大战期间有这样一个例子，在诺曼底登陆后，盟军开辟了欧洲战场。美国为盟军生产的军火需要大量运往欧洲。由于运输任务很重，政府动员了许多商船。开始时由于德国飞机攻击频繁，使盟国商船的损失极为惨重。美国海军部因此决定在商船上安装高射炮和高射机枪。但过了一段时间后发现，这些高射武器的战绩实在糟糕，几乎没有击落或击伤一架敌人的飞机。为此有许多人产生了这样的疑问：有没有必要继续在其他商船上安装高射武器？这样做是不是多此一举？盟军海军的运筹小组经讨论研究后认为，在商船上安装高射武器并不是为了击落多少架敌机，而是为了减少被击沉击伤的运输船数量。虽然高射炮没有击毁一架敌机，但对统计数据的分析发现，其在保护商船、防止敌机轰炸方面起到了显著的作用，商船受损的数量明显下降。看来，安装高射炮是不是徒劳之举，关键是看需要其达到什么样的目的。

【之二】

得鱼忘筌

《庄子·外物》里有这样一段话：“筌者所以在鱼，得鱼而忘筌；蹄者所以在兔，得兔而忘蹄；言者所以在意，得意而妄言。吾安得夫忘言之人而与之言哉！”意思是说：竹笼是用来捕鱼的，有人捕到了鱼就忘了竹笼；兔网是用来捕兔的，有人捕到兔子就忘了兔网；语言是用来表达思想的，有人领会了思想就忘了语言。我怎么才能寻找到忘掉言语的人而跟他畅谈呢！庄子在这里以鱼、兔喻意，以筌、蹄喻言。强调得鱼得兔是目的，用筌用蹄只是达到目的的手段，形象地说明了“得意妄言”的合理性。“得鱼忘筌”这一成语便由此而来，就是说我们不能把手段当目的，而是要把握手段之后真正的目的。

（二）比较性分析

所谓选择，就是在对备选方案进行分析的基础上择优。一般来讲，只有做好分析工作，才能够对政策方案进行比较和鉴别，并能够根据政策目标对方案优劣做出判断。人在选择时总会面临困惑，择优就是要在困惑中进行决断。这里需要说明的是，择优有时候还表现为一种综合性的活动，即以一个较好的政策方案为蓝本，吸取其他一些方案的长处，从而创新出一个更令人满意的政策方案。

知识链接三

布里丹毛驴效应

人们习惯于把决策过程中犹豫不定、迟疑不决的现象称为“布里丹毛驴效应”。法国哲学家布里丹养了一头小毛驴，每天向附近的农民买一堆草料来喂。这天，送草的农民出于对哲学家的景仰，额外多给他送了一堆草料。这下子，小毛驴站在两堆数量、质量和与它的距离完全相等的干草之间，可真是为难坏了。它虽然享有充分的选择自由，但由于两堆干草看上去完全一样，无从分辨优劣，于是它左看看，右瞅瞅，始终也无法分清究竟选择哪一堆好。于是，这头可怜的的毛驴就这样站在原地，犹犹豫豫，来回考虑，在无所适从中活活饿死了。

从决策思维的角度来说，当几种选择方案具有同等的吸引力时，本应当是最容易做出决定的。因为不论选中哪一个都会带来令人愉快的结果。但是为什么这样的决定又是如此艰难呢？问题就在于决策者不得不放弃另一个很有吸引力的选择。换句话说，上面这头驴子的问题其实出在哪一堆干草垛对它来说都很诱人，都让它舍不得放弃。一般来说，一旦决策者知道自己将获得某种利益或某样东西时，与之相关的方案的吸引力就会发生递减；而一旦要放弃某种利益或某样东西时，与之相关的方案的吸引力就会发生递增，此时选择的烦恼就会给人带来很大的心理压力。布里丹毛驴效应正是反映了这个问题的本质。

案例二

机会成本：免费门票

陕西历史博物馆是一座综合性历史类博物馆，是中国第一座拥有现代化设施的大型国家级博物馆，也是国家AAAA级旅游景点，位于中国陕西省西安市雁塔区的小寨东路91号（大雁塔西北侧）。陕西历史博物馆实行免费开放，但实行“免费不免票”。每天限量限时发放免费参观券4 000张（每日14时前限2 500张，下午限1 500张），发完为止。

每天来参观陕西历史博物馆的人非常多，有时候要排几个小时的队才能领到免费的门票。从政策分析角度来看，博物馆的免费参观票只是形式上免费(你确实没有为此付钱)，但实质上是不免费的，因为你花费了相当多的时间。

在资源稀缺的前提下，做每一件事的同时都需要我们放弃做其他事，买一件东西时也常常需要我们放弃买其他东西。在市场交易中，机会成本不难计算，即选择做某事时所放弃的另一选择可能获得的最大收益。例如，当你花200万元购房时，机会成本是你为了买这套房子而错过的其他投资或消费机会。

对于市场外的一些行为，如“十一黄金周”的大堵车，机会成本是指你用堵车时间可以去做其他事情的价值——工作赚钱或与朋友相聚等。每个人的机会成本是不同的，这取决于他们自己的时间价值。40岁的人回到大学读书，机会成本一定比18岁的人要高许多，因为40岁的人更有可能放弃的是一份赖以谋生的工作。事实上，放弃工作去读书的机会成本远比直接的学费、书本费等高得多。

从政策分析的角度来看，机会成本是一个非常重要的概念，因为它有助于解释人的决策行为。

相关链接一

1. 显性成本与隐性成本

会计成本是经济学中的显性成本，是指计入账内、看得见的实际支出，因而它是有形的成本。一般成本会计计算出来的成本都是显性成本，而机会成本是经济学说的隐性成本。所以，总成本＝隐性成本（机会成本）＋显性成本(会计成本)。

2. 沉没成本与可变成本

沉没成本是指由于过去的决策而已经发生了的、不能由现在或将来的任何决策改变的成本。人们在决定是否去做一件事情的时候，不仅会看这件事对自己有没有好处，而且会看是不是已经在这件事情上有过投入。我们把这些已经发生且不可收回的支出（如时间、金钱、精力等）称为沉没成本（sunk cost）。决策过程中经常会用到沉没成本的概念，代指已经付出且不可改变的成本。沉没成本常用来和可变成本做比较，可变成本可以被改变，沉没成本则不能被改变。沉没成本作为一种历史成本，对现有决策而言是不可控成本，会在很大程度上影响人们的行为方式与决策。从这个意义上说，在做决策时应尽量排除沉没成本的干扰。

二、达成共识的途径

在政策方案的优化选择过程中我们经常会看到，尽管已经对备选方案进行了相应分析，最终方案也并不一定就能水到渠成地获得通过。政策决策者往往会有意见的不一致甚至严重的分歧。因此，在方案优选的最后一步，决策者还面临对方案的最终抉择达成共识的工作。方案优选过程中决策者达成共识的途径通常有三种，即交换、说服和强制①。

（一）交换

说到底，公共政策制定是政府为了解决和协调公众利益/矛盾而制定的行为准则。因此，政府决策过程就是形成一定的规则，使公众利益得以平衡的过程。要形成大家能普遍接受的规则，交换是主要手段与形式。决策中的交换是以利益差别为基础的，它是一种利益上的交易。交换表现为两个或两个以上的决策者彼此调整立场和态度，以适应对方的某种利益需要，从而达成使各方都获益的协议行为。决策中的交换必须具备一些基本前提：决策的各方都拥有一定的能使对方得到利益满足的资源，决策的各方都愿意通过谈判来解决问题，决策的各方都愿意遵守最终达成的协议，等等。

（二）说服

说服是指某一决策主体以另一决策主体为对象，试图证明自己在选择某一决策方案上所采取的立场、态度的正确性与合理性，从而要求对方给予理解和支持的行为。说服也是方案优选中达成共识的常用手段。说服不同于交换的地方在于：主动说服的一方不会改变原有的立场、价值和利益，而只是要求被说服的一方相信并理解和支持自己。交换则是双方为了达成协议都采取某种妥协，以自己的利益让步换回对方利益的让渡。

① 查尔斯·林德布洛姆：《政治与市场：世界的政治-经济制度》，上海三联书店、上海人民出版社1996年版，第14~15页。

(三) 强制

在政策决定中还常常使用强制的方式。强制是某些决策者利用手中掌握的权力、物质及其他优势，在优选政策方案时迫使与自己利益不一致的决策者放弃原先所持的价值、立场、态度的行为。政策决定中的强制往往通过命令和威胁这两种具体方法来实施。命令就是处于优势地位的决策者要求另一些决策者服从自己的选择，接受自己的立场和态度；威胁则是让对方知道不服从将失去更多的利益，从而迫使对方转向服从。

交换、说服和强制这三种共识达成途径既有区别，又有联系，在实践中常常交叉、混合使用。

三、不决策：确定哪些问题是不需要做决策的

把社会中的一些特定条件排除在政策议题之外，也是一种重要的政治策略。当有影响力的个人、团体或政治体系把一些问题排除在政治领域之外的时候，不决策的情况就出现了。不决策，如其被定义的那样，能够使决策者的价值观和利益受到保护，对一些潜在或明显的挑战进行抑制或制止。更明确地说，不决策是一种政治手段，统治者用它来对付社会中存在的改变现行权力和利益分配格局的要求。这些要求在发出声音之前可能就会遭遇窒息，或处于地下状态，或在列入相关决策领域之前就被扼杀，或在政策过程的执行阶段夭折、毁灭①。

当占据统治地位的精英阶层公开或隐蔽地压制某个问题的时候，不决策就发生了。因为精英阶层担心一旦这样的问题引起公众的注意，政府就必须做些什么予以回应，而要做这些事往往不符合精英阶层的自身利益。

当政治候选人、各级官僚、行政官员预计精英阶层不会支持某种观点时，不决策也会发生。官员们之所以抛弃某种观点是因为不想“出乱子”。精英阶层不需要去做什么，官员们会根据预测完成他们想要做的事情。

还有一种情况，即占主导地位的价值观和信念（政治文化）也可能将问题和政策方案拒于议程之外。例如，即使到了19世纪末20世纪初，当铁路政策有所松动时，美国人对私有财产和资本主义所持的信念使得铁路国有化问题依然没能列入真正的政策议程。只是在铁路运营的某些方面（如乘客服务等）对于私人企业来说已无利可图时，才可能出现一些例外的情况。

最后一种情况——也许是最重要的情况，因为政治体系本身是按照有利于解决某些类型的问题并抵制其他问题的解决方式建立起来的，因此也会发生不决策的情况。在政治体系内部，存在一种“偏见的动员机制”，即“存在一套

① Peter Bachrach，MortonS. Baratz：Powerand Poverty，Oxford University Press，1970，pp. 7.

占主导地位的制度程序等，因为对其他人也能带来益处，所以能系统而持久地运作”①。例如，许多学者相信，利益集团体系对理解议题如何确定、方案如何提出、政策如何实施等问题具有关键作用。众所周知，政治体系对那些规模较大、组织良好、财富颇多、积极活跃、能够接近政府官员的利益集团是会给予良好回应的；对那些组织性差、穷困潦倒、不活跃、几乎没有渠道与政府官员沟通的利益集团的回应则是比较差的。在政党体系中也可以观察到同样的情况——政党对那些组织良好、有财富、有技术、有知识、活跃的个人和集团的回应性强；对那些组织混乱、穷困、缺少技术、无知、不活跃的个人和利益集团的回应性则比较差。实际上，所有的政府机构——不论是选举产生的还是任命的，不论是立法机构、行政机构还是司法机构，不论是联邦政府、州政府还是地方政府，都存在这种倾向。

沙茨施奈德（Schattschneider）指出，“冲突管理是政治生活中至关重要的问题。如果这个问题解决不好，则任何政权都无法维持”。一切领导和一切组织都与冲突管理有关，政治空间里充满了各种冲突。冲突的问题如此重要，以至于任何政权如果不建立冲突管理制度就不能生存下去。因此，为了自身的利益，政治领导人及其组织必须阻止那些威胁其生存的问题进入政治领域，即不能让它们进入政策议程。政治领导人和政治组织抵制的问题种类往往取决于他们自身的类型。正如沙茨施奈德指出的那样，“一切政治组织在利用某些冲突或压制另一些冲突时都存有偏见。这是因为组织本身就是偏见动员的结果。有些问题进入了政治范畴，同时就有另外一些问题被排除在外”②。

将问题隔离于系统型议程或者制度型议程之外（不决策）的方法多种多样。尤其在地方一级，可能还会动用强制力。例如，20 世纪 50 年代和 60 年代，美国南部的白人团体就曾动用强制性手段压制黑人争取平等权利的要求。

在制定公共政策的过程中，搞清楚为何有些问题得到了解决，而有些问题却被忽视或被压制非常重要。因为公共政策不仅包括政府的作为，而且包括政府的不作为。以美国流动农业工人的境况为例，他们的问题很少得到政府官员的承认。对流动工人问题的漠视是不是至少可以部分地归咎于不决策？尽管不决策这一概念看上去还不够严密，但它对分析政策过程还是有启发作用的。

四、利害关系人

美国作家纳西姆·尼古拉斯·塔勒布（著有《黑天鹅》《反脆弱》等）于 2018 年写了一本名为 *skin in the game* 的书，直译是“在游戏里得有点皮肤”。

① Peter Bachrach, Morton S. Baratz: Power and Poverty, Oxford University Press, 1970, pp. 3.

② E. E Schattschneider: The Semi-sovereign People, Holt, Rinehart and Winston, 1960, pp. 71.

大概意思是说，做一件事得真正参与进去，与之产生利害关系，否则就不会有什么发言权。简言之，就是说做事得动真格的。以政府决策为例，如果让一群从不坐公交车的人研讨公交调价问题，让一群看病无须挂号的人考虑医改问题，让一群有特殊供应渠道的人去制定食品安全政策，让一群拿着外国护照的人勾画本国未来发展的蓝图，这不荒唐吗！

在投资界有一个大家都认可的道理：如果你在鼓励别人买某家公司的股票，人家不是先看这家公司的财务报告，也不是先去了解这家公司有没有潜力，而是要看你有没有买这家公司的股票，如果你买了，说明你是来真的，如果你没买，说明你可能在忽悠人。可能有的人会觉得，一旦我花了钱投资这家公司，那我去说服别人的时候会不会显得我不够客观和中立呢？实际情况恰恰相反，跟那些光练嘴皮子的人相比，别人可能更相信你、追随你，因为你是来真的。

身处其中，牵涉利益，可正是因为有了利益，才能足够重视，足够主动，足够积极。这样的例子比比皆是。在这本书里，skin 代表的其实是一种利害关系，我们平常所说的切肤之爱、切肤之恨、切肤之痛等，讲的就是这个道理。米芾学书是古代流传下来的一个历史故事，这个故事能够很好地解读“skin in the game”。

米芾（1051—1107），北宋书法家、画家，曾任校书郎、书画博士、礼部员外郎。其书画自成一家，枯木竹石、山水画独具风格特点。他的书法也颇有造诣，擅篆、隶、楷、行、草等书体，长于临摹古人书法，甚至可达到乱真的程度。

米芾小时家境不富裕，花学费在私塾学写字三年亦长进不大。一日，他听说有位路过村里的赶考秀才写字好就去请教。秀才翻看了米芾的临帖后说：“想要跟我学写字得有个条件，必须买我的纸，可纸很贵，五两纹银一张。”米芾心想哪有这样贵的纸，但出于学字心切，一咬牙借来银子交给秀才。秀才递给他一张纸说：“回去好好写，三天后拿给我看。”回到家，米芾捧着这张用五两银子买来的纸，左看右看也不敢轻易下笔。于是对照字帖，用没有蘸墨水的笔在书案上划来划去，反反复复地琢磨，非常认真，把一个一个字印在自己心里。三天后，秀才来了，见米芾坐在桌前，手握着笔，正望着字帖出神呢，纸上竟然滴墨未沾，便故作惊讶地问：“怎么还没写？”米芾如梦方醒，才想起三天期限已到，喃喃地说：“我怕弄废了纸。”秀才哈哈大笑，用扇子指着纸说：“好了，琢磨三天了，也该写个字给我看了吧！”米芾提笔写了个“永”字。秀才一看，字写得遒劲潇洒，便故意问道：“你为什么三年学业不进，三天却能突飞猛进呢？”米芾想了想说：“因为这张纸贵，不敢像以前那样随便写来，而是先用心把字琢磨透了再写。”“对！”秀才说，“其实学字不光是动笔，还要动心，不但要观其形，更要悟其神，心领神会，才能写好。”

说完，秀才挥笔在“永”字后面添了七个字，连在一起就是：永志不忘，纹银五两。然后从怀里掏出那五两银子还给米芾，头也不回地走了。

五、政策合法化

政策合法化主要包括这样一些内容：合法的决策主体，法定的程序要求，符合国家宪法和相关法律的政策内容，以及政策的法律化。

（一）合法的决策主体

合法的决策主体是指决策组织的组建及其享有的权利/权力是宪法和法律规定的，是由国家权力机关或上级国家行政机关授予的。一般而言，主要从以下六个方面考察主体的合法性。

第一，管理职能。管理职能是组建机构的前提，也是其行使相应权力的根据。管理职能确定之后还需要进行层层分解，逐级落实到部门和个人。

第二，机构设置。依据管理职能及其目标定位，设置一定的组织机构及其相应的职位。其关键是纵向设多少层次，横向设多少部门，并要考虑沟通与协调及对组织效率的影响。

第三，人员组合。根据职位的职责及其任职条件，配备素质与能力基本相称的人员，同时还需要考虑群体结构因素。

第四，权责体系。要明确权力与责任。权责不明必然导致混乱，如果权责有可能发生交叉，则应明确以谁为主。

第五，组织经费。这是行使权利、履行职责的物质基础。机构没有充足的经费，就无从购置必备的办公设备和其他设施，并且难以吸收优秀的人才。

第六，运行规则。“没有规矩，不成方圆”，组织的生存与发展必须有制度做保证。组织的运行过程要做到有序、有效，就需要有组织规章的约束。

（二）合法的政策程序

程序之所以重要，主要因为它是规范决策组织行为的有效途径。如果没有程序做保证，则公共政策的制定就很有可能演变成随机性行为，会使个人或少数人的意愿凌驾于组织目标之上，个人行为代替组织行为，这绝不是什么好的现象。从实质合理的角度而言，我们并不否认政治家能够做出英明的个人决断，但如果我们完全将希望寄托于决策者个人的英明伟大、道德高尚、行为自律和大公无私，那是非常不可靠的，历史的经验已多次证明了这一点。所以我们需要对程序做出必要的规范，使之符合法律的要求，以更多、更好、更完善的形式合理去防止实质不合理风险的产生。

许多国家还专门制定了涉及决策程序的相关法律，如审查制度、听证制度等。在政策实践的发展过程中，人们日益形成一种共识：现代社会的公共政策制定，需要合理合法的程序。政策符合法定的程序，但实际效果欠佳，那是决策机构的能力问题；而政策违反法定程序，即使政策效果不错，也容易引起合法性冲突，那就是法律问题了。在多数情况下，程序不合法必然涉及决策者的政治道德和法律惩处问题；不论效果怎样，都为法律所不容。如果说能力问题尚有可谅之处，那么性质问题就不能够被原谅了，必须受到法律的制裁。

（三）合法的政策内容

政策内容的合法主要是指政策应与国家宪法和现行法律相一致，在内容上不发生抵触。政策内容不仅要符合有关的法律原则，而且要符合法律的具体规定。为了确保做到这一点，不仅要在决策过程中将备选方案与相关法律法规相对照，而且要充分发挥法律性政策机构的审查作用。必要的话，还应考虑在政策制定的相关程序中建立专门的法律审查程序。

美国式的司法审查制是司法机关通过一定的司法程序审查立法机关和行政机关制定的法律、法规，发布的政策、措施，并对其是否违宪做出裁决。这属于事后进行的审查，多在提起诉讼后才会具体介入。英国的违宪审查是在议院内部完成的，即议院审查自己制定的有关法律法规是否违宪，这是一种事前的审查，但自行审查也往往容易引起人们对审查效果的质疑。德国、法国、意大利等则建立了专门的机构——宪法法院或宪法委员会，独立行使违宪审查权，它们多采用预防性的审查方式，即在法律法规正式生效之前，做出最终裁决。这些经验也值得我们借鉴。

知识链接四

【之一】

政策法律化

法律、法规都是政策的重要表现形式。所谓政策法律化，指的是国家有关机构把一些经过实践检验、比较成熟和稳定、能够在较长时间内发挥作用的政策性内容上升为国家的法律、法规，并赋予这些政策以相应的法律效力和国家强制力的保障。

政策法律化无疑是一种立法活动，其立法主体一是享有国家立法权的立法机关，二是享有委托立法权的行政机关。

政策法律化所应具备的条件如下。

第一，对全局有重大影响的政策可以上升为法律，使之纳入法治轨道，以更好地保障其作用的实现。

第二，具有长期稳定性的政策可以上升为法律。法律是稳定、严肃和具有权威性的，不能朝令夕改。

第三，只有比较成功的政策才能上升为法律。一般性政策较之法律对客观需要的反应更为灵敏，具有一定的伸缩性和灵活性；法律则是刚性的，不具备弹性特征。所以在立法条件尚不成熟时，不应把那些不成熟的政策纳入立法轨道。一般性政策在执行中经不断修正与完善，被实践证明是行之有效的时候，就具备了上升为法律的条件。

【之二】

诚信——政策合法性的基础保证

古罗马执政官普布里乌斯·克奈里乌斯·塔西佗（Publius Cornelius Tacitus）曾经这样谈论执政感受："当政府不受欢迎的时候，好的政策与坏的政策都会同样地得罪人民。"这个卓越的见解后来成为西方政治学的经典定律之一，即"塔西佗陷阱"。"塔西佗陷阱"告诉我们，"当一个机构失去公信力时，不论其说真话还是说假话，做好事还是做坏事，都会被认为是说假话，做坏事"。

《史记·商君列传》中曾有对商鞅变法中立木为信的一段记载：令（指商鞅变法的条令）既具，未布，恐民之不信已，乃立三丈之木于国都市南门，募民有能徙置北门者，予十金。民怪之，莫敢徙。复曰："能徙者予五十金。"有一人徙之，辄予五十金，以明不欺。卒下令。"言必信，行必果"，商鞅言出必行，立木为信，得到秦国百姓的信任。因此，新法颁布后得到顺利推行。商鞅变法使秦国走向了富强，为后来秦国统一中国奠定了坚实的基础。

诚信是政策合法性的基础保证。人无信不立，政无信则亡。2011 年 2 月 27 日上午，时任国务院总理温家宝在中国政府网、新华网与海内外网民在线交流时强调："现在影响我们整个社会进步的，我以为最大的是两个方面。一是社会的诚信，二是政府的公信力。这两个方面解决好了，我们的社会就会大大向前迈进一步。"政府具有公信力，政策才能有效率，社会具有诚信，经济才能发展。

六、听证制度

"我是一个农民工，每月收入 1 500 元左右，来自重庆。以我为例，每月的生活支出情况为：房租 150 元、伙食费 360 元、通信费 70 元、交通费 35 元、衣物 85 元、交际费 200 元……"

2005 年 9 月 27 日，25 岁的农民工吴志才走进了全国人大会议中心，他穿着格子衬衣、牛仔裤、旅游鞋，并用啫喱水打理了一下头发。在全国人大的个人所得税起征点调整听证会上，他作为农民工代表，亮出了以上这个账本。

按照当时的个税起征点 800 元计算，他每月还需要缴纳 45 元的个人所得税。吴志才不明白为什么低收入的农民工也要缴纳个人所得税，他觉得 2 000 元的起征点才比较合理。“这几十块钱对于农民工，就是一整袋白面啊。”一名听证代表形象地说。“个税如果连农民工都一网打尽，那就实在有点说不过去了。”另一位听证代表感慨地说。

听证或聆讯（hearing）制度起源于英美，其传统可以追溯到英国自然法古老的自然公众原则：当事人非经听证意见不受人身和财产的处罚。它要求任何权力必须公正行使，不论是法官判案还是行政裁决，只要对当事人做出不利的决定，必须听取当事人的意见，而不能主观片面地认定事实，剥夺当事人的辩护权。“听取当事人意见”在法律规范方面就体现为听证程序。

从起源来看，听证最初是指初审法院的法官在对案件进行公开审讯前进行的各项中途聆听与讼各方的申请或陈述、审核相关证据的法定程序。通常只有在当事人一方要求法官裁决某些特定事项时，法官才会在公开审讯前举行听证或聆讯，如当事人一方要求法官下达临时禁止令或要求授予临时性子女监护权/抚养费等。

此后，司法审判的听证模式逐渐被引入行政和立法程序。1946 年，美国公布的《联邦行政程序法》首次以成文法形式明确规定了行政听证程序，这部法典对后来其他许多国家的行政听证制度都产生了重大影响。行政和立法听证模拟司法审判，由意见相反的双方互相辩论，其结果通常对最后的处理有约束力。具体来说，凡是在听证会上提出的意见，决策者必须在最后裁决中做出回应，否则相关行为可能因此而无效。美国行政法规定，正式的听证会通常包括由抽签选定的对立双方，并由行政机关指派一名行政法官主持，听证会完全克隆法庭辩论，双方不仅发表意见，而且提出自己的证人和证据来支持自己的观点。行政法官也必须像法院审案一样做出最后的裁决，裁决必须详尽回应双方的观点，否则该裁决在司法审查中可能会因程序问题而被判无效。

在国外，立法程序中也经常使用听证会。立法中的听证会相对要随意一些，通过抽签产生的听证代表就某个法案发表自己的观点，这些观点将成为议员们投票时的重要参考。由于议员在言论、表决等方面拥有免责权，因此立法程序中的听证会不像行政程序中的听证会那样有很强的拘束力。换言之，从理论上说，议员可以完全无视听证会上的意见。但在西方体制下，议员不能不为选票着想，听证会毕竟反映了选民的意见，很少有哪个议员敢无视这些意见的存在。

听证制度在我国是个“舶来品”。1993 年，深圳在全国率先实行价格审价制度，政府在制定或调整与百姓生活密切相关的商品和服务价格时要征求消费者、经营者和有关专家的意见，这就是价格听证制度的雏形。从 1996 年起，全国范围陆续出现了对行政处罚、价格调整和立法决策等领域的听证实践。1996 年 10 月 1 日生效的《中华人民共和国行政处罚法》第四十二条明确规定："行政机关作出责令停产停业、吊销许可证和执照、较大数额罚款等行政处罚决定之前，应当告知当事人有要求举行听证的权利；当事人要求听证的，行政机关应当组织听证。当事人不承担行政机关组织听证的费用。"2000 年 7 月 1 日生效的《中华人民共和国立法法》第三十四条规定："列入常务委员会会议议程的法律案，法律委员会、有关的专门委员会和常务委员会工作机构应当听取各方面的意见。听取意见可以采取座谈会、论证会和听证会等多种形式。"2002 年 11 月，党的十六大报告首次明确提出要广泛建立听证制度。

从我国的情况来看，听证主要是指政府机构在做出涉及公众利益的公共决策时，听取利益各方和社会各界及有关专家的意见，以实现良好治理的一种必要的规范性程序。

过去，水、电、煤气、电信、铁路等关系群众切身利益的公用事业价格、公益性服务价格、自然垄断经营的商品价格一直是政府说了算，百姓在定价过程中所起的作用微乎其微。这种笼罩着垄断阴影的行政模式，显然与市场经济规则和行政改革需要严重不符。

现在，听证的大幕已经拉开，民主决策的理念已经普及，平民百姓在政府决策过程中发挥着越来越重要的作用。除了行政程序中有听证制度外，在我国立法实践中也已采用听证制度，已经有多个地方的人大在制定地方性法规时进行了听证，全国人大常委会在修改个人所得税法时也进行了听证。

尽管如此，目前我国的听证制度缺陷还很明显，如行政程序中的听证没有约束力，有时导致"听了也白听"；立法程序中的听证由于透明度不够，听证代表很难充分恰当地表述意见；缺少民主制约机制，也使得听证结果对立法机关的成员形不成事实上的约束。可见，听证要想达到成熟、规范和大众认可的水准，还需要做很多的工作。

举例来说，北京市在公务员考试中曾选取了在北京引起轰动的几次重大听证会的材料作为考题，包括世界遗产景点票价听证、出租车提价听证、秀水街撤市听证时出现的问题等。材料中列举的问题包括：世界遗产景点票价上涨听证结果与网民调查结果大相径庭；秀水街撤市听证时，听证代表中几乎没有真正的商户；在北京出租车涨价听证会上，虽然有代表坚决反对涨价，但完全被淹没在支持涨价的声音中。考题材料还称，目前在价格听证会上，老百姓最关心的是涨与不涨的问题，而在实际听证中却都变成了涨多少的问题。以至于现在的听证会尤其是价格听证会被认为"逢听必涨"，因而遭到冷遇，报名的人也越来越少。考题材料中还提到，目前听证会制度的弊端已经导致“老百姓不再跟听证会玩了”。针对这些材料，考题要求考生总结现阶段我国听证制度存在的问题，写出解决措施，并谈一下进行网上听证会的可能。

知识链接五

程序公正性理论

在英国伦敦曾发生过这样一件事，一位警察给一位妇女开了一张罚单，理由是违规转弯。那位妇女当时极力争辩，说那里根本没有禁止转弯的标识。这时警察冷笑着指了指拐角处一个很不起眼的标志牌，行驶在路上的司机很难注意到这块牌子。这位妇女愤怒至极，于是决定到法庭去申诉。等到听证的日子，她早早就等在法庭的外边，迫不及待地等待着倾诉自己的冤屈。但当听证开始以后，她刚刚讲述了事情的开头就被法官粗暴地打断了，他们没有时间也不愿听她继续讲下去，所以立即做出了裁决，判她有理，罚单作废。

这位妇女会有什么感觉？胜利了？满意了？高兴了？

全不是！她产生了强烈的挫折感并表现出极度的不满。她抱怨说：“我来这里是为了讨个公道，但法官根本不让我解释事情的来龙去脉。”换句话讲，尽管这位妇女喜欢听证的结果，但她不喜欢产生这个结果的过程。

根据“理性经济人”的假设，人们最大限度地追求自身利益，他们只关注结果，不在乎程序和过程。这种假设对早期的管理理论和实践具有重要的影响，管理者推崇“胡萝卜加大棒”的管理策略。但实际上情况并非如此，人们不仅关心结果，而且也关心产生这个结果的程序和过程，上述故事中那位伦敦妇女的感受就说明了这一点。

公正问题是一个古老的话题，几个世纪以前就引起了许多学者的关注。但对公正程序和过程的系统研究则始于20世纪70年代中期。美国社会心理学家希伯特（Thibaut）和沃克尔（Walker）是公正程序的研究先驱。他们将有关公正的心理学理论与有关程序方面的研究相结合，开创出了程序公正性的研究领域。

所谓程序公正性理论，是指对于一项决策而言，公平知觉其实往往并不来自决策结果本身，而是来自决策的程序。具体一点说，就是人们不会只看结果，他们在判断结果公正性的时候其实主要是根据结果产生的程序来判断的。换言之，人们认为公正的程序可能是公正的结果的一个必要条件，没有公正的程序结果很难公正。这主要是因为当人们无法直接操控某项决策的时候，公正的程序就可以作为一种间接的控制工具。因为公正的程序可以让人觉得其自身利益在长期的过程中是可以得到保证的，即使某一项特定的决策会对某些人产生不利的结果，但是只要有了这种公正的程序，那么在长期和整个交换关系里面人人都能得到公平和公正的保证。

在希伯特和沃克尔的研究基础上，莱文萨尔（Leventhal）等将程序公正的思想引入组织研究中，提出了程序公正的6项程序规则（procedural rules）：①一致性规则（consistency rule），即程序对不同的人员或在不同的时间里应该保持一致性；②避免偏见规则（bias suppression rule），即在决策过程中应摒弃个人的私利和先入为主的偏见；③准确性规则（accuracy rule），即决策时应该依据完整的、具有法律效力的信息以及有佐证的意见；④可修正规则（correctability rule），即决策应留有可以修正或撤销的余地；⑤代表性规则（representative rule），即决策程序能代表和反映所有相关人员的利益；⑥伦理规则（ethicality rule），即决策程序必须符合相关人员能够接受的基本道德与价值观。

金（Kim）和莫博尼（Mauborgne）进一步发展了程序公正性理论，他们认为，有三项标准可作为判断程序是否公正的依据：①盟约（engagement），即使个人参与进来，让他们对决策投入心血，并允许他们反驳其他人的设想和假设，使决策有机会影响他们。②解释（explanation），即每一个参与决策和受到决策影响的人都应该了解最终的决策为何会如此，以及为何个人的设想和投入会在最终决策中被舍弃。③期望的清晰性（clarity of expectations），即在决策之前、决策当中和决策之后，应设法让参与者确定地了解他们被期望的是什么，以及什么是新的游戏规则。

总而言之，尽管公正常常表现为结果，但实际上其更多地取决于程序和过程。公正程序其实并不是为了形成一致的决定，也不是为了争取大多数人的支持，更不是为了协调个人和群体间的利益和需要。公正程序主要是谋求给各种观点提供表现的机会。当人们确认程序的公正性之后，他们甚至能够接受这个程序带给自己的不利结果。

案例三

“停车超3分钟熄火”立法听证会

事　件

2013年10月24日下午，北京市人大常委会就“北京大气污染防治立法”举行听证会，针对《北京市大气污染防治条例（草案修改稿）》第八十一条规定的“停车超3分钟熄火”是否应写入立法进行讨论。到会的9名听证陈述人原则上都表示同意，但对于如何执行还有分歧与建议。另有持反对意见的

2名听证代表因不愿意公开露面而没有到场。

草案中“停车超3分钟熄火”的条款引起社会较大争议，有必要通过听证方式听取各方意见。举行听证会的目的就是建立一个平台，鼓励意见的交锋，听取不同的声音，从而发现问题、消除误解、加强共识、辨明正误，使最后的立法能够代表更多人的意愿。对此，北京市人大法制委员会针对听证代表的不同声音，借鉴采纳部分意见，提交2014年初召开的市十四届人大二次会议进行讨论。

截至2013年9月底，北京市机动车保有量达538.5万辆。按环保部门的核算办法，机动车排放的一氧化碳、碳氢化合物、氮氧化物分别占空气污染总量的86%、25%、56%。此外，北京机动车排放的PM2.5占到空气中PM2.5总量的22%。机动车排放污染已成影响北京空气质量的主要污染源之一。

同时，测算表明，一辆“国二”标准的小客车，怠速3分钟时排出的污染物是2.7克。如果全市有10万辆“国二”标准的车，每天怠速3分钟以上，排出各种污染物的总和是270千克，一年将近100吨。如果100万辆车怠速3分钟以上，至少要排出1 000吨污染物。这些污染物都是低空排放，正好处在人们的呼吸带上，而这些污染物中的许多又可致癌。

在这样严峻的形势下，对任何有减排效果的措施都应尽量予以采纳。怠速熄火是广大车主只要稍加努力都能为环保直接做出贡献的一种方式。市环保局建议将“提倡停车3分钟熄火”改为“减少机动车排放，凡在学校、医院、宾馆、商场、办公场所、公园、社区、停车场等不影响车辆正常行驶的地段，机动车驾驶员在停车3分钟以上应熄灭发动机，并设立相应罚则”。

有听证代表称，“如果路上堵车走走停停还要求熄火，或是在路口等红灯都要熄火，我估计会造成更大的拥堵”。其实这是一种误解，该条款的立法本意主要是针对“长时间停车不熄火”的不文明行为，而不是要求司机在堵车或等红灯时也必须熄火。条例应对要求停车熄火的范围予以明确。

还有代表怀疑执法是否有可操作性。对此，市环保局回应称，目前市民的环保意识还远远没有达到“提倡就能做到”的程度，建立相应的罚则很有必要，希望通过这条立法给大家一个警示，在不需要用车的时候尽量少开发动机。建议今后在执法过程中可以先以劝导为主，在劝导无效时进行执法程序，可以由交警和环保执法人员共同执法。

2名持反对意见的听证代表因不愿意公开露面而没有到场，他们的反对声音主要集中在不应“一刀切”上。北京冬寒夏热，四季分明，气温变化很大，如果临时停车，车里又有人，特别是有病人时很可能需要开冷气或热风，如果一刀切地强制，则“太不近情理”。看来要使处罚具有可操作性，还需要明确规则的不适用范围。可在相关附例中明确规定一些不适用的情况，如车中载有老人、病人时，或在气温低于或高于某个标准后，“停车熄火”标准会放宽或不适用。总之，情况要考虑周全，避免政策“用力过猛”。

也有场外网民认为，“停车超3分钟熄火”的规定明显不具有可行性，在实际执行中还存在很难或无法落实的尴尬境况。现在司机素质其实很成问题，不少人不太遵守交通规则，只要没有电子眼就哪都敢走。在这种情况下，警察连一眼看上去就很明显的交通违法违规行为都管不过来，难道还有精力专门盯着一个需要长时间看守计算才能认定的机动车“停车超3分钟不熄火”交通违法行为吗？

一位网民说：“‘停车超3分钟熄火’的政策好是好，可就怕执行不了。我正在写有关‘停车超3分钟熄火’的博文时，窗外突然响起震天动地的鞭炮声，不知附近哪里又有店铺开张或迎新嫁娶等喜事了。燃放鞭炮对环境污染的‘贡献’不比燃油低。我家住在四环里，北京市有禁止燃放鞭炮的明文规定，不过现在看看，都是和公共场所的禁烟令等一样形同虚设吧。我就怕‘停车超3分钟熄火’政策一实行，又成了聋子的耳朵——摆设。一个执行不了的政策比没有这个政策强不了多少。”

也有不少网民表示，怠速熄火可减少油耗和尾气排放，环保意义重大。不论对公务车还是私家车来说，这主要还不是差不差油的事，而是低碳和环保的事，熄不熄火看似是小事，其实更应上升到“车德”问题上来。从制度的角度来说，目前处罚执行起来会很难，关键还是要靠道德去约束。建议司机树立环保意识，克服个人困难。

与会代表一致建议停车熄火应先拿公车“开刀”。代表们痛批一些公车司机缺乏环保意识和节约意识，养成了不良驾驶习惯，如毫无必要的长时间热车，停车等人不熄火，夏天开着空调，冬天开着暖风等，有时是为等领导，担心领导上车时觉得车里温度不够舒适；有时则是只图个人的舒适和方便，把公车当成包房，有时一待就是几十分钟甚至几个小时。这些现象多因公车的油耗是公家买单，不用个人掏钱所致。

总体来看，“停车超3分钟熄火”在世界范围内属于通则，被广泛认可。他山之石，可以攻玉。北京作为一个国际大都市，目前正面临严峻的环保压力，政府不能再消极等待，应该发挥政策的威力，有所作为。

后　续

2013年11月20日上午，北京市十四届人大常委会召开第七次会议，对备受关注的《北京市大气污染防治条例（草案修改稿）》，市人大法制委员会做出了修改意见报告，对排放总量交易制度、停车3分钟以上熄火等内容进行了修改。

草案修改稿提出，本市鼓励环保驾驶，减少机动车污染排放。在学校、宾馆、商场、公园、办公场所、社区、医院的周边和停车场等不影响车辆正常行驶的地段，机动车驾驶员在停车 3 分钟以上应当熄灭发动机。

此前，在 10 月 24 日召开的立法听证会上，市人大常委会对关于“鼓励环保驾驶，倡导实行停车 3 分钟以上熄火制度”是否合理可行，听取了 9 位陈述人的意见，绝大多数陈述人都对倡导推行停车熄火表示赞同，认为此举可以减少机动车污染排放。

会后，市人大法制委员会会同相关部门认真研究，查阅了我国香港、台湾等地以及美国、日本等国的相关制度。时任市人大法制委员会副主任委员王德林说，考虑到这一举措重在引导公民自觉践行环保驾驶，广泛宣传实行停车熄火制度，因此草案中没有设定相应的罚则。

相关链接二

民　意

现在，民意俨然已是一个热词，只要是新闻事件，它的身影总站在最前面。从大气污染治理到中高考改革，总能看到民意的“汹涌澎湃”。如果政策执行中遇到问题，也会增加征集民意这个环节，如 2013 年新交规中有关“闯黄灯扣分”的规定。政府重视民意肯定是一件好事，现代社会本质上说就是民意社会。政策合法性的标准之一，就是要看它是否符合民意。没有人民的同意，政策是难以贯彻的。民意是一个耳熟能详的词，但对于民意的真正含义，我们却极少探讨。这个词看起来似乎很简单，好像谁都能说出个一二三来，但在理解上往往有很大的误区，往往使民意成了一个含混不清的概念。

法国思想家卢梭曾对民意做过深入的研究。他认为，民意可分为公意和众意。公意是国家全体成员的普遍意志，它的着眼点是公共利益。众意主要着眼于私人利益，也即个体私意的总和，也就是现在常说的不同利益集团的意志。卢梭认为，不同利益的共同之处构成了社会，因此治理社会应完全根据公共利益。众意较易辨识，公意则抽象许多。公意有时与众意一致，有时又与众意相悖。由于民众对公意理解千差万别，所以并不存一个事先给定的公意。卢梭认为，只有通过理性讨论和投票形成的公意才是可信的。当然，这是公意的理想状态，即让民众经过公共参与和讨论达成共识和意愿。但事实上，这种理想状态实现起来相当困难。

社会心理学里有一个踏板效应，形象地表述了人们在挤公交车时的一种心态变化。当我们还在车下排队挤车时，总是会抱怨前面的人动作太慢，会大喊“大家往里挤一挤，一块儿使劲好不好”，唯恐自己上不去。然而，一旦我们挤上了车，站在了那块踏板上，我们的心态马上就会有180度大转变，立刻就开始反感身后那些继续拼命往上挤的人，改为喊：“别挤了行不行，都挪不动地儿了，售票员，还不赶紧关门！”板上板下，判若两人。踏板效应与对错无关，只是反映了一种社会心理现象。例如，面对户籍制度改革、高考制度改革时，许多人也都会有这样的心态，这实际上就是卢梭所讲的众议而非公意在起作用。因此，我们所说的重视民意应该更多瞄准公意，而非众议。

现代社会，公共政策须以民意为依归已是常识。但如何在政策执行中体现真正的民意，也就是公意，却是一件困难的事。民众对公共事务的表达的方式很多，选举、写文章、跟帖、游说、请愿等，都是民意的表达。当然，各种座谈会、听证会和民意调查，也是了解民意的方式，而这也是目前政府部门用得较多的办法。如何在政策执行中准确判断是否符合民意，在今天变得越来越重要。因为对民意研究得越清晰，越有助于民众对社会进行批判性思考，也有助于加深他们对各类社会议题的理解。当民众参与公共生活的意愿与热情越大，社会解决冲突和问题的能力也就越强。一个重视民意的社会，必然会在察觉问题与共同行动等方面变得更为公正和有效。当然，这一切的前提，是我们要对民意有更清楚的认识和理解。

第三节　群体决策及其择案规则

一、群体决策

谁都清楚，赶驴车的人可以稳稳地坐在车上在乡村小路上缓缓而行，不用担心自己判断的失误，因为他们有充裕的时间和机会调整自己的行为；汽车驾驶员在高速公路上驾车前行时，就难以像赶驴车的人那样悠然自得，而是必须全神贯注，迅速对发生的情况做出反应。因为稍一失神，就可能造成车毁人亡的严重事故；而当飞行员驾驶飞机的时候，单靠个人收集信息已远远不够，不仅要借助大量的仪器仪表，而且要得到地面指挥系统的帮助，否则就难以做出正确的判断。这说明，现代科技的发展要求人类的决策活动加快步伐，以适应现代社会复杂多变的决策环境。

（一）群体决策的含义及其利弊

决策行为仅仅被认为是一种领导的使命，这已经是一种陈腐的观念了。只要看一看我们身边各式各样的组织的实际决策情况，就会发现纯粹由领导个人做出比较重要或比较完善的决策的情况几乎已经不存在了，取而代之的是不同形式的领导群体决策和群体参与决策。因此，我们讨论群体决策时便包括这两方面的内容。

群体决策包括“领导群体决策”和“群体参与决策”这两种形式。所谓领导群体决策，不是指领导个人拍板决策，而是指一个领导集体共同进行决策，也就是通常所说的最高管理层中的决策集体一起拍板。此时，决策代表了领导集体共同的意志。群体参与决策则是指较低层次的群体成员参与较高层次决策的情况，集中表现为群体成员参与领导决策的过程，并对决策的形式、内容和执行施加影响。在这里，组织中不同层次的领导参与较高层次的领导决策也体现了群体参与决策的特点。

不论是领导群体决策还是不同水平的群体参与决策，都具有群体决策的共同特征。

首先，就其有利的特征而言，群体决策能够集思广益，群策群力，集中更多、更全面的知识、技能和信息。因此，它可以为解决问题提供较多的处理意见和可供选择的决策方案。其次，群体成员在决策过程中，伴随满意度的增加，会表现出对决策的支持，从而使之易于执行。此外，群体决策是组织中很重要的沟通形式，通过群体决策可以加强组织中不同水平的沟通，促进人际关系的发展，增强组织的凝聚力。

但是，群体决策也有其不利的一面。

第一，群体决策的工作程序较慢，需要比领导个人决策更长的时间。

第二，在群体沟通遇到障碍时，个人意见往往会受到某种因素的压抑，使个人的创新思想和建设性意见不能够很好地表达出来。特别是在一些不善于进行群体决策的组织里更是如此。

第三，因为决策的结果由集体负责，所以决策群体易出现极化现象。这种极化现象表现为向冒险或保守这两个方向的极化。

第四，群体决策时会出现利益的不同、观点的冲突、个人的成见和情绪化行为等情况，造成不必要的内耗和人力的浪费，从而导致人为的决策障碍。

第五，有时表面上看是群体决策、但事实上决策仍是由某个领导或小集团控制的。此时，表现为名义上的群体决策、实际上的个人拍板，其结果极有可能会伤害参与决策的其他成员的感情。

第六，一旦决策失误，责任须由集体承担，从而掩盖了个人的过失。这是一种不应该出现的情况。但是在日常工作中，以此逃避责任的现象可以说并不少见。

第七，当组织不具备群体决策的条件，如组织成员素质较低、缺少必要的决策技能、缺乏健全的决策程序时，一旦采取群体决策形式，往往会造成非常不利的后果。

第八，把群体决策作为激励的一种手段，这样做并不明智。在多数情况下，激励只是群体决策的附加价值，而不是群体决策的目标所在。

第九，在决策目标和问题情境不清楚时，不要采取群体决策。此时，如采取群体决策往往会把本来就不确定的事情搞得更加复杂。

综上所述，群体决策既有有利的一面，又有不利的一面。比较群体决策和领导个人决策，二者有时是互为利弊的：属于群体决策的优势因素，可能就是领导个人决策的不足；而群体决策的不足之处，也许正是领导个人决策的优势所在。当然，这也不是绝对的，究竟哪种决策更有利，要视具体情况而定。不少人认为，群体决策代表了集体的智慧、汇集了决策的不同意见，可以在比较中选出最佳的决策方案，明显优于领导个人决策。但是，由于群体决策也有诸多不利因素，所以其作用有时会低于我们对它的认识和预期。因此，进行群体决策要具备相应的条件，否则容易导致不利的决策效果。

（二）冒险转移理论

冒险转移理论是由美国学者斯托尔于 20 世纪 60 年代提出的一种决策理论，随后科根等人在此基础上进行了一系列实证研究，发展了这种理论。

出于传统和习惯，一般人都会觉得，群体决策较之个人决策而言，会更趋向于谨慎和保守。但斯托尔、科根等人却认为，群体决策往往比个人决策具有更大的冒险性，之所以会出现这样一种现象，主要有以下几个方面的原因。

第一，责任分散。毫无疑问，每一种带有风险的决策都与一定的责任相联系，风险越大，失败的概率就越高，且决策者所要承担的责任也就越大。如果这种情形发生在个人决策中，由于决策者顾虑到所负责任的重大，一般不会贸然行事去追求高风险的决策，而是能够保持良好的自我警觉。但在群体决策中情况常常就不是这样了，由于有关决策后果的责任可以让全体成员集体承担，从而减轻了个人的顾虑程度和责任意识，于是人们更倾向于做出风险较大的决策。

第二，领导者的作用。在决策群体中，颇具影响力的领导者常常为了表现自己“过人的才能”而做出高风险的选择，并力图找出各种理由为这种选择的可行性进行辩护，且希望群体中的其他成员能够对其决策做出支持的论证。这样，领导者个人的冒险意愿很可能就会被群体成员接受并通过，从而导致群体做出冒险性决策。

第三，社会比较的作用。因虚荣心的驱使，如害怕别人认为自己胆小怯懦，所以一些群体成员往往会提出较个人单独决策时更具冒险性的方案。由于这种行为会造成无谓且有害的人际比较，从而容易造成群体内部程度叠加的心理反应，导致群体决策中更大的冒险性。

斯托尔、科根等人通过个人决策与群体决策的比较，提出了冒险转移模式，并认为群体决策带有更大的冒险性。当然，尽管他们的观点在决策实践的许多情形中得到了一定的验证，但冒险转移并不是绝对的规律，有些决策群体反而更具有保守转移的倾向。可见，面对群体的决策行为，需要结合实际情况做具体分析。

知识链接六

冒险转移现象

某人得了心脏病，做手术无疑会改进他的身体状况，但这样的手术自然也是有风险的，手术失败可能会造成很严重的后果。于是，研究人员请了一些接受测试者分别给这位患者提一个建议，请他们在如下的手术成功率中做出自己的选择：10%，30%，50%，70%，90%。测试者在选择时平均认为，成功率在50%时可以接受手术。

那么，如果找7个人来一起讨论，要求他们给患者一个集体的建议，情况会怎样呢？经小组讨论后，接受测试者给病人的建议是，有30%成功率就可以动手术（这等于风险率增加到了70%），可见此处出现了集体冒险现象。这在行为学或者管理学中被称为冒险转移现象。

二、择案规则及其分析

（一）择案规则

群体决策或其他方面的公共选择，通常都是为了得到一个有效的结果，即能够做出最终的选择。俗话说，“没有规矩不成方圆”，群体决策是多人的选择，没有规则就难有结果。家庭议事如此，组织决策也是这样。所谓择案规则，就是决策群体选定最终政策方案的程序和方法，它的确定对最终选择有着非常大的影响，就同一个组织而言，运用不同的择案规则很可能会造成完全不同的选择结果。以下是一些可供选择的择案规则。

1. 一票否决

一票否则即全体一致原则（unanimityrule），指决策群体所有成员必须意见完全一致才可最终选定某个备择方案，如果有任何人持不同意见，则方案就不能通过。现实中有很多这样的实例，如联合国安理会在形成决议时，必须以常任理事国一致同意为前提。

全体一致原则表现出以下两点特征：①决策者平等分享决策权；②决策者中没有人因最终的方案选择而利益受损，即决策者都能由此获得一定的收益。尽管全体一致原则从公平角度而言确有很多诱人之处，但它绝非应用广泛的择案形式。这主要还是因为其中存在“讨价还价”的难题。

从理论上讲，大家共同受益、双赢或都赢并非不可实现，但从现实角度看，由于人们的价值取向、兴趣爱好、利益预期是多种多样的，所以要达到一个使大家都满意、利益互不损害的“最优”方案非常困难甚至是不可能的。实际上，大家不得不为此一而再再而三地“讨价还价”，通过一次协商就能解决问题的情况是极少出现的。因而，人们往往会为此赔上时间、精力和金钱，这种损失有可能超出他们从该方案中所能获得的收益，由此导致了许多“无奈的选择”和决策活动中的“策略行为”。

假定甲乙两人在一致同意的前提下选择了 A 方案，其各自的预期收益为 M1 和 M2，此时，M1 应该等于 M2，且二者皆大于零，但从“理性经济人”的假设出发，甲可能并不满足于 M1 等于 M2，而是希望 M1 能够大于 M2，所以他很可能会实施一定的“策略行为”，如以否决方案 A 的做法（使甲乙皆无所获）来胁迫乙做出让步，使方案 A 做出有利于自己的修改。如此，参与决策的双方会把更多的精力放在试探对方的虚实上，为此不断地进行讨价还价，最终的选择往往取决于两人在讨价还价方面的能力强弱①。

显然，全体一致并不排斥这样一种可能，即决策者根据自己对选择结果的预期判断，认定其完全合乎自己的利益要求，但为了回避可能出现的风险，他们可能会采用诸如“弃权”之类看似并不明显阻挠决策的行为，从而逃避应承担的政策成本和相关的责任风险，却在政策实施活动中坐享其成。这显然是一种“搭便车”的投机行为或“策略行为”。这种情况在群体决策中并不少见，它表明“一票否决”的做法并不能避免“搭便车”的现象。

此外，一票否决的择案方法只适合在重大决策问题上使用，如果任何决策都搞一票否决，那一票否决的方法反倒没有什么意义了。

2. 多数原则（majority rule）

多数原则即“少数服从多数”，以多数票通过中选方案的择案规则。既然全体一致在很多情况下难以做到，那么就只能退而求其次，采用多数票制用以最大限度地照顾多数人的利益。多数票制最普通的形式就是“简单多数方法”，简单多数是指在多项方案的表决中，哪一项方案得到的赞成票最多，哪一项方案就获得了通过。这是使用最广泛、程序最简单、最易被人接受的表决方法。有时候即使没有成文的规定，大家也会约定俗成地这样去做。就开关性选择（从两个备选方案中选定一个方案）而言，情况比较简单，决策组成员应为奇数，以多数人意见为准。若备选方案不止两个，而是三个甚至更多，那么情况就会复杂一些。

---

① 丹尼斯·缪勒：《公共选择》，五诚译，商务印书馆 1992 年版，第 26 页。

例如，决策组成员有 11 个人，其中 5 人选择方案 A，4 人选择方案 B，2 人选择方案 C，按简单多数原则当然就该选择方案 A，但实际上有 6 个人并未选择这个方案，如果得票最多的方案获得的赞成票数没有超过总票数的一半，则称之为“相对多数”；如果超过总票数的一半，则是“绝对多数”。在某种情形下，要以“绝对多数”通过方案就必须对具体的比例做出明确的规定，如要求达到 1/2 或 2/3 或 3/4 的多数等。如果在第一轮投票中没有任何方案超过“绝对多数”的相关规定，则可以在两个得票最多的备选方案之间增加一次新的表决，票数领先者获胜。这是多数表决的修正方法。

3. 两两对比法

这是另外一种多数决定的方法，常被称为“两两对比法”或“成对表决法”。它是由法国数学家孔多塞最先提出的，指对所有的备选方案都进行成对比较，即先表决两个方案，获得群体成员过半数赞成票的方案后再同余下的方案进行成对比较，依次表决直至得出最终结果。例如，有 A，B，C 三个备选方案，由甲、乙、丙三人组成的决策群体对之进行成对表决，如果甲和丙认为 B 优于 A，那么 A 就会被放弃，留下 B 与 C 进行比较，如果甲和乙认为 B 优于 C，那么 B 就获得了最终通过。

4. 偏好次序表决法

采用偏好次序表决法时，先对每个备选方案按照偏好次序依次排列打分，然后计算各个方案的总分，得最高分数者胜出。

这也是一种多数决定的方法，先由各成员对备选方案标明其偏好，然后由群体运用加权计算法（考虑到决策群体成员在职权、责任、作用和影响等方面的差别，通常在对偏好函数进行综合的过程中要对各人的意见赋予不同的权数，这便是加权综合的要求。各成员的相对权数，一般可采用自我评定法、群体评定法或绩效评定法来确定）排出各方案的优劣顺序，并做出最后的选择。表示群体成员偏好的形式有如下两种。

（1）偏好程度。各成员可以在一定度量区间内（如 0 至 1、0 至 10、0 至 100 等）选择某一尺度，来表示其对某个备选方案的偏好程度。为了消除因各人的度量区间不同对群体偏好函数的影响，必须在同一决策场合采用标准化的度量区间。

（2）偏好顺序。在实际工作中，并非总是能用量来表示群体成员的偏好，许多时候只能用群体成员对备选方案的偏好序来替代。假定某一决策场合有 n 个备选方案，群体成员在标明它们的优劣顺序时，可以给第一位的方案（$n-1$）分，给第二位的方案（$n-2$）分，以此类推，排在最后的方案得 0 分。然后把每个方案的得分分别汇总，得分最多的方案即被选定。这种决定方法源自法国数学家博尔达，所以也被称为博尔达程序或博尔达计数。

5. 赞成投票制

这是由布拉姆斯和菲什伯恩于 1982 年提出的一种表决方法，这种方法也被称为“同意表决法”，即先由群体成员对所有他认为可以接受的方案投赞成票，得票最多的备选方案即可中选。这种方法尽管简单，但它通过忽略各成员偏好次序的具体信息而获得了群体偏好次序的综合信息，因此能够对群体意见做出敏感反应，从而有效避免了自相矛盾情况的出现。赞成投票制还可以反向应用，程序依旧，即先由群体成员对所有其认为可以接受的方案投赞成票，没有得票或得票最少的备选方案即遭淘汰，然后投票继续一轮轮进行，这样做比较慎重，起初领先的方案不一定会最终胜出。

6. 淘汰投票制

这也是在择案实践中逐渐总结出来的一种行之有效的表决方法。这种方法也被称为“否定表决法”，即先由群体成员对所有其认为可以舍弃的方案投反对票，得票最多的备选方案即被淘汰。否定表决依次进行，直至剩下最后一个备选方案。这种方法的使用极为普遍。

7. 正负表决法

正负表决法指可以对某一备选方案或者投一赞成票或者投一反对票，但二者只可择其一，没有折中方式。每一个备选方案的正负之和就是净余票，净余正票最多者获得通过。这种表决方法迫使决策者以积极态度参与表决，防止“事不关己，高高挂起”的不负责任态度的产生，避免“三手现象”（到会时握手，表决时举手，议案通过时拍手）。同时，还可避免使那些不太受欢迎也不太被反对的备选方案得到通过。当然，采用正负表决时，最好能够设立一个最低限度（不要都是负数），要求超过这一下限的方案才能最后通过。

8. 等级决定原则（hierarchyrule）

这种择案规则也可采用多种形式，最常见的办法是先由群体成员对备选方案进行分析讨论，大家充分交换信息，然后在此基础上由群体中的一个成员（通常是群体的领导者）负责最后拍板。

行政首长负责制就是等级决定原则的一种表现。尽管行政决策与其他行政行为相比，在程序上具有更多的民主参与性和更大的开放性，但其所表现出的本质特征仍属于行政程序，因而与国家权力机关的立法程序具有明显的区别，带有非常明显的“行政色彩”。行政决策遵循首长负责制的原则，不论其程序中引入了多少民主参与和透明开放的因素，最终仍受制于行政首长个人的一些因素，其心理、行为、知识、经验等对决策结果有着至关重要的影响。行政首长对行政决策拥有一票否决权，而国家权力机关的立法遵循的是“少数服从多数”的择案规则。行政决策所表现出的这种程序特征充分反映出“行政性”与“立法性”的本质区别。

（二）择案规则的分析

1. 孔多塞成对表决法

值得注意的是，采用多数规则并不一定总能产生公平的结果，在有些情况下反而会出现自相矛盾的结果。例如，决策小组有甲、乙、丙三个成员，他们对 A，B，C 三种方案进行排序与选择，若甲的优先顺序为 A→B→C，乙为 B→C→A，丙为 C→A→B（箭头表示前者优于后者），那么按多数规则进行成对表决，群体中有 2 人选择 A→B（甲和丙）和 B→C（甲和乙），据此可以推出 A→C。但事实上群体中有两人（乙和丙）认为 C→A。这种自相矛盾的情况说明多数规则并不具有可传递性。如果采用赋分的方法，则我们会发现不仅 C 和 A 是等值方案，而且 B 和 C 和 A 也都是等值方案。

对于这个问题，英国学者南森早在 1882 年就在他的一篇有关选举表决程序的论文中提出过，后来道奇森经过研究，建议采用这样一种修正程序，即先采用孔多塞的成对表决法，一旦未产生中选方案，就运用“最小变化原则”修正群体成员的优先顺序，以增强群体的一致性。具体说来就是，如果一个群体未能产生决策的结果，则要求群体成员以尽量小的幅度变动其偏好顺序，直至群体达成公平的决策。例如，对甲或乙而言，B 方案或 C 方案哪个放在前面很大程度无所谓或很小程度有所谓。之前，只是为排序而排序，做出了简单且较为随机的选择，现在需要变动一下，以产生最终方案。另外，采用“同意表决法”或“否定表决法”也可避免这种自相矛盾的情况出现。

2. 相关方案的作用

还有一点需要注意的就是相关方案的独立性问题。假设甲、乙二人在喝茶还是喝咖啡这两种方案中做出共同选择，且只能选一种，如果甲认为咖啡优于茶，乙认为茶优于咖啡，那么，对他们两人来说，选择茶或选择咖啡并不存在群体的一致，而是有明显的差异。但若将可供选择的范围扩大，加入一些所谓的相关方案，则可能会出现如下两种情况。

其一，甲认为：咖啡>啤酒>牛奶>汽水>可乐>茶；

其二，乙认为：茶>咖啡>啤酒>牛奶>汽水>可乐。

在考虑了与咖啡和茶相关的方案之后，就会得到甲、乙二人对咖啡和茶偏好强度的有关信息。这时，选择咖啡无疑就成为相对合理的群体选择。由此可见，相关方案能够体现个人偏好的程度，与群体选择具有关联性。在决策过程中，有时候会出现正反两种意见相持不下、矛盾激化的情况，如果这时能考虑一下偏好强度问题，可能就会发现调和矛盾的有效途径。因此，那些有利于获取决策者偏好信息的择案机制往往能够得到有效的择案结果，并且常常能在多数决定规则下表现出结果的相对稳定性和一致性。决策者偏好信息的缺失容易给决策结果带来负面的影响。

3. 个体理性与群体理性的冲突

个体理性（个人的优化选择）与群体理性（群体的优化选择）是择案中一个很有代表性的问题。在本书前面所提到的“囚徒困境”里，方案选择提供了个体理性与群体理性尖锐对立的典型例证。如果从个体理性出发，每个人都会选择坦白，而两个人商量后，都会选择不坦白。从个人角度来看，坦白是理性的选择，如果自己抗拒到底而另一个人如实供认，那么自己就要被判重罪。如果自己坦白，境况就会好许多，尽管不是最优的结果，但却是竞争状态下合理的决策，为争取最佳效果而去冒重大的风险，违背博弈的基本原则。争取次优即受到减轻的处罚，是个体理性的习惯表现。

4. 多数决定原则的悖论

关于此问题的案例见表 7-1。

表 7-1 有关多数决定原则的案例

伯克莱（Buckley）的 支持者偏好秩序	古德尔（Goodell）的 支持者偏好秩序	奥廷格（Ottinger）的 支持者偏好秩序
伯克莱	古德尔	奥廷格
古德尔	奥廷格	古德尔
奥廷格	伯克莱	伯克莱

表 7-1 显示的是 1970 年美国众议院纽约州的竞选，竞选人是伯克莱、古德尔和奥廷格。尽管大部分选民喜欢开明的古德尔和奥廷格，他们俩共获得61%的选票，并且根据上表，伯克莱在成对比较选择中都输给其他俩人，但是做事保守的伯克莱却以 39%的选票获得选举的胜利。分析这次选举结果，可以说明采用多数原则并仅限定投一人票的投票规则所产生的悖论：结果违背了多数选民的意愿。因为在这种选举规则下，伯克莱的支持者认为只有伯克莱可以接受，所以他们的票集中在伯克莱，而后两者的支持者认为古德尔和奥廷格均可接受，因而票数分散给两人，这样使得被少数派选民拥护的伯克莱脱颖而出，成为赢家。

5. 初始领先者被淘汰的悖论

奥运会举办地选举是最为秘密和难以预测的选举，这是因为其选举规则相对复杂。在步入 21 世纪之前，国际奥委会共有 91 位有投票权的委员：欧洲 38 名、非洲 16 名、亚洲 14 名、南美洲 16 名、北美洲 3 名、大洋洲 4 名。从理论上讲，奥运会举办地的选举完全可以用简单多数原则由一轮投票做出决定。但实际上由于申办地的政治、经济、文化、地缘等多项因素，以及选举委员会成员构成的复杂情况，奥运会举办地选举从未能够以一轮投票做出决定。第一轮投票通常只是作为一种礼节性的投票，渗入了政治、外交、礼节、情感等多种复杂的因素。在第一轮投票后将逐个淘汰排名最末的申办地。

由于每一轮淘汰后都改变了可能的结盟对策格局（前几轮领先，不一定后面还能够领先，对淘汰城市投了赞成票的代表不一定会转而支持你所在的城市），并且近年来的新规则只宣布淘汰的城市而不宣布具体票数。因此，在最后结果公布之前，无人知道哪个城市已经领先。这就进一步阻碍了结盟对策信息的获取，从而使得投票情况扑朔迷离，最终结果难以预料，容易造成在投票头几轮中一直领先的城市最终落马的悖论。国际奥委会在决定举办地时所采用的投票规则使最终结果带有很大的不确定性，由于这种投票规则的制约，使得对所有投票者偏好信息的准确把握极为困难，预测的结果往往与事实有很大的出入。可能正是这样一种戏剧化的演变过程，才使奥运会举办地投票具有独特的魅力。

知识链接七

“随机差异”与“群体极化”

开会的目的之一是“集思广益”，用群体智慧来更好地决策。但是，如果方法不对，很可能适得其反，让群体决策的结果比个人决策更糟糕。这是经济学诺奖得主丹尼尔·卡尼曼等在合著《噪声》中提出的观点。书中指出，群体决策容易出现两种问题：一是会被群体放大，二是可能出现“群体极化”现象。

我们先从一个音乐下载实验讲起。研究者招募了14 000多名参与者，把他们随机分成9个组，让他们听几十首不知名的乐队演唱的不知名的曲子。如果觉得哪首歌好听，参与者就可以下载，下载量代表了这首歌的受欢迎程度。其中，1~8组的参与者可以看到同组的人都下载过哪些歌曲；只有第9组例外，每个参与者完全不知道别人的选择是什么。

想想看，既然分组是随机的，那么每组的音乐偏好应该差不多，也就是这些歌的受欢迎排名在各个组应该是差不多的。但结果完全不是这样，不同的组天差地别。例如，有一首歌在第9组，也就是每个人独立判断的情况下排名第26；但是在前8组中的某一组排名第一，在另一组又排名垫底。这个结果让人完全摸不着头脑。

那么，到底是什么决定了一首歌能不能在某个组火起来呢？其实是一个非常随机的因素，就是组内最先开始下载的几个人的偏好。因为后面下载的人会下意识地参考其他人的选择，一首歌在最开始的微弱优势，就会像滚雪球一样越滚越大（雪球效应）。按照书中的说法是，“最初涌现的流行度会自我强化”。

把这个结果迁移到开会的场景中，你会发现，一些微小的因素，如谁先发言，谁后发言，谁说话更自信，谁说话声音更大，谁和谁挨着坐，谁在某个时刻笑了或者皱眉了等，这些信息都会对群体产生影响，进而通过相互影响产生放大效应，甚至最终决定会议走向。这就是群体决策的第一个问题，随机差异会被群体放大。

此外，群体决策中有可能出现“群体极化”现象。这是指拥有相似观点的人在互相交流之后，其所达成的集体共识会比之前的个人观点更加极端。例如，如果陪审团中的6个人都倾向于对嫌疑人从轻发落，那么他们商议后的判决结果会比各自单独给出的处罚更轻；如果大家都对嫌疑人的罪行非常愤怒，那他们商议后的判决结果也往往会比各自单独给出的处罚更重。

这个现象其实在组织行为学当中也被发现了。并且，越是精英团体，成员之间对彼此越认同、越团结，就越容易出现“群体极化”的现象。一个新想法提出来，可能大家觉得还不错，于是发起讨论；结果越讨论，大家觉得越有道理，好处被无限放大，每个人的激情被点燃，没人想在这个时候给团队泼冷水，这时群体决策中就可能出现非常大的误判。

那么，开会时，怎么避免群体决策的这两个问题呢？《噪声》一书给出了这样几点建议。

第一，开会之前，要先把相关信息同步给参会者，让他们各自形成观点、独立做出判断。因为人们独立思考时会比共同思考时更有效，这已经被大量的心理学实验所证明。

第二，确保想法的多样性。既然大家已经独立想出了很多好想法，那么就要把这些想法汇总之后上会讨论，并让他们重点讲讲各自形成判断的理由。讨论结束，让大家重新做出判断并汇总结果。

第三，会议讨论时，组织中排名最低的人先发言，领导者最后发言。

用这种方式开会，就可以有效减少群体决策的“噪声”。当然，这样做的前提是，会议的目的是做出判断、形成决策。如果决策已经完成，开会的目的是统一思想、凝聚共识，流程就得反过来：领导者应率先发言进行动员，大家通过讨论相互激发，最后凝聚团队战斗力。

资料来源：丹尼尔·卡尼曼、奥利维耶·西博尼、卡斯·R. 桑斯坦：《噪声》，李纾、汪祚军、魏子晗译，浙江教育出版社2021年版。

三、非确定型决策的原则性方法

对于风险型决策，当然可以依据直接后果期望值准则进行概率估算和统计分析，但对于非确定型决策来说，则因无概率可依，不可能运用概率统计方法。只能从“好中求好”（maximax）、“坏中求好”（maximin）、等可能性（equal proba-bility）、“乐观系数”（coefficient of optimism）和“后悔最小”（minimax regret）等原则中视情况择其一作为决策依据。

（一）乐观原则

持乐观原则的决策者对未来持乐观态度，认为未来会出现最佳的自然状态，不论采用何种方案均可能取得该方案的最好结果，决策时要先确定各个方案在最佳自然状态下的收益值，然后对其进行比较，选择在最佳自然状态下能够带来最佳收益的方案。乐观原则（大中取大原则）也被人们称为“最佳收益值原则”。

（二）悲观原则

与乐观原则相反，持悲观原则的决策者对未来持悲观态度，认为未来会出现最差的自然状态，不论采用何种方案均可能取得该方案的最小收益值（底线），因此决策时要先确定各个方案在最差自然状态下的相应收益值，然后对其进行比较，选择在最差自然状态下能够带来最多收益的方案。

这种原则也被人们称为“小中取大原则”。悲观原则虽是一种保守策略，但并非就不好。有时出于降低风险的考虑，决策中需要采取这样的策略，以在最不利的情况下取得最有利的决策结果。事实上，差中择优有时也不失为上策。

案例四

如何抉择？

假设你面对两个赌局：第一个赌局中，你输 10 元和赢 100 元的机会各是二分之一；第二个赌局中，你有一半机会输 1 000 元，一半机会赢 10 000 元。现在你必须二取一，请问你会选哪个赌局？

这两个赌局，单纯从期望值看，第二个赌局的均值为 5 500 元，显然优于第一个赌局（其期望值只有 55 元）。但是，假如你担不起输钱的风险，那么对你最好的选择，便是输钱较少的那个，即第一个赌局。在决策理论中，担不起风险条件下的最佳决策准则，叫作“小中取大”（maximin）法则。用在这里，便是将每个赌局的最坏情况列出来：即赌局一输 10 元，赌局二输 1 000 元，然后从这些最坏情况中，选出一个最不坏的来，即赌局一输 10 元。于是，赌局一便成为符合“小中取大”法则的最佳决策。

(三) 乐观系数原则

乐观系数原则由数学家赫威茨提出，故又称赫威茨法则。该原则主张，在一般性决策中，最好和最差的自然状态都有可能出现，决策者对未来事物应有一种折中的考虑，不可盲目乐观，也不能盲目悲观。因此，可以根据决策者的估计和判断赋予最好的自然状态一个乐观权值系数 α〔0，1〕，相应赋予最差自然状态一个悲观权值系数 $1-\alpha$，用 α 和 $1-\alpha$ 表示最佳状态和最差状态下的权重，以此求出各个方案的损益加权值。即：

(损益加权值) = α (最佳状态下的收益值) + ($1-\alpha$) (最差状态下的收益值)

然后，比较各个方案的损益加权平均值并据此做出选择。当 $\alpha>0.5$ 时，趋于乐观原则；当 $\alpha<0.5$ 时，趋于悲观原则。

(四) 等可能性原则

当决策者不能确定哪一种自然状态的发生概率更大时，则可以先假定每种自然状态的发生概率都相等，并据此计算各种方案的期望收益值，然后在比较的基础上进行决策。

(五) 后悔值原则

后悔值原则，也称萨维奇法则，它是减少决策者后悔程度的有效策略。由于自然状态存在不确定性，在决策实施后决策者很可能会感到，如果采用了其他的方案将会取得更好的收益。人们常会吃这种“后悔药”。为了减少这类机会损失，决策时就可采用后悔值原则。根据这个原则，每种自然状态下各个方案的最高收益值被视作理想值。找到理想值后，再将每种方案的其他收益值与其理想值之差作为理想目标的后悔值。决策者采取的是追求最小后悔值的观念，先选取各项策略方案中的最大后悔值，然后再对每种方案的最大后悔值进行比较，取其最小者作为最终决策方案。

四、风险决策

(一) 期望值理论：典型风险决策问题的解决之道

先来看一个典型的风险决策问题：有两项投资方案 A 和 B；两种市场状况：好或坏，其概率分别为 70% 和 30%；A 方案在市场状况好时获利 1 000 元，在市场状况不好时损失 500 元；B 方案在市场状况好时获利 800 元，在市场状况不好时损失 100 元。请问投资者会选择哪种方案？

一般来讲，投资者会计算 E (A) = 1 000×70% + (−500) ×30% = 550，E (B) = 800×70% + (−100) ×30% = 530。然后，投资者会比较 E (A) 和 E (B) 的大小，选择较大的 550 所代表的方案 A 来投资。

在上面的例子中，投资者的决策过程是先计算两种方案的期望值，然后选择一个期望值最大的方案。这样的决策原则是最大期望值原则。按最大期望值原则进行决策分析的理论是期望值理论（expected value theory），它是最早提出的风险决策理论，也是最简单的风险决策理论。其核心思想用数学公式表述为：

$$EV = \sum p_i x_i$$

公式中，EV代表期望值，p_i代表第i种结果发生的概率，x_i代表第i种结果带来的价值。

但是期望值理论并不能完美地解释人类风险决策，随着"圣彼得堡悖论"的提出，期望值理论受到了质疑。圣彼得堡悖论是数学家尼古拉斯·伯诺利（Nicolas Bernoulli）于1738年提出的一个概率期望值悖论，它来自一种掷币游戏，即圣彼得堡游戏。他要求人们回答下面的问题：扔一枚均匀的硬币，一直扔到反面朝上为止。如果第一次就扔到了反面，就可以得到两元钱；如果第一次是正面，就继续扔第二次，第二次反面朝上可以得到四元钱；如果第二次也是正面，那么就扔第三次，第三次反面朝上可以得到八元钱；以此类推，问人们愿意花多少钱来参加这个游戏。

按照概率期望值的计算方法，将每一个可能结果的得奖值乘以该结果发生的概率即可得到该结果奖值的期望值。游戏的期望值即为所有可能结果的期望值之和。随着n的增大，以后的结果虽然概率很小，但是其奖值越来越大，每一个结果的期望值均为1，所有可能结果的得奖期望值之和，即游戏的期望值将为"无穷大"！

即$EV=$（2）×（1/2）+（4）×（1/4）+（8-）×（1/8）+…，即=1+1+1+…=无穷大

期望值理论告诉你：应该花尽可能多的钱来玩这个游戏。但大量的实际测试结果表明，大多数人最多只愿意花几元钱来玩这个游戏。

按照概率理论，多次试验的结果将接近于其数学期望值。但是实际的投掷结果和计算都表明，多次投掷的结果，其平均值最多也就是几十元。正如学者哈金（Hacking）所说："没有人愿意花25元去参加一次这样的游戏。"这就出现了计算的期望值与实际情况的矛盾。那么，问题出在哪了呢？实际上，在游戏过程中游戏的收费应该是多少？风险决策中的期望值理论面临严峻的挑战。

（二）期望效用理论："圣彼得堡悖论"及其效用解释

在尼古拉斯·伯诺利提出"圣彼得堡悖论"的25年后，他的堂弟、数学家丹尼尔·伯诺利（Daniel Bernoulli）对此做出了一个解释。丹尼尔·伯诺利认为，金钱的价值随其数额的增多而递减（也许存在一个极限），人们追求的是金钱带来的效用，而不是金钱本身。所以，圣彼得堡游戏的回报并不是无穷大。很多人并不认为丹尼尔·伯诺利的效用理论能真正解释"圣彼得堡悖

论”，但他的边际效用递减理论却为后来的期望效用理论奠定了基础。

期望效用理论用期望效用替代了期望值，用最大期望效用原则替换了最大期望值原则来分析决策问题。期望效用的计算公式如下：

$$EU = \sum U(x_i)p_i$$

公式中，EU代表期望效用，p_i代表第 i 种结果发生的概率，$U(x)$ 是结果 x 的效用函数，一般认为期望效用函数是单调递增函数，$U(x_i)$ 代表第 i 种结果带来的效用值。人们在做决策时会选择期望效用值大的选项。

继期望效用理论之后，许多其他理论家对此进行了扩展，提出了多个变式。其中最有名的一个变式是由美国数学家萨维奇（Savage）于 1954 年提出的“主观期望效用理论”，该理论在传统的期望效用理论的基础上加入了个人的主观因素。传统的期望效用理论中使用的概率都是理论中的客观概率，而萨维奇将该理论进一步推广，将个人对客观事件可能发生的主观概率也纳入进来。其公式如下：

$$SEU = \sum U(x_i)\rho(E_i)$$

公式中，SEU代表主观期望效用，$U(x)$ 是结果 x 的效用函数，$U(x_i)$ 代表第 i 种结果带来的效用值，$\rho(E_i)$ 代表对事件 E_i 发生可能性的主观估计。由此可见，经济学中的决策理论都是以“理性人”假设为前提的，这些理论都认为人的决策要同时考虑收益和获得收益的概率或者收益带来的效用和收益概率，通过权衡，决策者会选择利益最大化的方案。

然而，期望效用理论同期望值理论一样，也不能很好地解释人们的风险决策行为。1988 年，诺贝尔经济学奖获得者阿莱斯（Allais）于 1953 年提出著名的“阿莱斯悖论”，对期望效用理论的标准化地位提出了挑战，“阿莱斯悖论”成为推翻期望效用理论的理论之一。1961 年，埃尔斯伯格（Ellsberg）在一篇论文中通过两个例子质疑了主观期望效用理论，说明人们并非根据效用最大化原则做决策，人称“埃尔斯伯格悖论”。

（三）前景理论：损失与获得的平衡之道

心理学家对人的风险决策心理进行了大量研究，提出了一系列理论，在这些理论中，以卡尼曼（Kahneman）的前景理论最具有代表性。它不是单纯从理性出发，而是基于决策的实际，解释正常人的风险决策行为。

让我们来做下面这两个实验。

一是有两个选择，A 是肯定赢 1 000 元，B 是 50%的可能性赢 2 000 元，50%的可能性什么也得不到。你会选择哪一个呢？大部分人都选择 A，这说明人是风险规避型的。

二是这样两个选择，A 是你肯定损失 1 000 元，B 是 50%可能性你损失 2 000 元，50%可能性你什么都不损失。结果，大部分人选择 B，这说明他们是风险偏好型的。

可是，仔细分析一下上面两个问题，你会发现它们是完全一样的。假定你现在先赢了2 000元，那么肯定赢1 000元，也就是从赢来的2 000元钱中肯定损失1 000元，50%赢2 000元也就是有50%的可能性不损失钱，50%什么也拿不到就相当于50%的可能性损失2 000元。

由此不难得出结论：人在面临获得时，往往小心翼翼，不愿冒风险；而在面对损失时，人人都会是冒险家。这就是卡尼曼“前景理论”中最核心的两大“定律”。

“前景理论”的另一重要“定律”是：人们对损失和获得的敏感程度是不同的，损失的痛苦要远远大于获得的快乐。让我们来看一个塞勒教授曾经提出的问题：假设你得了一种病，有万分之一的可能性会突然死亡，现在有一种药吃了以后可以把死亡的可能性降到零，你愿意花多少钱来买这种药呢？请你再设想一下，假定你身体很健康，如果说现在医药公司想找一些人测试他们新研制的一种药品，这种药服用后会使你有万分之一的可能性突然死亡，那么，你要求医药公司花多少钱来补偿你呢？在实验中，很多人会说愿意出钱来买药；但即使医药公司愿意多花钱，他们也不愿参加试药实验。这其实就是损失规避心理在起作用。得病后治好病是一种相对不敏感的获得，而本身健康的情况下增加死亡的概率对人们来说却是难以接受的损失，显然，人们对损失要求的补偿要远远高于他们愿意为治病所支付的钱。

知识链接八

分析麻痹

“分析瘫痪”或“分析麻痹”（analysis paralysis）是指因可供参考的信息或可供选择的方案过多而在决策环节缩手缩脚、优柔寡断的情况。实际上，分析瘫痪这一结果多源于过度分析或过分考虑（over-analyzing or over-thinking），以至于迟迟做不了决定，无法采取行动，导致贻误决策的最佳时机。所以，过量的信息、太多的选择有时候对决策者是一个巨大的挑战。在多种选择面前，一个人可能会丧失决策的果断。例如，前方有两条路，你可能不难做出选择，实在不行还有抛硬币一招，可如果面前是100条路怎么办？

现实中，面对过量的信息，实体邮件、电子邮件、语音邮件、互联网信息、口头信息、固定电话和移动电话、备忘录、传真以及人际沟通等，人们有时会无所适从，难以或根本不能做出选择。一位诗人曾在诗里描述过一个有趣的情况，大意是：“蜈蚣本来过得很自在、很有趣、很幸福。直到有一天蟾蜍对它说：‘想想你跑起来应该先迈哪条腿后迈哪条腿吧！’由此蜈蚣改变了它的生活状态，蟾蜍提出的问题搞得它心烦意乱。于是它躲在沟渠里一直思考到底该如何跑，并纠结于这种痛苦的抉择中，近乎疯狂。”

案例五

古巴导弹危机

事件经过

古巴是加勒比海地区最大的岛国，距美国只有90海里。1959年以卡斯特罗为首的革命起义军推翻了亲美的巴蒂斯塔的独裁统治，建立了革命政权。美国一向把拉美地区视为自己的后院，没想到这次后院起了火，它如坐针毡，视古巴革命政权为眼中钉。苏联却喜出望外，视古巴为拉美地区对抗美国霸权的桥头堡。

1962年3月17日，时任苏联领导人赫鲁晓夫得到克格勃的密报，称美国已经完全做好了进攻古巴的一切军事准备，美国中央情报局也已制定好推翻卡斯特罗政权的周密计划，并得到了美国总统肯尼迪的批准。因为此前苏联曾得到过美国不进攻古巴的口头允诺，所以在获得克格勃的情报后，苏联政府决策层认为，美国过去的允诺是在故意蒙骗苏联，而苏联却信以为真。古巴政权目前危在旦夕，苏联绝不能坐视旁观，因为这事关冷战时期的战略地位。同年5月，在与古巴领导人秘密磋商后，苏联政府决定冒一次险，于是开始在古巴秘密布署导弹，以遏制美国入侵古巴的战略企图，由此引发了古巴导弹危机。

导弹危机爆发后，美国政府决策层进行了紧急磋商。1962年10月22日，美国总统肯尼迪发表了电视讲话。他宣布，美国得到了确切的情报，苏联已经把42枚中程导弹（射程为1 200公里，可覆盖包括美国首都华盛顿在内的多数重要城市）和一些近程战略巡航导弹运抵古巴，其中一部分已经安装完毕，随时都可以进行发射。不仅如此，一些远程导弹也在运送途中。他指出，苏联的这次行动是对世界和平的严重挑战，并威胁说，如果从古巴发射的导弹击中任何美洲国家，美国都要进行军事报复。肯尼迪宣布，立即对古巴进行全面海上封锁，任何进出古巴的船只都将受到美国军队的打击。苏联政府马上对此做出了反应，宣布苏联和华沙条约组织国家的武装力量立即进入最高战备状态，第三次世界大战看似一触即发。

双方在最初三天里处于军事对峙状态。由于赫鲁晓夫认为美国的海上封锁只是虚张声势，在这种时候不可能敢于进攻古巴，所以他命令苏联的舰只继续向古巴挺进，不要害怕美国的海上封锁。10月25日凌晨，克格勃再次密电赫鲁晓夫，称：美国计划在10月29日或30日对古巴进行军事打击。在这种情况下，赫鲁晓夫马上改变了主意。他立即下令让那些正向古巴行驶的舰只调头返航，并立即致电美国总统肯尼迪，希望能够寻求到解决这次危机的可行方案。

1962年10月28日，美苏迅速达成协议：苏联将全部拆除部署在古巴的导弹并在联合国进行核查之后运回本国。美国则允诺拆除前不久刚刚在土耳其部署完毕的导弹基地，并保证不会发动对古巴的军事进攻。美苏双方可谓相互妥协、各让一步，从而化解了这次重大的冲突，使持续了一周的加勒比地区紧张局势得以缓解。11月20日，在确定苏联已经把它部署在古巴的导弹和导弹基地全部拆除后，美国宣布解除对古巴近一个月的海上封锁。至此，古巴导弹危机宣告结束，一场世界大战得以避免。

对策分析

1962年10月，苏联在古巴部署导弹，从而引起美国的强烈反应，爆发了震惊世界的古巴导弹危机。美苏两个核大国，剑拔弩张，剧烈对抗，使世界处于核战争的边缘。如何正确处理这次危机？美国总统肯尼迪召集了重要的政府阁员进行紧急磋商，他们重点讨论了下列六项对策，在对正反两方面意见进行充分讨论的基础上，做出了群体的选择。

方案1：无所作为。对苏联在古巴建立导弹基地一事不予理睬。

分析：用设置在苏联本土的远程导弹对美国实施攻击与从古巴进行导弹攻击在本质上并无太大区别，真正的危险不是苏联所采取的行动而是美国的过度反应。如果美国采取一种无所谓的姿态，那么就会使赫鲁晓夫自讨没趣，瞎忙活一场。

对此方案的否定意见如下。

第一，过低估计了苏联这次行动的军事意义，苏联在古巴建立导弹基地不仅能够使其军事进攻能力成倍增加，改变美苏间的战略平衡，而且苏联从古巴对美国实施导弹攻击会使美国的早期预警能力完全遭到挫败。进一步讲，苏联不会就此止步，它将寻找机会，加强部署，投入更大力量发展短程导弹，这种趋势对美国极为不利。

第二，苏联以捍卫古巴革命成果为借口，悍然在美国的家门口舞起刀枪，它的这次部署有着不可否认的政治意义。如果认为其只是出于防务性需要，对此不应神经过敏，那就大错特错了。苏联的这次行动说明它根本没有把美国总统在多种场合提出的郑重警告放在眼里，已经对美国提出了严重挑战，如果美国无所作为，那么其今后的国际许诺将不会使人相信，其外强中干的形象将成为世人的笑柄。

方案2：施加外交压力。呼吁联合国或美洲国家组织进行干预，或者与赫鲁晓夫进行秘密或公开的接触。

分析：不论通过哪种形式的外交努力，其结果总会伴有一定的交换条件，如美国从意大利和土耳其撤出其导弹部署。当然，美国如果这样做确是无关痛痒的事，肯尼迪总统也曾在多种公开场合表示过这样的姿态，但是撤可以却绝不能选择这样的时机，因为美国的这种让步会大长苏联的士气，大灭美国的威风，使苏联人得寸进尺，胃口越来越大。并且，欧洲国家会认为美国在关键时刻为了自己的利益而牺牲欧洲的利益，是一位不可信赖的“朋友”。总之，在“窃贼”面前不应考虑怎样进行妥协，而应考虑如何抓住“窃贼”。

此项方案的不利之处在于以下几点。

第一，苏联是联合国安理会的成员，其对安理会的决议具有一票否决的权力，因而通过联合国对苏联施压起不到太大作用。

第二，外交斡旋所耗费的时间往往是很长的，也是难以预料的，这会使苏联赢得充裕的时间把在古巴的导弹基地部署完毕，从而增加其在谈判桌上的砝码。

第三，美国如果派秘史与赫鲁晓夫进行接触，会将外交上的主动权拱手相让，从而使自身处于非常被动的地位。

第四，两国政府首脑的峰会接触，必然导致美国的进一步让步，否则将难以取得任何进展。

方案3：秘密接触卡斯特罗。利用各种渠道，通过多种手段，赋予优厚条件，设法使卡斯特罗与苏联决裂，从而解决古巴导弹危机。

分析：古巴导弹危机为美国提供了分裂国际社会主义阵营的一次机会，如果古巴能够在各种利益的强大诱惑下投入美国的怀抱，那么是再好不过的事情。但是，出现 这种结果的可能性到底有多大，谁都难以做出判断。并且，“请神容易送神难”，导弹设施属于苏联，由苏联军人全权负责运输、安装、保护和控制，所以，会不会撤出导弹看来最终还是取决于苏联人的决定。

方案4：武装入侵古巴。导弹危机正好为美国入侵古巴提供了一个借口，可以使美国实现其消灭卡斯特罗政权的多年愿望。

分析：这个对策直接且简单，不仅能够彻底摧毁苏联设在古巴的导弹基地，而且可以消灭卡斯特罗政权。美国军方已经为此进行了长期的准备，在加勒比地区集中了强大的军事力量，只是苦于没有适当的借口实施这种行动，现在正是一次难得的机会。但是，武装入侵缺少理性考虑，并非上策。发动地面进攻将使美军面对面地和两万多苏联军人发生冲突，这会把美苏两个超级大国拖入核战争的边缘。不仅如此，尤为现实的问题是，苏联很有可能发动对西柏林的军事进攻，从而导致双方更大规模的军事冲突。

方案5：实施外科手术式空袭。轰炸苏联在古巴建立的导弹基地，可以显示美国的强硬态度。

分析：这是一种积极有效的反应方式，首先能够使苏联在古巴的导弹系统运转失灵，其次能够使苏联人明白美国处理这次导弹危机的坚定决心，即只要发现威胁美国国家利益的事情，美国就会率先采取坚决的反击行动。当然，空袭行动也面临以下几方面的困难。

第一，轰炸能做到像外科手术那样精准吗？

第二，苏联的轰炸机同样可以轰炸美国本土或美军的海外基地。

第三，没有被炸毁的一些苏联导弹设施仍有可能发射导弹攻击美国。

第四，轰炸越密集，苏联军人伤亡的可能性就越大，苏联在国内和国际各方面的压力下，不可能不采取报复性行动。

第五，空袭要想取得理想的效果就应采取突然袭击的方式，但这与美国人的传统价值观背道而驰——美国人忘不了“珍珠港事件”给自己带来的刻骨铭心的伤痛。

方案6：进行海上封锁。通过这种常规形式来处理核冲突，把下一步棋的决策负担甩给赫鲁晓夫。

分析：这是一种间接的军事行动，在无所作为与武装入侵之间进行折中选择，既可避免一定的战争风险，又足以表示美国坚定且不妥协的态度。决策在进退两难之时，中庸之道往往成为最佳的选择。美国的这种反应方式会把难题留给赫鲁晓夫，看他下一步如何动作，然后再采取进一步的对策。相对而言，海军的介入对美国来说是最可取的军事对抗形式，美国海军具有举世公认的强大实力，并且又是在自己的家门口实施封锁行动，成功的把握很大。美国若采取这种常规的形式处理核冲突，那么在继之而来的非核对抗中，美国都将保持绝对的优势，因为美国在常规武器的装备方面占有明显的质量优势。然而，实施海上封锁也存在以下几点困难。

第一，它同样是战争行为，不仅违反联合国宪章和国际法，而且会严重伤害周边一些友好国家的利益，引起它们的强烈不满。

第二，这种行动势必引起苏联在世界其他地方对美国采取一定的报复行动。

第三，海上封锁虽然排除了进行空中打击的可能性，可一旦苏联舰只不听警告，则美军势必率先开火，从而导致一定的人员伤亡，并引起苏联的报复行动。此外，古巴的舰只也有可能主动进攻，挑起军事冲突。

第四，海上封锁对岛上正在建设的导弹基地并不会构成直接的威胁，从而给苏联提供了实施搞拖延战术的机会，使苏联能够争取时间尽快完成导弹基地的建设。

方案选择

决策小组进行了多日的讨论，对每项方案的利弊都进行了全面的分析。通过比较鉴别，他们最终选择了进行海上封锁的方案，并以空中打击作为备用手段。决策小组认为，在上述六个可行性方案中，不论是从战略角度还是从战术角度来看，海上封锁都是最优的选择，可以获得最大的价值。后来事态发展的结果也证实了这一点。美国政府之所以会做出这种选择，还源于这样一个原则，正像肯尼迪在总结危机教训时所指出的那样："核大国在保护自己重要利益的同时，注意不要把对手逼上绝境，使之要么选择丢人的惨败要么选择发动核战。如果真发生了这样的事，那就是我们政策的重大失败，或者说是我们对世界末日的追求。"的确，在许多情况下，给对手只有一种选择的棋并不是好棋。

关键词

政治可行性　经济可行性　行政可行性　法律可行性　技术可行性　社会可行性　成本-效益分析　成本-效能分析　目标置换效应　沉没成本　不决策　半真半假　政策合法化　政策法律化　听证制度　程序公正性理论　民意　脚踏板效应　领导群体决策　群体参与决策　冒险转移理论　择案规则　多数原则　乐观原则　悲观原则

本章小结

1. 可行性分析的内容包括政治可行性、经济可行性、行政可行性、法律可行性、技术可行性、社会可行性等。

2. 政治约束包括政治（资源）约束、分配约束、体制约束等。

3. 成本-效益分析和成本-效能分析是分析经济可行性的重要方法。

4. 机会成本是指为了得到某种东西而要放弃的另一些东西的最大价值。

5. 达成共识的途径有交换、说服、强制等。

6. 不决策是一种政治手段，它把社会中的一些特定条件排除在政策议题之外。

7. 政策合法化的内容包括合法的决策主体、合法的政策程序、合法的政策内容等。

8. 程序公正性理论是指公平知觉并非来自决策本身，而是来自决策的程序。

9. 民意可以分为公意和众意，二者具有完全不同的含义。

10. 冒险转移理论强调：群体决策比个人决策具有更大的冒险性。

11. 择案规则是决策群体选定最终方案的程序与方法。

思考题

1. 政策方案的可行性分析包括哪些内容？
2. 什么是成本-效益分析？什么是成本-效能分析？它们有什么区别？
3. 在政策方案的讨论中，达成共识有哪些途径？
4. 不决策作为一种政治手段，主要发挥的是什么作用？
5. 政治合法化主要包括哪些内容？
6. 什么是政策法律化？
7. 什么是程序公正性理论？
8. 法国思想家卢梭如何解释“民意”这个概念？
9. 相比个人决策，群体决策有哪些优势和劣势？
10. 群体决策有哪些择案规则？
11. 什么是冒险转移现象？
12. 非确定性决策应遵循哪些原则？

参考文献

[1] 施瓦茨．选择的悖论：用心理学解读人的经济行为 [M]．梁嘉歆，黄子威，彭珊怡，译．杭州：浙江人民出版社，2013.

[2] 普劳斯．决策与谈判 [M]．施俊琦，王星，译．北京：人民邮电出版社，2004.

[3] 朱立言．行政领导学 [M]．修订版．北京：中国人民大学出版社，2011.

[4] 方振邦．管理学基础 [M]．2 版．北京：中国人民大学出版社，2009.

[5] 清华大学公共管理学院中国公共管理案例中心．中国公共管理案例：第 3 辑 [M]．北京：清华大学出版社，2013.

[6] 韦默，瓦伊宁．公共政策分析：理论与实践 [M]．4 版．刘伟，译．北京：中国人民大学出版社，2013.

第八章

政策分析模型与相关理论

模型不是现实世界的简单替代，而是现实世界抽象化的代表。任何模型都是对现实世界的不完全模仿和简单化省略。只有省略所有非本质的东西，模仿才能取得成效；只有忽略不相关的细节，模型才能发挥作用；世界是具体的也是复杂的，为了认识这种具体和复杂，我们需要抽象和简化，因而需要借助模型这种分析方法。模型源于人的认识，是理论知识、生活经验、价值观念的综合体现。进行政策分析时，如果不使用模型的方法，那是不可想象的事情。政策分析模型有助于描述和解释社会政治生活中的一些复杂现象，关注政策过程中的一些重要变量，从而为政策分析开辟研究思路与途径。

第一节　政策分析模型

一、传统理性模型：决策追求最优解

理性的英文是 rationality，中文通常解释为合理、有理，它与感性相对，指人从理智上控制行为的能力。买汽车光挑颜色，买衣服只注意款式，做决定选择抽签，干事情喜欢打赌，这些都不能说是理性的行为。在《廊桥遗梦》这部电影中，女主角弗朗西斯卡望着情人的汽车在雨中远去，几经犹豫而最终没有走下丈夫的汽车，她的行为称得上是理性的选择。当然，在评价某种行为是理性的或非理性的时候，人的价值判断起很大的作用。某种行为可能你认为是理性的，但别人却认为是非理性的。我们在谈到理性概念的时候，往往是以共识性标准为前提的。

理性模型起源于传统经济学的理论，传统经济学理论是以“经济人”假

设为前提的。那么，什么是经济人呢？一般来讲，经济人自私且功利，做任何事都以满足个人最大利益需要为目标。分析经济人的行为实际上很简单，其之所以这样做而没有那样做，就是因为这样做可以最大限度地满足其自身的利益需要。这种带有强烈自利特征的经济理性尽管不那么可爱，但却非常有价值。因为我们惊奇地发现，社会财富这块蛋糕只有在市场理性的博弈中才能越做越大。市场机制这只“看不见的手”，会使人的自利行为产生利他的结果。

以经济人假设为前提的理性优化模型，为微观经济学的发展提供了便利的条件，也对经济领域的微观决策起到了一定的指导作用。它舍弃了一些次要变量，使问题的分析得以简化，形成有效的分析框架，从而能够被用来解释资本主义市场活动中的诸多现象。因此，其影响迅速扩散至社会生活的其他领域。当时，这种假设几乎被认为是一个不证自明的公理，是解释人类行为不可缺少的依据。

的确，理性行为的概念是一个非常有力的解释工具，因为它有着许多人类行为的经验依据。我们经常对其他人这样解释我们的行为，“因为我想达到目的 X，所以我选择了方式 Y”。同样，这也是我们理解其他人行为的基本思路。基于这种考虑，我们同样可以用这种模式去解释政府的行为。就政府政策而言，如果你了解了政府的目标，就不难解释其对政策方案的选择。它之所以这样去做而没有那样去做，是因为它要满足自己最大的利益需要，做出价值最大化的选择。例如，在对日本为什么要偷袭珍珠港、苏联为什么要把导弹放在古巴、伊拉克为什么会入侵科威特这类国家政策问题进行分析的时候，传统政策分析的理性模型能为我们提供一种有效的解释方法。

传统的政策理论有着理性主义前期发展的深刻烙印。它认为，任何决策都是目标性行为，达到目标当然会有很多种途径和手段。所谓理性的选择，就是要做出价值最大化的选择，即选择达到目标的最优方案。传统理性模型所要求的最优选择应具备如下条件。

- 把决策行为视为整体行为而非群体行为。因为是整体，才会有一致性的价值判断，如果是群体，就必然会出现价值观方面的差异，从而在目标选择和最优认定方面产生分歧。
- 决策者具有绝对理性，表现在他们具有完备的知识和信息，能穷尽备选方案并预测所有结果。
- 决策目标单一、明确和绝对。
- 决策者在决策过程中具备一以贯之的价值偏好。
- 决策过程中不考虑时间和其他政策资源的消耗。

理性决策的具体步骤如下：

- 确定决策目标；

- 提出备选方案；
- 对这些方案及其结果进行比较分析；
- 通过排序选出最优方案。

知识链接一

理性模型：公共政策的制定和实施目标是社会效益最大化①

所谓理性的公共政策，实际上就是指能够带来社会效益最大化的政策。社会效益的衡量涉及两项重要的指标，一是收益必须高于成本，二是选择两者差值最高的方案。当然，就社会成本的计算而言，金钱的多少并非唯一的衡量标准。政府不能用牺牲基本社会价值的方式来换取收入，而是必须同时考虑社会政治、经济、文化等多种因素。理性模型经常被用来思考政府计划的适宜规模，它是评估政府支出决策的主要分析架构。

理性政策的前提条件是：①了解所有的社会价值偏好及其相对权重；②发现所有的备选方案；③预测每种方案的所有结果；④计算每项方案的成本效益比；⑤选择最有价值的政策方案。可见，理性模型假定社会是一个整体，其价值偏好可以被了解并被赋予权重；同时，理性决策有赖于有关政策方案的充分信息、预测政策方案结果的超强能力以及计算成本效益比的知识和技能；理性决策还需要一套完备的决策系统，以有助于形成理性的程序。

然而，理性决策面临许许多多的障碍，以至于在政府决策领域，理性模型很少能够派上用场。但由于理性模型提出了优化目标并分析了理性障碍，所以仍具有重要的解释作用。

从理论角度而言，最优选择并不是不可行的。然而，社会现实并不等同于理论假设，传统理性模型的限制条件经常使其遭遇诸多障碍，人们逐渐发现政策实践中的许多现象都难以用它来做出解释。其原因不在于它的逻辑体系有缺陷，而在于其前提假设有问题。

第一，决策目标不是单一、明确和绝对的，而是多元、模糊和相对的。

传统的经济学理论总是把企业的目标视同于企业家的目标，似乎只是为了最大限度地追求利润。这种认识是错误的，因为企业是由许多人组成的，它包括股东、经营者和员工等，他们对企业的目标都会发生直接或间接的影响，尽管在程度上会有所不同，但表现了一种多元化的趋向。因为这些人有着不同的价值取向和利益要求，并不一定会把企业目标作为自己的目标，所以企业的实

---

① Thomas R. Dye：Understanding Public Policy，Prentice Hall，2002，pp. 16-18.

际目标反映了其成员错综复杂、相互矛盾的利益追求。这里只是分析了企业的情况，实际上在公共部门和政府机构里，目标多元化的特征表现得更为明显。

美国著名的政策学家赫伯特·西蒙在其《管理决策新科学》一书中讲了一件他亲身经历的事情。一些大公司就购置计算机的问题向赫伯特·西蒙咨询，赫伯特·西蒙当时建议这些公司先考虑一下是否真的需要这样的设备、购置计算机主要是为了解决哪些具体问题，等这些问题明确了以后再决定购置什么类型的计算机。很快，赫伯特·西蒙发现自己给这些公司出了个“馊主意”，因为它们在尚未使用过任何计算机之前，根本无法具体明确地了解计算机的性能与用途，因而也不可能提出购买计算机所要达到的具体明确的目标。只有当它们先买了计算机，并在使用一段时间有了经验之后，才会知道下一步应该做些什么。可见，就许多决策问题而言总目标往往是一个不十分具体明确的大的方向，具体内容则有待于在决策执行过程中逐渐地加以明确。

查尔斯·林德布罗姆也认为，政策往往是针对解决社会问题的，所以要想使政策目标明确就必须找到问题的症结所在，然后才能做出决策。可是决策者面临的往往并不是非常具体且可以明确界定的问题。例如，当物价飞涨，公众要求政府做出反应时，政府部门就需要对问题的成因进行分析：是公众的要求过分还是物质生产和供应服务的不足？是垄断公司的幕后操纵还是通胀心理引起的连锁反应？或者上述原因兼而有之？不论政府部门出于何种考虑，治标总不是最终目的，可是要治的本又在何处呢？实际上，要想找出通货膨胀的真正动因往往是很困难的，而这无疑会影响决策目标的确定，所以很多时候目标并不是绝对而是相对的。

第二，人是感情动物，存在理性缺陷，其行为往往会受到个人偏好、性格特征等非理性因素的影响。

如果你是个篮球迷，有朋友送给你一张免费的篮球票，而那天晚上恰巧来了场暴风雪，这使得驾车去体育馆看比赛十分危险，这时你去还是不去呢？再换一种情况，同样的篮球票，同样的暴风雪，但球票是自己花300元买的，这时你去还是不去呢？根据行为学的研究，在后一种情况下，人们多半会冒险前去观看比赛。人多具有“成本陷入倾向”和“损失厌恶倾向”——认为既然已为此花了钱，那么就最好不要浪费，而不会去过多考虑结果会怎样。人们通常会把损失看得比收益重要得多。实际上，有时人们面对的完全是性质一样的客观情况，但却会做出大相径庭的行动选择，这完全是非理性因素在起作用。

第三，人处理信息的能力是非常有限的，这主要表现在以下几个方面。

其一，人对信息的感知能力有限。所谓感知，就是人通过自己的感官把外界信息作为刺激反应而输入大脑的过程，人的感知能力对大脑处理信息的容量具有限定作用。心理学的研究表明，人的感知是有选择的，而不是全面的。以视觉为例，人们总习惯于用照相机来形容视觉，因为它们都是以视野成像，而实际上二者结构上的类似并不能说明它们彼此在功能上也相当。照相机能够把视角内所有的物体都拍摄进去，只不过辨别的精度受限于镜头的透光能力和胶片上感光材料的颗粒密度。人的视觉则通常只能接收到其注意力比较集中的那些部分，绝大部分都没有能够被感知，这就是人们常说的“视而不见”。

心理学的实验结论是：人的视野中存在的东西，能被同时接收到并形成印象的大约只占1/70。有位心理学家曾做过这样一个有趣的实验：会场里，一位演讲者正在眉飞色舞地发表演说，听众聚精会神地在听，忽然一个人破门而入且动静很大，后面紧跟着又追进来一个人，二者在众目睽睽下扭打成一团，其中一个人还抽出手枪对天花板放了一枪。这场闹剧历时20多秒钟，实验者把整个过程拍了录像，等闹剧刚一结束即让听众描述情节，结果五花八门，说什么的都有，与所录实情对照，情节出入极大。在40位听众当中，只有一个人对主要情节的描述错误率没有超过20%。不仅如此，有时人们还会提出这样的疑问：“眼见真的为实吗?”将筷子放入盛满水的杯子时我们会看到它发生了扭曲，固定的光点落在屏幕上会使我们感到发生了漂移，可事实真是这样吗？答案当然是否定的。更何况眼睛有时候还会失去作用。试想，在一个伸手不见五指的漆黑夜晚，一个具备超强视力的人与一个盲人又有什么区别呢?

其二，人的记忆能力有限。一般来说，人脑的记忆容量要比现代最先进的计算机的信息存储量大许多个数量级，似乎可以视其为无限大，但实际上人脑存贮信息的速度却很慢，所以将它与计算机的记忆能力放在一起比较并不合适。计算机可以按照信息的原输入形式完整地进行保存，并按照既定方式加以检索，它并不关心信息本身所具有的含义。例如，计算机对一个有意义的英文单词MANAGEMENT（管理）和一个无意义的英文字母组合TMNAENMAEG具有相同的存取速度和相同的单元容量，因为这两个词是由相同的10个英文字母组成的。可是如果让懂英语的人去记忆这两个词，则很容易记住前者，很难记住后者。

由此可见，人脑的记忆模式与计算机截然不同。人们习惯于把记忆分为机械式记忆和联想式记忆两类，电脑主要依赖机械式记忆，而人脑在这方面是非常落后的，为弥补因存贮速度不足所产生的记忆力的有限性，人脑主要依赖联想式记忆。这种联想会重新构建记忆中的事件，而构建记忆内容的主要依据就是信息本身的意义。随着联想过程中记忆构建的不同，记忆的内容就会有所差别。一个懂英语的人之所以能够很容易地记住MANAGEMENT这个词，主要是因为这个词有意义，可以使人在这个词与其意义之间形成联想，而对于一个不懂英语的人来说，MANAGEMENT和TMNAENMAEG一样难记。一位心理学家曾做过这样一个实验，他要求一位国际象棋的高手和一位初学者去记忆棋盘上的两种类型的布局，第一种类型是实战的残局，第二种类型是棋子的随机摆放，结果发现两位棋手对第二种类型的布局都难以记住，而对第一种类型的布局，国际象棋高手的记忆能力远远超出了初学者。例如，中国象棋大师胡荣华曾同时与十多人下盲棋，足见其惊人的记忆力。但如果在棋盘上随机摆放棋子，让他记住两三盘一定非常困难。这说明人脑所记住的往往是能够联想起来的整体而不是其中的各个组成单元。

第四，决策所面临的情况往往是价值冲突而非价值一致。

赫伯特·西蒙等人在1956年曾对23名参加专业培训的企业管理人员进行了一次心理实验，先让他们阅读一段反映某公司经营状况的案例材料，然后请他们分析和判断该公司面临的主要问题是什么。结果发现他们所做的判断差异很大。例如，从事营销工作的管理人员中有83%的人认为该公司的主要问题是市场营销问题，而从事非营销工作的管理人员中只有29%的人持同样的看法。赫伯特·西蒙从这次心理实验中发现，受试者的专业经验对他们诊断问题有很大影响，这些受试者的看法大多与他们最熟悉或所从事的工作有关。现代系统论的创始人冯·贝塔郎菲也曾说过："同一张桌子，在物理学家看来是电子、质子和中子的聚集；在化学家看来是物质有机成分的组合；在生物学家看来是木细胞的复合体；在艺术家看来是某种艺术风格的体现；在经济学家眼里则是一定货币价值的效用；等等。"由于人们认识事物的出发点和角度不同，所以对问题的判断会有很大的差别。

第五，决策总要受制于时间、人力、物力、财力等资源条件的限制。

决策一方面要讲究合理性，另一方面也要讲究及时性。尽管时间因素对不同决策的制约存在程度上的差别，有着轻重缓急之分，但毫无时间限制的决策是根本不存在的。俗话说，"机不可失，时不再来"，讲的就是这个道理。时效永远是决策成功不可或缺的前提。为追求尽善尽美而不顾时间的限制，这是非常愚蠢的做法。就算你真能找到最优的方案，而机会一旦逝去，即便再好也一钱不值。决策从某种意义上讲，就是在没有时间继续进行信息搜集时所必须做出的选择。

除了时间限制以外，决策中还要考虑其他资源的消耗。因此，决策不仅要在合理性与时效性之间做出权衡，而且要在合理性与经济性之间做出权衡。所谓经济性，是指政策制定过程要力求以小的代价来获得大的收益，至少其边际代价不能大于边际效益。例如，政府为制定某项政策而需要进行实际的调查。当然，调查的规模越大，程度越深入，获取的信息就会越充分，对决策的合理性就越有帮助。但政府决不会不计花费地去实施调查，因为政府的人力、物力和财力资源是有限的，并且它还要权衡得失，考虑政策的重要程度，然后再付诸力所能及且得大于失的调查行动。

基于上述认识，传统理性主义受到多方面的质疑与批判。赫伯特·西蒙等人认为，传统理性主义从“经济人”假设出发以逻辑推理方式所确立的规范性政策理论无法解释现实生活中政策制定过程的实际行为。现实生活中不存在纯粹的理性，传统理性模型只能被认为是一种理想的追求，而缺少实践的基础。

尽管传统理性主义在一定程度上带有某种“乌托邦”的色彩，我们也欢迎对它的批判，但是，过于简单和绝对的否定态度也是不可取的。其实，所谓“乌托邦”无非是指不能实现之事，而不能实现不等于没有意义，理想主义虽没有实践基础，但也绝非无稽之谈。拿破仑有句名言：“不想当元帅的士兵不是好士兵。”仔细想想，士兵想当元帅在多数情况下不是“乌托邦”又是什么？当然，那是关于个人功利的“乌托邦”，但社会管理又何尝不是如此？“取法乎上，仅得乎中；取法乎中，斯为下矣。”人们总是在追求尽善尽美的过程中获得“较善较美”的。从这个意义上讲，理想主义有其不可替代的价值，也正因为如此，传统理性模型的思想价值一直受到理论界的肯定。

二、有限理性模型：决策追求满意解

赫伯特·西蒙认为，现实生活中决策者的理性是介乎完全理性与非理性之间的有限理性，他们不是经济人，而是“行政人”。行政人的价值取向和目标往往是多元的，受到多方面因素的制约，经常处于变动状态且表现出冲突特征。行政人的知识和能力水平是很有限的，他们的决策行为往往会受其心理因素的一定制约，他们不可能也不奢望发现最优解，而只是找到满意解就知足，能满足需要就行。

赫伯特·西蒙在对传统理性主义总结和批判的基础上提出了有限理性模型（或称满意模型、次优决策模型）。由于这一突出的理论贡献，赫伯特·西蒙荣获了1978年诺贝尔经济学奖。赫伯特·西蒙认为，由于种种条件的限制，不论是个人决策还是群体决策，大多数决策都是发现和选择满意方案的过程，只有在非常例外的情况下，才是发现和选择最优方案的过程。这并不是因为决策者头脑糊涂：一个富有理性的人，如果能够同样顺利地求优的话，就不会止步于满意；如果能够得到最好，就不会停步于次好或比较好。原因是现实世界复杂多变，客观条件充满局限，人们根本无法求得最优解和准确解，因而不得不转而求其次，寻求“足够好”的解。换言之，人们并不是“不想干”，而常常是“无法干”。

（一）有限理性的行为表现

人的理性实际上是介于完全理性和非理性之间的一种有限理性，这种有限理性在决策过程中的表现如下。

第一，在情报活动阶段，人的决策行为往往受到知觉选择性的支配，不同经验和背景的决策者，对决策环境的认识会有不同的解释。

第二，在设计活动阶段，人们并不试图找出所有可行性方案，而是通过力所能及的问题求解活动，寻找尽可能多的决策方案。

第三，在抉择活动阶段，决策者的选择往往与备选方案的提出顺序有关，如果 A 是先于 B 提出来的，A 又是满意方案，那么就不会再花时间去考虑 B，哪怕 B 比 A 更好。

（二）次优决策涉及的基本问题

第一，有限目标。决策并不能保证一开始就有十分明确的目标，而环境（自然环境和社会环境）又经常不容许我们等到目标完全明确之后再做选择。例如，我们到超市去买东西，事前并不一定非得有明确的目的，只要遇到自己需要的东西，价格又比较合适，就会考虑是否购买。又如，政府遇到一个棘手的难题，涉及多种因素，一时难以理清头绪，但又不能无所作为，那么就需要从主要、紧迫、局部、明确的问题入手，边了解情况边探索目标。

第二，期望水平。什么样的决策才能被视为满意或足够好呢？这往往取决于决策者的期望水平。这个期望水平并不是固定不变的，而是随环境条件和个人体验的变化而变化。在存在许多质量较高备选方案的良性环境中，期望水平会提高；在比较恶劣的环境条件下，期望水平会降低。

为决策目标确定一个恰如其分的期望水平，是决策成败的一个关键环节，在可能的条件下，应尽量采用量化方法将期望水平明确表达出来。然而，在多数情况下，我们还是不得不求助于经验来为自己确定目标期望水平。

第三，搜索方法。搜索方法基于满意原则，它是赫伯特·西蒙有限理性学说的核心内容。

其一，试探方法。在没有现成满意方案的情况下，一种可行的方法就是提出探索性方案，选择若干试点进行实验，看看是否能够满足期望水平，由此总结经验和教训，再设计下一步的备选方案。

其二，随机方法。例如，当部队被包围而敌情又不明时，这时指挥官最大的期望就是能够突围，一个可行的方法就是随机选择突围的方向；又如，有位农民初次进城，其最大的期望就是找到一份工作安身，这时恰好一位招工的人走过来，他很可能就跟着那个人走了。

其三，折中方法。当决策面临一定风险，实际情况难以搞清而又必须提出决策方案时，对尖锐对立的意见进行折中或对相互冲突的方案进行折中，不失为一种可取的方法。

其四，效益方法。决策不能不考虑效益，方案的搜索需要一定的成本投入，我们不可能为找到一束漂亮的花而跑遍全世界，因为成本太高了。决策资源的稀缺性决定了决策价值分析的重要性。尽管决策多涉及一些非金钱因素，做价值分析并非易事，但是，一些学者仍在这方面进行了有益的探索。他们认为，信息的价值不仅与决策的重要性有关，而且与决策结果的可控程度有关。时间成本的计算一要看机会成本，二要看决策过程花费的工时。总之，所谓决策效益，指的是在资源有限的条件下，选择能产生最大效益的备选方案。

不论采取何种搜索方法，一旦遇到满意方案便会终止搜索行为。

以上分析说明，有限理性模型对人们的实际决策行为做了比较真实的解释，从而为决策理论及其实践的发展开辟了一个新的方向。

知识链接二

方面排除法——满意即可

这是一种适用于对决策方案进行同时性选择的有效方法。一般来讲，决策方案的选择都是多属性的。例如，就选购汽车的决定而言，可以根据价格、座位数、速度、颜色等属性来进行选择。根据方面排除法的要求，在选择过程的每一阶段，要根据重要程度的差别从多种属性中挑选出某一属性并以此为标准对方案做出评价。对不符合这一属性要求的就要予以排除，即不再在以后阶段的比较选择中继续考虑这些方案。

假如你正计划买一辆新车，并认为对自己来讲影响购买最主要的因素是汽车的售价，而你的最大承受能力是15万元人民币。那么，根据方面排除法的要求，所有售价超过15万元人民币的汽车均应从你的选择方案中排除（尽管许多车型你都非常中意，但你没有能力购买）。接下来，你认为座位数对你来讲成为最重要的属性，如果你希望挑选5个座位的汽车，那么仅有两到四个座位的汽车也将被排除在继续考虑之外。然后，再根据剩下的属性（如排气量、最高时速、自动挡、颜色等）进行选择，直至做出最后的决策。显然，这种方法较多属性同时比较更直观、更具体、更简单、更快捷，因为它不涉及复杂的逻辑推理和数学运算，所以对决策者的认知能力要求不高，并且相对易于掌握。尽管从规范决策方法的角度来看，方面排除法并不能保证被选中的方案事实上能真正优于那些被排除掉的方案，但起码可以说这是能让决策者感到满意的方案。

三、渐进模型

美国学者林布隆在批判传统理性模型的基础上提出了渐进模型。他认为，政策制定的实际过程并不完全是一个理性过程（分析问题、明确目标、提出方案、优化选择等），而是对以往政策行为的不断补充和修正的过程。政策制定只能根据以往的经验，在现有的政策基础上实现渐进变迁。决策者要依据现有方案，通过与以往政策的比较考虑不断变化的环境需要，对以往政策进行局部、小范围的调适，逐渐把一项旧的政策转变成为一项新的政策。通俗地说，就是“积小变为大变”的过程。

渐进模型可以用图 8-1 给予粗线条的说明。它表现了政策渐进与变化的动态过程。

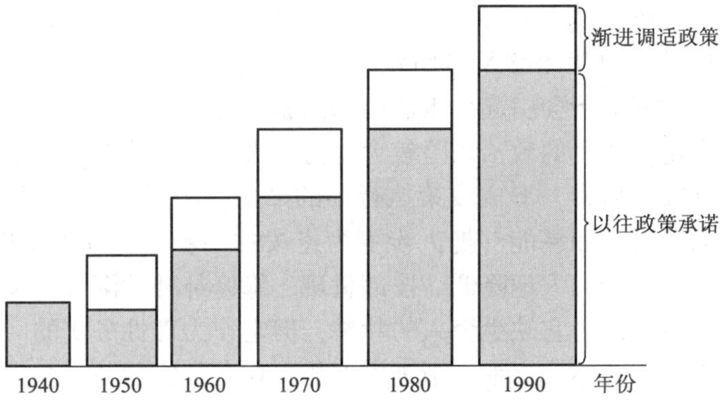

图 8-1　渐进模型

渐进模型有以下一些特点。

第一，渐进模型要求决策者必须保留对以往政策的承诺。政策制定要以现行政策为基础，不能另起炉灶，政策要有承继性。

第二，渐进模型注重研究现行政策的缺陷。政策制定并不强调有所创新，但也不是无所作为，而是更关注对现行政策的修改与补充，以弥补现行政策的不足或缺陷。

第三，渐进模型强调目标与方案之间的相互调适。政策制定不是金口玉言，一劳永逸的，而是要注意反馈调节，在试探和摸索中前进。

让我们细心观察一下一只蚂蚁在沙滩上费力爬行的路径，它时而在斜坡上转向，以便以一个比较适当的角度更轻松地爬过陡坡；它时而在鹅卵石中转圈，试着发现通往蚁窝的路径；时而停下来不动，以便感知下一步的爬行方向。这只蚂蚁就是这样迂回、时停时进甚至反复无常地向蚁窝爬行。我们不妨把所观察到的蚂蚁回窝的路径画在一张纸上。呈现在我们面前的是什么呢？那是一连串极不规则的多角线段：时而向左，时而向右，时而向前，时而向后。当然，这也并不完全是随机性的，因为它还有指向某一目标的隐含的方向性。

这是一条什么路径？为什么不是从起点直接指向目标呢？蚂蚁对其巢穴的方向有着基本的感知，但它不能预见通往蚁穴的道路上会出现什么样的障碍，它必须不断调整方向，以适应遇到的困难。蚂蚁的眼界很窄，所以总得对付撞上的每一个障碍物，在其四周寻觅道路，而对以后还会有什么障碍则不得而知，感知的局限使其根本不可能做出这样的预见。可见，蚂蚁爬行路径的复杂性，不仅源于现实中的障碍，而且源于蚂蚁自身的认知局限。

渐进的过程实际上就是一个不断学习和实验、不断反馈和调整的过程。从某种意义上讲，很像蚂蚁向其巢穴的爬行，一边探索一边前进。渐进模型的这一特性有利于避免因决策严重失误而产生的持久性结果。社会是一个惯性很大的系统，覆水难收，越是严重的错误越难以完全纠正。如果把步子迈得小一些，那么发现了问题就能够及时纠正。迈大步往往意味着进行重大的政策变革，这样做一方面可能会引起决策层内部的紧张和冲突，引发权力改组和社会形势的重大变化，所冒的政治风险较大；另一方面也可能会在制度安排和公众心理方面遇到很大阻力，形成政策执行中的障碍，引起一些意想不到的后果，不利于社会的稳定。如果能够把大步变为连续的小步，步幅虽小但频率不慢，那么上述的风险就会大大地降低。按部就班、修修补补的渐进主义或许看上去不那么轰轰烈烈，因为它缺少惊人的壮举，但它作为理性务实的问题解决方法在现实生活中却大有用武之地。渐进模型的出现有其实际基础和理论依据，当前各国的政治几乎都呈现一种渐进的趋势。

然而，渐进模型多适用于稳定发展的社会形势，有其自身的局限，如带有明显的保守主义倾向，不符合社会变革的需要。特别是在人口剧增、资源匮乏、环境污染、货币骤贬、物价飞涨、社会动乱、战争爆发等突变的形势下，渐进模型常常对此无能为力。

案例一

【之一】

本田公司创奇迹

日本本田公司进入美国摩托车市场采用的是一种“试试看”的营销策略。开始的时候，本田公司只投入了很少的资金，雇了一些推销员开着本田牌的小型摩托车在美国各地跑来跑去，目的是调查普通美国人对这种摩托车的兴趣。一段时间之后，本田公司发现这种摩托车在美国极为抢眼，人们对它表现出浓厚的兴趣，详细询问其性能和价格情况。据此，本田公司的管理层很快做出反应，他们开始大批量向美国出口这种小型摩托车，并一举获得成功。西方人常用猫捉老鼠的比喻形象地描绘日本人进行这类摸索的过程：它先静静地卧下，仔细观察老鼠的动静，当确信掌握老鼠的行踪之后，它会轻轻地迈出几小步，看看老鼠有什么反应，当有把握抓住老鼠的时候，它会以最快的速度猛扑上去。

【之二】

“安静的小狗”不“安静”

“安静的小狗”实际上是一款松软的猪皮便鞋的牌子，当其刚刚问世时，沃尔弗林公司为了了解消费者的心理，采用了一种试探性的营销策略：先把100双“安静的小狗”无偿送给100位消费者试穿8周，时间到了之后，公司便派人登门收鞋，并通知顾客，若想留下这双鞋子，每双需付5美元。其实公司并不是真想收回这些已经失去价值的鞋子，而只是想调查一下5美元一双的“安静的小狗”是不是有人愿意购买。结果绝大多数试穿者都把鞋子留下了。得到这个消息之后，沃尔弗林公司便开始大张旗鼓地生产和推销这种便鞋，他们以7.5美元的价格把“安静的小狗”推向市场，很快就销售了近10万双，取得了巨大的成功。

知识链接三

财政与货币政策中的渐进主义

美国的经济政策主要是通过其财政政策与货币政策来实现的。前者是关于税收支出和赤字水平的政策，后者是关于货币供给和利率水平的政策。财政政策的制定主要是由两方面因素决定的：一是由总统以及行政管理与预算局确定的联邦年度预算草案；二是国会每年对拨款法案和税法的修订。所有这些政策决定着联邦政府的总体支出水平以及各项支出的优先次序。这些支出方面的政策决定了联邦政府每年的财政赤字。货币政策则是由独立的联邦储备委员会决定的。它通过对全国银行的监管情况决定增加或减少货币的供给。

如果经济政策的制定是完全理性的，它将和一成不变的经济理论联系在一起。现实中经济政策的目标是广泛和多样的，如增加经济产出和提高消费水平，全国劳动力的充分就业，稳定物价和低通货膨胀。在实现这些目标的途径中，许多经济理论是互相冲突的。在不同历史时期，国家经济政策受到不同理论的指导，不过糟糕的是，经济政策很有可能会被相互冲突的经济理论同时指导。

实际上，美国财政与货币政策的制定不是一个纯理性的过程，而是一个渐进的过程，即决策者把注意力主要集中在适度的政策变化上——在现行税收、支出、货币供给和利率政策等方面进行小幅调整。渐进主义模式的政策制定在编制年度财政预算中尤为普遍。预算编制部门不会每年都重新考虑所有现行支出项目的价值，甚至不会过多关注以往几年制定的支出水平，而是通常将上一年度的支出情况作为下一年度每项支出的基础，对预算报告的积极考虑往往集中在新增加的项目以及比上一年增加的支出等方面。

渐进主义模型描述了经济政策制定的过程，同时它也可以为政府政策提供短期的预测。毫无疑问，了解清楚任何政府项目上一年度的支出水平，就能很好地预测政府下一年度项目的支出水平。渐进主义模型是一个解释性的理论工具，它有助于解释一些政府项目支出的变化情况。例如，在一些政府项目的社会价值随着时间的推移逐渐减少或消失的时候，其支出水平却仍然继续存在或得到强化。

四、混合扫描模型

社会学家阿米泰·埃茨伊奥尼（Amitai Etzioni）认为，完全理性理论和渐进主义理论都存在不足。例如，渐进主义决策大多反映了社会上最有权势的组织集团的利益，而忽视了政治上处于无组织状态的弱势群体的利益。此外一些重大的或基础性的决策，如对外宣战，就不适用于渐进主义。尽管这样的决策为数不多，但它们不仅非常重要并且常常要为渐进主义决定提供背景①。

在合并基础性决策和渐进性决策的基础上，阿米泰·埃茨伊奥尼提出了混合扫描的决策方法，强调一种“更好的次序，即基础性决策程序设定基本方向……渐进性决策为基础性决策做准备，并在基础性决策达成以后对其加以实施”。对此，他做出了如下阐述：

假设我们要利用气象卫星来建立一个全球气象观察系统的话，理性方法会利用一个先进的卫星探测镜头尽可能经常、反复地观察整个天空，这是一项耗费巨大的气象调查，将会导致细节信息堆积如山，分析成本加大，并且很可能会超出行动的能力限度。渐进主义则集中关注那些最近发生相似情况的地区或其周围区域。当然，如果这些信息产生于意料之外的地区，那么许多值得关注的信息就会被遗漏。

---

① Amitai Etxioni. Mixed Scanning: A Third Approach to Decision - Making, Public Administration Review, XXVII 1967, pp. 385~392.

混合扫描理论汲取二者的优点，运用两个卫星探测镜头：一个广角镜头全方位覆盖天空中的各个部分，但不要求细节。另外一个镜头锁住那些需要细致观察的地区。尽管混合扫描可能会漏掉某些只有运用细致观测才能发现问题的地区，但是相比渐进理论，它不会忽略在不熟悉的地区存在的明显问题①。

混合扫描理论有助于决策者在不同场合综合运用完全理性方法和渐进理论。当然，在某些情况下，用渐进理论就可以了；在其他一些情况下，则需要一种符合完全理性要求的更彻底的方法。混合扫描理论同时也考虑到了决策者的能力大小。决策者运用权力执行决策的能力越大，就越能进行更多的“扫描”活动。扫描的范围越大，决策的有效性也就越强。

混合扫描方法经常为政府部门所采用。例如，经济顾问委员会分析国家经济形势，提醒决策者关注可能遇到的问题或失败的威胁，并针对经济的发展和稳定提出具体的政策建议。如此，经济顾问委员会既关注经济总体运行又关注出现的具体问题，既进行了全面扫描又聚焦于个别事物。由此可见，混合扫描理论试图将理性主义和渐进主义二者相互结合，以取二者之长，弃二者之短。

五、精英模型

精英理论的观点近似英雄史观，它将公共政策视为掌握统治权力的政治精英们的价值偏好。其主要观点是：在政策过程中，公众完全是被动的，他们的要求及其行动对公共政策不会产生决定作用；与之相反，占统治地位的政治精英们把握政策制定的主动权，公共政策完全由他们来决定，然后由行政官员及其机构加以执行。

精英理论是政府权力理论中一项重要的内容，其对政策分析领域具有很大的影响。托马斯·戴伊在《理解公共政策》一书中对精英理论的基本观点做了如下概括。

第一，社会分化成掌权的少数人和无权的多数人，少数人掌握社会价值的分配权，多数人参与不了公共政策的决定。

第二，作为统治者的少数人并非作为被统治者的多数人的代表。精英人物主要来自经济地位较高的社会阶层。

第三，从被统治的非精英阶层进入统治的精英阶层，这个变化过程一定是缓慢且持续的，从而才能保持社会的稳定并避免革命的发生。在非精英阶层中，只有那些能够接受精英阶层共同观念的人才可能被允许进入统治精英的行列。

第四，在社会制度的基本价值观和维护这一社会制度的发展方面，精英阶

---

① Amitai Etxioni. Mixed Scanning: A Third Approach to Decision - Making, Public Administration Review, X XⅦ 1967, pp. 389.

层表现出看法的一致性。以美国为例，精英集团在私有财产、有限政府、个人自由等大是大非的问题上观点完全一致。

第五，公共政策所反映的不是大众的要求，而是政治精英的主要价值观。公共政策的变化一定是渐进性而非革命性的。

第六，精英是活跃的，公众是麻木的，二者信息严重不对称。前者对后者的影响远远大于后者对前者的影响。

精英理论能给予政策分析哪些启示呢？

首先，它告诉我们公共政策并不反映公众的要求，而是反映精英的兴趣和偏好。因此，公共政策的变革和创新只是精英们对其价值观重新定义的结果。出于维护社会制度的需要，精英阶层怀有浓重的保守主义情结，所以，公共政策的变化必然是渐进性的，而不是革命性的。尽管公共政策经常会被修改和补充，但极少会被替换和取代。渐进的变革将以现行社会制度最小牺牲和最小混乱的方式，对威胁社会系统的重大事件做出必要的反应。社会的稳定对维护社会制度发展和精英所处的地位起着至关重要的作用。精英们的价值观中可能含有很强烈的公众情结，“贵族行为理应高尚”的观念早已深深地融入他们的心中，公众福利可能是精英决策时需要考虑的一个非常重要的内容。精英理论并不认为公共政策一定要违背公众福利，而是说为公众谋取福利的责任应由精英人物承担，而不是由公众自己去承担。

其次，精英理论认为公众是被动、麻木和信息闭塞的，公众的情感往往被操纵在精英们的股掌之中，公众对精英价值观的影响微乎其微。精英与公众的沟通在极大程度上是自上而下的。因此，普选与政党竞争并不会使公众参与统治，政策问题的决定极少会通过民众选举或政党提出政策方案的形式进行。选举制和政党制这些民主制度在很大程度上只具有象征性意义，它们作为民主的符号有助于把民众牢牢束缚在政治制度的罗网中。公民们在选举日可以行使自己的权利，在平时也有权加入他们认同的政党，由此他们有时会认为自己能够并且已经在国家政治生活中发挥作用，而实际上这只是一种错觉。精英理论认为，公众对精英的决策行为充其量只有间接、微小的影响。

最后，精英理论认为，对支撑社会制度的基础准则，精英集团有着一致的认识。这也就是说，他们对基本的“游戏规则”具有共识，对社会制度的延续看法一致。社会的稳定和秩序的存在有赖于精英集团的这种共识，它们反映了社会的基本价值观。政策方案只有与此相符才可能进入政策议程，得到决策层的认真考虑。当然，这并不意味着精英集团的成员之间不存在意见分歧，他们彼此也会为一些问题争得面红耳赤。从历史发展情况来看，没有一个社会的精英之间不存在竞争，这是一种必然的情况。但是精英理论认为，这类争论往往是围绕具体和枝节的问题，范围也比较狭小，不涉及一些根本性的问题。并且，精英之间观点一致的方面远远多于不一致的方面。所谓根本性的问题，包括诸多方面的内容。以美国为例，其精英集团的一致性表现在立宪政府、民主程序、多数原则、言论和出版自由、组成反对党和竞选公职的自由、在社会生活中机会均等、私人财产神圣不可侵犯、个人奋斗及其回报的重要性、自由企业、资本拥有者和经济制度的合法性等方面。公众对这些民主制度的象征可能会给予一定的支持和拥护，但往往是非常形式化和表面性的，难以像精英们那样给予这种价值观以一贯性的、令人信赖的支持和信任。

精英理论“少数精英操纵一切”的断言受到了多方面的批判，其被认为是难以得到证实的观点。多元主义理论、统合主义理论、职业化理论、专家政治论、马克思主义科学理论都曾质疑过精英理论。一些学者认为，包括政策制定在内的许多事，就是因为少部分人“太过负责”，而大多数人无法负责更无权负责，所以才搞得一团糟。尽管精英理论引起了颇多的争议，但简单地认定其不成立也不是一种实事求是的态度。的确，大众参政议政是现代社会公共政策制定的发展趋向，也是民主制度所要追求的目标。但是，口号代替不了现实，表象总与真实存在很大的差距，如果仅以理想为标准就很难得出正确的结论。精英理论作为一种启发性方法，为政策分析提供了一条重要思路。

托马斯·戴伊认为，20 世纪 60 年代美国一些人权政策的形成过程，非常适宜用来解释精英理论的实际应用。这些政策是这个国家的政治精英对影响少数民族环境的问题所做出的一种反应，且并非决策集团对大多数美国公众的情感所做出的反应。精英理论最关心公共政策形成过程中领导人物所发挥的作用，所以在发展中国家特别是一些带有专制统治色彩的政治系统中，精英理论在分析和解释公共政策制定过程时，其作用可能会远远超出其他的一些政治系统。

知识链接四

【之一】

帕累托原理：重要的少数

意大利经济学家费尔弗雷多·帕累托曾提出一则应用很广的“重要的少数和琐碎的多数——80/20 原理”。大意是：在任何特定的系统中，重要的因子通常只占少数，而不重要的因子则常占多数，因此只要控制重要的少数，就能控制全局，反映在数量上，就是 80/20 原则。即 80%的价值来自 20%的因子，其余 20%的价值来自 80%的因子。例如，80%的财富掌握在 20%的人手中，80%的地球资源被 20%的人消费掉了，类似的例子还有许多。尽管上述

80%与20%只是近似值，但其中的规律却不容忽视。

【之二】

苏格拉底与柏拉图的专家治国论

苏格拉底主张专家治国论并指出各行各业乃至国家政权都应该让经过训练、有知识和才干的人来管理，而反对以抽签选举法实行的民主。他认为，管理者不是那些握有权柄、以势欺人的人，不是那些由民众选举的人，而应该是那些懂得怎样管理的人。例如，一条船应由熟悉航海的人驾驶；纺羊毛时，妇女应管理男子，因为她们精于此道，男子则不懂。他还说，最优秀的人是能够胜任自己工作的人：精于农耕便是一个好农夫，精通医术的便是一个良医，精通政治的便是一个优秀的政治家。

柏拉图是苏格拉底的学生，20岁时拜苏格拉底为师，跟他学习了整整10年，直至苏格拉底被雅典民主派处死。老师的死给柏拉图以沉重的心理打击，也更加深了他对平民政体的成见。同自己的老师一样，柏拉图坚决反对民主政治，认为一个人应该做和他身份相符的事情，农民只管种田，手工业者只管做工，商人只管做生意，平民不能参与国家大事。他说，我们做一双鞋子还要找一个手艺好的人，生了病还要请一位良医，而治理国家这样一件大事却随便交给一些人，这岂不是荒唐透顶！

六、制度模型

制度理论起源于传统的政治学。因为政治活动往往是围绕一些特定的政府制度展开的，所以传统政治学一直予以政府制度极大的关注。但是，其研究焦点通常只是一些特定的政府机构，对它们的结构、职能、权利、责任、方法、程序等进行描述，而并没有对政府制度的政策结果进行系统的考察，由此忽视了政府制度与公共政策之间的内在联系。尽管如此，传统政治学为现代制度理论和制度分析方法的形成奠定了理论和实践的基础。

制度理论认为，公共政策与政府制度之间的关系是非常紧密的，政府制度是公共政策的母体，它在公共政策的整个生命周期中都发生着决定性的影响。也就是说，不同的政府制度会引发不同的政策输出，公共政策是政府制度的产物。

政府制度赋予公共政策以下三个明显的特征。

首先，是公共政策的合法性。只有公共政策才表现为法律的规定，可要求公众与团体予以忠诚与服从。尽管人们也可以把其他一些社会组织的政策视为非常重要或具有约束力，但从法律角度来看，它们与公共政策绝不可同日而语。

其次，是公共政策的普遍性。公共政策触角深入到了社会的各个层面和社会中的每一个人。其他一些社会组织的政策与公共政策相比较，其目标群体则是非常有限的。

最后，是公共政策的强制性。只有政府才有权关押其政策的反对者，它以武力为后盾，独享社会的强制权，而其他一些社会组织所能实施的惩罚是难以与政府这方面的力量相比较的。

政府制度实际上是个人和团体行为的结构性模式，本书在这里使用结构性一词主要是指这些行为模式所具有的持久性特征。这些相对固化的行为模式对公共政策内容的影响主要表现在这样几个方面：一是它可能有利于某些政策的形成与实施，而不利于另一些政策的形成与实施；二是它可能对社会上的某些利益需求提供便利，而对另一些利益需求起抑制作用；三是它可能为某些个人和团体提供接近政府权力的便利，而对另一些个人和团体设置了在接近政府权力时的障碍。

制度研究侧重于政府机构中那些涉及政策过程的组织和政治行为人的行为方式。政府好比一部机器，这部机器由不同的齿轮和杠杠组成，它有固化的结构（如科层制）、约定俗成的工作习惯（工作俗套）、规律性的运行方式、程序化的工作过程等。毫无疑问，机器自身内在的结构性特征对其产品有着决定性的影响。同理，具有不同制度特征的政府所输出的政策一定会存在显著的差别。制度理论视公共政策为政府制度运行的结果。

理性模型断言，重大事件总有重大起因，没有无目的的行动，它视政府为一个整体，好比单独耸立的一块巨石，其所付诸的行动都是出于某些方面的原因，政策分析就是要探究这些原因。然而，理性模型所讲的目标与行动的结合，不得不面对政府机器这一不可回避的方面。对此，有以下几点需要得到明确。

第一，政策过程涉及政府中的许多部门，其行为规律存在明显的差异，集中表现于日常的工作惯例和俗套。

第二，政策过程中大的行动是无数次和经常性小的行动的汇集或结果，政府机构中处于不同层级的部门和个人扮演了这些小的行动的主要角色（尤其是在政策的体制内运作当中，这些小的行动对政策形成有重要的影响）。

第三，政府中的不同部门和个人都在为一项政策提供多样化服务，他们只是在国家目标、政治目标、组织目标这些富有概念特征的领域存在部分的一致性罢了。

现代组织理论的发展为制度分析提供了理论上的依据，制度分析的理论模型逐渐成为政策分析的主要方法，代表了当前政策分析的最新动态和研究走向。就前述古巴导弹危机这个典型的政策事件而言，如果政策分析人员能够明确界定苏联政府有关机构的行为模式等制度方面的特征，他们实际上就已经解释了苏联在古巴导弹危机中的反应，回答了“苏联为什么会把导弹放在古巴”这样一个十分令人头痛的政策问题。制度分析不同于理性分析，前者不认为某种原因必然引起某种行动，而是认为具有某种制度特征的组织必然会做出某种行动的选择。

知识链接五

组织过程模型

哈佛大学肯尼迪政府学院院长格雷厄姆·阿利森（Graham T. Allison）教授在《决策的本质：解释古巴导弹危机》（*Essence of Decision*：*Explaining the Cuban Missile Crisis*）一书中以独特的视角审视了冷战时期的关键事件，鲜活地展现了重压之下的政府决策过程，并尝试解决一个经久不衰的问题：人们如何理解政府的举动？对此，阿利森给出了3种解释模型：理性决策模型、组织过程模型、官僚政治模型。

其中，组织过程模型集中于决策组织运作过程的研究，扩展了制度理论的研究视野。按照这个模型对决策过程的解释，决策是围绕其标准的运作程序而完成的。输入决策系统的信息被分解为不同的门类，在不同的层次上由专门组织进行加工整理，这个加工整理过程是按照预置的决策程序来运行的。由于标准运作程序可能是有逻辑和明确的，所以谁也无法保证它所产生的决策是国家利益的体现。

七、团体模型

政策分析的团体理论源于政治学对组织问题的思考。该理论认为，所有政治现象都可以归结为团体现象。团体是个体的集合，是有着共同利益需要或理想追求的一些个人的正式或非正式的联合形式。不同的团体有着不同的要求，来自不同团体的不同要求都汇集于政府，从而对其形成不同程度的压力。

有观点指出，“利益团体是指社会中有着共同观点和看法并有权对其他团体提出要求的社会团体。当这个团体通过政府机构或向政府机构提出其要求时，它就从社会性利益团体变成为政治性利益团体”。社会中的个人只是在成为团体成员并为团体利益进行活动时才能够在政治生活中发挥其作用。在政府与个人之间，团体成为不可或缺的纽带。团体之间的互动是政治生活的核心，政治实际上就是各团体为影响公共政策所进行的相互斗争。政治体系最根本的使命就是通过以下途径调和团体之间的冲突：

- 建立团体斗争的游戏规则并充任裁判（角色）；

- 平衡各方利益，力求彼此妥协（目标）；
- 以公共政策的形式出台折中办法（途径）；
- 通过各种形式推动公共政策的实施（方法）。

团体理论模型如图 8-2 所示。

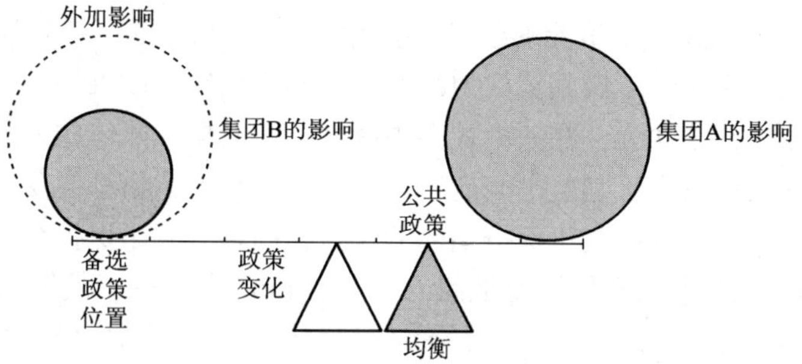

图 8-2　团体理论模型

团体理论认为，公共政策实际上是团体斗争中相互妥协的结果，是不同利益集团之间的一种平衡产物。制约这种平衡的力量来自不同利益团体的相关影响。毫无疑问，公共政策往往更倾向于影响力较大的利益团体，公共政策的相对稳定有赖于团体斗争均衡状态的持续。一旦这种状态被破坏，公共政策就会起变化，待到新的平衡形成，新的政策又会随之出现。任何利益团体政治影响力的减弱或增强都会延伸至政策的制定领域，从而造成公共政策程度不同的变化。其变化的方向无疑更靠近力量增强的团体的要求，远离力量减弱的团体的要求，从而在新的基础上达到平衡。

团体对公共政策的影响力由其成员的数量、财力状况、团体实力、领导者能力、团体凝聚力以及与政府决策层的关系等因素来决定。

团体理论试图以团体斗争的分析框架解释所有重要的政治活动。公共政策只是利益团体斗争结果的合法化表现形式，政策制定者的任务就是对团体的压力不断做出反应，即通过讨价还价、相互妥协、折中调解等形式寻求利益群体间冲突性要求的平衡。政治家的作用实际上主要体现在团体联盟的建立方面，他们总是试图联系更多的团体以形成多数的力量。

团体理论认为，政治体系本身实质上是所有社会团体的互动体系，这种体系的平衡有赖于以下几种重要社会力量的支撑。

首先，社会上存在一个非常庞大的、极为普遍的、潜在的社会团体，它拥护和支持国家的宪法体系和维护社会稳定的运行机制。这种团体并不总是显现于外的，可一旦有任何团体试图破坏“游戏规则”，威胁团体间的平衡，其潜在的力量就会被激活。它会奋起反击，从而对破坏势力形成巨大的压力。

其次，团体间成员资格的相互重叠会使任何孤立的团体难以偏离社会的基础价值观，从而对平衡的维系发挥至关重要的作用。正因为社会中有许多人既是这个团体的成员又是那个团体的成员，所以一个团体在提出自己的利益要求时就必须考虑避免对这些人的利益造成伤害。这样一来，团体间的矛盾与冲突就会在一定程度上得到缓解。

最后，团体之间的竞争能够使任何单个团体的势力得到有效控制，并使所有团体能够在相对条件下做到势均力敌，形成相互制约，以维护社会的稳定和体系的平衡。团体理论认为，在一个社会中应避免任何单个团体在人数上形成压倒性的优势，这主要是出于利益平衡的考虑。每个团体的力量都会受到其他竞争团体的制约，其结果不仅有利于保护团体的利益，而且有利于保护个人的权利。

当然，团体理论也不是没有缺陷。它在把注意力集中于政策制定过程那些重要的能动因素的同时，似乎过分夸大了团体在社会政治生活中所发挥的作用，而低估了政策制定者（如政府官员）在政治过程中所具有的独立且富有创造性的作用。事实上，政府部门及其成员并非总是处于被动的地位，并非只需要对不同团体的利益需求做出反应。许多社会团体实际上是公共政策的产物，没有公共政策的出台，它们就不可能存在。尽管团体理论对政策分析有着重要的启发性意义，但我们在解释公共政策问题时也绝不能忽略政治生活中其他重要因素的影响。

在结束对团体理论的阐述时，再分享一个发人深省的寓言——“羚羊与狮子”。

在非洲的大草原上有一条河流，它将草原分成了东西两块。河东住着一群狮子，河西住着一群羚羊。河东的狮子很强壮，不久就将河东的猎物吃得所剩无几，这使得河东的草长得非常茂盛。河西的羚羊繁殖得也很快，群体一天天壮大起来，它们把河西的草几乎吃得精光。共同的饥饿感常常使得双方来到河边相互对望，东面的狮子望着西面的羚羊禁不住流出了口水，希望有机会能够冲过去饱餐一顿；西面的羚羊望着东面的水草也羡慕得不得了，希望有一天也能冲过河去满足愿望。然而，那湍湍的河水使它们都感到无可奈何。于是，双方不约而同地产生了共同的期盼：盼望河水早日干涸。难以抑制的饥饿感使它们常常走到河边共同进行祈祷，祈求天神施恩将河水抽干。同样的行动和期盼使它们渐渐变得亲近起来，在频繁的隔河交往中，通过友好的对话，它们成为“同一战壕里的战友”，为“共同的目标”而竭尽全力地祷告。它们不懈的努力终于感动了上苍，有一天这条河真的干了。羚羊和狮子都很高兴，它们终于实现了“共同的愿望”。然而，正当羚羊准备和狮子一起庆祝这件特大喜事时，饥饿的狮子早已迫不及待地踏着泥泞冲了过来，瞬间便将羚羊大量捕杀。

这个寓言告诉我们：不要以为有着共同的愿望就一定是志同道合的朋友，

不要以为有着同样的举动就证明在致力于共同的事业。形式目标（或称初级目标或手段性目标）与实质目标有着本质性的差异。同样的形式目标不一定代表共同的利益或需要，而是可能引发多种不同的实质目标，这里存在一个价值判断和事实判断的问题。正因为如此，我们在现实生活中不难发现，政治联盟中常会有“羚羊与狮子”的悲剧发生。

八、博弈模型

博弈理论研究的是在特定情况下如何进行理性决策的问题。这种特定情况是指：两个或两个以上的参与者，他们彼此存在相反的利害关系，其中每个人的选择都会对他人的决定产生影响，最终的结果有赖于所有参与者的选择。在政策制定过程中也会出现类似的情况，当孤立的最优选择不存在，只能根据他人的选择做出自己最佳的决定时，博弈论就可以派上用场了。

博弈的理念源于互为因果、相互关联的选择。它的每个参加者不仅要考虑自己的需要和能力，而且要对他人的预期行为做出判断，然后调整自己的决定。博弈这个词有游戏的含义，看似难以应用到严肃的场合，但事实恰恰相反，博弈的技巧可以用来处理重大的政策问题。博弈的参与者可以是个人，也可以是一个组织或政府，只要他们（它们）能够以明确的目标为导向理性地实施行动。

博弈理论并不描述人们实际上如何进行决策，而是解释理性的人在竞争状态下会怎样去考虑决策。的确，博弈论是一种理性的模型，只是它更多地适用于竞争环境罢了。一般而言，在竞争环境中，我们自己的选择往往有赖于对手的选择。以下围棋为例，你在头脑中考虑的下法是好是坏，往往有赖于对手的下法。博弈理论所要告诉我们的就是：在考虑了对手所有选择的基础上，做出自己最理性的选择。

博弈规则描述了适用于所有参与者的多种选择，这些选择通常用数学上的矩阵来表述。最简单的形式被称为二阶矩阵，即只有两个参与者，而且每人仅有两种选择（见图 8-3）。

		参与者甲	
		方案A	方案B
参与者乙	方案A	甲：结果 乙：结果	甲：结果 乙：结果
	方案B	甲：结果 乙：结果	甲：结果 乙：结果

图 8-3　博弈的二阶矩阵

二阶矩阵会有四种可能的结果，通常矩阵的一个小方框用来表示一种结果。当然，每种结果都依赖于双方的选择。在博弈论中，这些结果代表着不同的价值回报，往往通过赋值来加以表现。因为两个参与者对结果会有不同的评价，所以在矩阵的每个方框内都有两个值。下面，让我们用年轻人进行公路挑战的游戏来形象地解释一下博弈论中的二人博弈。

有两个正值青春期的毛头小伙在公路上高速驾车且相向而行，每辆车都有一侧的车轮压在高速公路中央的分道线上，如果两个人都照直开，他们肯定要撞在一起，可谁要打轮转向，谁就会被视为懦夫，因而在这场博弈中失败。尽管两个人都不想被撞死，但谁也不愿低头认栽，成为懦夫。最终的结果有赖于双方的选择，每个人都必须试着预测对方将要做什么（见图 8-4）。这种边缘性对策的情况在国际关系问题上也经常会发生。

		参与者甲	
		直行	转向
参与者乙	直行	甲：-10 乙：-10	甲：-5 乙：+5
	转向	甲：+5 乙：-5	甲：-1 乙：-1

图 8-4　公路挑战的博弈矩阵

对结果进行量化在博弈分析中是非常必要的，而提供数值往往是分析人员的工作。如果车手甲和乙都选择直行的话，双方都会有惨痛的结局，所以分值都是-10；如果车手甲选择直行而车手乙选择转向的话，那么车手甲就会因其勇气获得+5 分，而车手乙也会因其懦弱获得-5 分；如果车手甲选择转向而车手乙选择直行的话，结果正好相反；如果两个人都选择转向的话，那么就都同样表现出了一定的胆怯，尽管如此，但这种选择总要比自己转向而别人直行要强得多，所以分值都是-1。

通过分析上列矩阵我们可以得出这样的结论：对两位车手来说，为了能够使造成个人最大损失（-10 分）的可能性最小化，转向是他们的理性选择。

当然，上列矩阵还太过简单，现实生活可能并非如此，假设参与者对结果的赋值与上列数值具有很大差异，那么分析的结论就难以成立。例如，在公路挑战的博弈中，车手甲宁可付出生命的代价也不愿先打轮，因为其更看重个人的尊严和无所畏惧的勇气。至于值不值当，那只是他个人的感觉，在别人看来，为开斗气车而献身，并非“生得伟大，死得光荣”，而只能是“生得渺小，死得可悲”，尽管竞争双方都没有自己对手价值观的完整信息，但他们都会试图对自己对手的价值观做出一些预测。

出于吓唬一下对手使其误解自己立场的目的，故意制造一些假象的情况也是在博弈环境中经常出现的。还是以公路挑战的博弈为例，一个可供选择的策略就是在竞赛开始之前让对手见到你“喝得醉醺醺”的样子，踉踉跄跄地走进你的车里，嘴里嘟嘟囔囔地说着“这个腐朽的世界已经让我活够了”之类的话。这种信息的传递可能会极大地影响你的对手的判断及其抉择。对方可能会高估你一直保持直行的可能性，你也会对他做出转向的选择提供某种程度的激励，从而使你有更大的可能成为这次竞争的赢家。

在博弈论中还有一个非常关键的概念——策略。它所对应的是这样一种理性决策的情境，即在考虑了对手所有的可能性选择之后，设计一组行动并使之达到最优的结果。博弈论者借用了这样一个词——“最小最大化”来阐述理性策略的实质性内涵。对博弈的参与者而言，不论对手怎样去做，自己的选择都将使自己最大的损失最小化或最小的收益最大化。“最小最大化”的理性策略能够有效抑制对手的最佳选择给自己造成的伤害。该策略也许会被认为是一种非常保守的策略，因为它所设计的行为只是为了减少损失或确保最低限度的收益而不是为获取最大利益去冒很大的风险。但是，绝大多数的博弈论者都把“最小最大化”视为最佳的理性策略（在公路挑战的博弈中，理性的人一定会选择转向，因为这种选择将会将其最大的损失降至最小。当然，在这里我们为了分析的方便，简化和省略了其他一些环境因素）。

博弈论确实大大开阔了我们的眼界，为政策分析提供了一个有趣的思路，特别是在冲突情境下进行政策选择时，它所能发挥的作用更为明显。就目前情况而言，博弈论在政策领域的影响正在逐渐加大。

知识链接六

智猪博弈

博弈论里有一个十分非常有名的博弈模型，叫作“智猪博弈”（Pigs’ Pay-offs）。它是由约翰·纳什（John F. Nash）在1950年提出的。假设笼子里面有两只猪，一只大，一只小。笼子很长，一头有一个踏板，另一头是饲料的出口和食槽。每踩一下踏板，在远离踏板的猪圈的另一边的投食口就会落下少量的食物。如果有一只猪去踩踏板，则另一只猪就有机会抢先吃到另一边落下的食物。当小猪踩动踏板时，大猪会在小猪跑到食槽之前几乎吃光所有的食物；若是大猪踩动了踏板，则还有机会争吃到小猪还没来得及吃完的食物。

如果定量地来看，踩一下踏板，将有相当于10个单位的猪食流进食槽，但是踩完踏板之后跑到食槽所需要付出的“劳动”则要消耗相当于2个单位的猪食。

如果两只猪同时踩踏板，再一起跑到食槽吃，则大猪能吃到7个单位，小猪吃到3个单位，减去劳动耗费各自2个单位，大猪净得益5个单位，小猪净得益1个单位。

如果大猪踩踏板，小猪等着先吃，大猪再赶过去吃，则大猪能吃到6个单位，去掉踩踏板的劳动耗费2个单位，净得4个单位，小猪也吃到4个单位。

如果小猪踩踏板，大猪等着先吃，则大猪能吃到9个单位，小猪吃到1个单位，再减去踩踏板的劳动耗费，小猪是净亏损1个单位。

如果大家都等待，结果是谁都吃不到。可以得出结论，唯一解是大猪踩踏板，小猪等待。

我们把这个博弈用矩阵的形式表达，见图8-5。

		大猪 行动	大猪 等待
小猪	行动	大猪：5 小猪：1	大猪：9 小猪：-1
	等待	大猪：4 小猪：4	大猪：0 小猪：0

图8-5 “猪智博弈”矩阵

第一，在矩阵的左上角，大猪踩踏板，小猪也踩踏板，大猪、小猪各得到5个单位食物和1个单位食物。

第二，在矩阵的右上角，大猪等待，小猪踩踏板，大猪、小猪各得到9个单位食物和-1个单位食物。

第三，在矩阵的左下角，大猪踩踏板，小猪等待，大猪、小猪各得到4个单位食物。

第四，在矩阵的右下角，大猪、小猪都等待，大猪、小猪都得不到食物。

那么，两只猪各会采取什么策略呢？答案可能出乎意料：小猪将选择“搭便车”策略，也就是说，它会舒舒服服地等在食槽边；而大猪则为一点残羹不知疲倦地奔忙于踏板和食槽之间。原因何在呢？

因为，小猪踩踏板将一无所获，不踩踏板反而能吃上食物。对小猪而言，不论大猪是否踩动踏板，不踩踏板总是好的选择。反观大猪，已明知小猪是不会去踩动踏板的，自己亲自去踩踏板总比不踩强，所以只好亲力亲为了。

如果采用定量分析的方法，根据矩阵，“等待”是小猪的优势策略，“踩踏板”是小猪的劣势策略。先把小猪的劣势策略消去，再来看大猪的策略。由于小猪有“等待”这个优势策略，大猪只剩下了两个选择：等待的话1份（即1个单位的食物）也得不到，踩踏板则可以得到4份（即4个单位的食物)。所以“等待”就变成了大猪的劣势策略。把它也删去，就分析出相同的结局：大猪来回在猪槽的两端奔波，小猪则坐享其成。

“智猪博弈”的结论似乎是，在一个双方公平、公正、合理和共享的竞争环境中，有时占优势的一方最终得到的结果却有悖于他的初始理性。这种情况也常常发生在现实生活中。

九、系统模型

政策分析的系统理论源于分析政治系统的方法研究，它把公共政策视为政治系统对外界环境压力所做出的反应。所谓环境，是指政治系统的外部条件与状况；所谓压力，是指环境作用于政治系统的要求与支持；所谓政治系统，是指对社会价值分配具有权威作用的相关机构和运行过程。政治学家戴维·伊斯顿对外部环境、政治系统和公共政策三者的关系做了较为详尽的描述①。

系统理论认为，公共政策的输出是政治系统与其外部环境互动的结果；要求与支持的输入是社会团体与个人试图影响公共政策的表现。当公众发现社会环境中存在的问题并感到需要对此做点什么的时候，要求就会出现。当公众接受选举结果、遵守国家法律、依法缴纳税收、服从政府决定时，支持就会形成。政治系统为了自身的生存与发展必然会对环境的压力做出反应，而源于公众的要求常常是复杂多变和相互冲突的，为了把这些要求转变为公共政策，政治系统就需要做出制度上的安排并通过有关机构和活动强化这种安排。政策输出可能会起到缓解环境影响、弱化公众要求和影响政治系统内在特征的作用。政治系统与其外部环境之间的互动是一个反复循环的过程，政策输出会引起公众要求的变化，而新要求的不断提出会促使新的政策的不断出台。

系统理论模型如图 8-6 所示。

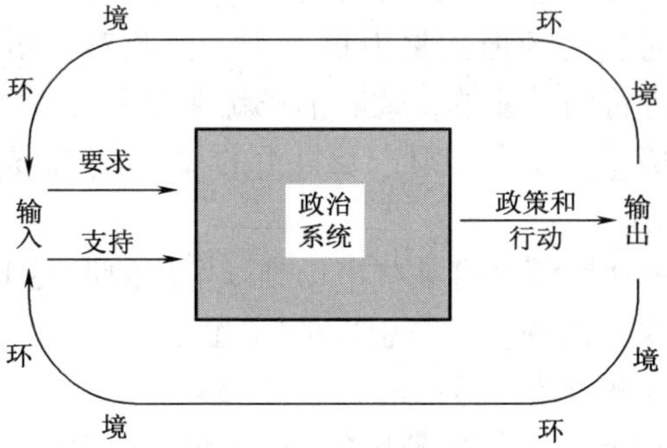

图 8-6　系统理论模型

① 戴维·伊斯顿：《政治系统的分析方法》，《世界政治》，1957 年第 9 期。

政治系统可以通过下列途径保护自身利益，以维持系统生存：

- 政策输出满足环境需求，符合公众利益；
- 加强系统自身建设，完善内部机制；
- 以武力为威慑或直接使用武力。

系统理论对政策分析的启发性作用表现在下列问题的提出：

- 什么样的环境条件促成其对政治系统的压力？
- 什么样的系统特征能使政治系统得以将要求转化为政策并维持系统的长久生存？
- 环境的压力怎样影响政治系统的特征？
- 政治系统的特征怎样影响公共政策的内容？
- 环境的压力怎样影响公共政策的内容？
- 公共政策怎样通过反馈作用于环境并影响政治系统的特征？

系统理论对现实政治生活进行了高度的概括，从宏观角度对政策过程进行了分析，它在政策分析领域无疑具有十分重要的理论指导意义。但是，系统理论对政治系统这一“黑箱”缺少针对性的分析，没有能够很好地解释政策决定的具体形成过程，因而使它在政策实践中的应用受到很大的限制。

十、公共选择理论

公共选择理论可以被定义为对非市场性决策的经济学研究，或者简单解释为经济学分析方法在政治学领域的具体运用。公共选择的主题都是政治学的主题：国家理论、选举规则、选民行为、政党政治、官僚体制等。然而公共选择的方法却是经济学的分析方法。该理论假定所有政治行为人（如选民、纳税人、候选人、立法者、官僚集团、利益团体、政治党派、官僚体制与国家政府等）都像市场行为人的表现一样自利、理性，并追求政治利益的最大化。布坎南认为，如同人们在市场上的结盟目的一样，人们出于共同的利益需要在政治上走到一起，并通过契约形式努力扩大个人的收益。市场所表现的贸易形式，通常都是这样进行的。显然，政府本身就来自个人间的社会契约。人们出于共同的利益（保障个人安全、财产及自由的权利），形成契约，服从法律法规，受制于国家政府。

公共选择理论承认政府具有某些市场难以发挥的重要作用，即政府应该并且能够克服或矫正因“市场失灵”引发的问题。

首先，政府必须提供公共物品（public goods）——如果提供给某个人，那么也必须提供给所有人的物品或服务。由于对单一购买者而言，该物品或服务的成本要远远高于其价值，且单一购买者无法禁止他人（非购买者）利用，因此造成市场无法提供公共物品。国防物资是最典型的例子之一。捍卫国家主权，抵御外国侵略，对任何单一个体而言，其代价都过于高昂，且一旦提供这种服务，就无法排除其他人从中获益。所以必须通过政府的集体行动，来提供国家防卫的物质保证。

其次，外部性（externalities）也被视为市场失灵的另一种表现，从而提供了政府介入的合理性。当个人或企业将风险或危害加诸他人而无须承担补偿成本时，就产生了这种外部性。空气和水的污染是最典型的例子。空气和水的污染不需要付费而加诸他人无谓的成本，仅凭市场解决不了这种问题，政府应做出必要的反应，对制造外部性的行为施以管制，即制定相应政策并对违规行为课以惩处（罚款是最常用的手段），用以补偿其对社会造成的成本代价。

公共选择理论有助于解释政党及其候选人为何在竞选活动中，一般都未能提出非常明确的政策替代方案。政党及其候选人对原则性问题的讨论并无实质兴趣，而是只对在竞选中获胜情有独钟。他们表述自己的政策立场有时完全是一场政治表演，不是为了形成某项政策，而是为了赢得这场选举。因此，任何政党及其候选人总是力图寻找那些最能吸引多数选民的政策立场。在围绕任何一个政策问题所形成的单峰态度倾向性图形中，政党及其候选人都将努力向中间部分靠拢，以最大限度地获取选民的支持。当然，对那些“意识形态倡导者”而言，理性并非决定性因素，他们可能会对选票极大化的中间路线策略不屑一顾。

但是，公共选择理论对过于简单的中间选民模型也有批评。它认为，政治家与政府官僚的利益需要与选民有很大不同，前者的需要是赢得选举胜利，获得尽可能多的竞选资金，增加机关预算，获取更多职权与社会声望，扩大政府部门的权力等。国家宪法对于政府决策的制约，并不一定能够保证政治家与政府官僚的利益会与中间选民的利益保持一致。即使真有毫不利己、专门利人的政府官员想尝试执行中间选民（多数选民）所偏好的事项，他们也会感到要实现愿望是非常困难的，因为面临许许多多的障碍。政府官员不可能得到源源不断的信息以资评价不断变动的消费者——纳税人之偏好。政治领域不同于消费市场，选民不会不间断地去投票。当政治家发现选民真正的利益需要时，可能为时已晚，而此时选举胜负已判。即使选举过后，当选官员也只能臆测自己所为到底正确与否。投票的结果往往并不能够提供与政策相关的有效信息。

在欠缺有关公民偏好的有效信息的情况下，如果社会监督机制不完善，那么就将使政治家和政府官员扩大其权力的“天性”暴露无遗。他们将极力扩大政府支出计划的重要性，而尽量低估其成本。各种“财政假象”（如隐瞒的税收、减薪与赤字融资等）将进一步助长公民低估政府的成本的倾向。这些“政治失灵”也将助长政府过度供给公共物品和服务的做法，并对公民征收过多之税负。

公共选择理论还有助于人们理解利益团体及其对公共政策的影响。大部分的政府计划都与提供公共物品有关，但纯粹的公共物品毕竟是少数，更多的则是“准公共物品”，即那些有利于社会中某些团体的物品或服务。一个理性的人若设法寻求特定利益、补贴、特权或保障，就会联合那些有共同需要的人，自行组织起来，通过各种活动形式向政府部门施压。这些特定利益的成本可分散至所有纳税人的身上，而这些人中并没有谁愿意承担时间、金钱或精力的损耗并通过组织形式来反对上述的花费。这种利益集中于少数人而成本分散于多数人的现象，促使社会上少数一些具有同质性利益的、高度组织化的利益团体的形成。他们寻求政府活动的进一步扩大，却以牺牲多数非组织化的民众纳税人的利益为代价。经过若干时间之后，那些寻求将利益集中于自身而将成本分散给他人的特殊利益团体，其频繁的活动将导致政府干预范围的进一步扩大，从而形成过度的控制、计划与活动。实际上，利益团体对社会所产生的累积效应是“组织硬化症”，即社会充满着为组织化利益团体而设置的补助、津贴、保护与其他特权，却不鼓励工作、生产、投资、回报的市场经济模式。

为了吸引成员的参与和社会的赞助，利益团体必然会编造并宣扬他们的目标。其领导者可能会危言耸听，强调如若忽略其团体的需求，将给社会带来很大的危害等。即使政府满足了他们的原始需求，利益团体出于持续运作的要求，仍然会源源不断制造出新的需求或提出新的警示。总之，利益团体像其他的政治行为人一样，其在政治市场中无时无刻不在想方设法追逐自我利益。

第二节　相关理论

一、生命周期理论

政策生命周期理论也被称为政策的过程模型，它试图通过阶段性的描述，对政策进行程式化的分析。

过程模型一直是理解和研究公共政策的基础架构。尽管在政策科学领域对此一直存有许多疑虑，但并没有动摇阶段分析方法在政策过程分析中的主导地位。

当然，这种阶段的模型或教科书式的方法并不是没有争议，一些对此持批判态度的理论家认为，这种方法只是创造了一种人为的政策制定观。他们强调，真实的世界是极为复杂的，不可能是由这种整齐有序的步骤、阶段和周期组成的。理论中的政策过程好比传送机上的皮带，议程建立发生在皮带的一端而执行和评估发生在皮带的另一端，但实际的政策过程往往并不是这样的。

我们应该关注对政策生命周期理论的这种批判性意见。动物可以有一个生命周期，活的物体也可以被视为一个系统，但是，把公共政策赋予生命并分解为如此简化的阶段在方法论上肯定存在一定的漏洞。公共政策的过程模型或生命周期理论实际上是把政策过程视为一种政治行为的生命过程来加以描述的。然而，一个政策的实际生命过程并不一定与下述过程完全吻合，或繁或简会因具体的政策内容和环境而异，甚至下述的逻辑程序也会发生很大的变化。尽管如此，根据过程模型分析公共政策仍是我们目前所要坚持的方法。因为政策生命周期理论有助于我们对政策生命过程中各种政治行为的把握，从而为政策制定与执行提供一个科学的分析框架。

政策生命周期的模型如图 8-7 所示。

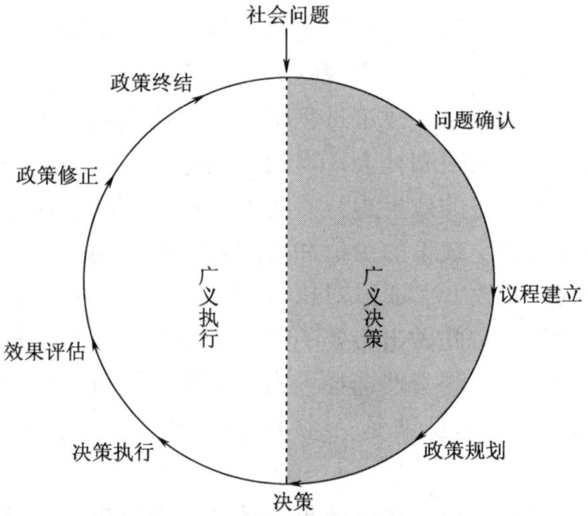

图 8-7　政策生命周期理论（过程模型）

依据政策生命周期理论，公共政策的"生命过程"大致如下。

第一，社会问题的出现。任何社会都存在着一些需要重视和解决的问题。在社会发展的过程中，不可避免地会出现一些偏差和障碍，从而影响社会全体成员或部分成员的正常生活，并引起人们的普遍关注。公共政策的制定大都是为了解决社会问题而进行的。往往是旧的问题刚刚解决或尚未解决，新的问题就产生了。人类社会就是在解决社会问题的实践中不断进步和发展的。

第二，社会问题的确认。社会问题只有在属于政府的政策范围、进入政府议程的情况下，才能转化成为政策问题。社会问题的确认是发现社会问题的内涵和界限，界定社会问题的性质、深度、广度、严重程度和关联性，寻找进入政府政策议程的途径以及进行社会问题分析的过程。

第三，政策议程的建立。社会上存在的问题很多，政府或社会不可能都注意到，即使都注意到了也无法全部采取适当政策加以解决。政策议程的建立是社会问题转化为政策问题的关键环节。每个政府部门都有一些经常性的政策议程，并常常要为解决若干新的问题而建立新的政策议程。

第四，政策规划。政策议程建立之后就进入了政策规划阶段。作为政策制定过程的核心环节，政策规划是指政策方案策划、设计、评估和选择的过程。其主体类型可分为单一式和多元式两种，前者主要指政府有关机构，后者主要指政府系统外的社会组织和个人。

第五，政策方案的执行。政策方案一经采纳就开始进入政策执行阶段。所谓政策执行，就是把政策方案的内容转化为客观现实的过程。在这一过程中，政策执行者要充分开发各种政策资源，建立必要的组织机构，利用多种技术手段，使观念形态的东西转化为现实形态的东西。从纸上谈兵到真刀真枪，其目的当然是有效地解决政策问题，实现既定的政策目标。

第六，执行效果的评估。政策过程中这一阶段进行的评估通常也被称为事后评估。由于人的主观局限和社会环境的复杂多变，事与愿违的现象是普遍存在的。因此，需要对执行的效果进行必要的分析和判断。这种评估是信息不断反馈的过程，目的是确定政策的价值和决定政策的取向。

第七，政策调整与改变。通过对执行效果的评估，我们会发现一些政策不宜继续执行，因而需要对此做出必要的调整。不断修正主观构想以适应客观实际情况是政策执行过程中的必然选择，因为从来就没有一锤定音和一劳永逸的政策。政策执行的过程本身就是一个不断探索和学习、不断调整和完善的过程。

第八，政策的终结。通过执行效果的评估，会发现一些政策已经达到预期的效果，完成了自己的使命；还有一些政策则完全背离了既定的目标，是失败或无效的，这些政策如果继续执行下去，不仅会浪费宝贵的政策资源，而且会贻误解决问题的时机。所以，上述这些政策都应及时退出社会和历史的舞台，从而推动政策过程进入新一轮循环。

政策的生命过程一般可以划分为广义决策与广义执行两大部分。广义决策包括社会问题的形成、社会问题的确认、政策议程的建立和政策规划的实施；广义执行包括政策方案的执行、执行效果的评估、政策的调整与改变和政策的废止与终结。

二、取舍理论

取舍理论源于经济学对资源有限性的解释。曼昆在《经济学原理》[①] 中指

---

① 曼昆：《经济学原理》（第5版），梁小民、梁砾译，北京大学出版社2009年版。

出，考虑一下某个学生必须决定如何配置他最宝贵的资源——时间。他可以把所有的时间用于学习经济学，也可以把所有的时间用于学习心理学，还可以把时间分配在这两个学科上。如果他把一个小时用于学习一门课时，就必须放弃本来可以学习另一门课的一小时。并且，他用于学习一门课的每一个小时，都意味着放弃了原本可以用于睡眠、骑车、看电视或打工赚零花钱的相应时间。

再考虑一下家长决定如何使用家庭收入的问题。他们可以购买食物、衣物，或全家度假。当然，他们也可以为退休或孩子的大学教育储蓄一部分收入。当他们选择把额外的 1 块钱用于上述用途中的一种时，他们在其他用途上就要少花 1 块钱。

当人们组成社会时，他们面临各种不同的权衡取舍。典型的是在“大炮与黄油”之间的选择。他们如果把更多的钱用于国防，以保护自己的国家免受外敌入侵时，他们能用于提高国内生活水平的消费品相应就少了。在现代社会里，同样重要的是清洁的环境和高收入水平之间的权衡取舍。要求企业减少污染的法律增加了生产物品与劳务的成本。由于成本高，结果这些企业赚的利润少了，支付的工资低了，商品的价格高了，或者是这三种结果的某种结合。因此，尽管污染管制给大家带来的好处是更清洁的环境，以及由此带来的人们健康水平的提高，但其代价是企业所有者、工厂的工人和大多数消费者收入的减少。

社会面临的另一种权衡取舍是在效率与公平之间发生的。效率（efficiency）是指社会能从其稀缺资源中得到最多的东西。公平（equity）是指将这些资源的成果公平地分配给社会成员。换句话说，效率是指经济蛋糕的大小，而公平是指如何分割这块蛋糕。在设计政府政策的时候，这两个目标往往是不一致的。例如，可以考虑一下以实现更公平的分配为目的的经济福利政策。某些此类政策，如福利制度或失业保障，是要帮助那些最需要帮助的社会成员；另一类政策，如个人所得税，是要求经济上成功的人士给政府以比其他人更多的支持。虽然这类政策对实现更大的公平有好处，但它是以降低效率为代价的。当政府把富人的收入通过高税收再分配给穷人时，就减少了对辛勤工作的奖励，结果人们工作少了，生产的物品与劳务也少了。换句话说，当政府想要把经济蛋糕切为更均等的小块时，这块蛋糕本身也就越变越小了。

认识到人们所面临的权衡取舍，实际上并没有告诉我们人们将要或应该做出什么样的决策。例如，学生不应该仅仅由于要增加用于学习经济学的时间而放弃心理学的学习；社会不应该仅仅由于污染控制降低了我们的物质生活水平就不再去保护环境，也不应该仅仅由于帮助穷人扭曲了工作激励而忽视这一群体。无论如何，认识到生活中的权衡取舍是非常重要的，因为人们只有了解了他们面临的选择，才能做出良好的决策。

案例二

《寂静的春天》及其代价

《寂静的春天》（见图 8-8）由美国的女科学家蕾切尔·卡逊（Rachel Carson）于 1962 年出版。该书以寓言开头，向我们描绘了一个美丽村庄的突变。春天是鲜花盛开、百鸟齐鸣的季节，春天里不应是寂静无声的，尤其是在春天的田野。可是并不是人人都会注意到，从某一个时候起，突然地，在春天里就不再听到燕子的呢喃、黄莺的啁啾，田野里变得寂静无声了……从陆地到海洋，从海洋到天空，卡逊全方位地揭示了化学农药的危害，既贯穿着严谨求实的科学理性精神，又充溢着敬畏生命的人文情怀，其引发的轰动被认为比达尔文的《物种起源》都要大。“人类正在毁灭于自己热爱的事物”，卡逊这样警示着狂热的人们。卡逊用大量的事实向人们讲述这样的道理，生态环境容量是有限的，自然物种的消失也将给人类带来灾难。从此，环境保护深得人心。1972 年，美国环保署下令禁止使用 DDT（有机氯类杀虫剂）；联合国在斯德哥尔摩召开了“人类环境大会”，并由各国签署了《人类环境宣言》；世界各国也相继对 DDT 的生产和使用颁布了禁令。

图 8-8 《寂静的春天》封面书影

那它的代价是什么呢？由于 DDT 在全世界范围内的禁用，疟疾在一些发展中国家卷土重来。特别是在非洲国家，每年大约有 1 亿多的疟疾新发病例。仅在南非的一次疟疾大爆发就夺走了 10 万人的生命。在《魔鬼经济学》里有一个数字让人们几乎不敢相信，是在全面禁用 DDT 的 20 年里面，仅非洲大陆因此而死亡的人大约就有 2 000 万，平均一年 100 万，这相当于每天都有 7 架装满非洲儿童的波音 747 飞机失事，一共持续了 20 年。为此，许多公共卫生专家坚持认为，不能完全禁止在公共卫生领域使用 DDT。斯德哥尔摩国际公约于 2001 年在瑞典首都斯德哥尔摩通过，它将 DDT 规定为疾病控制的一种“可接受措施”。据南非卫生部称，自 DDT 重新使用以来，南非在控制疟疾方面取得了巨大成功。2005 年到 2007 年间，该国患疟疾人数下降了 65%，疟疾死亡率下降了 73%。这些成果主要归功于 DDT 的使用。

三、实验理论

1975 年，美国著名的思想库——布鲁金斯研究会组织了一次有关政策实验理论方面的研讨会。其后与会的专家、学者发表了一系列论文，内容涉及教育、税收、工资等方面的政策实验。他们普遍认为，由于政府决策笼罩着高度的不确定性，所以在政策正式出台之前应进行慎重的社会实验或搞小范围的试点，以减少决策中的无知和避免执行中的缺陷，并预防一些意想不到的严重结果。

政策实验主义论认为，政府政策的制定实际上往往是在对预期结果没有充分把握的情况下进行的。考察一下那些曾被政府采纳并颁布实施的政策，人们不难发现，如果能在事前对结果做出正确估计的话，这些政策无疑会在出台之前就已经被否决；再考察一下那些曾在事前就已经被否决了的备选方案，如果能在事前对后果有更好了解的话，这些方案很可能倒是应该被采纳的。公共政策的制定不是一场电子游戏，政府不可能拿全民做实验，这样做的社会代价着实太大，任谁都承受不起。因此，进行可控制的实验或小范围的试点不仅是合理的而且是必要的。

然而，一些学者对政策实验主义论提出了批判，他们的观点主要表现在这样几个方面。

第一，不可能对所有重大的决策都进行实验或试点。例如，外交领域的决策就不具备实验和试点的条件；又如，在危机状态下的决策过程中，决策者面临着巨大的时间压力。

第二，对谁进行实验？目标群体怎样选择？他们是否具有代表性？回答这些问题其实是非常困难的。被实验者将体会强制性条件和操作性说明，特别是在控制因素的人为调整过程中，这种体验将表现得更为明显，而这无疑有悖于民主政治的价值原则。

第三，尽管有时在理论上讲得通，但从实际情况来看，难以对政策问题进行可控制的社会实验。模拟的现实替代不了真正的现实，局部的现象常常是整体的假象。

第四，政策实验的盲试（在被试不知情的条件下进行试点）困难极大，很难避免人为因素的干扰，如霍桑效应（Hawthorne effect）① 的产生，即当一个人意识到自己正在被别人研究时，很可能会改变自己的行为。

① 霍桑效应起源于 1924 年至 1933 年间的一系列实验研究，即前文中提到的霍桑实验。

案例三

帕金斯基三原则

蒂姆·哈福德的《适应》（*Adapt: Why Success Always Starts with Failure*）一书中讲过一个悲剧故事。在苏联有个工程师叫帕金斯基（Palchinsky，1875—1929），他在苏联成立之前就已经是一名很著名的工程师了，非常注重实地调研，有丰富的第一手工作经验。苏联成立之后，帕金斯基担任中央政府的顾问。在斯大林搞的第一个五年计划中，帕金斯基授命参与了两个国家重大项目。一个是在乌克兰修建一个超大的水电站，命名为“列宁坝”，一旦建成，将是世界上最大的水电站。另一个是在“磁山城”建立一个钢铁厂，这个钢铁厂的产量将会超过英国的钢铁产量。在项目开始之前，帕金斯基到这两地去调研。帕金斯基发现，要建列宁坝的这条河水流速度太慢，必须建一个特别大的巨型水库蓄水，才能带动这么大的发电站。这样一来代价就太大了，涉及大规模的移民，并且这条河每年还有三个月的枯水期。为此帕金斯基建议，不如沿着大河弄几个小型的水电站。至于磁山城的钢铁厂，帕金斯基发现它建立在荒郊野外，当地缺乏必要的生活资源，工人的基本生活条件没法保障。再者，虽然当地有丰富的铁矿资源，但是缺乏煤炭。钢铁厂需要大量的煤炭，而煤炭只能从很远的地方运过来，如此一来，也会得不偿失。

就这样，帕金斯基对这两个项目都提出了反对意见，但上面却要以第一个五年计划大局为重为由，没有理会他的意见。事实证明，帕金斯基的看法是正确的。列宁坝建成之后，水库占地面积如此之大，以至于有人说哪怕就是用这么大块的地种上干草，直接烧这些草来发电，都会比水电站的发电量大。此外，到了20世纪70年代，磁山城的铁矿石全部用尽，为了维持钢铁厂的运转，矿石和煤炭都得从很远的地方运来，成本非常高。更要命的是，在修建钢铁厂的第一年，由于路途艰辛，光是送工人去磁山城的路上就牺牲了很多人。

这两个项目都是悲剧，而帕金斯基自己也是个悲剧——后来他因为“政治错误”而被苏联政府处决。帕金斯基算不上是个历史名人，直到20世纪90年代，美国麻省理工学院的一个教授在研究苏联工程师的历史时才发掘到了他的事迹和思想，并特别提到了他在尝试新事物时的三个原则。

帕金斯基特别主张试水。蒂姆·哈福德在《适应》这本书里也讲试水，并且主要就是基于帕金斯基的理论。帕金斯基提出，用试水的方法进行创新时有以下三个原则：

第一，尽可能尝试新事物；

第二，尝试要可控，先小规模地做，确保输得起（确保试验不会带来灾难性的后果）；

第三，获得反馈，从结果中学习，随时调整做法（从失败中吸取教训，从成功中得到经验）。

帕金斯基的创新三原则其实就是一种试错的方法，或渐进决策的思路，尝试和学习是一种更安全的方法，试一试才知道路通不通。

四、批判性理论

政策学家科林德里奇在1982年出版了《批判性决策—— 一种社会选择的新理论》一书，提出并解释了批判性理论的思维框架。他认为，规范性政策理论的研究焦点历来集中于讨论如何对一项政策进行辨明或辩护，即通过各种方法对这项政策的正确性加以证实。实际上，这样的辨明或辩护是徒劳的，是不可能有任何效果的。原因是：①价值选择是难以确定标准的，其正确与否是无法进行评判的；②受主客观条件的制约，不可能全面且准确地掌握有关的决策信息，因而人们既无法穷尽所有的备选方案，也不可能预测每种方案全部的可能性结果。

因此，辨明性理论有着极其有限的适用场合，即价值标准是既定的且得到公认，备选方案极为有限且执行结果不难预料。但对绝大多数决策活动而言，这种理论是没有用武之地的。科林德里奇在否定规范性政策理论的同时提出了他的证伪主义框架。他是在借鉴卡尔·波普尔的哲学观点的基础上提出这一理论模型的。

卡尔·波普尔的哲学观点既反对辨明主义或证实主义，也反对非理性主义或怀疑论。辨明主义亦称绝对无误论，它认为科学知识所提供的内容是确实可靠的，是经得起证明的。卡尔·波普则不这样看，他视无误论者的认识为天真的幻想。他认为，任何科学的主张都不是无可挑剔的，都不是容易证实的。而怀疑论者对一切都持怀疑态度，从绝对意义上否定科学知识的可靠性，认为没有任何理由和证据可以证明某种科学主张比其他的主张更好。卡尔·波普尔对怀疑论更是不屑一顾，他认为，人们已经发现了能够把合理的科学主张同各种形式的迷信加以区别的有效途径，这就是可证伪性。他指出，科学的发展表现为知识的增长，而知识增长的过程就是理论不断扬弃的过程，旧的理论不断受到责难和批判，人们找出它的不足，发现它的错误，在此基础上才会有更好的理论产生。因此，卡尔·波普尔的观点被称为证伪主义和批判主义，或称可误论。

科林德里奇受卡尔·波普尔哲学观点的启发，认为政策制定的过程也像科学探索一样，虽然无法证实某项政策方案绝对正确，但这并不等于说我们就无法证实它比另一项政策方案更好。一般而言，越经得起批判的政策越好，越经不起批判的政策越差。因此，在政策制定的过程中，正确的途径不是去寻找那些可以被完全证实且正确无误的政策方案，而是去寻找那些错误和缺陷尽可能少且可以很快克服与改进并无须花费过多代价的决策方案。

科林德里奇的批判性理论对政策分析的主导性理论提出了挑战，其反向思维的认识方法具有鲜明的特征。尽管这种批判性观点同样受到来自各方面的批评，但它对政策分析的启发性作用却是不容忽视的。

案例四

黑天鹅与可证伪性

在 18 世纪欧洲人发现澳大利亚之前，由于他们见过的天鹅都是白色的，所以在当时的欧洲人眼中，天鹅只有白色的品种。直到欧洲人发现了澳大利亚，看到当地的黑天鹅后，人们认识天鹅的视野才打开。只需要一个有关黑天鹅的观察结果就能使从无数次对白天鹅的观察中推理出的一般结论失效，这引起了人们对认知的反思——以往认为对的不等于以后总是对的。“黑天鹅”隐喻那些意外，它们在通常的预期之外。这种隐喻的流行使“可证伪性”这个词日渐时髦。如果一个主张是可证伪的，则至少在理论上存在一种观测的方法(即使实际上没有进行这项观测也无妨）来表明这个主张不符合重言式的标准(即这个主张不总是真的)。对某种描述进行观测的逻辑前提是它描述的事物是存在的。例如，“所有的乌鸦全都是黑色的”这个主张可以被“存在白色乌鸦”的观测证伪，虽然这个观测并不一定会发生。一个可证伪的命题必须定义某些被禁止的情形。例如，在上例中，“所有的乌鸦全都是黑色的”这个主张禁止了“白乌鸦”的存在。由于理论上可能存在“观测到白色乌鸦”这个反例，“所有的乌鸦全都是黑色的”这个主张是可证伪的。

五、垃圾桶理论

垃圾桶理论（the garbage can theory）是组织内部的一种决策模型。这个名字是从组织的一系列决策指令中产生出来的，这一模型最早是由美国管理学教授詹姆斯·马奇（James March）等人于 1972 年提出。

现实中，我们力图通过正确的决策有效地实现目标，但事情往往不会按计划进行。我们常常惊讶地发现，有时事情是捎带手办成的，尤其是一些重要的事情。生活似乎不太讲理。应该的事情很多，但事情通常偏偏不按“应该”来发生，而是碰巧出现在那里。

由于决策过程的模糊性和随机性，某些组织可以被称为“有组织的混乱”或者“有组织的无政府主义”（organized anarchy）。詹姆斯·马奇等人将这种组织比喻成一个垃圾桶，其决策过程犹如垃圾积累及其倾倒的过程，这个过程充满了模糊性和随机性，看似繁杂无序，其实也具有一定的规律。

这类组织通常有3个主要特征：多种相互冲突的目标偏好（problematic preferences）、不确定的运作机制和流程（unclear technology）、多个决策者的流动性参与（fluid participation）。形象地理解，这类组织就像一个很多人在不同时间段往里扔了很多垃圾的垃圾桶，不仅垃圾的种类多种多样，而且大家什么时候扔垃圾、扔什么样的垃圾也毫无规律可循。

垃圾桶理论认为，这类组织决策的产生取决于4种垃圾流的“巧遇”，即问题（problems）——组织内外的人们所关心的事情；解决方案（solutions）——组织中某些部门或人的产出；参与者（participants）——参与决策的人是不断流动的；决策机会（choice opportunities）——组织被预期产生决策的时点。形象地说，成功的决策就是要在正确的时间由正确的人对正确的问题提出正确的解决方案。

决策有3种产生方式，分别是：①解决（resolution）——有些问题在不断主动的选择中得到解决，也就是正好实现了4种垃圾流的会合。②疏漏（oversight）——有时候选择机会出现了，却没有合适的问题。在这种情况下，其他垃圾流都到位了，但问题流却没来得及会合。③逃离（flight）——有时候合适的问题出现了太多，一时间选择不过来，结果等到有能力选择时，问题已经转移到了其他方面。这种情况是与上一种情况相反的，这一次是问题流太多了，导致决策机会不能有效地与之会合。

即便决策真的像倒垃圾那样，也并不意味着决策是完全无序的。知道了垃圾桶的机理，还是能够在“有序的混乱”中摸索出一些门道的。政策出得太早，可能被压在桶底，难以与其他政策或问题碰面。政策出得太晚，也可能会失去与要解决的问题或者要寻求的方案接触的机会。所以，什么时候出政策，和谁一起出政策，出什么样的政策，出多少政策，政策与政策能否成功会合，是举手之劳还是费尽力气，这些都是决策参与者需要认真思考的问题。

六、多源流理论

在借鉴科恩（Cohen）、詹姆斯·马奇、奥尔森（Olsen）等的垃圾桶模型（garbage can model）的基础上，美国著名的公共政策学家金登（Kingdon）建立了多源流理论，该理论最早出现于 1984 年金登出版的《议程、备选方案与公共政策》（*Agendas*，*Alternatives*，*and Public Policies*）一书中。多源流理论问世以来，引起了学者们的广泛关注，并被应用于对医疗、运输、电信与财政等领域内政策的分析，作为一种重要的和主流的政策变迁理论，多源流理论是我们在研究政策变迁问题时所不能不予以重视的。

金登认为，“一个项目被提上议程是在特定时刻汇合在一起的多种因素共同作用的结果，而并非它们中的一种或另一种因素单独作用的结果。”这种共同作用也就是多源流理论所讲的问题源流（problem stream）、政策源流（policy stream）和政治源流（political stream）三者的连接与交汇。

问题源流内包括的是种种有待政府加以解决的问题；政策源流内包括的是各种各样的政策建议、政策主张与政策方案；政治源流内包括的则是国民情绪、公众舆论、权力分配格局、利益集团实力对比等因素，这些因素反映着政治形势与政治背景等方面的状况。因此，三条源流的交汇便意味着特定的问题、政策方案与政治形势之间的有机结合；而这种有机结合又意味着问题、政策方案与政治形势之间具有共容性，而不具有互斥性。

三条源流交汇的原因首要地在于政策之窗（policy windows）的打开，政策之窗的打开为问题被提上议事日程或政策变迁提供了机会，因此，政策之窗又被称为机会之窗（windows of opportunity）。

政策之窗的关闭意味着政策变迁的条件还不成熟，人们要想推动政策变迁的实现，就必须等待政策之窗的开启。政策之窗又可以分为两种类型：一种是以问题为基础的，也被称为“问题之窗”；另一种是以政治为基础的，也被称为“政治之窗”。问题之窗的打开是由于问题源流内发生了变化，这种变化的原因大体上又有 3 种：①受到广泛关注的指标发生了变化，如居民消费价格指数（CPI）的猛增、土地沙漠化面积的扩大、生产安全事件的频发等，这种指标的变化很容易使人们意识到非常态现象的存在及相应问题的产生。②出现了惹人注目的事件，如焦点事件的发生或者外部事件的冲击。③负面政策效果的反馈，也就是现实的情况表明既有的政策效果不够理想，这种不理想的政策效果不仅没能使问题得以有效解决，而且可能使问题有所加重。

政治之窗的打开是由于政治源流内发生了变化或政治形势发生了转变，如政治舆论发生了不同于以往的明显转变，又如新政府的当选并由此带来了新的政治理念，再如国家的政治稳定程度产生了明显波动，等等。

三条源流的交汇离不开问题之窗或政治之窗的打开，不过，在多源流理论看来，问题之窗或政治之窗打开后，三条源流要实现交汇，还需要政策企业家（policyentrepreneurs）的大力推动作用（或者说政策企业家有效利用政策之窗打开的机会）。

多源流理论对政策变迁的解释逻辑可以表示如下：问题源流或政治源流内发生变化——→政策之窗打开——→政策企业家有效利用机会——→三条源流实现交汇——→政策变迁发生。

七、"间断-平衡"理论

间断平衡论（punctuated equilibrium）是古生物学研究中反对达尔文"渐变论"的一种新的进化学说，1972 年由美国古生物学家艾尔德莱奇（Eldredge）和古尔德（Gould）提出。这个学说的要点是：生物进化不是渐变的，而是一个渐变与骤变交替出现的过程。在短时期内发生骤变之后，又会在长时期内进行相对稳定的渐变。

早期有关政策变迁的研究一直以逻辑经验主义为基础，强调政策的连续性，聚焦政策的渐进性变迁。但随着社会不确定性的增加，公共政策赖以生存的社会经济环境发生了急剧变化，政策科学家们开始注意到政策间断的一面。美国学者鲍姆加特纳、琼斯借鉴古生物学领域的间断平衡论，于 1993 年提出了政策领域的"间断-平衡"理论。它是一种"力图对政策极度稳定和政策突变两种政策过程进行解释"[①] 的政策过程理论。制度结构和议程设置是"间断-平衡"理论的两个重要基础。在制度结构之上，"间断-平衡"理论集中讨论了政策垄断（policy monopolies）这一关键问题，在议程设置之上，"间断-平衡"理论区分了宏观政治和子系统政治，重点讨论了注意力转换的问题，进而实现将政策稳定和政策变迁研究有机结合的目标。

（一）政策垄断

鲍姆加特纳和琼斯认为，政策垄断有两个重要的特征。首先，要有一个清晰界定的制度结构来负责某一政策的制定，并限制外界对这一政策过程的介入。其次，要有一套与此制度结果紧密结合在一起的权威性的支持理念[②]。他们还认为，正是美国分权的政治制度，使得"每一种利益、每一个集团、每一个政策企业家都对建立垄断有最大兴趣——这些垄断包括对涉及利益集团政策的政治理解的垄断，对能够强化这种理解的制度安排的垄断"[③]，等等。

由此可以看出，政策垄断作为"间断-平衡"理论研究政策过程的焦点问题，具有典型的制度结构特征。正是因为美国分权的政治制度，才使建立政策垄断成为竞争性行为。因此，当使用"间断-平衡"理论来分析其他政治制度

---

① F. R. Baumgartner, B. D. Jones: Agenda Dynamics and Policy Subsystems, Journal of Politics, 1991 (4).

② 弗兰克·鲍姆加特纳、布赖恩·琼斯：《美国政治中的议程与不确定性》，曹堂哲等译，北京大学出版社 2011 年版。

③ 弗兰克·鲍姆加特纳、布赖恩·琼斯：《美国政治中的议程与不确定性》，曹堂哲等译，北京大学出版社 2011 年版。

下的政策过程时，一定要注意区分不同政治制度下政策垄断的不同内涵。

（二）政策图景和政策场域

为了围绕政策垄断展开讨论，“间断-平衡”理论提出了政策图景（policy images）和政策场域（policy venue）的概念。政策图景是指政策如何被理解和被讨论的，是经验信息和情感诉求的混合。每个政策图景都由两部分构成：经验和评价。单一的政策和规划可能有多种含义，且会以不同的方式影响不同的集团，因此不同的人对相同的政策会持有不同的政策图景①。政策场域是指针对特定问题做出权威性决策的制度性场所。政策场域可能是垄断的，也可能是分享的，同一个议题可能同时归属几个机构管辖，也可能只归属于某个单一机构管辖②。

以美国的政治制度为例，其政策场域具有显著的多样性，并且许多场域只是模糊地限定管辖权边界。由于这些多样性和模糊性，使制定政策的权力并不会自动分配给特定的政策场域，而是需要采取不同的政治策略来争取。“间断-平衡”理论认为，“美国政治中政策场域的多样性促使针对同一议题的、相互对立的政策图景同时活跃在政治舞台上。”③

“间断-平衡”理论认为，政策图景与政策场域存在紧密的联系，而这种联系的动力在于不同的政策图景之间的竞争，以及不同的政策场域在策略上存在着优劣。随着政策场域的改变，对新的政策图景的注意力就会增加，随着政治系统中越来越多的集团意识到了相关问题，就会造成场域的进一步改变。随着时间的推移，政策图景和政策场域的改变持续地相互作用，从而产生了滚雪球效应④。

（三）对政策稳定和变迁的分析

下面，我们运用上述概念对“间断-平衡”理论对政策稳定和变迁的分析进行一个逻辑梳理。

“间断-平衡”理论将对政策稳定和变迁的研究焦点放在了政策垄断能否维持上，并认为政策变迁过程实质上就是破坏和重构政策垄断的过程，那么，政策稳定就是政策垄断得到维持和强化的过程。为了进一步解释政策垄断是如何被破坏和重构，“间断-平衡”理论讨论了政策图景与政策场域的相互作用机制，并认为政策图景与政策场域互动的滚雪球效应是造成政策稳定和间断的

---

① 弗兰克·鲍姆加特纳、布赖恩·琼斯：《美国政治中的议程与不确定性》，曹堂哲等译，北京大学出版社2011年版。

② 保罗·A. 萨巴蒂尔：《政策过程理论》，彭宗超等译，生活·读书·新知三联书店2004年版。

③ 弗兰克·鲍姆加特纳、布赖恩·琼斯：《美国政治中的议程与不确定性》，曹堂哲等译，北京大学出版社2011年版。

④ 弗兰克·鲍姆加特纳、布赖恩·琼斯：《美国政治中的议程与不确定性》，曹堂哲等译，北京大学出版社2011年版。

共同原因。一种相互作用机制之所以能够产生两种迥异的结果，主要是因为存在正反馈（positive feedback）和负反馈（negative feedback）等情况，正反馈加速重大政策变迁的发生，负反馈则会强化政策垄断。

为了很好地分析正反馈和负反馈，“间断-平衡”理论将政治系统分为子系统政治和由总统制、国会组成的宏观政治，并提出了注意力转换的概念，认为政策间断现象不是来源于偏好的改变，而是源于决策注意力的改变。这主要是因为，偏好一般趋向于稳定，而注意力却可以迅速变化。“注意力瓶颈”是影响人类决策制定的一个重要因素，注意力的有限理性意味着在任何有限时间内决策制定者只能聚焦于数量有限的偏好维度，因此当社会情景发生结构性变化时，决策制定系统的注意力必然产生从一个偏好维度向另一个偏好维度的快速切换，即注意力转换。政党根据自身利益需求操纵社会情景和公共问题，使其在政治斗争中上升为公共政策议题。在这个过程中，操纵注意力分配是政策制定中强有力的策略，政策企业家（指利用各种机会影响政策结果以增加自身利益的那些人）利用辩论操纵政治讨论，使自己满意的解决方案被采纳①。

在注意力转换的理论基础上，“间断-平衡”理论利用赫伯特·西蒙提出的决策制定中并行和串行过程，认为当一个政策到了宏观政治制度的串行处理过程之时，它便处于改变问题界定并受到媒体和更多公众高度重视的环境之中②。正反馈发生在宏观政治中，负反馈发生在子系统政治中。当政策问题在子系统内被讨论时，由于一些政策会被不断地制度化，制度结构表现出维持现状的保守性，相应的政策动议会随着时间的推移而变弱，系统在经历一段时间的不平衡后总能回到原来的状态，这一过程就是负反馈过程。当问题在子系统内没有得到解决而进入宏观政治时，问题被重新界定，小的动议被放大，这一过程就是正反馈过程③。“正是政策子系统的并行处理能力和宏观政治系统的串行处理所需要的结合，才产生了我们经常在很多政策领域中观察到的非渐进性突变的动力现象。”④

八、倡议联盟框架

萨巴蒂尔（Sabatier）等人提出了“倡导联盟框架”（advocacy coalition frame-work），讨论了政策变迁的发生机制。

倡议联盟框架由萨巴蒂尔于20世纪80年代初提出，这是一个解释政策子

① 布赖恩·琼斯：《再思民主政治中的决策制定：注意力、选择和公共政策》，李丹阳译，北京大学出版社2010年版。

② 保罗·A. 萨巴蒂尔：《政策过程理论》，彭宗超等译，生活·读书·新知三联书店2004年版。

③ 杨涛：《间断-平衡模型：长期政策变迁的非线性解释》，《甘肃行政学院学报》2011年第2期。

④ 保罗·A. 萨巴蒂尔：《政策过程理论》，彭宗超等译，生活·读书·新知三联书店2004年版。

系统在一定时间段内政策稳定性和政策变化性的概念性工具，其初衷是寻找当时主导政策研究的政策阶段模型的替代理论，并试图综合公共政策执行中自上而下和自下而上两种方法的优势，努力提高技术性信息在理解公共政策过程中的作用，并探讨政策变迁的发生机制。通过萨巴蒂尔和汉克·C. 简金斯-史密斯（Hank C Jenkins-Smith）等很多学者的不断努力，倡议联盟框架得到修正和完善，在相当广泛的政策领域得到应用，提出了很多可证伪的假设。

（一）倡议联盟的构成

倡议联盟框架一个最具创新性的特点是："它挑战了大多数政治科学家深信不疑的假设，即一个行动者的组织性隶属关系有最基本的影响。"[①] 按照这个假设，立法者、行政机构领导人、研究人员、利益集团领导人和新闻工作者之间存在一些根本上的不同点：利益集团和立法者是积极影响公共政策的政治活动者，而行政部门官员、研究者以及新闻工作者被认为是被动的，或者说是"政策的漠不关心者"。倡议联盟框架挑战了这个传统假设，把行政官员、研究者和新闻工作者作为倡议联盟的潜在成员。

（二）信仰系统结构

从逻辑上理解，在倡议联盟框架扩大了联盟成员构成之后，就必须回答一个重要问题：行政部门官员、研究者以及新闻工作者作为联盟的成员，是什么促使他们在联盟中"黏合"起来的，或者说，应该以什么作为标准把原本视为被动的行政部门官员、研究者还有新闻工作者归为某个联盟。针对这个问题，倡议联盟框架引入了行动者信仰系统的概念。

在倡议联盟框架中，行动者的信仰系统被构建为具有等级特征的三维结构：首先是深层核心信仰，其定义了一个潜在个人哲学的基本规范和本体性原理，是行动者信仰的深层内核；其次是政策核心信仰，指的是关于获得政策领域或子系统中深层核心信仰的基本策略和根本政策立场；最后是信仰的次要方面，主要包括工具性的决策和搜寻必要的信息以实现具体政策领域的政策核心价值。

（三）公共政策子系统

倡议联盟框架的一个显著特点是其分析单位——政策子系统。萨巴蒂尔认为，"在现代工业社会，了解政策变化最有用的聚合分析单位，不是任何特定的政府机构，而是一个政策子系统"[②]。倡议联盟框架认为，一个政策子系统中包括那些来自公共组织、私人组织中对某一公共政策问题特别关注的行动者或那些试图去影响该领域的活动者，因而，它不仅包括传统的"铁三角"（中

---

① 保罗·A. 萨巴蒂尔，汉克·C. 简金斯-史密斯：《支持联盟框架：一项评价》，引自保罗·A. 萨巴蒂尔：《政策过程理论》，彭宗超等译，生活·读书·新知三联书店 2006 年版，第 169 页。

② P. A. Sabatier. Policy Change over a Decade or More, In Policy Change and Learning: An Advocacy Coali- tion Approach, Sabatier, Jenkins-Smith Eds. , West View Press: Boulder, CO, 1993, pp. 17.

央政府机构、国会委员会和利益集团）的概念，而且应该包括新闻工作者、研究者以及活跃在政策形成和执行过程中所有层级的政府行动者。子系统内的行动者们因为共享一组统一的信仰并从事合作而形成不同的倡议联盟，并基于具体政策领域的规则而相互作用。

政策子系统受到两组外部变量的影响。其中一组变量非常稳定，涉及宪政结构、社会文化价值观、政治体制、自然资源、问题领域的基本特征等。它们虽然对政策变迁的影响不大，却为政策子系统的互动提供了框架结构，并为政策行动者的行动提供了资源和约束。另一组变量比较活跃，包括社会经济环境变迁、统治联盟系统变化、其他政策子系统的决策等。这些变量通常需要10年左右才会发生变化，对政策变迁产生较大影响。

（四）对政策变迁的分析

在分析政策变迁时，倡议联盟框架利用信仰系统结构的特征，提出了一个相对明确地区分次要的和主要的政策变迁的标准。主要的变迁是指一个政府计划的政策核心方面的变化，次要的变迁是指第二层面的变化。对于政策变迁，萨巴蒂尔和简金斯-史密斯概括了3种解释因素：①政策子系统内的竞争性联盟的相互作用；②相对稳定的参数对于各种约束和子系统行动者所拥有资源的影响；③“外部（系统）事件的变化”，如社会经济条件、社会舆论、系统的执政联盟等①。

同时，倡议联盟框架“并不认为政策变迁仅仅是内部有各种很关键的财政资源和制度规则的利益团体之间相互竞争的结果，而是认为政策联盟内部和政策联盟之间的‘政策取向的学习’是政策变迁的一个重要方面”。倡议联盟框架认为，政策取向的学习经常改变倡议联盟信仰系统的次要方面，但是一个政策核心方面的变化则需要子系统外非认知因素的影响。

（五）对倡议联盟框架的批评

一些研究者指出了倡议联盟框架的局限，主要包括：倡议联盟框架不能辨别出一个特定的政策领域中较为重要的政策行动者；忽略了“集体行动”问题；在确定政策变化实际发生时间或倡导联盟是如何发展方面的能力非常有限；不论是在深层核心信仰能足够稳定地指导政策核心信仰和次级信仰的选择，还是在其核心信仰比他们的政策利益更重要等方面，都是值得怀疑的；信仰系统的概念需要考虑到测量的问题；等等②。

---

① Sabatier, P. A., Jenkins-Smith, H. The AdvocacyCoalitionFramework: An Assessment, Theoriesof the Policy Process, Sabatier, Ed., West viewPress: Boulder, CO, 1999, pp. 149.

② Young-Jung Kim, Chul-Young Roh，黄丽等：《超越政策过程中的倡议联盟框架》，《甘肃行政学院学报》2015年第1期，第34~43页。

九、政策网络理论

近年来，网络主义的分析方法在社会科学的各个学科得到越来越多的重视，在政策分析领域逐渐形成政策网络理论。它既摆脱了传统政治学宏大的理论分析模式，又跳出了行为主义政治学研究对象过于微观的理论困境，成为目前公共政策分析领域的理论前沿。

社会网络的概念最早是在英国著名人类学家 R. 布朗对结构的关注中提出来的。布朗所探讨的网络概念聚焦于文化是如何规定有界群体（如部落、乡村等）内部成员行为的。较成熟的社会网络的定义是巴里·威尔曼（Barry Wellman）于 1988 年提出的“社会网络是由某些个体间的社会关系构成的相对稳定的系统”，即把“网络”视为联结行动者（actor）的一系列社会联系（socialties）或社会关系（social relations），它们相对稳定的模式构成了社会结构（social structure）。随着应用范围的不断拓展，社会网络的概念已超越了人际关系的范畴，网络的行动者既可以是个人，也可以是集合单位，如家庭、部门、组织。社会网络与知识、信息等资源的获取紧密相关。网络成员有差别地占有各种稀缺性资源，关系的数量、方向、密度、力量和行动者在网络中的位置等因素，影响资源流动的方式和效率。社会网络理论为解释个体行为提供了一个微观分析框架，引入“嵌入性”的概念，认为个体行动者不会一成不变地恪守其社会角色的职责，所进行的有目的的行动是嵌入在具体的、当前的社会关系网络中的。由于社会网络理论的许多概念具有很强的操作性，所以能够比较真实地观察不同层次的个体和结构的互动。

在政策科学中，由于公共政策的形成与相关政策资源配置有着密切的关联，同时在不同领域政策之间也存在互动效应。因此，如何使各种政策要素有机结合，使之成为一个相互支持的网络，就成为政策科学研究的重要课题，政策网络理论就是在这个背景下出现的，它借鉴了社会网络理论的一些原则和方法，研究政府与利益团体之间存在的合作与竞争关系，认为公共政策的产生是政策网络体系中诸多行动者之间复杂互动关系的结果，正是参与其中的行动者之间的制度性或非制度性关系，构成了政策网络的特殊结构。

政策网络这一概念的产生经历了一个演变的过程。

（1）议题网络。在政策网络概念产生之前，最先被提出的是议题网络的概念。所谓议题网络，是指决策体制外一些政策利益相关者结成的松散联盟，其目的是影响政策制定的走向。美国学者赫克罗（Heclo）认为，多数政策议题的决策方式是在政党系统、国会系统、行政系统等正式组织结构之外形成的一种非正式的、错综复杂的议题网络形态。其参与者形形色色，不断变换，具有极不稳定和非结构化的特征。

（2）政策共同体。政策共同体是指行政机关的各个部门会在政策规划、决策和执行过程中结成某种同盟，从而确立并发挥自己在立法机关和公民中的地位和作用。政策并不是立法机关的独立产物，而是多个行政机关互动的结果。美国学者本森（Benson）用府际关系的概念界定政策网络，他认为，政策网络是因资源的相互依赖而连接在一起的一个群集或复杂的组织体系。同那些与资源结构分离的群集或复杂组织体系不同，这类组织因行政结构与利益结构形成的深层相依结构会在政策领域内确保某些特有的需求偏好，而将某些需求排除出政府议程之外。

（3）政策网络。政策网络是指多个与政策有直接或间接利益关系的行动者通过某种中介联系在一起共同行动，从而对政策过程施加影响。由于政策网络形态多样，所以诸多公共事务可以通过不同政策网络获得治理。基于研究侧重点的不同，政策网络的界定一般划分美国学派、英国学派和欧洲学派，它们之间的分歧主要表现在宏观和微观、制度与个人、协调和治理等方面。

政策网络的结构类型划分是政策网络理论的核心议题，英国学者罗茨（Rhode）所构建的“罗茨模型”对不同政策网络类型进行了最早的系统阐述，他的观点最为学术界所认可。罗茨使用利益综合、成员资格、垂直依赖、水平依赖以及资源分配等5个指标，将政策网络划分为政策社群、专业网络、府际网络、生产者网络和议题网络。他将网络类型看作一个连续体，一端是高度聚合的政策社群，另一端是相对松散的议题网络，两者之间存在有多个不同类型的网络：专业网络、政府间网络和生产者网络。政策社群是指有权参与政策决策和执行过程的团体或个人形成的网络，在政策实践中往往指向具有核心决策权力的领导者和政府部门，具有权威性；专业网络是指以专业团体或人士为核心的网络；府际网络是以地方政府为代表性组织所构成的网络，起到上传下达的作用；生产者网络是以生产者为主要角色的网络，需要与府际网络之间建立合作关系，并在有关问题上向专业网络寻求帮助。

十、政策学习理论

政策变迁为何有时表现为激进式变革，有时表现为渐进式调整，政策学习理论为我们提供了一个解释和分析的新视角。

从理论渊源上来讲，政策学习与社会心理学的社会学习、政治学中的组织学习与政府学习的概念都有一定的联系。目前来看，尽管政策学习的概念已经成为政策研究领域一个流行的概念，但对它的理解却有着很大的差别。

豪利特（Howlett）与拉梅什（Ramesh）在整合各种有争议的定义的基础上，从政策制定者与环境的关系的视角归纳出“内生学习”和“外生学习”

两种类型①，它们存在于不同的政策环境或者说涉及不同的政策内容。一般而言，政策学习的内生过程发生在比较集中的政策主体之间，通常范围较小，并且往往以学习政策的背景或者政策所适用的工具为主；而外部学习一般发生在较为分散的政策主体之间，通常范围较广，需要政府与其他社会主体之间有着较为紧密的联系，一般会涉及对政策问题的界定或者政策目标的选择等问题。不论是内生学习还是外生学习，其发生都是有条件的，要求政府必须有着较高的吸收新信息的能力。新信息一方面来源于政府自身的信息渠道，另一方面则有赖于政府与其他政策主体关系密切的程度和信息渠道的畅通水平。当政府主要依赖其自身的信息渠道时，政策学习以内生过程为主；当政府与外界之间有着密切联系时，才可能会出现外生学习的情况。政府对新信息的处理能力很大程度上有赖于已有信息的积累及其整理利用能力，如果政府部门没有足够的专业知识积累和较高的行政能力，即使获得了新信息，也不能进行有效的分析和应对，当然就不会发生政策学习行动。换句话讲，政府的行政能力和专业素质是政策学习得以发生的前提条件。

与"内生学习"和"外生学习"相对应的是罗斯（Rose）提出的吸取教训型和霍尔（Hall）提出的社会学习型两种类型②。前者是内生的、实用性的吸取教训（lessondraw-ing）模式，后者是外生的、范式转变的社会学习（social learning）模式。前者多发生在一般政策网络内，是基于满意原则的局部调整；后者则多发生在更广泛的政策社群中，是政策范式的突然变化。它们影响政策制定者对政策方法和政策工具的选择，要么只是技术层面的改进，要么会是大刀阔斧的改革。将这两种模式运用于实证研究的最典型的例子是当年对私有化运动的研究，许多学者认为，不同国家私有化运动的过程充分体现出社会学习模式的特征，并在这一过程中政策趋同性得到不断强化。

吸取教训型和社会学习型的政策学习模式的不同主要表现在学习主体、发生条件、学习动因和学习目标几个方面。在学习主体方面，吸取教训型多发生于小规模的、集中型的政策网络（policy network），政府部门与社会主体的联系并不紧密；社会学习型则发生于大规模的、公共参与的政策社群（policy community），参与范围广，影响面较大。在发生条件上，如果政府组织能力强，但与社会行动主体的联系不紧密，政府将成为占支配地位的行动主体，从而促成内生的"吸取教训"型的出现。相反，如果政府部门与社会行动主体的联系紧密，社会行动主体将会主导政策子系统，从而促成外生的社会学习条

---

① 迈克尔·豪利特、M. 拉米什：《公共政策研究——政策循环与政策子系统》，庞诗译，生活·读书·新知三联书店，2006年版。

② M. Howlett, M. Ramesh. Studying Public Policy: Policy Cycles and Policy Subsystems (2nd Edition), Oxford University Press, 2003.

件。在学习动因上，吸取教训型的学习动力源自政策网络的内部，社会学习型的学习动力则更多来自政策过程外部大规模的政策社群。在学习目标方面，吸取教训型的目标是学习具体的政策工具，政策学习者更多以实用性的态度关注这一政策工具在国内外的过往经验和教训，以获得解决某些紧迫社会问题的实际建议，其本质是一种操作层面的借鉴和利用。社会学习的目标则是对政策工具所针对的问题进行反思和质疑，意味着意识形态、政策范式的根本性改变。

关键词

纯粹理性　有限理性　渐进主义　小组意识　群体狂想　精英理论　制度理论　博弈理论　公路博弈　智猪博弈　团体理论　过程理论　生命周期混合扫描　公共选择　公共物品　外部性　财政假象

本章小结

1. 传统理性模型强调，决策就是选择最大价值。

2. 传统理性模型最大的麻烦不是其逻辑体系有缺陷，而是前提假设有问题。

3. 有限理性模型摒弃最优解，寻求满意解。

4. 渐进主义强调渐变而非突变，认为新政策是对旧政策的补充和修正。

5. 小组意识模型解释了一种源自凝聚力的“群体狂想症”，并强调“寻求一致”的行为模式对决策构成的危害。

6. 精英理论认为，公共政策只是精英价值偏好的反映，与公众的诉求没有直接联系。

7. 制度理论认为，不同的政府制度会造成不同的政策输出。

8. 博弈理论以理性为基础，主要适用于分析竞争环境下的决策。它强调没有独立的最优，我们自身选择的优劣往往有赖于对手的选择。

9. 团体理论认为，公共政策是团体相互妥协的结果，是利益平衡的产物。

10. 系统理论将公共政策视为政治系统对外界环境压力所做出的反应。

11. 政策的生命周期理论通过划分政策阶段的方式，对政策进行程式化的分析。

12. 公共选择理论是经济分析方法在政治领域的具体运用，指出政治行为人也会追求利益最大化。

思考题

1. 完全理性需要具备哪些条件?
2. 传统理性有哪些实际障碍?
3. 有限理性有哪些行为表现?
4. 次优决策会涉及哪些问题?
5. 渐进模型有哪些特点?
6. 小组意识有哪些特征?
7. 如何预防小组意识的出现?
8. 托马斯·戴伊如何概括精英理论的主要观点?
9. 政府制度赋予公共政策哪些特征?
10. 根据团体理论,政府具有哪些作用?
11. 根据系统理论,环境对政策有哪些影响?
12. 政策过程可以划分为哪些阶段?

参考文献

[1] THOMAS R D. Understanding public policy [M]. 12th ed. New Jersey: Prentice Hall, 2008.

[2] WAYNE P. Public policy: an introduction to the theory and practice of policy analysis [M]. Northampton: Edward Elgar Publishing Limited, 1996.

[3] JANIS I L. Group think [M]. Boston: HoughtonMifflin, 1982.

[4] GRAHAM A. Essence of decision: explaining the Cuban Missile Crisis [M]. New York: Little Brown, 1971.

[5] 萨巴蒂尔. 政策过程理论 [M]. 彭宗超, 译. 北京: 生活·读书·新知三联书店, 2004.

[6] 缪勒. 公共选择 [M]. 王诚, 译. 北京: 商务印书馆, 1992.